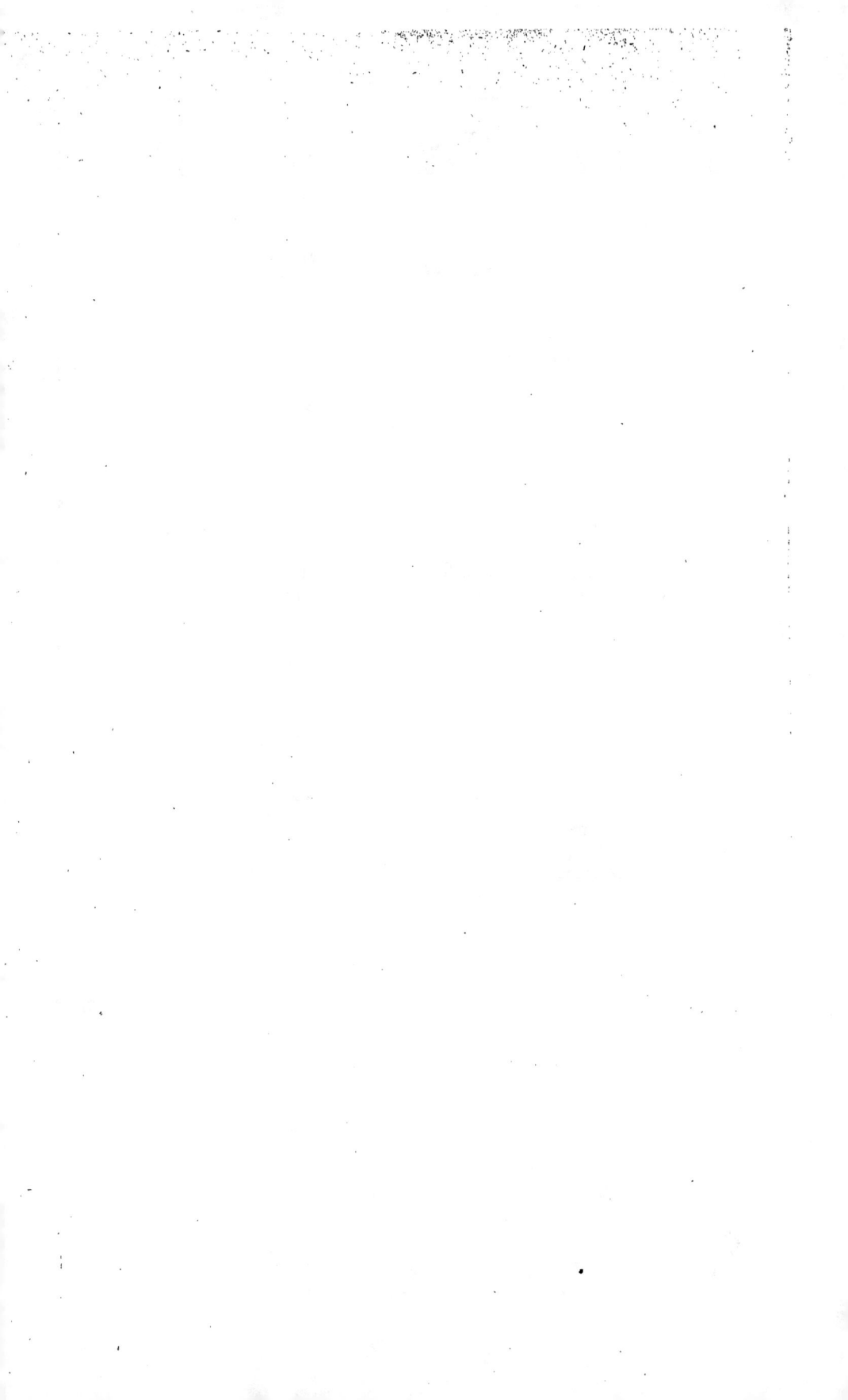

L'ALPHABET DÉVOILÉ

LE

LIVRE DES LIVRES

OU

RECUEIL DES ÉLÉMENTS DES CONNAISSANCES HUMAINES

CONCERNANT LES SCIENCES
ET LES ARTS PRINCIPAUX REDITS, SOIT PAR LA FORME
DES LETTRES, SOIT PAR LA TRADUCTION JUSQU'ICI INCONNUE DU TEXTE DE
LA BIBLE, ET DUE A LA DÉCOUVERTE DE L'ÉCRITURE
UNIVERSELLE, CONSERVÉE ET CONSIGNÉE DANS
CE LIVRE IMMORTEL

GÉOMÉTRIE, TRIGONOMÉTRIE, ARITHMÉTIQUE, ALGÈBRE, MUSIQUE PROFANE ET SACRÉE, STATIQUE,
MÉCANIQUE, PHYSIQUE, LINGUISTIQUE, GRAMMAIRE ET ASTRONOMIE

DÉCOUVERTES SUCCESSIVES DES MÉTAUX PRINCIPAUX

LEUR EMPLOI DANS LES ARTS, DEPUIS LA BOUSSOLE JUSQU'AU TÉLÉGRAPHE ÉLECTRIQUE

ORIGINES GÉNERALES

DES LETTRES MAJUSCULES ET CURSIVES, DES SIGNES MUSICAUX ET NUMÉRAUX,
DU SYSTÈME MÉTRIQUE ANCIEN ET MODERNE, DES CONSTELLATIONS
ET DES DIEUX DU PAGANISME

Explication de leurs Noms, Légendes, Généalogies, Métamorphoses et Attributs, basés sur les Sons musicaux, sur les Transformations
vocales des Lettres et leurs Passages successifs dans les Alphabets anciens, jusqu'à celui des Latins répandu dans l'Europe

PREMIÈRE APPLICATION, JUSQU'ICI INÉDITE

DES HIÉROGLYPHES LATINS

Par la Muse hébraïque au texte de la GENÈSE qui explique leurs formes et le sens allégorique
y attaché

VOILA LA CLEF DES MÉTAPHORES ANCIENNES

alors usitées dans les Récits émanant des Colléges sacrés

PAR

ALEXANDRE PARAD

DE DOLE (JURA)

PARIS
LIBRAIRIE L. HACHETTE ET Cᴵᴱ
Boulevard Saint-Germain, 77

DOLE
IMPRIMERIE ET LIBRAIRIE PRUDONT
Et chez l'Auteur

1868

L'ALPHABET DÉVOILÉ

LE

LIVRE DES LIVRES

Tout exemplaire non revêtu de la signature ci-dessous sera réputé contrefait et poursuivi comme tel.

Dole , imp. Guyenot et Bluzet.

L'ALPHABET DÉVOILÉ

LE

LIVRE DES LIVRES

OU

RECUEIL DES ÉLÉMENTS DES CONNAISSANCES HUMAINES

CONCERNANT LES SCIENCES
ET LES ARTS PRINCIPAUX REDITS, SOIT PAR LA FORME
DES LETTRES, SOIT PAR LA TRADUCTION JUSQU'ICI INCONNUE DU TEXTE DE
LA BIBLE, ET DUE A LA DÉCOUVERTE DE L'ÉCRITURE
UNIVERSELLE, CONSERVÉE ET CONSIGNÉE DANS
CE LIVRE IMMORTEL

GÉOMÉTRIE, TRIGONOMÉTRIE, ARITHMÉTIQUE, ALGÈBRE, MUSIQUE PROFANE ET SACRÉE, STATIQUE,
MÉCANIQUE, PHYSIQUE, LINGUISTIQUE, GRAMMAIRE ET ASTRONOMIE

DÉCOUVERTES SUCCESSIVES DES MÉTAUX PRINCIPAUX

LEUR EMPLOI DANS LES ARTS, DEPUIS LA BOUSSOLE JUSQU'AU TÉLÉGRAPHE ÉLECTRIQUE

ORIGINES GÉNÉRALES

DES LETTRES MAJUSCULES ET CURSIVES, DES SIGNES MUSICAUX ET NUMÉRAUX,
DU SYSTÈME MÉTRIQUE ANCIEN ET MODERNE, DES CONSTELLATIONS
ET DES DIEUX DU PAGANISME

Explication de leurs Noms, Légendes, Généalogies, Métamorphoses et Attributs, basés sur les Sons musicaux, sur les Transformations
vocales des Lettres et leurs Passages successifs dans les Alphabets anciens, jusqu'à celui des Latins répandu dans l'Europe

PREMIÈRE APPLICATION, JUSQU'ICI INÉDITE

DES HIÉROGLYPHES LATINS

Par la Muse hébraïque au texte de la GENÈSE qui explique leurs formes et le sens allégorique
y attaché

VOILA LA CLEF DES MÉTAPHORES ANCIENNES

alors usitées dans les Récits émanant des Colléges sacrés

PAR

ALEXANDRE PARAD

DE DOLE (JURA)

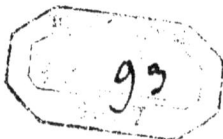

—❦—

PARIS
LIBRAIRIE L. HACHETTE ET CIE
Boulevard Saint-Germain, 77

DOLE
IMPRIMERIE ET LIBRAIRIE PRUDONT
Et chez l'Auteur

1868

INTRODUCTION

. . . .

Poussé par une force supérieure, je me sentis entraîné dans les profondeurs d'a-bîmes rocheux formant autant de cryptes dont les pourtours étaient garnis d'un nombre considérable de figures humaines emmaillottées dans des bandelettes bariolées simulant d'anciennes momies égyptiennes.

Tu vois, me dit l'hiérophante, les enveloppes mortelles de ces hommes dont les noms autrefois fameux, sont perdus aujourd'hui dans la mémoire des peuples. Là sont les législateurs dont la vie entière fut consacrée au bien-être des peuples qu'ils gouvernèrent; de ce côté sont rangés les inventeurs des nombres et des figures géo-métriques, sciences positives qui ont tant servi à étendre et à perfectionner l'enten-dement humain. Ceux-ci formulèrent les abécédaires des peuples, ces quelques signes magiques représentatifs de la pensée même la plus abstraite, dernier point où le génie de l'homme puisse atteindre dans cette limite tracée entre la divinité et lui. Ceux-là, touchant du pied la terre et la tête planant dans les cieux, comptèrent les étoiles, suivirent les planètes dont ils calculèrent les révolutions et surent tracer le système céleste d'où découle la division du temps qui nous emporte et ne s'arrête jamais. Puis, me faisant approcher de quelques pas : contemple surtout ce groupe d'individus autrefois *déifiés*, maintenant silencieux, mais dont les voix harmonieuses, mariées à des instruments de musique inconnus du vulgaire, jetaient jadis au vent des accords sublimes capables d'émouvoir les animaux les plus farouches et d'ani-mer les pierres les plus dures. Ce pâle reflet de l'harmonie des mondes qui roulent sur nos têtes, de ce concert divin rendu par les parties les plus infimes de cet uni-vers dont toutes les vibrations sont comptées par le créateur, a suffi à ces cerveaux brûlants pour édifier un culte unique; religion sublime où l'anneau forme une chaîne non interrompue qui *relie*, par l'intelligence, l'homme à la divinité de la-quelle il émane. Par assimilation aux filiations humaines, ces législateurs sacrés surent établir des théogonies dont les types, modifiés selon les temps et les lieux, peuplèrent, par une pieuse allégorie, la partie élevée du firmament d'êtres supé-rieurs remplissant des fonctions diverses dans la conduite de l'immense machine que l'on appelle l'*Univers*. Nous allons donc lever le voile qui couvre ces grandes conceptions faisant époque dans le souvenir des nations; loin de nous ces récits vains et mensongers propres à égarer l'imagination de l'ignorant ou à amuser l'oisi-veté du riche; resserrer les liens de la civilisation, tel fut notre but.

Nous remonterons donc au temps où l'homme se réunit à son semblable afin de lutter en commun contre les éléments destructeurs et les bêtes féroces dont il serait devenu la pâture. Après avoir fait pendant quelque temps sa demeure des cavernes ou s'être abrité dans les forêts touffues disputées aux animaux de toute espèce, nous le voyons bientôt se construisant, pour la défense de tous, des huttes rapprochées dont les habitants ne tarderont pas à ressentir le pouvoir arbitraire du plus fort. Mais cette première oppression sera contrebalancée par la réunion des faibles élisant un chef chargé de veiller au salut de la tribu. Celui-ci, le plus intelligent, pressen-tant son impuissance à l'opposition constante, chercha à étayer son pouvoir sur un appui moral qui devra remplacer la pusillanimité des masses qu'il est appelé à di-riger; une réflexion attentive, basée sur le sentiment inné de la conservation, lui révèle d'abord qu'il existe chez l'homme les germes d'une terreur confuse, jusqu'a-lors inexploitée. L'obscurité profonde a ses horreurs, et les éclats retentissants du tonnerre font courber la tête du plus résolu !

La mesure de l'intelligence de l'homme nous porte à croire qu'il fut berger après avoir été chasseur. Si donc les rayons ardents du soleil, jusqu'alors bienfaisant, viennent subitement dessécher les gras pâturages où il parque son bétail, on l'habituera à voir dans cet acte de destruction inattendue, qui l'atteint dans son bien-être, l'effet d'une puissance supérieure qui le châtie de quelques fautes commises. D'un autre côté, si l'astre des nuits voilant sa face d'une auréole blafarde, présage pour le lendemain un ouragan dévastateur, la foudre qui consume la demeure du pâtre et la grèle qui frappe son verger seront des instruments vengeurs remis entre les mains d'autres divinités qu'il faudra rendre propices.

Les premières races se prosternèrent donc devant ces deux globes lumineux dévorant l'espace et qui, par l'alternative des jours et des nuits, leur prodiguaient ou leur retiraient capricieusement une substance quotidienne et nécessaire. Le soleil et la lune, considérés comme sources de vie et d'abondance eurent les premiers autels sur lesquels le législateur reconnaissant offrit, au nom de tous, tantôt l'agneau sans tache, tantôt la liqueur douce pressée de la mamelle d'une brebis choisie dans le troupeau.

Mais la mortalité ou les frimas épandaient-ils sur la nature leurs longs linceuls funèbres, le génie du mal apparaissait à son tour; c'était encore un maître d'une autre espèce dont il fallait apaiser le courroux par des sacrifices sans nombre. Plus tard on reconnut la marche des étoiles et des planètes qui reçurent des dénominations diverses et un culte en rapport avec les influences terrestres qu'on se plut à leur reconnaître.

Pendant combien de temps le ciel matériel reçut-il l'hommage des humains? Il serait téméraire de poser un tel problème dont la solution dépend du développement graduel de l'intelligence des peuples et de la marche plus ou moins rapide des idées sociales. Qu'il soit béni le premier qui, fouillant la terre de son épieu durci, enserra en son sein fécond le germe d'un don de *Cérès*. Mais que de siècles durent s'écouler jusqu'au moment où Triptolème vint enseigner aux peuples pasteurs la manière de cultiver par la charrue. L'espace écoulé entre découvrir, fondre et forger des minerais, effraie l'imagination; combien d'essais infructueux avant d'arriver à la trempe de l'acier et de l'airain. En ces temps heureux, sans besoins factices comme sans ambition, l'humanité formait un peuple de frères; les familles alliées aux familles voisines se confondaient dans une même vie et un même idiôme, et nul n'avait encore osé planter la borne à son héritage. La civilisation néanmoins marchait à grands pas; chacun apportant à la masse le fruit de son expérience, les intelligences se développèrent et la nécessité de savoir davantage se fit généralement sentir.

Nous voici arrivés à cette première époque où le législateur, soucieux de transmettre à la postérité l'histoire intacte du passé et la somme des connaissances acquises, va essayer divers moyens ingénieux afin d'arriver à ce noble but. La tradition orale se présenta naturellement la première. Il fallut faire un choix parmi des individus d'une discrétion et d'une fidélité à toute épreuve qui rediront, d'âge en âge et dans toute leur pureté, à de nouveaux initiés les secrets qui leur seront confiés. De là l'établissement forcé des colléges sacrés, dépositaires de toutes sciences, et dont l'affiliation s'étendit sur tous les pays arrivés à un degré quelconque de civilisation. Cette corporation nouvelle reconnut des chefs divers dont le principal, revêtu de l'autorité absolue et révéré de tous, dirigeait les ressorts cachés. Mais bientôt, les connaissances antérieures s'étant grossies des faits et des découvertes présentes, la mémoire d'un seul devint impuissante à retenir. On établit alors des catégories spéciales, espèces d'académies chargées de la conservation et de la propagation d'une branche de cette science universelle. Mais celles-ci, surchargées de faits nouveaux, succombèrent encore sous le faix. Ce fut alors qu'on chercha à venir en aide aux souvenirs en jetant les bases de la *mnémonique*. Cet art consiste à construire des phrases formant un récit redisant un sens arbitraire dont chaque mot, et quelquefois chaque lettre, sont destinés à devenir un point de repère réveillant les idées à émettre et cachées sous ce voile. Mais cette invention, tout ingénieuse qu'elle est, ne fit qu'augmenter la difficulté, parce qu'elle exige un système complet préparatoire, dont la clef peut se perdre dans la suite des temps, comme cela est arrivé pour les légendes sacrées des peuples anciens, aujourd'hui incomprises.

Cependant des cordelettes de couleurs différentes relataient, par le nombre de leurs nœuds diversement formés, des dates historiques ou les chiffres de quelques notions astronomiques. Déjà, dans le silence des nuits, quelques adeptes avaient essayé sur les parois blanchies de leurs cellules les dessins grossiers d'objets présentant une analogie, plus ou moins exacte, avec une pensée à retenir. L'image d'une balance, par exemple, pouvait indiquer d'abord l'équilibre des poids, puis rendre les idées analogues d'égalité et de justice; une urne d'où l'eau s'échappe, devenait l'emblème de l'inondation, de l'arrosement ou de la saison des pluies. Ces différents signes copiés d'après nature, combinés et coordonnés, composèrent une première écriture symbolique dont l'application fut faite de prime abord dans le ciel étoilé; les astres, groupés sous la forme des douze signes du zodiaque, sont l'unique type conservé intact jusqu'ici de ce mode graphique élémentaire destiné à frapper les yeux en même temps que l'imagination. Cette première tentative ouvrait toute grande la carrière à parcourir. Je ne redirai pas les tâtonnements successifs adoptés, puis rejetés comme imparfaits, opérés sur des signes arbitraires redisant tel ou tel mot, puis telle ou telle phrase de la langue parlée; ce pas 'fait 'en avant était déjà immense', il est vrai, mais le grand nombre de caractères nécessités était encore un obstacle insurmontable pour l'intelligence des masses.

Enfin, le moment arriva où, sous une inspiration divine, un homme entrevit la possibilité de démonter pièce à pièce le mécanisme de la parole et de la recomposer facilement au moyen d'un petit nombre de signes différemment combinés, représentant clairement et les accents et les articulations de la voix. Chose étrange! le prêtre, épouvanté de sa découverte dont il pressent les résultats, l'enveloppe du mystère le plus profond et s'en réserve le secret. Ce mode devenu rapide de propager la pensée, répandu seulement dans les collèges sacrés dont la fidélité est à l'épreuve, agrandit tout-à-coup l'intelligence des initiés et les bienfaits de l'écriture destinés à l'humanité tout entière, devint le privilége de quelques-uns. Le législateur avait dit qu'il fallait former les maîtres avant les disciples.

L'homme, ainsi grandi tout-à-coup dans la conscience de lui-même, osa lever les yeux vers le ciel. Que sont ces astres brillants soumis invariablement à la force qui les pousse dans l'espace? Déjà, depuis longtemps, j'ai dressé la carte de leur itinéraire, et ce mélange apparent des mondes n'est plus pour moi que le jeu ordinaire d'une mécanique dont les rouages sont perdus dans l'immensité. Toi, soleil, tu n'es plus qu'un flambeau éphémère alllumé et soutenu par une main puissante que ma pensée devine, mais qu'il ne m'est pas donné de comprendre. Pourquoi la lune recevrait-elle encore nos hommages? Je connais ton éclat d'emprunt, planète infime, qui te traînes péniblement à la remorque du chétif globe qui me porte! arrière vous tous, fantômes radieux, jusqu'ici vous n'avez que trop égaré ma raison!... C'est ainsi que le prêtre, renfermé dans le sanctuaire du temple, exhalait sa douleur en maudissant ses dieux; il avait honte de son ignorance et son impiété l'épouvantait; à son insu il avait commis un sacrilége... O toi, s'écria-t-il alors, Être invisible et fort, qui voiles ta face derrière les étoiles du firmament, daigne te révéler à mes sens, je me confesse ton esclave! Humilié dans son orgueil, le roi de la nature vient de reconnaître un maître.

Je passe à dessein sur les écarts de la raison humaine débarrassée des langes du matérialisme. Emporté par de pieuses rêveries, des apôtres sans nombre édifièrent dans leurs cerveaux embrasés des systèmes mystiques de plus en plus obscurs et incompréhensibles. La divinité, en punition de leur témérité prématurée, semblait les priver de cet esprit de sagesse dont ils recherchaient la source.

A la voix du chef, le calme se fit dans les âmes; celui-ci, contristé des folles divagations enfantées et mesurant d'un œil froid la profondeur de l'abîme que ses adeptes venaient de creuser sans le vouloir, arrêta tout court ce débordement d'idées incohérentes dont les conséquences pouvaient être, dans l'avenir, fatales à l'humanité qu'il était appelé à conduire et à protéger. Pour la première fois peut-être, il ressentait le poids du fardeau et la terrible responsabilité de laquelle, tôt ou tard, devait lui demander compte le grand Être. Dans cette prévision d'une vie future, l'âme venait de conquérir son immortalité !

Dès lors, cachant son trouble à la multitude, sans foi dans la puissance des dieux auxquels il est encore forcé d'offrir son encens, le premier ministre de l'autel s'enfonce dans le recueillement. Plein d'espoir, il interrogera les replis les plus cachés de son cœur, et reconnaissant sa faiblesse, il va s'efforcer du moins de mettre sa conscience d'accord avec la portion d'intelligence que la nature lui a répartie. De ce nouveau théisme va découler une autre morale plus sévère, les éléments n'auront plus ostensiblement leur divinité propre ; Vénus, brillante de grâces nouvelles, ne sourira plus à son amant Adonis, vainqueur de l'hiver et des ombres de la nuit. Un voile épais sera jeté sur un passé trop lubrique pour l'humanité s'avançant à grands pas vers son âge mûr.

Vois cette immense ligne circulaire qui semble partager le firmament ; en deçà comme au-delà de ce sonomètre céleste, sept globes lumineux se frayant chacun une route particulière, paraissent errer à l'aventure dans le sein de la voûte étoilée. Guidé par le flambeau de la science, l'homme s'est rendu compte de ces allures tortueuses et dépouillant la grossièreté de ses sens, il ressent l'impression de ce concert grandiose qui gronde sans cesse aux pieds du trône de l'Éternel. La nature entière sera donc emplie d'une harmonie divine ; chaque planète, en raison de sa masse et de la rapidité des rotations sur son axe, assimilées à des vibrations, deviendra une note aux sons graves ou aigus qui viendra prendre place dans cette grande gamme dont la basse fondamentale réside dans la main de Dieu.

Tout s'enchaîne en ce monde ; si donc des accords harmonieux ébranlent les échos de la voûte céleste, la divinité a voulu que l'homme, par son industrie, sût trouver la trace de ces accents merveilleux, une de ses émanations les plus pures. *Immatériel, subtile et invisible comme elle, le son musical n'est-il pas pour nous une énigme aussi profonde ?* Formé de sa propre substance, il est à la fois simple et composé et reste toujours intact dans son essence. Plus rapide que le vent qui l'emporte, l'onde sonore traverse l'espace d'un pas égal et jette à notre oreille ravie les doux accents d'une voix amie et le chant mélodieux de l'alouette perdue au haut des airs. Sans la présence du son, la nature morne et silencieuse ne serait qu'un vaste tombeau. Qu'ils seront pâles et faibles maintenant les mugissements monotones d'une mer en courroux, ou les roulements bruissants du tonnerre ; les autels des aïeux des Neptune et des Jupiter, éloignés du sanctuaire, ne recevront plus à l'avenir que des offrandes vulgaires.

C'est ainsi qu'après avoir profondément médité et reconnu son impuissance à retracer cet Être mystérieux dont l'existence se révèle partout, le prêtre, dans une intention des plus pures, se décide à prendre pour type de la grandeur divine, dont il ne peut se faire qu'une idée matérielle, une de ses créations la mieux appropriée à sa manière d'être. Si la majesté de Dieu apparaît encore sous la forme humaine, c'est que l'homme entre tous les êtres vivants paraît avoir reçu la plus grande somme d'intelligence et semble, par sa structure, être le plus parfait des ouvrages du Créateur.

Profondément étudié, le son musical fut alors analysé jusque dans ses parties les plus infimes ; on reconnut sa génération et ses filiations nombreuses et invariables ; ses membres épars reconstitueront sans cesse une même famille et de leurs accords mutuels naîtra la grande harmonie de la théogonie nouvelle.

Alors mon guide frappa d'une verge d'or une des cordes sonores d'une lyre colossale formée par les contours du sanctuaire. Soudain des sons étranges et mélodieux répercutés par des échos inconnus nous inondent de toutes parts. Je lève les yeux ; douze divinités d'une stature et d'un âge différents se tenaient debout à des distances égales sur la corde vibrante qui, à ces endroits, restait immobile et comme empêchée dans ses mouvements oscillatoires par le poids des corps qui la pressaient. De la bouche de chacune de ces statues sortait un son unique dont le mélange formait un accord saisissant.

Voilà, me dit le prêtre, les douze grandes divinités au sexe longtemps indécis devant lesquelles se sont prosternés tour à tour cent peuples divers. Le premier de tous, ce majestueux vieillard est ici l'emblème incompréhensible, mais réel, d'un père qui reçoit la vie de ses enfants avec lesquels il ne fait qu'un; mais, autre mystère, l'égalité est le partage infaillible de ces êtres indéfinissables. Isolé, le plus infime, aussi glorieux, aura sa race aussi nombreuse et complète que le plus grand. Après avoir épuisé une source intarissable de filiations, intact et toujours vierge, le générateur reparaît sans cesse avec toute la vigueur d'une jeunesse inaltérable. Le beffroi ne ne jettera-t-il pas éternellement sa grande voix impassible à l'avénement des rois, comme au jour d'un deuil public?

Cette allégorie doit t'expliquer la génération du son et sa recomposition par lui-même. A l'imitation des institutions humaines, le père entouré de sa splendeur, résumera en lui la toute-puissance. Ses descendants donneront sept dieux principaux dont les pouvoirs, partagés avec leurs fils, formeront cette fameuse assemblée composée de douze divinités du premier ordre qui peuplèrent les olympes anciens. Mais parmi ceux-ci, on en reconnaîtra plus tard cinq d'une origine inférieure. Ce sont ces derniers qui donneront naissance à des demi-dieux qui, déchus de la prérogative céleste, descendront ici bas et deviendront les souches des familles les plus illustres parmi les mortels et parsèmeront la terre de héros ou d'individus renommés par leurs vertus surhumaines.

Mais il ne faut pas croire que le prêtre légua de prime abord le fruit de ses labeurs à la pâture d'un vulgaire incapable de le comprendre. Il sait que l'humanité, considérée partiellement, doit avoir son enfance et son âge mur. Traitant alors les races placées sous sa main en raison du degré d'intelligence développée dans les masses, elles adoreront des images s'élevant par degrés insensibles du tronc d'arbre grossièrement façonné, jusqu'à l'admirable statue animée par le ciseau des Phidias.

Tu penses, peut-être, que nous sommes arrivés près du but et que cette courte histoire des temps touche à un passé voisin de nous. Hélas! nul ne croira les vicissitudes éprouvées par cette pauvre humanité depuis son apparition sur ce globe jusqu'à ce jour. On dirait que cette autre végétation vivante, subissant les influences cachées des frimas d'un genre moral, soit destinée, comme la première, à pousser des feuilles précurseurs des fleurs, à produire des fruits et à mourir, renouvelant ainsi de loin en loin un phénomène identique. La surface du sol, depuis l'équateur brûlant jusque sous les axes vagabonds du globe, est couverte d'immenses débris attestant encore le passage des civilisations éteintes. Ici, de vastes forêts dont les arbres, qu'on dirait vieux comme le monde, enfoncent leurs racines tortueuses dans un terrain ammoncelé par les vents et qui recouvre d'énormes monolithes encore debout au milieu de cités dont les enceintes restent inconnues. Là, où toute vie a cessé depuis des milliers d'années, ensevelis sous des montagnes de glace, gisent d'autres vestiges fouillés par l'action incessante des vagues des mers polaires. C'est que le créateur, dans sa sagesse, a tracé du doigt la borne où devait s'arrêter l'activité ingénieuse de l'homme, comme il a dit au flux : *Tu n'iras pas plus loin!* C'est ainsi que sans cesse inventées, ensuite perdues, toutes créations dont l'entendement humain est susceptible, arrivées à leur point extrême, s'arrêtent pour reculer et disparaître dans l'abîme des siècles futurs d'où elles surgissent vierges encore. Semblable au sol épuisé par un soc incessant, il faut à l'idée intellectuelle trop fatiguée un long repos réparateur.

Depuis quand la terre, aujourd'hui vieille et décrépite, a-t-elle perdu sa grande vertu prolifique? D'où viennent ces couches de matières diffuses entassées les unes sur les autres, au milieu desquelles se trouvent ensevelis pêle-mêle ces végétaux carbonisés à la taille gigantesque et ces débris d'animaux pétrifiés d'un autre âge dont les analogues vivants, comparés, sont réduits à l'état de pygmées? En raisonnant d'après cette analogie, les premières races humaines enfantèrent des géants. Voilà le Briarée aux cent bras entassant montagnes sur montagnes pour escalader le ciel, et le noir cyclope forgeant dans ses cavernes fumantes, creusées de ses mains, les foudres du maître du tonnerre!

C'est encore en vain que cet être chétif, né d'hier et qui doit mourir demain, cherche à assigner le nombre des révolutions solaires accomplies depuis que la lumière succéda au chaos. S'il veut sonder la nuit des temps, son imagination recule effrayée, et les grains de sable, épars sur le rivage, ne pourraient suffire à son calcul insensé. Mais le législateur sacré, conséquent dans son œuvre, interrogera sa divinité harmonieuse et toujours véridique, qui lui dira par le nombre exactement compté des vibrations qui la constituent, les années métaphoriques de tous les âges. C'est alors qu'il pourra préciser le jour où Dieu ayant dit : Que la lumière se fasse! la lumière se fit. Nous arrivons, en effet, à cet exemple d'une nation, entre autres, qui a touché à ce moment de splendeur où l'intelligence des masses est parvenue jadis à son développement le plus complet; elle a connu et perfectionné toutes les sciences, pour retomber insensiblement, selon la loi de la nature, dans les ténèbres de l'ignorance, cause des misères qu'elle entraîne après elle.

Née sous un ciel constamment doux et serein, développée au milieu des fleurs et des parfums, la langue parlée, à cette époque reculée, par l'habitant de l'Égypte, a dû nécessairement se ressentir de l'influence de cet heureux climat; rendue brillante et harmonieuse par la résonnance de ses voyelles, elle n'était formée que d'une série d'interjections, variées en raison du nombre des sensations perçues. Notés naturellement en syllabes longues et brèves, ses mots rhythmés composaient ainsi des phrases courtes et simples formulant un chant continuel qui n'avait rien de la rude prononciation des peuples actuels de l'occident. Cependant, diversement habillées, ces filles, engendrées par une mère commune, conservent encore, sous le voile qui les couvre, les nobles traits de leur antique aïeule. Mais on dirait que l'articulation vocale eût senti ses fibres se raidir au contact progressif des frimas du nord. Si nous suivons la chaîne des temps, nous verrons le *cophte*, chanté par les contemporains des Pharaons, passer insensiblement dans la bouche gracieuse des Grecs, pour venir se durcir dans la prononciation des Romains, dont le monde entier a subi la puissante influence.

Chose étrange! le représentant du vieux *Osiris* grave ses symboles en caractères magiques et impérissables sur le granite de ses obélisques superbes, et sa divinité, par un contraste inouï, méconnue dans ses domaines et perdue dans son propre idiome, vient se révéler, après des siècles, aux fils de ces bardes errants parqués alors avec mépris dans les noires forêts de la Gaule.

Interrogeons donc ces monuments gigantesques qui semblent avoir été construits pour défier la durée de l'éternité, et déblayons ce sol aride et désert où des millions d'habitants s'agitaient naguère. Que disent ces papyrus aux longs replis et quels mystères recèlent ces légendes partout incrustées dans les murailles? Ici, afin de se révéler à ses propres yeux, le législateur, plus noble dans sa cosmogonie, ne tirera pas l'homme d'un vil limon. Ne voulant pas le ravaler au niveau de la bête brute, il va lui assigner au contraire une origine toute céleste dont la filiation non interrompue remontera aux premiers jours du monde. L'organisation des sociétés en général trouve son application dans les progrès successifs de la civilisation égyptienne, quelque soit leur âge réel ou métaphorique.

Nous lisons dans les vieilles chroniques de ce peuple modèle qu'*Héphaistos*, (*Vulcain, Vesta*), le père des mortels, régna sur eux d'abord pendant un temps illimité et resté inconnu. *Hélios* (le soleil), fils d'Héphaistos, eut le gouvernement du pays pendant 30,000 ans (les 30 degrés de la sphère parcourus par le soleil pendant un mois); après eux apparut la souveraineté des demi-dieux qui furent remplacés par 15 maisons ou dynasties royales inscrites dans le cycle *sothiaque* (15 degrès, où le mois divisé en deux parties égales). Cette filiation illustre, inculquée par l'éducation commune, rehaussait les caractères individuels et favorisait singulièrement le développement de l'intelligence des masses inébranlables dans leur orgueil national. Chaque citoyen de toute classe recevait ainsi le sentiment de sa dignité personnelle et l'ennoblissement ne consistait plus que dans la pratique la plus éminente des vertus sociales. Aussi, dès son début, l'Égypte apparaît aux yeux étonnés déjà sublime dans ses institutions presque comme aux jours de sa plus grande splendeur relatée dans les fastes de la Grèce. On serait porté à croire que les anciens habitants de cette contrée privilégiée surgirent, comme le premier homme, dans toute la force de la virilité.

Sur les débris les plus antiques se lisent des maximes d'une haute sagesse que ne comporte pas l'enfance des nations. Là, déjà était proclamée l'existence d'un Dieu unique, rémunérateur des bonnes actions et vengeur des crimes. L'âme universelle occupe aussi une large place dans les liturgies sacrées. Des cérémonies splendides réhaussaient l'éclat du culte pris au sérieux et ajoutaient à la joie des fêtes publiques. Sans être taxé d'idolâtrie, mais pieux par nature, c'était par reconnaissance encore que le vulgaire se prosternait devant les produits de son jardin qui le nourrissaient et qu'il offrait son encens à l'ibis qui purge le sol des animaux venimeux cachés dans les hautes herbes des marais. Le Nil encore n'était-il pas pour eux un Dieu bienfaiteur ?

Pourquoi redire toutes les vertus de ces Mages auprès desquels, dans tous les temps, les plus sages allaient chercher la lumière. Les œuvres intellectulles de ces grands génies moins périssables encore que leur solide architecture, porteront partout leur gloire et les générations futures, dans leur humilité, s'inclineront aussi devant ces noms fameux qui leur ont ouvert une voie facile dans cette carrière inépuisable de l'entendement humain.

Incapable de repos, le prêtre, après avoir épuré son alphabet, sait en faire une méthode musicale complète dont il déifie les appellations notées redisant simultanément et le principe de cet art divin et les accords fondamentaux de toute harmonie. Plus tard, ces mêmes caractères, réduits en de simples interjections de voix, formeront une autre notation simple et facile, et la musique débarrassée de son formidable appareil, se lira aussi couramment que l'écriture cursive à laquelle elle empruntera son allure rapide et ses accents grammaticaux.

Par une chaîne non interrompue dont l'anneau se soudera toujours à l'anneau, il tracera les bases harmonieuses des nombres formulés par des lettres renversées ou retournées, précisera les règles de toute numération jusqu'à celle décimale et couronnera son invention en s'élevant à la hauteur des formules algébriques, cette porte ouverte aux abstractions.

Soucieux de joindre le précepte à la règle, il va donner à ces quelques signes de la pensée représentée par l'accentuation vocale, une forme sagement raisonnée ; par la combinaison progressive des lignes qui constituent les lettres, celles-ci retraceront aux yeux, dans toute leur pureté, les figures géométriques élémentaires dont la surface et la solidité seront palpablement mesurées par les contours qu'elles décrivent.

Le spectre solaire ne sera plus pour lui qu'une gamme musicale d'un autre genre destinée par le créateur à frapper les sens de la vue par ses sept couleurs reflétées sur la nue humide et dont l'éclat harmonieux vient vibrer sur les immenses cordes circulaires de cette lyre céleste. Qui donc oserait nier encore, si, à l'instar de la science moderne, il n'a pas porté le compas sur le méridien de la terre, celui-là même qui, mesurant l'espace, sut inventer la sphère céleste?

Après avoir encore déterminé la hauteur de l'atmosphère, il en reconnut le poids qu'il sut utiliser dans la confection de ses nombreuses inventions industrielles. La résistance inégale éprouvée par les mouvements oscillatoires d'un corps sonore l'amène à pressentir dans la composition de l'air la présence de deux agents différents dont il précise la puissance relative d'après l'ordre invariable des générations harmoniques. Il put encore compter les vibrations, plus ou moins rapides en raison de l'acuité, du son musical dont il fixa les rapports et les limites opposés. Son unité de pondération et d'étendue, immuable comme l'onde sonore, est, entre tous les systèmes, celui le plus rationnel et le plus à la portée d'un contrôle facile. Enfin, renfermé dans son laboratoire caché, le prêtre ose lutter avec ses divinités, la nature entière; il disjoint un à un les éléments constitutifs des corps qu'il sait recomposer ensuite; mais dans sa sagesse, il va séparer les produits nécessaires au bien-être et à l'industrie actuelle de l'humanité de ceux qu'il juge comme inopportuns encore et dont il garde le secret qu'il consigne dans ses légendes couvertes d'un triple voile.

Dans notre incrédulité ignorante, ne nous rions-nous pas aujourd'hui des prodiges opérés jadis à la vue de tous, et dont le souvenir s'est conservé intact dans la tradition des peuples? Où donc est-il ce physicien moderne qui plantera sur le seuil de sa porte son bâton d'aubépine et qui saura, par la force de son art, rétablir instantanément la végétation dans ses fibres desséchées?

Déjà, l'on voit dans nos amphithéâtres un cadavre s'animer au contact du fluide électrique; encore un pas de plus et ce nouveau Lazare, recevant de la science le principe vital, se drapera peut-être dans son linceul et regagnera d'un pas ferme son logis.

En remontant au-delà dans les légendes sacrées des peuples, nous les voyons déjà emportés au haut des airs, au milieu d'un tourbillon de flammes et de fumée, ces quelques aéronautes hardis et béatifiés dont la vie doit s'écouler éternelle dans le séjour des étoiles. Après avoir frappé de sa verge magique le dur rocher, si le législateur du Juif publie sa loi à la lueur des éclairs et au milieu du bruit des tonnerres, c'est qu'il savait déjà commander à ce fluide igné aussi rapide que la pensée, et qu'il avait expérimenté la force expansive de ces quelques grains composés de matières mélangées des plus inflammables; et notre tige acérée ne va-t-elle pas chercher aujourd'hui la source jaillissante des entrailles de la terre?

Naguère encore, le Verbe incarné, à l'aide de cinq pains et deux poissons chétifs, apaisa la faim d'une foule de ses admirateurs qui l'avaient suivi dans le désert! Parabole réminiscente d'un art alors tenu secret, ce pain de l'intelligence, instantanément multiplié, n'est-il pas la nourriture spirituelle qui s'en va à grand pas saturant l'esprit humain au moyen de quelques caractères rapidement imprimés sur la feuille? A quoi bon dénigrer l'antiquité et nier l'existence antérieure de toutes ces sciences à la hauteur desquelles nous ne touchons pas encore?

Grands savants du siècle! où sont donc vos inventions? Plagiaires en tout, rien ne vous appartient. Ce n'est pas vous qui avez deviné et calculé la marche des mondes et réglé le temps par le cours du soleil et la marche de la lune. Vous ignorez même encore aujourd'hui le sens caché sous les allégories des signes des constellations, et vous n'avez jamais levé le voile qui couvre les dénominations appliquées aux étoiles du firmament. Les noms inexpliqués de vos calendriers, et ceux redisant les jours de la semaine sont-ils vos ouvrages? Où sont les originaux de vos abécédaires, de vos solféges musicaux et de vos formules numérales? Vos artistes ont-ils sculpté les parois du Parthénon, fondu le colosse de Rhodes, ou donné la vie aux marbres des Vénus et des Apollons antiques? L'obélisque des Pharaons qui se dresse, étonné, loin de son berceau n'était qu'un jouet d'enfant pour ces architectes qui surent construire les pyramides et le temple d'Éphèse. Ingrats! Ces maîtres, soucieux même de votre avenir social, ne vous ont-ils pas encore légué cette divinité pure, agneau sans tache devant lequel vous prosternez vos fronts?

Héritière et dépositaire fidèle de connaissances des âges antérieurs, la caste sacerdotale, en grandissant toujours de son propre fonds le domaine de la science, n'en sut user qu'avec une réserve mûrement réfléchie. Il était de la plus grande imprudence, selon elle, de mettre aux mains des masses des armes dangereuses qui peuvent changer tout-à-coup la face des nations; car la divinité, incompréhensible dans ses fins, a parfois permis que d'un grand bienfait humanitaire surgissent, à l'imprévu, des calamités nombreuses et irrémédiables. Si la puissance du salpêtre vient en aide au labeur pénible du travailleur, en creusant dans le flanc du rocher des vallées profondes; si, en égalisant les forces et le courage, elle rend le pygmée semblable au géant, en revanche elle ira bientôt bouleverser les cités vaincues, et ravageant les rangs pressés des armées, elle portera au loin une mort incapable d'une défense glorieuse.

Quel avenir prépare encore la création de ces voies ferrées dont les longs replis vont étreindre le globe? L'expérience des temps peut seule résoudre un tel problème. La prescience humaine est inhabile à dire les influences physiques ou morales résultant de ce système de locomotion trop rapide qui rapetisse la terre.

Qui pourrait soutenir, si, loin de confondre les races humaines en un seul peuple de frères, cette nouvelle invention qui annulle les distances, ne servira pas un jour, au contraire, les projets d'un despote ambitieux d'étendre ses domaines.

Plus conséquent, le prêtre sut taire à la multitude ces découvertes connues de lui depuis longtemps, mais qu'il relégua dans ses arsenaux inviolables ; et il se gardera bien de semer dans les masses les germes d'un sentiment qui leur ferait entrevoir un bien-être chimérique. Que faut-il aux nations, comme aux individus, dans cette courte pérégrination sur la terre?,Une nourriture saine et abondante, assurée par un travail assidu et bien réparti entre tous ; des vêtements taillés selon l'exigence des climats et le développement des arts reconnus utiles en raison des positions géographiques des états. Ainsi, l'habitant des zones torrides ne devra pas user de liqueurs spiritueuses dans lesquelles celui du nord trouve la vigueur et la santé; et la loi mosaïque défendra de toucher aux viandes impures, ressource indispensable à l'individu qui vit au sein des frimas. L'homme, assimilé par la nature à la plante, doit ressentir les influences de la sève végétative ; les abstinences et les jeûnes commandés ne sont plus alors que de sages préceptes d'hygiène imposés à certaines époques de l'année.

Ainsi modérée, l'espèce se multiplie rapidement; mais le législateur sacré sait qu'il est dans l'intérêt de l'humanité de débarrasser le trop-plein de tribus; car il a appris, par l'expérience des temps, qu'une trop grande production sur un même point, d'une même race animale, vicie l'air et que la mortalité ne tarde pas, en cherchant à rétablir l'équilibre, à creuser des vides profonds dans les masses. Il ne laissera donc pas aller au hasard, à la recherche des contrées propices, ces émigrants placés sous sa main, mais il les conduira dans des lieux reconnus et en partie assainis d'avance par les travaux incessants de quelques apôtres dévoués succombant la plupart à la tâche tracée. Reléguées, chacune au fur et à mesure de leur accroissement, dans des pays protégés par des barrières naturelles, ces tribus nouvelles cesseront de prendre part aux idées communes toujours dangereuses, et, par surcroît de prudence, le prêtre saura diversifier leurs dialectes au moyen d'un mécanisme ingénieux introduit dans les mots dont il se réserve le secret. Ses codes religieux seront encore modifiés ici en raison de l'influence des climats ; là, le sang des victimes rougira les autels d'un dieu qui, plus loin, se contentera de quelques aromates brûlés en son honneur.

A la fois pontife et roi, nul ne sait le temps qui s'écoula pendant lequel ce ministre de Dieu sut modérer le frein impatient des peuples placés sous sa main habile et puissante. Mais un jour, de néfaste mémoire, apparaissent inopinément des hordes nombreuses chassées par la stérilité d'un sol qui leur refuse la nourriture; rendues par le besoin sourdes à la voix du devoir, elles ont rompu le lien religieux qui enchaînait leurs bras. Ces rebelles, conduits par un chef de leur choix, étranger à l'affiliation, se ruent comme un tourbillon sur des peuples inhabiles à la défense et courbant la tête sous un joug facile. Pour la première fois la victoire a planté son étendard sur un sol *barbare :* épithète erronnée renvoyée par le vaincu à son vainqueur. La loi du plus fort l'emportera désormais sur les sages institutions établies par l'expérience des siècles. Les peuples eux-mêmes, réveillés par ces idées inconnues jusqu'alors de la gloire des combats, saisissent cette occasion de se défaire des langes qui les étreignent; voilà qu'ils entrent résolument dans cette nouvelle voie ouverte à l'ambition d'un chef désireux de fonder une dynastie. Mais, momentanément asservi, le prêtre ne tardera pas à prendre une large place dans les conseils d'un conquérant incapable au gouvernement des affaires.

Nous jetterons un voile épais sur ces pages teintes de sang, où ces deux puissances divisées par des intérêts contraires, acharnées à la lutte, tour à tour élevées ou terrassées, se jouèrent, poussées par une triste nécessité, des existences confiées à leur garde. Nous voici donc arrivés à ces alternatives de revers et de succès qui, suivant la chance des armes, agrandirent ou confondirent les nations égarées dans leur entendement. Il semblera dès lors, qu'à l'égal de la bête féroce, à défaut d'institutions pacifiques, la nature ait mis dans l'instinct humain cette fureur de s'entre-détruire, afin d'établir constamment l'équilibre dans le monde civilisé. Dès lors, plus de tranquillité, plus de sécurité sur la terre. Des nations vieilles comme le monde sommeillaient inoffensives, enveloppées dans un bien-être suffisant à leurs goûts modérés; des phalanges étrangères, guidées tantôt par le fanatisme de la gloire, tantôt par l'appât du butin, passent comme un fléau, déchirant les images des dieux et renversant les temples dont ils égorgent sans pitié les ministres. Dans leur rage aveugle, ces vainqueurs insensés, promenant partout la hache et la flamme, anéantissent en un instant les conceptions les plus sublimes de l'intelligence humaine, fruits de vingt siècles d'expériences et d'études profondes. Naguère encore, l'incendie de la bibliothèque d'Alexandrie ne fut-il pas allumé par la main absurde d'un vainqueur humilié dans son orgueil de ne pouvoir comprendre quelques mots pris au hasard dans cette collection scientifique qui n'eut jamais son égale?

Mais, par un effet providentiel, sur les débris de ces grands renversements surgissent de temps à autres les corps mutilés de quelques divinités dont les siècles futurs retrouveront les membres épars. Nous avons reconstruit les antiques statues d'Osiris et d'Isis et le vieux Jéhova voit encore son nom inscrit sur le portique des temples. Cette fureur de détruire menaçait d'engloutir le monde; on ne rencontrait çà et là que les traces profondes et teintes de sang attestant le passage de ces hordes diverses, fléaux des nations paisibles, lorsqu'un petit amas d'hommes, fameux déjà par ses conquêtes, vint interposer sa grande autorité et arrêter à son profit ces brigandages organisés. Alors la terre entière reconnut la puissance de Rome. Pendant ce temps d'arrêt, l'humanité put respirer et il était écrit qu'un baume consolateur serait appliqué sur ses blessures.

Voyez cette étoile splendide partie de l'Orient! Mages levez-vous, et guidés par cette lueur inaccoutumée, venez vous prosterner devant un chétif enfant dont une vierge vient d'accoucher. *Jésus,* votre divinité nouvelle est abritée par une étable! le *Messie* promis est couché dans une crèche, un âne et un bœuf réchauffent de leur haleine ses membres naissants et des bergers forment sa cour. Cette naissance obscure qu'il s'est choisie est un heureux présage que le *Christ* va couvrir de sa protection divine les animaux et l'homme des champs qui sait féconder la terre, cette mère nourricière des états civilisés. Désormais, fidèle à sa promesse, l'enfant, devenu grand, s'avancera parmi les nations en prêchant la concorde et l'oubli des offenses. Liberté! égalité! fraternité! s'écrie cette voix puissante qui commande aux flots et calme les tempêtes. Mais alors incompris, ce novateur inopportun, abreuvé d'outrages, boira le calice d'amertume jusqu'à la lie; il faut que sa mission s'accomplisse, et le plus ignominieux des supplices, celui de voleur de grands chemins, aura sa victime innocente. Les membres du fils de Dieu seront cloués sur cette croix qui doit dominer sur le monde et au sommet de laquelle les peuples reconnaissants liront la *date* de leur émancipation : *ENRI! (en æra).* En effet, une *ère* nouvelle va s'ouvrir pour l'humanité; la civilisation, dépouillant le vieil homme, marchera dès lors d'un pas rapide vers des institutions sociales depuis longtemps méconnues. Le prêtre jette un voile épais sur sa théogonie passée, et ces sublimes maximes humanitaires, débarrassées de leurs formes emblématiques, seront annoncées pures aux nations qui s'avancent dans l'âge de la virilité.

Jupiter n'effraiera plus les mortels par l'éclat de son tonnerre et les douze grands dieux de l'Olympe cèderont leurs sceptres à un nombre égal de pauvres pêcheurs, nouveaux apôtres envoyés par Jésus pour éclairer le monde. Les siècles futurs n'auront plus que faire de ces hochets inventés pour amuser l'enfance des premiers temps et les hécatombes odieuses feront place au vin consacré en réminiscence du sang répandu sur la croix par le fils de Dieu.

Ce changement radical qui bouleversa la terre, en renversant alors les cultes établis par l'autorité des siècles, ne se voit nulle part consigné dans l'histoire profane contemporaine de cette époque. Comment donc a-t-il pu se faire que, d'un trait de plume, sans rencontrer d'obstacle, le prêtre ait osé rayer du catalogue universel, pour en substituer d'autres à sa guise, non-seulement les noms révérés des dieux, mais encore ceux des monarques, des cités et des familles ? C'est qu'alors le peuple romain était arrivé à cette période de décroissance marquée par la nature. Voyant l'empire crouler de toute part, l'hiérophante se hâta de rassembler les débris épars de la science, de plus en plus méconnue, et de leur donner asile dans ses temples. Mettant à profit ce moment d'atonie universelle, ces hommes dévouées et infatigables surent conserver, en les multipliant, les dépôts précieux des chefs-d'œuvre de tous les âges dont s'enorgueillit l'esprit humain. C'est de ce laboratoire inviolable que sortirent depuis, selon l'exigence des temps, ces codes élémentaires des sciences qui, bientôt grandies dans l'entendement des peuples régénérés, laisseront bien loin derrière elles leurs auteurs étonnés. Revirement étrange! c'est en vain que le maître, épuisé et vieilli dans ses conceptions, tentera d'arrêter un jour le flux qui le déborde. Entraîné par le courant, il devra subir l'humiliation de sa défaite.

Mais voici l'horizon obscurci de toute part par la poussière soulevée sous les pas pressés de guerriers farouches. L'épée nue à la main, le chef s'écrie trois fois, *Hallah!* et les nations, fascinées par ce mot magique, inclinent leurs têtes devant *Mahommet.* Demandez au prêtre d'où vient ce nouveau législateur et de quel droit il inscrit sur sa bannière le titre ambitieux de *vrai prophète.*

L'autel va donc se dresser contre l'autel dans les lieux mêmes qui, naguère, ont vu s'accomplir le mystère du Verbe incarné. L'humanité, consolée par la voix du *Christ,* va donc gémir sous la tyrannie armée du fils d'*Abdallah!*

Anomalie inexplicable, énigme profonde dont la solution n'est écrite que dans le Coran. Voulait-on opposer cette digue à l'ambitieux empiétement des successeurs de St-Pierre? Nullement. Mais on venait de reconnaître que la morale épurée de la religion nouvelle était inhabile encore à remuer des hommes abrutis, tant par le climat que par dix siècles de servage. Ouvrons en effet les codes de ces deux religions en apparence si opposées dans leurs dogmes. Les voilà intactes ces tables de la loi publiée par la muse hébraïque au milieu des éclairs et des tonnerres. Ces antiques maximes des siècles passés revivifiées, vont s'épurer en passant par la bouche de ces deux grands apôtres de l'humanité.

Mon royaume n'est pas de ce monde, dit le fils de Dieu fait homme, mon père règne dans les cieux, venez à moi, hommes de bonne volonté sur terre.

Dieu est grand, s'écrie l'auteur du Coran, Dieu seul est le vrai Dieu, guerre aux impies! Je suis l'ange exterminateur de l'idolâtrie, et ces deux envoyés, remplis du même esprit, iront de par le monde, chacun à sa manière, jeter dans les nations diversement préparées, les germes de l'émancipation intellectuelle. Mais osons lever un coin du voile qui enveloppe la vie de ces deux envoyés du Très-Haut.

L'un et l'autre, de naissance pauvre et obscure en apparence, comptent dans leur généalogie des noms royaux. Ici *David*, là *Ismaël* fils d'*Abraham*; sortis de la même contrée, la même date marquera leur entrée dans le monde. Marie, chaste épouse de Joseph, est la mère Immaculée de *Jesus*; *Muhammeden* a reçu le jour d'*Abdallah* mari de la pudique *Amenah*. La grandeur future de ces deux hommes jette l'alarme dans l'âme des gouvernants qui conjurent leur perte. Afin d'échapper à la mort qui les menace, les parents de Jésus vont chercher en *Égypte* un refuge pour leur enfant, et le législateur de l'islamisme, pourchassé, s'enfuit à la *Mecque*. Après une vie parsemée de périls et d'angoisses, *l'agneau* qui porte les péchés du monde expire sur une croix à l'âge de 33 *ans* ($3 \times 3 = 9$); et le prophète guerrier trouve la mort à sa 63e année ($6 + 3 = 9$) dans la chair d'un *agneau* dans laquelle une main criminelle avait glissé du poison. Le Chrétien inscrira sur son étendard la forme d'une croix, symbole *numéral* du Maître, et les deux croissants de la lune partagée par la puissance de Mahommet, rediront au Musulman la même unité décimale *(ég-ire)*.

Ces emblèmes identiques de la nouvelle ère des peuples ne sont-ils pas un gage consolant de l'union future des nations aujourd'hui divisées par un sentiment de mépris réciproquement absurde? Encore un peu de temps et la civilisation passera son niveau sur ces têtes fanatisées qui fléchiront enfin devant ce Dieu créateur, emblème de la raison humaine, et dont le nom est jeté aux échos de la terre par ces grandes voix de bronze appendues aux beffrois des temples.

Sur quel monument se liront donc dévoilés ces mystères jusqu'à présent incompris? Ouvrons *la Bible, ce livre des livres!* Déjà nous avons pu suivre, sous le voile des grandes maximes des temps passés, non-seulement la trace des premiers mythes de ces religions établies par des hommes arrivés à un état de civilisation extrême, mais lire encore le résumé descriptif des sciences et des arts laissés par eux aux générations futures. Ces témoignages de sollicitude rassemblés dans un code unique qui aurait exigé, comme les œuvres de *Pline*, les feuilles d'une encyclopédie volumineuse, sont rendus plus concis au moyen d'une invention de mnémonique, autre miracle d'intelligence, qui vient défier l'entendement des nations. Qui donc jusqu'ici a pu percer la nuit sombre s'étendant sur ce *triple* narré formulé par *un même texte* redisant en entier et les préceptes *grammaticaux* nécessités par la formation d'un *alphabet* nouveau adapté aux exigences des idiomes naissants de l'occident, et les éléments d'*astronomie* basés sur le calcul des *figures géométriques* les plus pures, et ceux de *statique* confirmés par des extraits de *connaissances physiques* et d'*Histoire naturelle* aussi avancées que celles d'aujourd'hui peut-être.

Mais quel est ce vieux parchemin relégué dans la poussière du sanctuaire et dédaigneusement repoussé de siècle en siècle à cause de l'incohérence de son texte alambiqué et inintelligible? Écrit aussi en langue grecque, Il a pour épigraphe ce mot *apocalypse*, ou *révélation*, et *saint Jean* l'a scellé de sa main. Si cet opuscule n'était pas ainsi placé sous le patronage d'un évangéliste reconnu par la lucidité de sa raison, on le croirait sorti d'un cerveau aliéné. Et pourtant ce livre est encore un chef-d'œuvre de l'esprit humain. Aussi, quoique restée incomprise, par une fatalité inexplicable, des individus mêmes préposés à sa garde, l'apocalypse, entourée d'un respect profond, a pu traverser les âges pour conserver *la clef* de ces énigmes fameuses couvrant ces grandes institutions religieuses modernes qui doivent dominer le monde dans l'avenir des temps.

Si l'art sait trouver des sommes immenses pour reconquérir les statues antiques des dieux enfouies dans le sol, puisse l'amour de la vérité venir en aide au travailleur obscur qui vient d'exhumer dix Olympes tous palpitants d'actualité. La bible expliquée vaut bien, je pense, le plus beau des marbres de la Grèce : obéis et écris!...

TRACÉ ALPHABÉTIQUE, HIÉROGLYPHIQUE, GÉOMÉTRIQUE, TRIGONOMÉTRIQUE, MUSICAL, ETC.

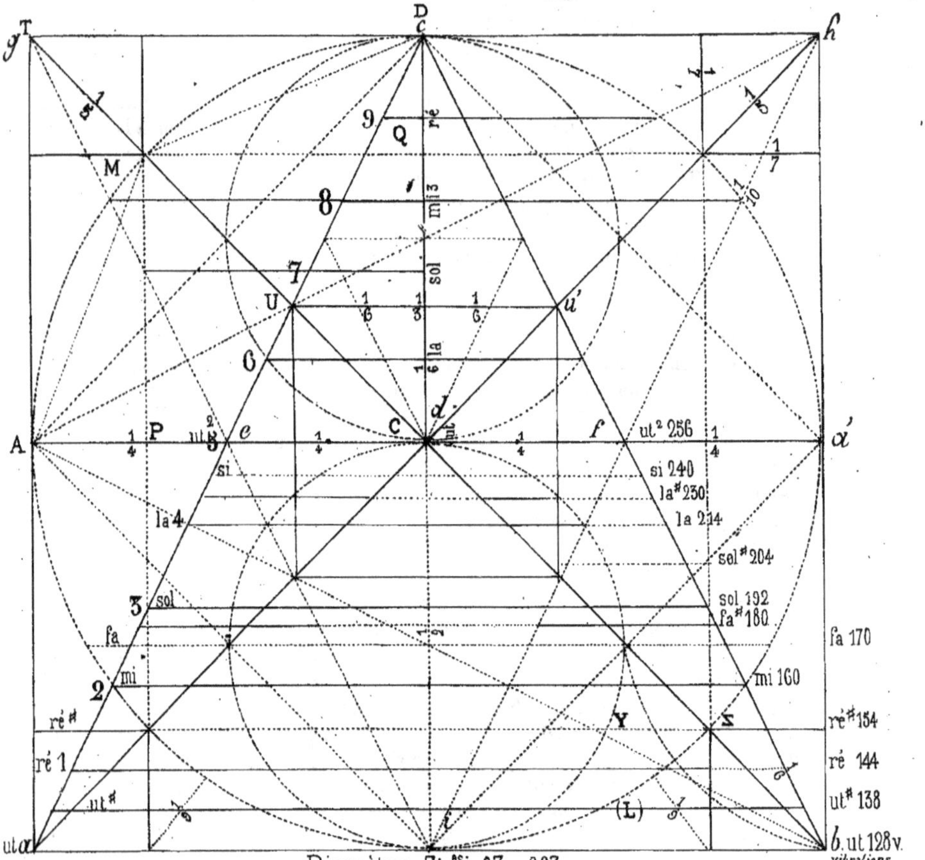

D
T
g
c
h
9
Q
ré
M
8
mi 3
7
sol
U
u'
6
la
A
P
e
C
d
f
ut² 256
α'
si 240
la# 230
la 214
sol# 204
3
sol 192
fa# 180
fa 170
fa
mi
2
mi 160
ré#
Y
ré# 154
ré 1
ré 144
ut#
ut# 138
(L)
ut α
i
b ut 128 v.
vibrations.

Diamètre : 7 mètres ou 0,7 ou 0,07.

1° Â Ai³ ⏃ & ⅆ ⊓ . ⅆ ⊓ e³ / \ & Λ

Au commencement Dieu créa les cieux et la terre. La terre était sans forme et vide

& 2 λ e⁶ ⋀ ⅆ Δ ⊓' & · V Â' ⊓e³ ⋀ NN

et les ténèbres étaient sur la face de l'abîme et l'esprit de Dieu se mouvait sur les eaux,

& Â Yi³ ⅆ Y α³? & ⅆ Y i³ & Â ⊏ i³ ⅆ Y re L̂

et Dieu dit : que la lumière soit, et la lumière fut, et Dieu vit que la lumière était bonne,

& Â ⋀i³ ⅆ Y 2λ' & Zi³ ⅆ Y O & 2λ ✡

et Dieu sépara la lumière d'avec les ténèbres, et il nomma la lumière jour et les ténèbres nuit,

ⅆ i³ Z ⅆ i³ N ⅆ i³ 1r O

ainsi fut le soir, ainsi fut le matin ; ce fut le premier jour.

HÉMISPHÈRE·CÉLESTE

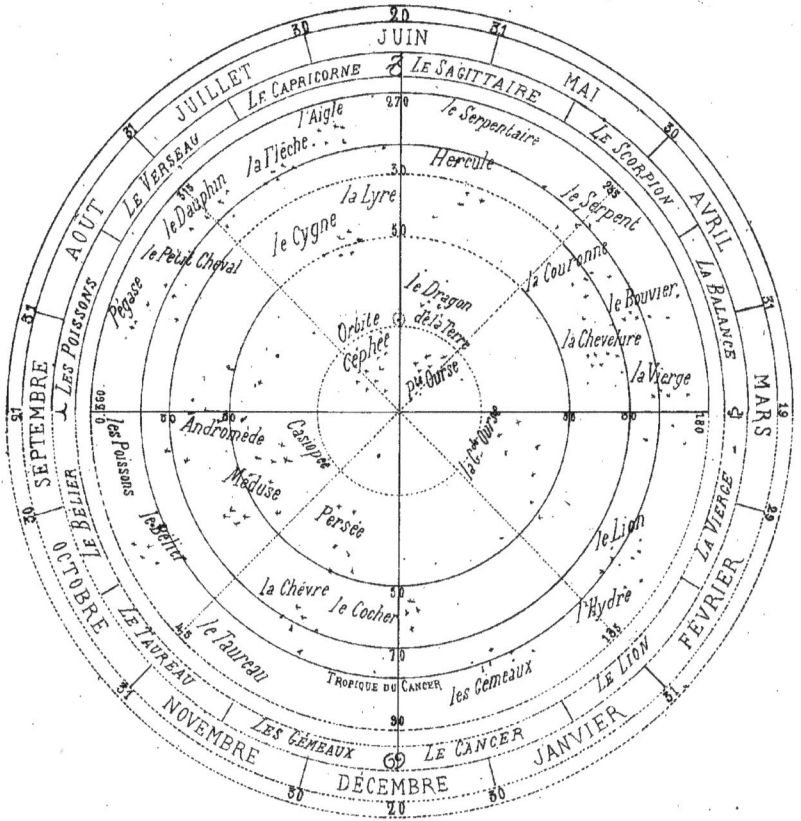

SPHÈRE·ARMILLAIRE

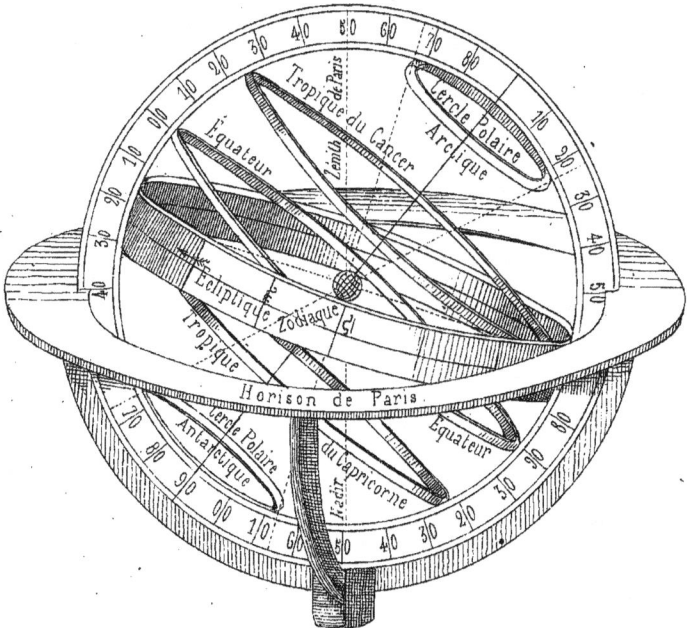

L'ALPHABET DÉVOILÉ

LIVRE DES LIVRES

Il n'y a rien de nouveau sous le soleil.

A B C D E F G H I J K L M N
O P Q R S T U V X Y Z

LIVRE PREMIER

SOMMAIRE

1° Géométrie et trigonométrie, lever des plans, avec les démonstrations actuelles des figures et celles inconnues, données par l'alphabet. Etymologie des noms des figures dont la mesure en surface ou en solidité, est donnée, en surplus, par la forme et les dimensions des contours des lettres ; ainsi, chaque lettre portant avec elle son enseignement, les planches et les calculs deviennent inutiles pour la démonstration.

2° Indication détaillée et précise de la construction des principaux instruments de mathématique nécessaires à toute espèce d'opération de géométrie et de trigonométrie et donnée par les formes des lettres étudiées selon leur ordre alphabétique, depuis le simple compas jusqu'au télescope.

3° Construction et description de la boussole, connue depuis la plus haute antiquité.

4° Traité complet de la musique actuelle, et sa théorie minutieuse, d'après le nombre des vibrations constitutives des sons physiquement basés sur la constitution de l'air atmosphérique.

5° Construction détaillée de tous les instruments de musique connus aujourd'hui et relatés dans l'alphabet, depuis la bombarde et le sifflet, jusqu'au grand orgue de 32 pieds.

6° Mécanisme expliqué des sons vocaux et de la parole de l'homme ; du chant et de la similitude du tube guttural avec les instruments perfectionnés.

7° Les sons, constitués par l'émission d'un certain nombre de vibrations, sont en relation parfaite avec le nombre d'unités renfermées dans la mesure des surfaces et des solidités des figures géométriques. Par conséquent, les voyelles et les semi-voyelles alphabétiques, deviennent naturellement représentatives des sept sons de la gamme diatonique.

8° Origine des articulations vocales, ou des lettres consonnes, formant les mots de tous les langages. La forme des lettres est l'image fidèle des objets animés ou non, émettant invariablement le son qu'elles représentent.

9° Méthode détaillée de la musique alphabétique, en usage autrefois dans les collèges sacrés et relatée minutieusement par l'arrangement, bien combiné, des voyelles à travers les consonnes.

10° Tableau général des vibrations des sons des gammes diatonique et chromatique et de leurs intervalles successifs.

11° Notation cursive de la musique alphabétique, aussi rapide que l'écriture ordinaire d'où elle est tirée. Comparaison du système actuel avec celui de l'alphabet.

12° Origine des épellations musicales actuelles : *ut, re, mi, fa*, etc., et celle des clefs et corrélation des lettres qui les forment, avec les sons qu'elles représentent, et avec les figures géométriques analogues.

13° Origine des lettres cursives de l'alphabet ; leurs contours sont, comme ceux de leurs majuscules, représentatifs des mêmes figures géométriques.

14° Unité de mesure des anciens, prise d'abord sur la nature invariable des sons ; réforme de leur méthode qu'ils mettent en rapport avec le système métrique, absolument semblable à celui actuel, et basé sur la mesure du méridien terrestre ; détails de leurs opérations consignées dans l'alphabet.

15° Origine des chiffres de la numération en général ; manière de compter chez les Grecs et les Romains. Origine des caractères actuels, dont l'invention est faussement attribuée aux Arabes ; ce ne sont que des lettres alphabétiques retournées ou renversées.

16° Tableau de numération des Grecs et des Latins, dont la nomenclature est purement alphabétique.

17° Étymologie des épellations numérales *un, deux, trois, dix, vingt, cent, mille*, etc.

18° Établissement du système de numération décimale ; explication du mécanisme et de la combinaison des chiffres.

19° Des fractions des nombres entiers, et celles décimales : exemples appliqués à la musique.

20° Rapports, proportions, progression des chiffres, etc.

21° Notions élémentaires du calcul algébrique ; exemples alphabétiques appliqués à la musique, par les anciens.

22° Statistique, dynamique, construction et théorie des principales machines, etc.

23° Le levier ; le coin ; la presse ; pompe foulante, pompe élévatoire ; invention des soupapes ; machine pneumatique ; la presse hydraulique ; force motrice déterminée par la pesanteur des corps ; les turbines, les moulins à eau et à vent ; le treuil ; la manivelle ; le pied de chèvre ; le croc ; la grue ; les moufles.

24° Forces de la projection, celle de l'air et des gaz ; force tirée des poids, le mouton.

25° Puissance de l'eau réduite à l'état de vapeur ; machines à vapeur, leurs commencements, leurs perfectionnements, leurs applications aux chemins de bois ou de fer, depuis les temps les plus reculés ; calcul de la dilatation de la vapeur, donné par des formes géométriques. Machines motrices à air chaud.

26° Invention de la fonte convertie en fer et en acier ; celle du verre en découle naturellement.

27° Tableau comparatif de la densité des métaux qui portent les noms des sept planètes visibles à l'œil nu ; leur correspondance avec les sons de la gamme diatonique ; origine des noms affectés à chaque jour de la semaine, lundi, mardi, etc.

28° Le mercure qui, renfermé dans des tubes en verre, donne naissance à de nombreux instruments de physique ; baromètres, thermomètres, etc. ; invention de la distillation.

29° Le verre purifié ; objets fabriqués avec du verre coulé ; les bouteilles, les vases, le verre à vitre, les miroirs, les verres d'optique, les lunettes, leur théorie ; l'émail, optique, catoptrique.

30° Décomposition et composition de la lumière solaire ; distance du soleil à la terre ; vitesse de la lumière ; analyse des couleurs du spectre solaire.

31° Tableau général des concordances des corps naturels, leurs gammes similaires.

32° Invention du gaz tiré de la houille ; application des couleurs vives obtenues du goudron.

33° Alliage des métaux ; objets d'art en bronze, cloches.

34° Invention successive des télégraphes, télégraphie électrique. Machines électriques, batterie, etc.

35° Degrés successifs de la civilisation parcourus par l'homme, depuis son état sauvage, jusqu'à la suprême splendeur de ses créations idéales.

GÉOMÉTRIE

PREMIÈRE PARTIE DE L'ALPHABET

FIGURES RECTILIGNES

Il est facile de voir que la forme des lettres de l'alphabet latin, le plus répandu en Europe, offre quelques dessins géométriques. Le caractère A simule un triangle; O, un cercle; D, une demi-circonférence avec son diamètre; L, un angle droit, etc. Mais, les auteurs de l'alphabet supposent d'abord que leur élève n'a pas la moindre notion de cette science, et ils commencent à opérer graduellement, avant de donner des raisonnements et des démonstrations que nous trouverons à la fin, lorsque nous saurons calculer mathématiquement.

La géométrie est la science de l'étendue dans les corps, elle se présente à nous sous des formes différentes: *longueur, largeur* et *hauteur.*

Une longueur sans largeur est une ligne; mais ici, nous prenons à volonté trois ou quatre etc. lignes droites: des baguettes ou des fétus de paille, et nous voyons qu'en les entremêlant au hasard les uns avec les autres, elles forment, par leurs intersections, des angles différents qu'on peut agrandir et resserer à volonté. Un angle est donc l'espace plus ou moins grand compris entre deux droites qui se rencontrent, et sa grandeur ne dépend pas de la longueur, mais de l'écartement de ses côtés. Les côtés de l'angle sont les lignes qui le forment et on appelle *sommet,* leur point d'intersection. Les angles, comme les quantités numériques, sont succeptibles d'additions et de soustractions.

Lorsqu'une ligne droite tombe d'aplomb sur une autre, les angles formés de chaque côté de cette perpendiculaire seront égaux entre eux et s'appellent *angles droits.*

Si l'on fait incliner cette ligne perpendiculaire sur la droite, par exemple, l'angle formé du côté gauche deviendra plus grand que l'angle droit et prendra le nom d'*angle obtus,* et celui formé sur la droite sera dit *aigu;* il est facile de voir que les proportions angulaires deviendront de plus en plus grandes relativement à l'inclinaison plus ou moins grande que l'on donnera à la ligne perpendiculaire, jusqu'à ce qu'elle aille se confondre avec celle qui lui sert de base. Ainsi, cette perpendiculaire sera dite *oblique,* par rapport à une autre, lorsqu'elle ne formera plus un angle droit.

Ainsi, nous pouvons conclure de ceci: 1° Que tous les angles droits sont égaux; 2° que toute ligne droite qui en rencontre une autre, sous un angle quelconque, fait avec celle-ci deux angles adjacents dont la somme vaut deux angles droits; 3° que toutes les fois que deux droites se couperont, les angles opposés au sommet seront égaux et que la somme des quatre angles qui seront formés à leur point d'intersection, ou au sommet, valent ensemble quatre angles droits.

On appelle *plan* une surface telle, qu'en prenant deux points à volonté sur cette surface et en les joignant par une droite, celle-ci se trouve tout entière dans la surface, comme une table bien dressée sur laquelle on poserait une règle, qui la toucherait dans toute sa longueur. Ainsi, une surface est ce qui a longueur et largeur, sans hauteur. On distingue deux sortes de surfaces: les planes et les courbes; celles-ci est telle que, si l'on choisit deux points quelconques, et qu'on les joigne par une droite, cette ligne ne se trouve pas tout entière dans la surface.

Ces connaissances préliminaires posées, nous allons construire différentes figures avec nos lignes droites : une figure plane est un plan terminé de toutes parts par des lignes. Nous venons de voir qu'en n'employant que deux de ces baguettes, ou lignes droites, nous ne pouvons former que des angles, ou que des lignes obliques ou parallèles, c'est-à-dire éloignées de toutes parts d'une distance égale, et que, par conséquent, nous ne circonscrivons pas un espace quelconque, et que nous ne pouvons le faire qu'en employant trois de ces lignes dont les intersections formeront une surface plane triangulaire, variable à volonté, selon le degré d'inclinaison de ces lignes entres elles, et selon qu'elles seront de longueurs inégales ou égales. Dans ce cas, nous voyons l'ouverture des angles formés par les côtés varier en proportion ; l'espace, ainsi renfermé par des lignes droites, s'appelle *polygone* (plusieurs angles), et l'ensemble des lignes forme le *périmètre* du polygone.

Le triangle est un polygone de trois côtés ; comme on ne peut former que quatre sortes de triangles, on les a appelés : *équilatéral*, quand le triangle a trois côtés égaux ; *isocèle*, lorsqu'il a deux côtés égaux seulement ; et *scalène*, quand les trois côtés sont inégaux. Le triangle rectangle est celui qui a un angle droit, et le côté opposé à cet angle s'appelle *hypoténuse*.

A] Parmi ces sortes de triangles, les auteurs ont choisi celui isocèle représenté par la partie supérieure de la lettre A, dont les côtés sont indéterminés, mais d'une longueur égale. Si nous fermons cette lettre en joignant les deux extrémités de ces jambages par une ligne transversale parallèle à celle de la base du petit triangle formé par la partie supérieure de la lettre A, nous aurons un grand triangle semblable au premier, attendu que l'angle du sommet devenant commun, les angles formés par les deux bases parallèles sont égaux entre eux, et qu'ils ont leurs côtés d'une longueur proportionnelle.

De cette démonstration découlent les propositions suivantes : 1° deux triangles sont égaux, lorsqu'ils ont un angle égal compris entre les côtés égaux ; 2° lorsqu'ils ont un côté égal adjacent à deux angles égaux chacun à chacun ; 3° lorsqu'ils ont les trois côtés égaux.

Il y a donc six parties à considérer dans un triangle : trois angles et trois côtés ; de l'égalité de trois de ces parties dans deux triangles, pourvu qu'il y ait un côté, on déduit l'égalité des trois autres, et par conséquent celle des triangles comparés.

Dans les triangles isocèles (A fermé), les angles opposés aux côtés sont égaux, et dans tout triangle, plus le côté devient grand, plus l'angle opposé s'élargit.

Si nous partageons le sommet du triangle A en deux parties égales, par une ligne droite qui tombera perpendiculairement sur la base, nous obtiendrons la preuve visible que la ligne droite est le plus court chemin pour aller d'un point à un autre. En effet, les deux jambages obliques de l'A sont plus longs que la perpendiculaire qui joint la base au sommet.

Donc, les obliques qui s'écartent également de la perpendiculaire sont égales en longueur, et de deux obliques inégalement distantes de la perpendiculaire, la plus longue est celle qui s'en écarte le plus.

Lorsque deux parallèles, comme les deux bases du triangle A fermé, prolongées, sont rencontrées par une ligne *sécante*, c'est-à-dire qui les coupe, comme le côté gauche de l'A prolongé, cette sécante fait avec les parallèles plusieurs angles. Ceux qui sont du même côté de la sécante, sont dits *intérieurs* d'un même côté, parce qu'ils sont chacun du côté intérieur du triangle, et s'appellent, pour cette raison : *alternes-internes*, et les deux autres sont *alternes-externes*. Il est facile de voir que les angles formés par les intersections de ces lignes, en donnent quelques-uns d'égaux entre eux ; d'abord, ceux opposés par leurs sommets et ceux formés par les bases, tant extérieurement qu'intérieurement, et que les deux derniers valent deux angles droits, pris ensemble; on conclut de là que, dans tout triangle, la somme des trois angles est égale à deux angles droits. En effet, un triangle rectangle ne pouvant avoir qu'un angle droit, les deux autres angles aigus, en somme, équivalent à un angle droit; or, étant donnés deux angles d'un triangle, on trouvera le troisième en retranchant leur somme de deux angles droits. De là encore chaque angle d'un triangle équilatéral est le *tiers* de deux angles droits.

La somme de tous les angles d'un polygone, est égale à autant de fois deux angles droits qu'il y a de côtés moins deux.

Lorsque nous avons fermé le triangle $\mathbb{A}$, de l'extrémité de chacun des jambages de cette lettre nous avons mené une ligne parallèle à celle de la base du petit triangle supérieur; or, toute ligne menée ainsi parallèlement à la base d'un triangle, divise les côtés en parties proportionnelles.

Cette propriété nous fournit les moyens de résoudre les problèmes suivants : partager une ligne donnée en tant de parties égales qu'on voudra, en dix, par exemple. A cet effet nous prenons la ligne indéfinie du côté gauche du triangle A, avec l'angle du sommet de cette lettre (ou tout autre); nous supposons qu'il s'agisse ici de diviser en dix parties égales la perpendiculaire abaissée du sommet A fermé sur sa base. Nous prenons une longueur quelconque approximative de celle que l'on veut obtenir, et nous la portons dix fois sur le jambage indéfini de A; puis, nous joignons les deux extrémités de ces lignes par une transversale parallèlement à laquelle nous menons autant de barres qu'il y a de divisions. Alors la perpendiculaire sera divisée en dix parties égales, et chacune de ces barres transversales donnera une longueur proportionnelle des parties auxquelles elles correspondent.

Pour trouver une quatrième ligne proportionnelle à trois autres lignes données, on fait, comme dans le cas précédent, un angle quelconque avec deux lignes indéterminées. Soit la forme de A, par exemple; on porte successivement, à partir du sommet, la longueur des deux lignes sur le jambage de gauche, et la troisième ligne, sur celui de droite. On joint l'extrémité de la première ligne du côté de gauche, par une ligne transversale qui va aboutir à l'extrémité de celle placée sur le côté droit, puis on mène de l'extrémité de la deuxième du côté gauche, une parallèle à celle transversale tracée plus haut; à partir du point où elle rencontre le jambage de droite, jusqu'au sommet, sera la longueur de la quatrième ligne proportionnelle.

Quand on sait trouver une moyenne proportionnelle entre deux lignes données, il est facile de convertir un triangle, un rectangle ou un polygone quelconque, en un carré équivalent. Si l'on cherche une moyenne proportionnelle entre la base et la moitié de la hauteur d'un triangle, le carré construit sur cette moyenne ligne sera équivalent au triangle proposé; soit B la base d'un triangle, H sa hauteur; sa surface sera exprimée par $\dfrac{B \times H}{2}$ (B multiplié par H et divisé par 2). Si l'on cherche une moyenne proportionnelle entre B et H^2, il vient, en nommant Y cette moyenne, $B : Y :: Y : \dfrac{H}{2}$ ou $Y^2 = \dfrac{BH}{2}$.

Pour avoir un carré équivalant à un parallélogramme, il faut chercher une moyenne proportionnelle entre la base B et la hauteur H de ce parallélogramme; et pour avoir un carré équivalent à un polygone, il faut, avant tout, réduire ce polygone en un triangle équivalent, puis chercher une moyenne proportionnelle entre la hauteur de ce triangle et sa base.

$\mathbb{B}$] Mais ce n'est qu'en tâtonnant, pour ainsi dire, que nous sommes parvenus à donner des formes à peu près régulières à nos triangles; il nous faut, désormais, pour opérer, employer une méthode certaine. Nous trouvons dans le tracé de A, non fermé, la similitude d'un compas dont les branches, susceptibles d'être éloignées ou rapprochées à volonté, seront maintenues dans la position donnée par la barre transversale de cette lettre.

Avec l'aide de cet instrument, nous allons suivre les dessins de la lettre B, qui va nous apprendre à partager une ligne donnée en tant de parties égales, et à élever des perpendiculaires sur les lignes à tel ou tel point donné, etc.

D'abord, le jambage droit de ce caractère est l'image de la règle avec laquelle nous traçons une ligne déterminée par la longueur de ce jambage que nous voulons partager en deux parties égales, et, sur le milieu, élever une perpendiculaire.

Avec une ouverture de compas un peu plus grande que le quart de la longueur de ce jambage, et à partir de ce dernier point, je décris une circonférence entière ; puis, à partir de la même distance de l'autre extrémité, avec la même ouverture, je trace une circonférence pareille ; je réunis par une ligne droite les points d'intersection de ces deux circonférences, et j'obtiens une perpendiculaire qui coupe le jambage en deux parties égales. Nous supprimons un côté de cette figure devenu inutile, et nous avons la forme de la lettre B, composée d'une ligne droite sur la quelle s'appuient deux demi-circonférences de cercle.

C] Nous possédons actuellement une figure géométrique régulièrement construite.

Avec la moitié que nous venons d'obtenir du jambage de B, nous décrivons une demi-circonférence C, ce qui nous fait voir, qu'outre les lignes droites, il en est d'autres appelées *courbes*.

D] Nous plaçons cette demi-circonférence sur un jambage semblable à celui de B, et nous obtenons la figure D, qui nous montre l'espace circonscrit, cette fois, par deux lignes, l'une droite et l'autre courbe ; la ligne qui relie les deux extrémités de cette demi-circonférence entre elles, s'appelle *diamètre*. Nous avons ainsi deux nouvelles surfaces B et D, qu'il s'agit d'examiner et de comparer.

Nous voyons que la demi-circonférence D, décrite avec un rayon, (c'est ainsi que l'on nomme la moitié du diamètre) une fois plus grand que celui qui a servi à former les deux demi-circonférences B, doit être le double de l'une de celles-ci, et égale aux deux réunies ; les lettres B et D sont donc égales en surface.

Si, maintenant, nous prenons le D des grecs, (Δ delta), qui a la forme d'un triangle rectangle, et que nous le placions dans le D des latins, son hypothénuse confondue avec le diamètre de cette lettre, nous aurons ce qu'on appelle un triangle inscrit dans une demi-circonférence ⟁, et les deux côtés du triangle seront les *cordes* sous-tendant les *arcs*, ou portions de circonférence qui les surmontent. De plus si, par le même moyen dont nous nous sommes servis pour construire B, nous élevons une perpendiculaire sur le milieu du diamètre D, composé des deux moitiés du jambage B réunies dans leur longueur, cette perpendiculaire divisera l'angle droit du triangle grec en deux parties égales, ainsi que la demi-circonférence D ; par conséquent, les deux cordes étant égales, sous-tendront des arcs égaux, et les angles formés au centre étant égaux entre eux, on aura deux triangles semblables ; en outre, la perpendiculaire élevée au point de jonction des deux moitiés du jambage B, composant le diamètre D, devient une moyenne proportionnelle entre les deux longueurs composant le diamètre.

Si, au contraire, nous formons le diamètre avec deux lignes de longueurs inégales et que nous élevions, comme nous l'avons fait ci-dessus, une perpendiculaire à leur point de jonction, les cordes, menées du sommet de cette perpendiculaire aux extrémités du diamètre, seront inégales, et la perpendiculaire sera encore la moyenne proportionnelle entre les lignes de la base.

D'après ce que nous venons de dire, on comprendra que, pour diviser un arc en deux parties égales, il suffit d'élever une perpendiculaire sur le milieu de la corde qui le sous-tend ; que, pour diviser un angle, il faut décrire, de son sommet, comme centre, un arc qui soit compris entre ses côtés, et élever, sur le milieu de la corde de cet arc, une perpendiculaire qui ira partager en deux parties égales le sommet de l'angle.

Le triangle, (delta grec), inscrit dans la demi-circonférence D, est un polygone régulier, puisque ses deux côtés sont égaux. Le nombre des côtés des polygones est indéterminé et variable à l'infini; le plus simple est le triangle équilatéral; puis le carré, le pentagone et l'hexagone. Deux polygones réguliers, d'un même nombre de côtés, sont des figures semblables, car ils ont les angles égaux et les côtés homologues proportionnels.

Tout polygone régulier peut être inscrit dans le cercle et lui être circonscrit.

On peut toujours, par trois points donnés, non en ligne droite, faire passer une circonférence; il suffit de joindre les trois points par deux lignes, sur le milieu desquelles on élève une perpendiculaire; le point d'intersection de ces derniers, sera le centre du cercle. Si les trois points donnés sont les sommets du triangle $\triangle$ (delta) inscrit, nous les joignons par les deux lignes qui sont les côtés, sur le milieu desquels nous abaissons deux perpendiculaires qui vont se couper au centre du diamètre, ou de la circonférence. Or, comme tous les polygones peuvent se décomposer en triangles, tout polygone peut être inscrit dans le cercle.

Tout polygone peut aussi être circonscrit au cercle; comme tous les côtés du polygone sont, par rapport à la circonférence, des cordes égales, et, par là même, également éloignés du centre, il s'en suit que, si du milieu d'une de ces cordes on abaisse une perpendiculaire sur le centre du cercle, cette perpendiculaire, devenant ainsi un rayon, on décrira avec lui une circonférence qui touchera, intérieurement, le milieu de toutes les cordes du polygone qui inscrira le cercle.

Ainsi les périmètres de deux polygones réguliers, d'un même nombre de côtés, sont comme les rayons des cercles inscrits et circonscrits, et nous verrons, tout à l'heure, que leurs surfaces sont comme les carrés de ces mêmes rayons; puis, les circonférences des cercles étant comme leurs rayons, les surfaces seront comme les carrés des rayons.

L'espace peut être aussi circonscrit par quatre lignes droites, de longueurs inégales, et se coupant entre elles au hasard; si nous fixons leurs points d'intersection sur un pivot, de manière qu'elles puissent ainsi se mouvoir en tous sens, nous n'obtiendrons, dans les diverses positions que nous leur ferons prendre relativement les unes aux autres, que des figures irrégulières qu'on peut ramener à la forme du triangle, en tirant des lignes transversales d'un des angles à l'angle opposé.

Mais, si ces quatre lignes sont égales en longueur, deux par deux, nous formerons des figures régulières qui ont reçu différents noms, selon leurs positions relatives.

Ainsi on appelle *trapèze* un quadrilatère, dans lequel deux côtés sont parallèles, comme la partie inférieure de $\triangle$ fermé, comprise entre les deux bases du triangle et les côtés adjacents.

Le *rectangle* est une figure qui a ses angles droits, sans avoir tous ses côtés égaux.

Le *parallélogramme*, ou *rhombe*, celle qui a ses côtés opposés parallèles.

Si les quatre lignes sont égales en longueur, nous aurons le *losange*, qui a ses côtés égaux sans avoir ses angles droits.

Enfin, le *carré*, polygone qui a ses côtés égaux et ses angles droits.

Nous avons dit que la diagonale est la ligne qui joint, dans un polygone quelconque, les sommets de deux angles non adjacents.

MESURE DES SURFACES DES PARALLÉLOGRAMMES

E] En étudiant attentivement la forme de la lettre E, nous remarquons, d'abord, qu'elle est composée d'une perpendiculaire égale en longueur à celle du triangle A fermé, ou du jambage B, aux extrémités de laquelle viennent aboutir, à angles droits, deux autres lignes d'une longueur égale à la première; on remarque encore à l'extrémité de ces deux dernières des petites lignes, ou appendices transversales dirigées verticalement, l'une du côté de l'autre, comme signe indicatif de leur prolongement dans ce sens, s'il était nécessaire, afin de compléter la ligne de ce côté. En effet, nous la fermons et nous avons un carré parfait. Mais, sur le milieu du jambage vertical, nous voyons s'élever, du côté de l'intérieur de la lettre, une perpendiculaire horizontale de moitié moins longue que la première, et traversée à son extrémité, encore à angles droits, par une ligne verticale de même longueur que celle de cette dernière. Si nous continuons le tracé de ces lignes, en suivant les directions indiquées par les deux autres petites lignes, nous verrons l'intérieur de E occupé par quatre petits carrés d'égales dimensions ⊞

Il devient dès lors évident que les auteurs, en construisant ainsi cette figure, ont voulu simuler la forme du carré, tout en donnant la mesure de sa surface.

En effet, si nous donnons une valeur à chacun de ces petits carrés, un mètre, par exemple, nous compterons 4 mètres pour mesure de la surface du grand carré E fermé, ou, le nombre d'unités comprises dans le sens de la longueur, multiplié par celui contenu dans la largeur, en général, on dira la *largeur* ou *hauteur* multipliée par la *longueur*.

Cette formule s'applique à tous les parallélogrammes, ou, pour abréger, on dit: la *base* multipliée par la *hauteur*. Il suit évidemment de cette démonstration, que la somme des angles d'un quadrilatère équivaut à quatre angles droits, puisque, dans celui qui est équiangle, chacun de ces angles est un angle droit.

F] La lettre F, qui suit, est presque entièrement semblable à E; elle n'en diffère qu'en ce qu'elle manque de barre inférieure transversale. Si nous la fermons par le prolongement de ces petites lignes, ou amorces, nous n'aurons, dans son intérieur, que trois petits carrés ⊟ , au lieu de quatre, comme dans l'E. Cette circonstance nous porte à croire que la mesure des triangles, et celle des figures construites sur leurs bases, n'est pas la même que celle appliquée pour le carré, et qu'il faudra recourir à une fraction de l'unité, soit du quart, soit de la troisième partie ou du tiers, pour arriver juste au résultat demandé.

Mais, comme dorénavant les auteurs ont voulu appuyer leurs raisonnements par des chiffres, afin de ne rien laisser d'ambigu, ils nous disent que, puisque nous avons pris, tout à l'heure, le mètre pour unité, les 7 carrés donnés par la lettre E et F, détermineront ici, par hypothèse, la hauteur et la largeur de toutes les lettres de l'alphabet, composées de lignes droites et de la circonférence entière du cercle, comme A, E, I, D, G, Q, etc., qui doivent avoir le chiffre 7 de toutes dimensions (7^m; 0,7; 0,07; 7 pieds, etc.); ainsi, comme les côtés du carré E, ont maintenant 7 mètres de longueur, la surface sera 7, multiplié par 7 $=$ 49^m de surface, ou la base multipliée par la hauteur en général.

MESURE DES TRIANGLES

A] Puisqu'il est convenu que toutes les figures rectilignes doivent affecter une forme carrée, et que la mesure commune sera de 7 mètres de toutes faces, nous prenons le grand triangle A fermé que nous plaçons dans E fermé; nous voyons tout de suite que, les bases et les hauteurs égales de ces deux lettres coïncidant, A occupe juste la moitié du caré E; en effet, les deux triangles rectangles formés en dehors des jambages de A, étant égaux entre eux, puisqu'ils ont les bases et les hauteurs égales, s'ils étaient réunis en un seul, donneraient une surface égale à celle de A. D'ailleurs, puisque le triangle A est déjà partagé en deux parties par la perpendiculaire abaissée de son sommet sur la base, l'égalité des quatre triangles renfermés dans le carré E devient évidente. (Voir la figure.)

D'un autre côté, si nous partageons le carré E par une diagonale, nous avons deux A non de même forme, mais égaux chacun en surface à ce dernier, puisqu'ils ont même base et même hauteur: ainsi il est manifeste que la surface du triangle A sera la moitié de celle du carré E; la mesure de celui-ci étant de 49^m, celle du triangle A sera la moitié, ou 24^m 50; ou bien, ce qui revient au même, la mesure, en général, d'un triangle s'obtiendra en multipliant sa base par la moitié de sa hauteur et *vice versa*.

Ainsi, pour avoir un triangle équivalant à un carré, on cherche une moyenne proportionnelle entre la base et la moitié de la hauteur; ou bien, on double la base du triangle, en conservant la hauteur. Dans le cas du triangle A, si on double la base, on a 14 × 3,50 = 49, surface du carré, puisque deux triangles A occupent cette surface. Si on double la hauteur, en laissant la base, il est clair qu'on obtient le même résultat.

La longueur des lignes d'un triangle équilatéral, A fermé, équivaut à la mesure de la surface du triangle isocèle A. Les trois côtés, ayant 7^m chacun = 21; plus 3,50 la barre transversale médiane, moitié de 7, total 24,50, surface du triangle A fermé isocèle.

MESURE DU TRAPÈZE

⌐ Voici une figure composée de quatre lignes, que l'on appelle *trapèze*, et semblable, comme nous l'avons dit, à la partie inférieure du triangle A fermé. Ce tracé tient, par sa forme, du triangle et du carré, puisque ses côtés sont inclinés sur les deux bases parallèles. Ainsi, la manière de mesurer sa surface participera de celle de ces derniers.

En effet, nous formons la somme des bases parallèles; la base inférieure 7^m, plus la base supérieure 3^m 50 = 10^m 50, que nous multiplions par la moitié de la hauteur 1^m 75, qui est la perpendiculaire abaissée sur la base, on a 18^m 38 pour mesure de cette surface.

La preuve est que, si nous prenons la surface 6^m 12, du petit triangle supérieur A, et que nous l'ajoutions à cette surface du trapèze, 18^m 38, nous aurons au total 24^m 50, surface entière du grand triangle A.

On peut encore évaluer l'aire, ou surface du trapèze, en multipliant la demi-somme des côtés parallèles par la hauteur.

Des expressions ci-dessus formulées pour la mesure du rectangle, du parallélogramme et du triangle, il résulte immédiatement que deux rectangles de même base sont entre eux comme leurs hauteurs, ou que deux rectangles de même hauteur sont entre eux comme leurs bases; même proposition pour deux parallélogrammes et aussi pour deux triangles.

MESURE DU LOSANGE

On peut considérer le losange comme un carré dont on aurait détruit les angles droits, en faisant incliner les côtés les uns sur les autres. La mesure de la surface de cette figure peut s'obtenir en la transformant en deux triangles égaux, par une diagonale menée d'un angle à l'autre opposé; ou bien, ce qui revient au même, en multipliant par elles-mêmes les longueurs de ses deux diagonales et en prenant la moitié du produit.

Ainsi, le losange formé dans la partie supérieure de A, à partir du sommet à la barre transversale, en tirant deux lignes du milieu des deux jambages qui iront aboutir au milieu de cette dernière, aura pour mesure de sa surface 3^m 06. La moitié de celle du petit triangle supérieur de A, puis que ce dernier se trouve ainsi partagé en 4 petits triangles égaux. (Voir la figure.)

Nous venons d'obtenir la mesure de toutes les surfaces des figures rectilignes ; il nous reste à connaître les noms et la forme d'autres figures construites sur les périmètres de ces dernières, ainsi que leur solidité, c'est-à-dire leur trois dimensions : hauteur, largeur et profondeur.

On apppelle *polyèdre*, des solides terminés par des plans, ou surfaces planes, dont les intersections sont des lignes droites. Les intersections s'appellent *côtés* ou *arêtes* des polyèdres.

Lorsque trois plans se réunissent en un seul point et sont adjacents, l'espace angulaire qu'ils comprennent prend le nom d'*angle solide*.

En fermant, par un quatrième plan, un angle solide, on forme un *tétraèdre*, ou solide qui a quatre faces ; c'est le plus simple des polyèdres. On distingue encore le *pentaèdre, l'hexaèdre, l'octaèdre,* etc.

Le prisme est un solide dont toutes les faces latérales sont des parallélogrammes adjacents, et dont les bases sont des polygones égaux et parallèles. La hauteur du prisme se mesure par la distance des bases.

Le prisme est droit ou oblique, selon que les arêtes sont perpendiculaires ou inclinées aux bases ; il est triangulaire, quadrangulaire, pentagonal, selon que ses bases sont des triangles, des quadrilatères, ou des pentagones.

Si la base du prisme est un parallélogramme, il reçoit le nom de *parallélipipède*.

Le parallélipipède est rectangle, quand toutes les faces qui le terminent sont rectangles.

Parmi ces sortes de solides, le plus simple et le plus remarquable est le *cube*, compris sous six carrés égaux.

La mesure de l'espace déterminé par la forme d'un solide polyèdre est ce qu'on appelle sa *solidité*.

Pour unité de mesure, dans l'évaluation des solides, nous convenons de prendre le cube construit sur l'unité de longueur ; c'est-à-dire un cube dont chaque arête est égale à cette unité (le mètre) et dont les six carrés de la surface ont encore pour côtés cette unité de longueur, ainsi on appellera mètre cube, un cube ayant pour faces des mètres carrés.

MESURE DU CUBE

E *cube*] Si, sur les quatre cotés du carré E fermé, nous redressons un carré semblable à cette dernière lettre, l'espace compris entre ces quatre côtés, sera un cube. En prolongeant, en tous sens, les lignes des petits carrés occupant l'intérieur, nous compterons 16 petits cubes, c'est-dire le produit de la base 4, multiplié par la hauteur $4 = 16$ mètres cubes. Mais, comme nous avons donné 7 mètres de côté au carré E, le cube de cette lettre sera le produit de la base $49^m \times 7 = 343^m$ cubes ; nous obtenons ainsi un corps ayant six faces et qu'on appelle aussi parallélipipède.

La lettre grecque H (*èta* ou E long de cet alphabet), a la forme de H des Latins ; elle vient ici, par ses trois jambages égaux et ayant 7^m chacun de longueur, corroborer les mesures données par le carré E. $7 \times 7 = 49$, surface du même carré, et $49 \times 7 = 343^m$, cube du carré.

Nous verrons tout à l'heure, lorsque nous connaîtrons la mesure de toutes les figures géométriques, que les lettres cursives correspondant à leurs homophones, quoiqu'éloignées de celles-ci, par la forme, nous donneront les mêmes résultats.

La longueur des lignes qui forment E, nous donne encore la mesure du carré de cette lettre et de son cube. Les deux jambages 7, multipliés l'un par l'autre, donnent 49, surface du carré. Les deux autres petites lignes de l'intérieur, ayant chacune 3,50 de long, donnent 7. $49 \times 7 = 343$, cube de ce carré.

MESURE DU PRISME

Si maintenant nous coupons par le milieu, c'est-à-dire par un plan allant d'un angle à l'autre opposé, le cube E, nous aurons deux corps triangulaires, ou deux prismes, dont les bases sont égales à celles du triangle A fermé.

Il est évident alors que la mesure de la solidité de chacun d'eux sera la moitié de celle du cube E ou la moitié de 343 ; c'est-à-dire le produit de leur base 24,50 (surface de A) multiplié par la hauteur 7^m, $= 171^m\,50$.

Comme un prisme quelconque peut être décomposé en prismes triangulaires, la mesure ci-dessus devient commune : le produit de la base multiplié par la hauteur.

Deux prismes sont égaux, lorsqu'ils ont un angle solide compris entre trois plans égaux chacun à chacun et semblablement placés. Ainsi, deux prismes droits, qui ont des bases égales et des hauteurs égales, sont égaux, et les deux prismes triangulaires A, dans lesquels se décompose le cube E, sont équivalents entre eux ; il en serait de même si un prisme oblique était dans les mêmes conditions.

MESURE DE LA PYRAMIDE.

F] Nous venons d'obtenir un cube en élevant, à chaque sommet du carré E, des lignes perpendiculaires, ayant une hauteur égale 7^m.

Nous allons faire incliner ces quatre lignes sur la base E, et elles viendront se réunir à l'extrémité d'une perpendiculaire, ayant pour hauteur 7^m et placée au milieu de la surface de cette lettre.

Nous obtenons ainsi une pyramide quadrangulaire qui aurait pour mesure de sa solidité, suivant l'indication de la lettre F (qui nous présente à son intérieur, lorsqu'elle est fermée, trois carrés), la troisième partie ou le tiers du produit 49^m de la base E, 16,33 multipliée par la hauteur 7^m.

$16^m\,33 \times 7 = 114^m\,31$, solidité de la pyramide quadrangulaire E ; ou bien, le tiers du cube E, $343 = 114^m\,32$. Si nous construisons une pyramide sur la surface 24,50 de A multipliée par le tiers, 2,33, de la hauteur 7^m, on a pour mesure de sa solidité $57^m\,08$. Mais les auteurs nous donnent l'explication de ce résultat par une autre voie détournée.

Nous reprenons le tracé de la lettre F fermée dont la surface est égale à celle de E, moins un petit carré qui est le quart, $12^m\,25$, de la surface E 49^m. Nous élevons une pyramide quadrangulaire sur la surface de ce petit carré 12,25 que nous multiplions par le tiers, 2,33, de la hauteur commune 7 ; nous avons 28,54 pour mesure de la solidité de cette pyramide ; nous multiplions cette somme par 2, pour avoir l'autre quart de la surface E, $= 57^m\,08$, chiffre qui nous donne la mesure de la solidité d'une pyramide triangulaire construite sur la surface de A. Or, c'est sur cette surface que nous avons construit le prisme triangulaire $171^m\,50$, dont cette pyramide triangulaire est le tiers ($57,08 \times 3 = 171,24$). Ainsi, la mesure d'une seule de ces pyramides sera le produit de la base multiplié par le tiers de la hauteur, et réciproquement.

Le cube E, 343, contiendra 12 petites pyramides (le quart de la base) 28,54 ; ou 6 pyramides triangulaires, 57,08 ; ou 2 prismes, 171,24 ; ou 3 pyramides quadrangulaires, 114,31.

Autrement, nous tirons une diagonale de l'extrémité supérieure de la ligne transversale au pied de la base F ; elle coupera deux des petits carrés extérieurs en deux parties égales, et il restera, en dehors de cette diagonale, deux petits triangles

égaux entre eux et aux deux autres intérieurs coupés ⧅ . Or, si nous construisons deux pyramides sur les petits triangles extérieurs, avec une hauteur de 2^m 33, le tiers de 7, leur solidité sera égale à celle quadrangulaire, construite sur le petit carré en dehors de F fermé, et qui est le quart de la surface entière E fermé. Ainsi, ces trois pyramides, occupant la moitié du carré E, donnent encore la surface du triangle A, sur laquelle on'a construit le prisme, dont la solidité équivaut à celle de ces trois pyramides (28,54 + 14,27 + 14,27 = 57,08 × 3 = 171,24).

Comme cette démonstration est un peu difficile à comprendre, les auteurs ont voulu corroborer son résultat en se servant de la longueur des lignes qui composent la lettre F.

On multiplie les deux jambages de cette lettre, 7^m, par eux-mêmes, 7 × 7 = 49, somme à laquelle on ajoute la longueur 3,50, de la petite ligne médiane transversale = 52,50, puis la longueur 4,60, de l'autre petite ligne verticale placée à l'extrémité de cette dernière, total, 57,10, solidité de la pyramide F.

Il faut remarquer que cette petite ligne verticale doit avoir pour longueur, afin que le tracé de la lettre soit régulier, 3^m 50, la moitié de 7, plus la moitié du tiers de 7, 1^m 10, ou $^1/_6$ = 4, 60.

Si une pyramide est coupée par un plan parallèle à sa base, les arêtes, ainsi que la hauteur de la pyramide, seront divisées proportionnellement par cette section, qui est un polygone semblable à la base. Cette proposition est semblable à celle que nous avons donnée pour le triangle A fermé.

Deux pyramides triangulaires qui ont des bases équivalentes et des hauteurs égales sont équivalentes.

Comme la base d'une pyramide quelconque peut être partagée en triangles, il s'en suit que cette pyramide n'est que la réunion d'un certain nombre de pyramides triangulaires. Or, chacune de ces dernières pyramides a pour mesure le produit de sa base par le tiers de sa hauteur; une pyramide quelconque aura aussi pour mesure le produit de sa base, qui se composera de tous les triangles, multiplié par le tiers de sa hauteur.

SOLIDITÉ DU TRONC DE LA PYRAMIDE TRIANGULAIRE

Il s'agit ici de mesurer le tronc de la pyramide construite sur le triangle A, partagé par la barre transversale médiane de cette lettre. Nous avons, pour une des faces, l'aspect du trapèze; ainsi partagé, ce tronc a deux bases: celle supérieure est le triangle construit sur la barre transversale médiane de A, et qui est la base de la petite pyramide supérieure construite sur sa surface, 6^m 12; la base inférieure, 24^m 50, est la même que celle de la pyramide entière; la somme de ces deux bases est 30^m 62.

Comme cette figure, ainsi que le trapèze, participe, par sa forme, du triangle et du carré, les mesures de ces deux corps lui seront communes quant à la hauteur:

Nous prenons 1^m 17   le tiers de la hauteur 3,50.

        1 75   la moitié   id.

        0 36   la moitié de 0,72, excès de l'arête, ou de la diagonale,

      3^m 28   sur la perpendiculaire, désignant la hauteur 7 de la pyramide.

Total: 3^m 28, dont la moitié, ou moyenne, est 1,63, hauteur moyenne et proportionnelle du tronc de la pyramide A.

Nous multiplions la somme des deux bases, 30^m 62, par cette hauteur, 1^m 63, et nous obtenons au produit, 49^m 90, solidité de ce tronc.

Si, sur ce tronc, on replace la petite pyramide construite sur la barre médiane transversale, et dont la solidité est de 7^m 16, on obtient celle de la pyramide entière, 57^m 06.

On peut aussi dire que la solidité d'un tronc de pyramide triangulaire est égale à trois pyramides qui ont pour hauteur commune la hauteur du tronc ; pour bases, l'une, la base supérieure ; l'autre, la base inférieure ; et la troisième, une moyenne proportionnelle entre ces deux bases ; en désignant par B et b les bases, et par H la hauteur, on aura l'expression : $\frac{1}{3}$ H (B + b + $\sqrt{}$ B X b) qui sera celle du tronc de pyramide triangulaire.

RAPPORT DE LA CIRCONFÉRENCE AU DIAMÈTRE

G] Nous savons qu'on appelle polygone une figure composée de plusieurs angles ; la plus simple de ces figures est le triangle, puis le carré, le pentagone, l'hexagone, ensuite de 7, 8, 10, 30, etc. côtés. On peut se figurer tous ces tracés composés d'une ligne droite que l'on morcellerait en 3, 4, 5, 6, etc. parties et ensuite réunies par les deux extrémités. Si les parties sont égales entres elles, dans leur longueur, on obtiendra un polygone régulier qui tendra, au fur et à mesure que l'on brisera davantage ses lignes périmétriques, à se rapprocher de la rotondité d'une circonférence, forme que l'on atteindrait, pour l'œil, en poussant les divisions à la plus extrême limite possible, qui est de 12,288 côtés ; arrivées à ce point, les lignes du cercle et du polygone paraissent se confondre, et lorsque nous mesurerons la surface de l'une et de l'autre de ces figures, nous verrons que, quoique très-rapprochées, elles ne seront jamais identiques.

Le rapport de la circonférence au diamètre, évalué par Archimède, est compris entre 3 $^{10}/_{71}$ et 3 $^{10}/_{71}$, ce qui donne, en divisant par 10 et réduisant l'entier en fractions, $^{22}/_{7}$, ou le rapport approché de 7 à 22. (Si nous divisons 22 par 7, nous avons le rapport en décimales : 3,1428, etc.)

Métius a trouvé un autre rapport plus approché, c'est celui de 355 à 113. (Si nous divisons 355 par 113, on a le rapport, 3, 1415,etc.)

Enfin, on l'a calculé par le moyen des décimales, et des polygones de 12,288 côtés ont donné la fraction suivante, la plus approchée qu'on puisse trouver : 3,141592653589.

Les formes anciennes et nouvelles de la lettre G, ᒑ et ᕄ (gau), nous offrent un exemple de l'opération précitée. Cette dernière, la plus expressive, nous montre une portion de circonférence, terminée brusquement à sa partie inférieure relevée par une ligne droite horizontale qui rentre dans l'intérieur et coupe cette circonférence en deux parties égales et simulant son diamètre.

Ceci veut dire que cette lettre, commençant par une ligne droite diamétrale qui, se brisant tout-à-coup en 12,288 parties, formera la circonférence du cercle G fermé ; puis, que cette circonférence produite par cette ligne droite, brisée autant qu'il était possible de le faire, doit se développer en ligne droite, si l'on veut mesurer le rapport qu'il y a entre elle et son diamètre donné par la barre horizontale du G. Nous savons déjà que la mesure des figures géométriques précédentes a été faite avec une longueur de 7 mètres, qui sera celle de ce diamètre ; d'ailleurs, les auteurs ont eu l'attention de rappeler ici cette mesure, en plaçant la lettre G au 7e rang de la série alphabétique.

H] Nous étendons notre circonférence en ligne droite et la lettre H, qui suit, composée de trois lignes égales d'une longueur 7, nous dit qu'il faut porter trois fois notre diamètre sur cette circonférence développée, et nous comptons 21^m ; puis nous remarquons un excès que nous ne pouvons mesurer avec précision, parce que nous n'avons pas encore les moyens nécessaires à notre disposition.

Alors nous avons recours au raisonnement et à l'expérimentation.

Nous venons de voir qu'une ligne, brisée presque à l'infini, pouvait produire, à l'œil, une ligne unique, courbe, semblable à celle que l'on décrirait avec un compas, à partir d'un point de centre quelconque.

I] La verticale I, qui suit, nous montre le même cas pour le tracé d'une ligne droite qui n'est, en définitive, qu'une série de points très-rapprochés les uns des autres et ils ne sont eux-mêmes que l'écoulement du point qui surmonte cette lettre.

J] Or, en réunissant les deux espèces de lignes droites et courbes, on forme le caractère J, qui est une espèce de troisième ligne appellée *mixte*, et qui participera des propriétés particulières à l'une et à l'autre de ces lignes qui le composent. Cette lettre, formée par un rayon (moitié du diamètre) et par le quart de la circonférence tracée par ce rayon, nous dit qu'il ne peut y avoir de relation exacte entre le diamètre et la circonférence, c'est-à-dire qu'ils sont incommensurables entre eux.

K] Mais, la lettre K va, par la disposition de ses lignes, nous donner le rapport le plus rapproché qu'on puisse obtenir, matériellement parlant.

Nous inscrivons cette lettre dans le carré de la grande figure ou dans son propre carré, dont le jambage vertical nous donne un de ces côtés, 7 mètres.

Les deux lignes obliques qui viennent se réunir, au milieu de celui-ci, sont des diagonales d'un parallélogramme, formant un angle et ayant des côtés exactement semblables en longueur à ceux de A fermé. Si nous comparons la longueur d'une de ces diagonales avec celle 7, du côté du carré, nous verrons qu'elle excède ce dernier d'environ un 10me ou 0,7; et, pour les deux, 1^m 4, ou, en négligeant la fraction, 1^m, qui est la 7e partie du diamètre 7^m. Or, trois fois la longueur du diamètre $7^m = 21^m$, plus 1^m, $= {}^{22}/_7$, rapport trouvé par Archimède; si nous divisons 22 par 7, nous obtenons le rapport 3,1428, du diamètre à la circonférence. (On voit que le rapport est trop grand de la fraction négligée, 0,4, corrigée par Métius.) La longueur des trois lignes du K est égale à ce rapport, $7^m + 7^m + 7^m = 21^m$, plus l'excès, 1^m, $= {}^{22}/_7$. (Voir, à la lettre X, le rapport des diagonales à la circonférence du cercle).

Nous multiplions le diamètre 7, par le rapport trouvé 3, 1428, ou par celui de Métius, 3,1415, et nous avons pour longueur de la circonférence 21^m, 999, très-près de 22^m.

DIVISION DE LA CIRCONFÉRENCE EN 360 DEGRÉS, ETC.

Mais, afin de pouvoir mesurer les angles par les arcs des cercles compris entre leurs côtés et décrits de leurs sommets comme centre, avec un rayon quelconque, on a divisé encore la circonférence du cercle en 360 parties ou degrés, et chacun de ces degrés en 60 minutes, etc.

Nous verrons, à la lettre X, que ces division et subdivisions sont données par les formes des lettres I et J, complétées par X.

MESURE DES ANGLES INSCRITS.

Nous avons vu, à la lettre B, que, quand deux circonférences se coupent, la ligne qui passe par leurs centres est perpendiculaire à la corde qui joint les points d'intersection et la divise en deux parties égales.

Si, dans deux cercles égaux, on fait deux angles égaux au centre, il est évident que les angles intercepteront sur la circonférence des arcs égaux.

L'angle inscrit, au sommet de A, a pour mesure la moitié de l'arc compris entre ses côtés, ce qu'il est facile de voir, puisque, si l'on joignait les deux extrémités des jambages de cette lettre au centre, l'angle formé par ces deux lignes aurait pour mesure, l'arc entier compris entre ses côtés, et serait, puisque le triangle est isocèle, double de celui de A.

Donc, tout angle inscrit à la circonférence a pour mesure la moitié de l'arc compris entre ses côtés. Il résulte de là que tout angle inscrit dans un demi-cercle, D, est un angle droit, car il a pour mesure le quart de la circonférence.

On peut considérer la circonférence comme étant la limite du rapport des périmètres des polygones inscrits et circonscrits semblables, et le cercle, comme étant la limite des rapports des surfaces de ces mêmes polygones.

Alors, les circonférences des cercles sont entre elles comme les rayons, et leurs surfaces, comme les carrés des rayons.

La surface d'un polygone régulier est égale à la moitié du produit de son périmètre par le rayon du cercle inscrit; nous prouverons cette proposition en parlant de la mesure de la surface du cercle.

RAPPORTS DES DIAGONALES AU CARRÉ

CARRÉ DE L'HYPOTÉNUSE

L] La lettre L nous offre la forme de l'équerre, ou d'un angle droit renfermé entre des côtés égaux en longueur. Si nous la fermons par une diagonale menée par les deux extrémités, nous aurons un triangle rectangle avec son hypoténuse, côté opposé à l'angle droit. Si nous formons le carré de la lettre L, en complétant les deux côtés, cet hypoténuse devient une diagonale du carré.

On prouve, par la similitude des triangles que l'on construit à cet effet, que le carré construit sur l'hypoténuse d'un triangle rectangle, est double de celui construit sur un des côtés, ou égal à la somme des carrés construits sur chacun des autres côtés.

Cette proposition est ici rendue évidente par la comparaison seule de la longueur des lignes qui constituent cette figure.

Si, à l'aide de l'échelle de proportion que nous avons formée avec la perpendiculaire A, nous comparons la longueur de la diagonale avec un des côtés du carré 7^m, nous verrons que la première dépasse celui-ci, de 2^m 90. La longueur de la diagonale sera donc de 9^m 90, sur laquelle nous construisons un carré dont la mesure est 9^m 90 $\times$ 9^m 90 $= 98^m$ 01.

Les deux autres côtés du triangle étant 7^m, multipliés l'un par l'autre, donnent chacun pour surface 49^m, et pour les deux 98^m, somme égale à celle du carré de l'hypoténuse.

Mais, en faisant nos calculs, nous nous sommes aperçus que 9^m 90, longueur de la diagonale multipliée par elle-même, donnait au produit 98^m 01. Cet excédent, 0^m 01, nous avertit que, mathématiquement parlant, le rapport de la diagonale au côté du carré, n'est pas tout à fait exact, et que, comme celui de la circonférence au diamètre, ces relations sont incommensurables entre elles. Le rapport le plus rapproché est : le côté du carré est à sa diagonale, comme 7 est à 9, 90. Si l'on divise 9,90 par 7, on a le rapport géométrique, 1, 414 qu'on obtient encore par le calcul des racines carrées. (1,414 $\times$ 7 $= 9,90$, diagonale du carré 7^m.)

Au surplus, les lettres suivantes, M et N, vont nous donner les renseignements voulus sur les propriétés des diagonales en général.

M] La lettre M est formée par quatre lignes droites égales deux à deux, et présentant par leurs intersections des angles aigus égaux entre eux.

Les deux jambages droits et latéraux, d'une hauteur commune 7, sont les côtés du carré que l'on obtiendrait, en fermant cette lettre, par deux barres transversales tirées à l'extrémité supérieure et inférieure de ce caractère.

Les deux autres, obliques, ont la forme d'un V, ou des obliques du K, ou bien de celles de A inscrit dans la grande figure; il est facile de voir que les angles et les côtés de ces trois lettres sont égaux entre eux ; donc elles sont semblables et deviennent comme A, des espèces de diagonales tirées du milieu d'un côté du carré à chacun de ses angles inférieurs, ou diagonales du parallélogramme, moitié du carré E.

Si nous comparons la longueur d'une de ces diagonales au côté du carré, 7, nous voyons qu'elle dépasse celui-ci d'une quantité qui tient le milieu entre 0,72 et 0,73, dont nous prenons la moyenne, 0,72 + 0,73 = 1,450 : la moitié est de 0,725 ; l'excès des deux diagonales A, ou V sera donc deux fois cette somme, ou 1^m 45 ; qui, ajoutés à 7^m + 7^m longueur des côtés, = 15,45, longueur de ces deux diagonales.

RÉCAPITULATION DES MESURES DES FIGURES RECTILIGNES CI-DESSUS

Si nous construisons un triangle sur une des diagonales de M, dont la longueur est de 7,73, multipliée par la moitié d'une hauteur moyenne entre le côté du jambage vertical 3,50 et celle de la diagonale 3,88, ensemble 7^m 38, dont la moitié est 3,69 (7,73 $\times$ 3,69 = 28,52), que nous doublons pour avoir le triangle de l'autre diagonale, total : 57,04, somme égale à celle de la solidité de la pyramide que nous avons construite sur la base de A fermé, 57^m 07 ; de plus, la lettre M nous montre par les trois triangles égaux et semblables à celui A, qui sont contenus dans son intérieur, qu'ils sont les bases d'autant de pyramides, qui, prises ensemble, nous donnent la solidité du prisme construit sur cette même base A, 57,07 $\times$ 3 = 171^m 21, mesure du prisme ; d'où l'on a conclu que la mesure de la *pyramide* était le produit de sa base multipliée par le *tiers* de sa hauteur.

Les longueurs des quatre jambages de M, donnent la somme de la surface du triangle construit sur une diagonale de cette lettre, 28,52 ; les 4 jambages 7^m = 28 + l'excès moyen 0,60 = 28,60.

N] La lettre N, fermée par deux lignes verticales tirées sur ses bases supérieure et inférieure, devient ainsi un carré coupé en deux parties égales par sa diagonale. Nous avons vu, à la lettre L, que cette hypoténuse, comparée dans sa longueur à celle du côté du carré, dépassait cette dernière de 2^m 90 ; ou que cet excès était quatre fois plus grand que celui offert par une diagonale V, ou A, ou M, dont nous venons de parler, et que sa longueur était de 9,90.

Si, sur cette base 9^m 90, qui, cette fois, est la diagonale du carré opposé à un angle aigu, et non à un angle droit, nous construisons un triangle avec la moitié de cette hauteur 4^m 95, nous aurons pour surface 49^m, la moitié de celle du carré construit tout à l'heure sur cette ligne. La moitié de 49^m est 24,50, surface d'un des deux triangles égaux offerts par le tracé de la lettre N, fermée ; si, sur chacun de ces triangles, nous élevons un prisme (24,50 $\times$ 7 = 171,50), les deux, réunis, nous donnent la solidité du cube E, 343.

Les lignes de N, 7 + 7 + 9,90 = 23,90 + moyenne de la demi-diagonale, 0,60 = 24,50, valeur d'un des triangles de N, ou la surface du triangle A.

Par la combinaison des lignes retraçant les deux dernières lettres M et N, qui terminent la première partie de leur alphabet, les auteurs ont voulu faire une récapitulation des mesures des figures géométriques rectilignes, et faire voir que, ayant des dimensions égales entre elles, elles découlent toutes du triangle A, savoir :

Mesure du triangle A, (hauteur 7, largeur 7) 24,50
Surface de 2 triangles A, (24,50 $\times$ 2) égale la surface du carré 7 sur 7 . 49,00
Le cube du carré 49 $\times$ 7 = ... 343,00
Le prisme triangulaire élevé sur le triangle A, 24,50 $\times$ 7 = ... 171,50
La pyramide élevée sur le triangle A, 24,50 $\times$ 1/3 de 7 57,07

Ainsi, sans qu'il soit besoin d'autres démonstrations linéaires, le calcul dit :
Que la surface de deux triangles (24,50) est égale à celle du carré . . 49,00
Que la solidité de deux prismes (171,50 $\times$ 2) est égale à celle du cube . 343,00
Que la solidité de six pyramides (57,17 $\times$ 6) est égale à celle du cube . 343,00
Que la solidité de trois pyramides (57,17) égale celle du prisme 171,50

DEUXIÈME PARTIE DE L'ALPHABET

—

O]   La lettre O, la première de la seconde série alphabétique, nous montre, ainsi que l'A, l'espace circonscrit par le cercle, qui n'est autre chose, comme nous l'avons vu, qu'une suite de polygones presque infinie, que l'on peut réduire en autant de triangles dont les sommets sont au centre, et dont nous savons prendre la mesure.

MESURE DE LA SURFACE DU CERCLE

La mesure de la surface du cercle O sera celle de son périmètre, ou de sa circonférence, que nous savons être de 21,99 (G) multipliée par la moitié de son rayon 1,75, ou par le quart du diamètre 7 = 38ᵐ 48.

En effet, si nous faisons passer, par le centre du cercle O, deux lignes droites (X) qui se coupent à angle droit, nous aurons deux diamètres qui couperont la circonférence en quatre parties égales, et si l'on joint l'extrémité de ces quatres lignes par des cordes nous aurons la figure de 4 triangles égaux opposés au centre par leurs sommets; nous obtenons ainsi un polygone régulier inscrit. Si nous doublons et redoublons ce polygone, en divisant les côtés presque à l'infini, nous obtiendrons des triangles dont les côtés, de plus en plus resserrés, viendront se confondre en une ligne droite qui serait leur hauteur commune, puisque toutes les bases sont également éloignées du centre. Dans cette situation, il est facile de voir que les bases de ces triangles ne sont autre chose que la circonférence entière à laquelle elles se substituent. La mesure d'un triangle est la base multipliée par la moitié de la hauteur; ici, la surface du cercle occupée par la surface de tous ces triangles serait donc la circonférence multipliée par la moitié de la hauteur qui serait le rayon du cercle; mais cette surface, ainsi mesurée, serait le double de ce qu'elle doit être, attendu que les triangles, étant opposés, par leurs sommets, au centre du cercle, ils occupent ainsi un espace double dans la surface du cercle; nous réduisons donc notre hauteur de moitié, et nous dirons : la mesure du cercle est l'étendue de sa surface multipliée par le quart du diamètre, ou la moitié du rayon.

Les auteurs nous donnent encore une autre démonstration que l'on trouve dans la lettre B. Si l'on prend la longueur du diamètre 7; si, de plus, on la divise en quatre parties égales, 1ᵐ 75, et que, sur chacune de ces dernières, on décrive une circonférence de cercle, on aura quatre quarts de la circonférence entière, 21,99 compris dans la longueur du diamètre et réciproquement. Or, la mesure de la surface du cercle sera elle-même multipliée par le quart de son diamètre, ou bien le quart de la circonférence multipliée par le diamètre.

P]   L'application de cette dernière mesure nous est donnée par la forme de la lettre P, dont le jambage simule le diamètre 7, multiplié par le quart de la circonférence 5,50 placée sur la moitié supérieure de ce caractère, qui est la moitié de B égal à D; 7 × 5,50 le quart de la circonférence 22, = 38,50, surface du cercle O.

On obtient encore la mesure de la surface de la circonférence en multipliant le carré du rayon (3,50 × 3,50 = 12,25) par le rapport 3,1415 (3,1415 × 12,25 = 38,48); nous verrons cette mesure donnée par la lettre R.

Ainsi, le cercle est l'espace circonscrit par la circonférence. D'après la définition même du cercle, tous les rayons et tous les diamètres sont égaux entre eux. Les circonférences des cercles seront en rapport avec les rayons qui les décrivent, et leurs surfaces seront, par conséquent, comme les carrés des rayons. Les circonférences étant comme les rayons, il y a un rapport fixe entre chaque circonférence et son diamètre; il doit suffire de connaître l'une de ces quantités pour en déduire l'autre.

MESURE DE LA SURFACE DE LA SPHÈRE

La sphère est un solide terminé par une surface convexe dont tout les points sont également distants d'un point intérieur qui est le centre. On peut imaginer que la sphère est engendrée par le mouvement de rotation de la lettre D, autour de son diamètre.

On appelle *zône* la partie de la surface de la sphère comprise entre deux plans parallèles qui en sont les bases, comme D renfermé dans le parallélogramme du carré E, moitié de cette lettre fermée.

La surface d'une zône sphérique quelconque, est égale à la hauteur de cette zône multipliée par la circonférence de son grand cercle.

Q] Si, sur la surface de la calotte sphérique D couché sur son diamètre, qui représentera ainsi la surface de la moitié de la sphère Q, nous traçons quatre triangles égaux inscrits au cercle, c'est-à-dire ayant leurs sommets opposés deux à deux à l'axe de cette calotte ⌂, il est évident que la base de ces triangles sera la circonférence entière du cercle 21,99, reposant sur le plan diamétral de D couché.

Ainsi, chaque triangle aura pour base le quart 5^m 50 de cette circonférence, et comme la courbe de cette calotte les fait incliner sur le plan diamétral ayant 7^m, leur hauteur est déterminée par la perpendiculaire abaissée de leurs sommets sur le plan; or, cette hauteur est celle du rayon 3,50, puisque celle des deux triangles opposés est la longeur 7^m du diamètre : $5,50 \times 3,50 = 19^m 25$, qui, multipliés par 4, pour avoir la surface des quatre triangles $= 77^m$, mesure de la surface de la demi-sphère D, que nous doublons, pour obtenir celle de la sphère entière $= 154^m$.

Ainsi la mesure de la surface d'une sphère est sa circonférence multipliée par son diamètre.

La surface de la sphère, est encore égale à celle de ses quatre grands cercles ($38^m 48 \times 4 = 153,92$).

En effet, nous venons de voir que la surface de la demi-sphère D, était équivalente à celle de quatre triangles, 77^m tracés sur cette calotte sphérique. La somme de deux de ces triangles 38,50, est égale à la surface du cercle Q égal à celui O ; si nous multiplions cette surface par 2 , comme l'indique l'appendice inférieur de la lettre Q, appendice qui, comme nous le verrons tout à l'heure est un 2 *cursif* (la lettre grecque δ renversée et retournée ૨), nous obtenons la surface 77 de D qui, doublée, donne 154; donc, la surface des quatre grands cercles est égale à celle de la sphère.

Ainsi, les surfaces des sphères sont entre elles comme les carrés de leurs rayons, et les zônes d'une même sphère, ou de sphères égales, sont entre elles comme leur hauteur.

Une zône quelconque est à la surface de la sphère, comme sa hauteur est au diamètre.

MESURE DE LA SOLIDIDITÉ DE LA SPHÈRE

La solidité de la sphère a pour mesure sa surface multipliée par le tiers du rayon.

La sphère peut-être envisagée comme un polyèdre régulier d'un nombre presque infini de faces infiniment petites. Chaque face de ce polyèdre peut être supposée la base d'une pyramide dont le sommet est au centre de la sphère. La sphère est donc la réunion d'une infinité de pyramides dont les bases composent sa circonférence et dont la hauteur est égale à son rayon. Mais toute pyramide a pour solidité sa base multipliée par le tiers de sa hauteur; donc, la sphère a pour mesure de sa solidité le tiers du produit de sa surface multipliée par son rayon, ou de sa surface multipliée par le tiers de son rayon (la surface 153,92 $\times$ 1,17, le tiers du rayon 3,50, = 180,08).

Mais les auteurs donnent une démonstration plus simple et qui est la conséquence de celle employée pour la mesure de la surface de la sphère.

Q] Nous venons de voir que la surface d'un triangle 19,25, de la calotte sphérique D, est égale à la moitié de 38,48, de celle du cercle Q; si maintenant nous construisons une pyramide sur cette surface 19,25, nous aurons pour mesure de sa solidité 45,04 (19,25 $\times$ 2,34 = 45,04).

Or, suivant l'indication de l'appendice 2 de la lettre Q, élevé à son carré (2 $\times$ 2 = 4), nous multiplions par 4 la solidité de cette pyramide, et nous aurons celle de la sphère, 180,16 (45,04 $\times$ 4 = 180,16).

Ainsi, la solidité de la sphère est égale à celle de 4 pyramides construites sur la surface d'un des 4 triangles qui mesurent la surface de la demi-sphère D.

R] La lettre R ne diffère de la lettre P, que par le trait contourné en forme du 2 cursif attaché à la partie inférieure de sa panse. Elle a donc la même expression que P qui nous a donné la mesure de la surface du cercle, et ce chiffre 2 marque le cube de cette surface 38,48, soit 153,92, surface de la sphère.

S] Cette lettre S, qui suit, est, comme on peut le voir dans la grande figure, décrite avec la moitié 1,75 du rayon 3,50. Mais il faut remarquer que, dans son tracé, on n'a pas fermé les deux circonférences, et qu'à chacune de leurs extrémités, il y a une lacune juste d'un quart de cette circonférence; soit, pour les deux, une demie; donc, cette lettre ne vaut ici que la moitié de la circonférence G, ou 10,99 (11).

Si nous ajoutons cette valeur de la lettre S, 10,99, à celle de R, 153,92, nous avons 164,92, somme à laquelle il faut ajouter les circonférences fermées de S, 21,99, total 186,90; il faut retrancher de ce total les appendices (2 *cursif*) ajoutés aux lettres Q et R, attendu qu'ils ne représentent pas des formes géométriques, n'ayant été ajoutés que pour aider l'intelligence des calculs à opérer.

Si de 186,90 on retranche le 2 de la lettre Q, plus le 2 élevé au carré de R 4, ensemble 6, on a 180 unités et, en répétant le même calcul, pour les fractions, 4 $\times$ 4 = 0,16, ou la solidité de la sphère 180,16.

MESURE DU CYLINDRE

MESURE DE LA SURFACE CONVEXE DU CYLINDRE

T] Le cylindre peut-être considéré comme engendré par la révolution de la lettre T formée en un carré par le prolongement de sa base et de ses appendices extrêmes, autour de son jambage perpendiculaire. Sa mesure est la circonférence de sa base multipliée par la hauteur.

Si nous développons la surface d'un cylindre, elle aura la forme d'un parallélogramme rectangle allongé dont la mesure est la base, ici 21^m 99, multipliée par la hauteur, 7, produit: 153,93.

Nous trouvons que cette surface est égale à celle de la sphère; en effet, si nous partageons la surface de ce parallélogramme en huit triangles égaux, ayant alternativement, pour sommets et pour bases, les côtés les plus longs de cette figure, nous verrons que ces triangles qui ont pour bases le quart 5,50 de la longueur de la circonférence, 21,99 et pour hauteur commune 7^m, dont la moitié est 3,50, donneraient chacun, en surface 19,25, qui est la même de ceux à l'aide desquels nous avons trouvé la mesure de la surface de la sphère. Ainsi, la surface de ces huit triangles, 19,25 $\times$ 8 $=$ 154^m, surface commune et d'un cylindre et d'une sphère ayant les mêmes dimensions.

<h2 style="text-align:center">MESURE DE LA SOLIDITÉ DU CYLINDRE</h2>

Soit le même cylindre engendré par la révolution de T fermé, sur son axe, la mesure de sa solidité sera le produit de sa base, qui ici est le cercle O, multiplié par la hauteur 7 (38,48 $\times$ 7 $=$ 269^m 36).

Selon la prescription de la forme du T converti en un carré, nous convertissons ce cylindre en un parallélogramme rectangle, en prenant pour un côté, le quart de sa circonférence 21,99, soit 5,50, et pour l'autre la hauteur 7; 5,50 $\times$ 7 $=$ 38,50, surface de la base du cylindre multipliée par la hauteur 7 $=$ 269,50. Cette solidité est encore égale à celle de deux prismes construits sur la base 19,25 du triangle cité plus haut (19,25 $\times$ 7 $=$ 134,75 qui $\times$ 2 $=$ 269,50). En effet, nous savons que la circonférence d'un cercle peut être considérée comme le périmètre d'un polygone régulier d'un nombre presque infini de côtés infiniment petits; puisque le cylindre est terminé par deux cercles, on peut le regarder comme un prisme droit, ayant pour base un polygone de cette espèce. Mais tout prisme droit a pour mesure le produit de sa base multipliée par sa hauteur; donc, la solidité du cylindre est égale au produit des mêmes quantités.

La forme de la lettre T nous dit encore que l'on peut ramener la surface du triangle 19,25 qui nous a servi à mesurer la surface des figures courbes, à l'égalité de celle du triangle A fermé, dans lequel se résument les mesures des figures rectilignes. La barre transversale de la lettre T est partagée en deux parties égales par son jambage perpendiculaire.

Semblablement, le triangle 19,25 auquel il faut ajouter 3,50, la moitié de 7, plus la moitié de 3,50, soit, 1,75, donne en somme 24,50, surface du triangle A (19,50 + 3,50 + 1,75 $=$ 24,50) c'est-à-dire qu'il faut successivement ajouter les moitiés de 7, longueur de la barre transversale de T, partagée en deux parties, à la somme de la surface 19,25 de ce triangle.

De plus, la perpendiculaire de T, 7, multipliée par la moitié de sa barre horizontale 3,50, donne la surface du triangle A, 24,50; et la longueur des deux barres se coupant à angles droits, 7 $\times$ 7 $=$ 49, la surface du carré E, ou deux fois la valeur de A.

Si l'on inscrit cette lettre T dans le cercle O, la barre horizontale sera ce qu'on appelle une ligne tangente au cercle.

<h2 style="text-align:center">MESURE DE LA SURFACE CONVEXE DU CONE</h2>

$\overline{\text{U V}}$] La mesure de la surface convexe du cône, est égale à la circonférence de sa base multipliée par la moitié de son côté.

Le cône peut être considéré engendré par la révolution de V culbuté, ou du similaire A, autour de son axe qui serait la perpendiculaire abaissée du sommet de cette lettre sur sa base.

La circonférence décrite par la révolution de V est égale à celle du cercle O, 21,99, multipliée par la moitié de la longueur 3,86 du jambage V ou A, que nous savons être la diagonale du parallélogramme formé par la moitié du carré E fermé, 7^m 725 (21,99 $\times$ 3,86 $=$ 84^m 88). On peut donc se figurer la surface du cône comme formée d'une infinité de triangles ayant tous pour hauteur le côté du cône, et pour base l'un des éléments infiniment petits de la circonférence. Chaque triangle a pour mesure sa base muliplliée par la moitié de sa hauteur; donc, la réunion de tous ces triangles, ou la surface du cône, aura pour mesure le produit de toutes ses bases par la demi-hauteur commune, ou, en d'autres termes, la circonférence de sa base multipliée par la moitié de son côté.

Comme ces deux lettres U et V deviennent homophones dans la prononciation des mots de quelques idiômes, les auteurs emploient les formes de ces deux caractères pour arriver à la démonstration de la mesure de cette figure conique.

Ils multiplient 8,45 qui est l'excès 1,45 des deux jambages obliques du V, sur la perpendiculaire 7 (7 + 1,45 = 8,45) par 10, valeur numérale de X qui suit, produit : 84,50 ; plus aux décimales, la valeur 5 de V × 5 = 0,25, total 84,75, surface du cône. X est composé de deux V opposés par leurs sommets.

Si nous développons la surface du cône A ou V avec une incision longitudinale, nous aurons la forme d'un triangle dont la base 21,99 sera convexe ; il est évident que la hauteur de ce triangle sera un des côtés (21,99 × 3,86 = 84,88).

MESURE DE LA SOLIDITÉ DU CONE

Nous venons de dire que le cône est un solide engendré par la révolution du triangle A, ou V culbuté, autour de son axe qui serait la perpendiculaire tirée de son sommet sur le milieu de sa base. Le cône est donc terminé par un cerle O, où s'appuie sa surface convexe latérale. On appelle *côté du cône* l'hypoténuse du triangle générateur ; on lui donne aussi le nom de *génératrice*.

La solidité du cône est égale au produit de sa base, qui est la surface du cercle O multiplié par le tiers de sa hauteur.

En considérant toujours le cercle sous le même point de vue, le cône qui est de base circulaire peut être regardé comme une pyramide d'une infinité de faces latérales ; or, toute pyramide a pour mesure sa base multipliée par le tiers de sa hauteur

Le produit de la base, ou la surface du cercle O = 38,48 qui, multipliés par 2,33, le tiers de sa hauteur 7, donnent 89,66, pour la mesure de la solidité de cé cône.

Les auteurs résument ainsi cette mesure au moyen du tracé des deux lettres U et V.

On multiplie l'un par l'autre les deux jambages de V, y compris leur excès 8,45, sur la perpendiculaire 7, comme nous venons de le voir en mesurant la surface de cette figure conique, 8,45 × 8,45 = 71,40 ci. 71,40

A cette somme il faut ajouter la demi-circonférence de U 10,99

Plus les deux jambages 3,50 de cette lettre, moitié de la hauteur 7, ensemble. 7,00

Total . . . 89,39

qui est la mesure de la solidité de ce cône.

Nous avons vu, en mesurant la surface du cône, que celle-ci, développée, nous donnait un triangle dont la surface mesurée était de 84^m 88. Si, sur cette surface, nous construisons un demi-prisme triangulaire, en multipliant la base 84,88, par la moitié 3,50 de la hauteur du cône, nous aurons au produit 297,08, que nous divisons par 10, attendu que le côté du cône étant un dixième plus grand que sa hauteur, le triangle qui nous sert de base est trop grand de cette quantité, égal 29,70, que nous multiplions par 3, et nous avons au produit 89,10, somme égale à celle de la mesure du cône. Or, puisque les volumes de trois de ces prismes sont égaux à celui du cône, cette figure aura pour mesure sa base multipliée par le tiers de sa hauteur.

Toute section de cône par un plan perpendiculaire à l'axe est un *cercle*.

Toute section, oblique par rapport à l'axe et à toutes les génératrices, est une *ellipse*.

Toute section parallèle à un côté est une *parabole*.

Toute section parallèle à deux génératrices en même temps, est une *hyperbole*. Toute section dans le sens de l'axe est un triangle isocèle double du triangle générateur.

MESURE DE LA SURFACE CONVEXE DU TRONC DE CONE

La surface convexe du tronc de cône est égale à un de ses côtés multiplié par la demi-somme des circonférences de ses bases.

Nous prenons pour exemple du tronc de cône le plan de celui ci-dessus représenté par les lignes de la lettre A fermée; le tronc sera figuré par la partie inférieure de cette lettre, à partir de sa barre transversale jusqu'à la base, et simulant la forme du trapèze.

Nous avons dit que le cône ayant un cercle pour base, ou, ce qui est la même chose, un polygone d'une infinité de côtés infiniment petits, peut être considéré comme une pyramide élevée sur la surface de A ; son tronc équivaut donc à un tronc de pyramide dont la surface peut être décomposée en une infinité de trapèzes de hauteur égale à son côté. Or, tout trapèze a pour mesure sa hauteur multipliée par la demi-somme de ses bases parallèles; donc, la surface du tronc, qui n'est autre chose que l'ensemble de tous ces trapèzes, vaudra leur hauteur, ou son côté multiplié par la demi-somme de leurs bases parallèles, ou celle des circonférences de ses deux bases multipliées par 3,86, moitié de la longueur du jambage de A. 10,99 moitié de la circonférence 21,99, 1re base; 5,89, moitié de la circonférence opposée 10,99 (attendu que l'A est partagé par le milieu par sa barre transversale), ensemble ces deux moitiés donnent 16,48 qu'il faut multiplier par la longueur du demi-jambage, ou du côté, 3,86 : produit 63m 51.

La surface convexe du petit cône formé par la partie supérieure de A, que l'on vient de retrancher pour avoir le tronc, a pour mesure 10,99, la circonférence de sa base, multipliée par la moitié 1,92 de son côté 3,86 ; produit 21,10.

La surface du petit cône 21,10, ajoutée à celle du tronc 63,51 donnent 84,61, surface du cône entier.

MESURE DE LA SOLIDITÉ DU TRONC DE CONE.

La solidité du tronc de cône a pour mesure la moitié de la somme de ses deux bases multipliée par la hauteur moyenne géométrique, qui s'obtient en en retranchant le 16e de cette hauteur.

Le tronc de cône, dont il est ici question, est le même que celui dont nous venons de mesurer la surface. Le cercle de sa base inférieure est 38,48, et le cercle supérieur qui a pour diamètre la barre transversale de A, est 9,67 ; ensemble 48,15 dont la moitié est 24,07.

La hauteur de ce tronc est 3,50, dont nous retranchons le 16e, 0,25 ; il reste pour hauteur moyenne 3,25 qui, multipliés par la demi-somme des bases, produisent 78m 35, solidité du tronc de cône.

Si nous remettons sur ce tronc le petit cône construit sur la barre transversale de A, dont la solidité est de 11,31, nous avons celle du cône entier 89,66 (petit cône; cercle, 9,67 × 1,17, le tiers de la hauteur 3,50, produit 11,31).

(Cette 16e partie qu'il faut retrancher de la hauteur du tronc de cône, nous est commandée par l'appendice 2 de la lettre R élevée au carré, soit 4, multiplié par 4 = 16 qui, appliquée aux fractions, ne valent plus que 0,16, ou le 16e de l'unité. Voir R.)

Solution géométrique. — le cône tronqué ADEB, dont AO, DP, sont les rayons des bases, et P O, la hauteur, a pour mesure $\frac{1}{3} \pi \times OP (\overline{AO^2}) + DP^2 + AO \times DP$.

DIVISION DE LA CIRCONFÉRENCE DU CERCLE EN 360 DEGRÉS

Nous connaissons les figures géométriques principales et la manière de mesurer leurs surfaces et leur solidité; il nous reste maintenant à savoir comment on peut mesurer leurs angles.

On mesure les angles par le moyen des arcs de cercle compris entre leurs côtés et décrits de leurs sommets comme centre avec un rayon quelconque, parceque si le rayon est le même, les angles sont entre eux dans le même rapport que les arcs.

Mais, afin de ne pas s'embarrasser de la longueur absolue de ces arcs, on divise toute circonférence en quatre parties égales qui répondent chacune à un angle droit, et l'on prend pour unité d'arc, l'une de ces parties, et pour unité d'angle, l'angle droit.

Pour estimer les arcs plus petits que l'unité, on divise cette unité en 90 parties égales, ou la circonférence entière en 360 parties que l'on nomme *degrés*; on les désigne de cette manière: ° (360°). Chaque degré se divise en 60 *minutes* (60′); chaque minute en 60 *secondes* (60″), etc.

Voici la manière employée par les auteurs de l'alphabet, afin d'arriver à ces divisions qu'ils ont voulu rendre stables en les tirant de leur système géométrique.

Ils ont pris le quart 5,50, de la circonférence 22, indiqué par la partie contournée de la lettre J, qui a le numéro 10 dans la série des lettres alphabétiques; ils ont ajouté ce quart à la moitié 3,50 du diamètre 7. Ce rayon est également le jambage droit du J. Ces deux sommes réunies 5,50 + 3,50 = 9. Ils ont ensuite multipliés ce chiffre 9, par 10, valeur numérale de X, ou numéro d'ordre de la lettre J,[10] produit 90; ce chiffre va désigner la mesure du quart de la circonférence du cercle comprise entre les deux jambages de X inscrit dans le cercle, et, par suite, celle de l'angle droit, formé au centre par l'intersection de ses jambages perpendiculaires. Ce quart de circonférence se trouve ainsi divisé en 90 parties ou degrés.

Les quatre angles droits formés au centre par l'intersection des jambages de X, vaudront 360 degrés, (4 × 90 = 360) dont se composera désormais la circonférence du cercle, à la place de celle, non divisée 21,99, ou 22ᵐ, donnés par le rapport avec le diamètre.

360 sera donc la 40ᵉ partie de 9 (360 divisé par 40 = 9) le premier des éléments de cette nouvelle circonférence qui renferme aussi un grand nombre de sous-multiples.

La moitié de 360 est 180; le tiers est 120; le quart 90; le 5ᵉ est 72; le 6ᵉ est 60; le 8ᵉ est 45; le 10ᵉ est 36; le 12ᵉ est 30, etc.

Les subdivisions du degré en 60 minutes sont données par la forme du double J, qui est U (deux J opposés par la base et affrontés). Les deux jambages droits de cette lettre ont, comme J, chacun la longueur d'un rayon 3,50, ensemble 7, longueur du diamètre; 7 multiplié par 7 = 49, plus la demi-circonférence de la base U, 11ᵐ, total 60.

La minute est divisée en 60 secondes; les petits carrés renfermés dans les lettres E et F vont nous donner cette seconde subdivision. E, 4 carrés; F, 3 carrés; 4 × 3 = 12; plus les 3 carrés F = 15 × 4, les carrés de E, = 60.

X] En prononçant le nom de cette lettre *ix*, on fait entendre le son affecté à trois lettres de l'alphabet, i, c, s, ou iks, selon qu'on emploie cette lettre à l'énonciation plus ou moins accentuée d'un mot dont elle fait partie; comme Xercès, Auxonne, heureux, etc.

En effet, nous allons voir que l'emploi de cette figure géométrique, composée des deux grandes diagonales d'un carré parfait, qui se coupent, par leur milieu, à angles droits, tient tout à la fois du diamètre I, du côté du carré K, de la circonférence et du cercle qui est la mesure de la surface de cette dernière représentée par C et S.

Cette lettre résume toutes les diagonales, ou lignes obliques, employées dans la construction des lettres alphabétiques.

Nous avons vu, en parlant des lettres K, L, M, N, le rapport qui existe entre les diagonales du parallélogramme et celles du carré avec les côtés. Nous avons dit que l'excès en longueur de la diagonale du parallélogramme était de 0,725 en moyenne, et que la longueur de celle du carré étant 4 fois plus grande, ou 2^m 90 qui, ajoutés à la longueur du côté 7, donnent pour longueur de cette dernière diagonale 9, 90.

Les deux diagonales de X, inscrites dans le grand carré, auront donc le double de cette longueur, ou 19^m 80 ; si nous y ajoutons 2^m 19, excès de trois diagonales du parallélogramme (chaque diagonale donnant un excès de 0,73 sur le côté du carré), nous aurons 21^m 99, qui sont exactement la longueur de la circonférence du cercle développée, dont le diamètre est 7. Or, cette circonférence, ou ses parties aliquotes sont représentées, soit par C, soit par S fermés ou ouverts, et le diamètre par I. Ces lettres, mises à la suite, se prononcent *ics* ou *iks*, ou plus adouci, *icss* : X.

Ainsi la longueur des trois jambages de K sera de 22,45, savoir : le jambage droit 7, plus les deux diagonales du parallélogramme, moitié de E fermé, qui sont semblables à celles de A, et qui ont chacune 7,725 qui X 2 = 15^m 45 + jambage droit de cette lettre 7 = 22,45.

Comme la lettre X a été prise pour le signe de la multiplication (X) et de l'addition (+) nous disons :

I, diamètre, 7, X (multiplié par)

C, demi-circonférence, 11 = 77, qui X (multiplié par)

S, demi-circonférence, 11 = 847 qui divisés par X, 10 = 84,70, surface du cône V⎱
                                                             [moitié de X ; plus

S, dont la moitié supérieure est le quart de la circonférence. 05,50 ensemble 90,20,
                                                             [solidité du cône V.

De 90,20 ôtez 9,90, diagonales de X = 80,30, auxquels on ajoute 100, le carré de X 10 = 180,30, solidité de la sphère.

I, diamètre 7, X

K, 22,45 = 157,15 — (moins)

S, le $^1/_4$ de la circonférence 5,50 = 151,65 + (plus)

S, la moitié de ce $^1/_4$ . . . . . 2,70, total 154,35, mesure de la surface⎱
                                                             [de la sphère Q et celle du cylindre T.

I, diamètre 7, X

K, 22,45 = 157,15 +⎱

S, ... 11,00 ⎰ 168,15, auxquels on ajoute le carré de X (10) = 100,

Ci, 100,00 +

S, 01,30 (le $^1/_{16}$) . . . 001,30

Total. . . . 269,45 solidité du cylindre T.

Ces lettres *icss*, *ikss*, rassemblées, donnent le nom de la lettre X, et résument, par la valeur de leurs contours, les mesures de toutes figures curvilignes géométriques décrites ci-dessus, à quelques dix millièmes près.

Y] La lettre Y, inscrite dans le carré, nous représente par les trois lignes droites qui la composent : d'abord, la longueur du rayon, faisant base, surmontée de deux diagonales qui se coupent à angles droits au sommet du rayon, et qui vont se confondre avec celle de la partie supérieure de X inscrit dans le même carré. Chacune de ses branches équivaut à une demi-diagonale de X, et les deux réunies formeraient la longueur d'une de celles de X, ou 9^m 90 (Voir la figure).

On a appelé improprement cette lettre un I *grec*, attendu qu'elle est inconnue dans l'alphabet de ce peuple. Son nom vient, comme celui de ics X, de la fonction qu'elle est appelée à remplir ici. Nous savons que I représente le diamètre 7 ; G, la circonférence du cercle et son diamètre transversal, dont on prend le quart que l'on multiplie par la longueur de la circonférence, afin d'en obtenir la surface du cercle ; R représente la solidité, ou le cube E, de la sphère; le jambage droit de K, divisé en deux parties, le rayon; en rassemblant ces lettres on a le mot *igrec* que l'on a confondu avec le nom du peuple grec. D'ailleurs l'étymologie latine de ce caractère se tire, comme nous le verrons dans notre dictionnaire des étymologies des mots latins, du verbe *grego*, rassembler, récapituler.

En effet, les deux dernières lettres de cette partie de l'alphabet sont, comme les deux dernières de la première, M et N, destinées à la récapitulation générale des figures géométriques précédentes.

Si nous décomposons le nom de cette lettre, nous aurons pour la valeur *igrek*, les éléments suivants.

```
 I, diamètre. . . . . . .  07,00
 G, circonférence du cercle . .  22,00
 R, (P doublé) surface  . . .  38,48 )
                                38,48 }
 E, carré de 7  . . . . . .  49,00
                           · 154,96, moins 1,45, excès des diagonales de K )
 { K, diagonales, longueur . .  08,45    [= 153,51 surface du cylindre et )
 { Id. jambage . . . . . .  07,00        Lde la sphère.
                           170,41, plus 1,45  excès des diagonales de K )
 Y, diagonales . . . . . .  09,90          [171,86, volume du prisme.)
        Total général  . . . .180,31, solidité de la sphère.
```

Ces lettres rassemblées, IGREK, donnent le nom de Y.

Z] Cette lettre se prononce *sed* ou *set* (*zéta* des Grecs) : comme elle est destinée à compléter également la récapitulation des figures de cette seconde partie de l'alphabet, elle doit nous donner, par la mesure des lignes des lettres qui forment sa prononciation, la mesure des figures géométriques qui nous manquent, c'est-à-dire celles de la surface et de la solidité du cône :

```
S, circonférence du cercle  22      |  S, circonférence du cercle 21,99
E, le carré de 7 . . . .  49        |  E, le carré . . . . . 49,00
D, diamètre . . . . .  07           |  T, 2 diamètres 7 =  . . 14,00
et demi-circonférence de D .  11    |
                                    |       Total, 84,99, sur-)
        Total,   89, solidité du cône V.    [face du cône V.)
```

```
Solidité du cône,  . . . 89,70
Surface du cône,  . . . 84,35
Valeur de S fermée,  . . 22,00 (circonférence).
Valeur de E fermé,  . . 49,00 (carré).
Nº du   T . . . . . 20,00
Nº du   D . . . . . 04,00
        Total, 269,05, solidité du cylindre.
Nº du   G . . . . .  3    On donne encore à cette lettre le son sced (Z))
Valeur de S . . . . . 22                        [CSE.)
Valeur de E . . . . . 49
        Total, 343, cube de E.
```

Y nous a donné la circonférence, la surface du cercle, celle de la sphère, sa solidité et la surface du cylindre.

Z, nous donne la surface du cône, sa solidité, celle du cylindre et celle du cube E.

Si nous multiplions les unes par les autres les longueurs 7 et 9,90 des jambages constitutifs de la lettre Z, nous obtiendrons 4820, nombre égal à celui des vibrations constitutives de l'octave diatonique reportée à sa deuxième puissance dont la moitié est 2410. Ci 9,90 la diagonale $\times$ 9,90 = 98,01 ; 7, le côté, $\times$ 7, l'autre côté, = 49 qui $\times$ 98,01 = 4802,50 + les 2 côtés 14 + 3,50 la moitié = 4820, ou la récapitulation des mesures de toutes les figures géométriques ci-dessus. (Voir le tableau de la récapitulation générale des sons et des figures géométriques).

RÉCAPITULATION

DES 7 FIGURES PRINCIPALES DE LA GÉOMÉTRIE ET LEUR RAPPORT AVEC LES 7 SONS DE LA GAMME DIATONIQUE

1° *Ut* — A fermé ; image du triangle dont la mesure en surface s'obtient en multipliant la base 7^m, par la moitié de la hauteur simulée par la longueur de la barre transversale médiane, 3^m 50 de cette lettre, 24^m 50.

Si, sur les lignes périmétriques de A, nous plaçons trois fois la surface de cette lettre redressée et inclinée de manière à former un sommet, nous aurons un solide pyramidal triangulaire dont la mesure sera la surface de A, 24,50 multipliée par le tiers 2^m 33 de la hauteur, qui est simulée par la barre transversale de cette lettre et placée au tiers de la perpendiculaire, 7^m, abaissée de son sommet sur la base (voir la figure).

2° *Ré* — E fermé ; donne la figure du carré dont la mesure en surface est le jambage horizontal inférieur de cette lettre, 7^m multiplié par la longueur du jambage vertical, 7^m = 49^m.

Si nous redressons quatre faces semblables à sa surface sur les lignes perimétriques de cette lettre, nous aurons la figure du cube, dont la mesure en solidité est la surface E, 49^m multipliée par la hauteur 7^m du jambage vertical = 343^m.

Si nous partageons ce cube par un plan allant d'un angle à l'angle opposé, nous obtiendrons la forme de deux prismes dont les deux bases inférieures et supérieures sont égales en surface à celle du triangle A ; 24,50 $\times$ 2 = 49 $\times$ 7 = 343^m, mesure des deux prismes égaux dont la moitié est de 171,50 pour chacun.

2° *Mi* — I ; ligne formée par l'écoulement du point qui la surmonte ; elle est le type des lignes perpendiculaires et horizontales qui forment les lettres de l'alphabet ; sa longueur 7^m est celle des jambages droits et du diamètre du cercle O.

4° *Fa* — J ; lettre qui tient le milieu entre la ligne droite et la ligne courbe ; elle simule, par cette raison, le demi-ton *fa* ; elle est composée de la moitié 3^m 50 du diamètre 7, et du quart 5^m 50 de la circonférence du cercle O 22^m.

Si nous réunissons ces deux sommes 5,50 et 3,50 nous aurons au total 9^m que nous multiplions par 2, puisque ces lignes se réunissent pour former un jambage mixte = 18. Nous ajoutons à ce total la moitié 1,75 du jambage droit ; plus le quart 1,35 du jambage courbe, plus la moitié 1 du multiplicateur 2, total général 22^m 10 égal à la longeur développée de la circonférence dont le diamètre est 7 (G) (3,50 + 5,50 = 9, qui $\times$ 2 = 18 + 1,75 + 1,35 + 1 = 22^m 10). Cette fraction 0,10 nous avertit que l'excès de la diagonale de A est d'environ un dixième sur le côté 7^m du carré.

5° *Sol* — O ; cette lettre représente la circonférence du cercle dont la longueur est quatre fois celle de la rotondité de J, 5,50 = 22, longueur donnée par les numéros des lettres simulant cette circonférence, O n° 15 et G n° 7 = 22.

La surface de cette circonférence, ou celle du cerle O, s'obtient en multipliant le diamètre I, 7^m, par la longueur 5,50 du jambage courbe de J qui est le quart de la circonférence = 38,50, ou bien ce qui revient au même, en multipliant la circonférence 22 par le quart 1,75 du diamètre 7 = 38,50.

Le cercle en tournant sur lui-même engendre la sphère O, que l'on peut simuler par 4 grands cercles du même diamètre entrelacés : ainsi la mesure de la surface de cette figure sera celle de ses quatre grands cercles 38,50 × 4 = 154ᵐ; ou bien encore, on l'obtient en multipliant le diamètre I, 7ᵐ par la circonférence 22 = 154.

6° *La* — U ; cette lettre représente un tuyau, un cylindre ; elle est composée de deux J affrontés et réunis par les extrémités de leur rotondité, qui forment une demi-circonférence de O ; la mesure de la circonférence de ce cylindre s'obtient en multipliant ses deux jambages droits réunis 3,50 + 3,50 = 7 par la demi-circonférence de U 11ᵐ doublée, ou le diamètre 7 × 22, circonférence de la base, = 154ᵐ.

La solidité du cylindre est le produit de sa base O, 38,50 multiplié par I le diamètre 7 = 269,50.

7° *Si* — V ; cette lettre retournée représente le profil d'un cône placé sur la lettre O ; la mesure de la surface de cette figure est la circonférence 22 de sa base O, multipliée par la moitié 3,85 d'un de ses côtés 7,70 qui est celle du jambage de A à partir de sa barre médiane 3,85 × 22 = 84,70.

La solidité de cette figure s'obtient en multipliant le produit de sa base O 38,50 par le tiers 2,33 de la hauteur 7, qui est la barre transversale de A reportée au tiers de la hauteur de la perpendiculaire, ou la même qui a servi à la mesure de la pyramide = 89,66.

8° *Ut²* — Y ; cette lettre simule, par la forme de ses jambages supérieurs qui se coupent au centre de la grande figure, un angle droit dont les côtés, pris ensemble, ont une longueur égale à celle d'une diagonale de X dont l'excès sur le côté du carré est quatre fois plus grand qu'une de celle de A, ou le double des deux diagonales de cette dernière lettre. Or, les lignes supérieures de la lettre Y étant la moitié de celle de A (Ut au grâve) marqueront ici l'octave de Ut qui est formée par un nombre de vibrations doubles (excès d'une des diagonales de A sur le côté du carré 7ᵐ; 0,725 × 4 = 2ᵐ 90, excès d'une des diagonales de X, ou des deux lignes de l'angle de Y). Au surplus l'angle droit formé par les côtés Y est le double de celui du sommet de A.

Ainsi, d'après les auteurs, il n'existe en géométrie que sept figures principales qui sont le triangle, le carré, la ligne droite type des mesures, la ligne mixte, le cercle, le cylindre et le cône. Nous avons donné à chacune d'elles le nom de la note de la gamme diatonique à laquelle elle correspond comme nous le verrons à l'article concernant la musique.

INTRODUCTION A LA TRIGONOMÉTRIE

—

ÉLÉMENTS PRINCIPAUX

Afin d'arriver à l'intelligence des principes trigonométriques, il est nécessaire de mettre, sous les yeux, des figures qui nous aideront dans nos descriptions.

Nous reprenons donc nos dernières lettres Y et Z. Si nous inscrivons la première dans notre grand carré qui circonscrit le cercle, nous voyons facilement que ses diagonales qui se confondent avec celles supérieures de X ont une longueur disproportionnée avec la ligne droite de la base qui n'a que celle d'un rayon.

Nous allons donc rétablir, dans ce cas, les proportions de cette lettre et elle nous offrira l'image des trois rayons du cercle inscrit, se coupant à angle droit au sommet du rayon servant de base. L'excès des jambages de X sur ces rayons, sera donc d'un cinquième environ, mesure marquée d'ailleurs par la diagonale des petits carrés formés aux quatre angles du grand, entre le cercle et ce dernier.

On voit aussi que le rayon perpendiculaire de Y placé au milieu de la base de A fermé, s'il était prolongé jusqu'au sommet de cette lettre, la partagerait en deux parties égales, ainsi que l'angle droit formé par ses propres diagonales; elle nous donnera ainsi l'image de la hauteur des triangles qui est toujours la perpendiculaire abaissée sur la base. Nous parlerons tout à l'heure de la mesure des angles.

Z] La lettre Z, qui suit Y, doit participer aux dimensions de cette dernière, c'est-à-dire être inscrite dans le cercle; par sa forme carrée traversée par une diagonale, elle nous avertit aussi que sa position doit être semblable à celle des autres lettres déjà inscrites avant elle. Ainsi nous voyons que sa diagonale se confond avec celle de X, qui la dépasse d'un cinquième environ; ses deux jambages horizontaux deviennent les côtés d'un carré que nous complétons et dont les quatre côtés seront parallèles à ceux du grand qui se trouve ainsi un septième du diamètre, ou un mètre juste, de longueur, plus grand que ce dernier. Nous obtenons ainsi un carré inscrit dans le cercle O aussi circonscrit par le grand carré E.

Cette figure ainsi disposée nous offre toutes les lignes principales nécessaires à l'intelligence des termes usités en trigonométrie et à celle de leur emploi.

—

TRIGONOMÉTRIE

La trigonométrie a pour objet spécial de résoudre les triangles, c'est-à-dire de déterminer leurs angles et leurs côtés, au moyen d'un certain nombre de données suffisantes.

Dans les triangles rectilignes, il suffit de connaître trois des six parties qui les composent, pourvu que parmi ces parties il y ait un côté; car si on ne donnait que les trois angles, il est visible que tous les triangles semblables satisferaient à la question.

NOTIONS SUR LES LIGNES TRIGONOMÉTRIQUES

Pour la résolution du triangle, on emploie un certain nombre de lignes appelées trigonométriques que l'on désigne sous les noms suivants : *sinus, cosinus; sécante, cosécante; tangente, cotangente.*

Le sinus de l'arc AM (Voir la figure) ou de l'angle ACM, est la perpendiculaire MP, abaissée d'une extrémité de l'arc sur le diamètre qui passe par l'autre extrémité.

Si, à l'extrémité du rayon CA, on mène la perpendiculaire AT, jusqu'à la rencontre du rayon CM prolongé, la ligne AT, ainsi terminée, s'appelle la *tangente*, et CT, la *sécante* de l'arc AM ou de l'angle ACM. Ces trois lignes MP, AT, CT, dépendantes de l'arc AM et toujours terminées par l'arc AM et le rayon se désignent ainsi :

MP = sin AM, AT = tangente AM, TC = sécante AM.

Ayant pris l'arc AD égal à un cadran, sur les points M et D on mène les lignes M Q D C perpendiculaires au rayon CD, l'une terminée à ce rayon, l'autre terminée au rayon CM prolongé; les lignes MQ, DS et CS, seront pareillement les sinus, tangente et sécante de l'arc MD, complément de AM; on les appelle, pour abréger, les cosinus, cotangente et cosécante de l'arc AM. On les désigne ainsi : MQ = cos. Am, DT = cos. AM, CT = cos. AM; en général A étant un arc quelconque, on a : cos. A, = sin. (90° — A) cos. A = tangente (90° — A) cos. A = sec. (90° — A.)

Le sinus d'un arc est donc la moitié de la corde qui sous-tend un arc double.

Le carré du sinus d'un arc, plus le carré de son cosinus étant égal au carré du rayon, on a généralement : sinus ^{2}A + cos. ^{2}A = R^2.

Nous allons voir que tous ces préliminaires sont parfaitement rendus compréhensibles par la position générale des lignes qui constituent maintenant l'achèvement de notre grande figure, et qui, presque toutes, sont des lignes géométriques s'expliquant les unes par les autres et corroborant les résultats demandés.

Notre figure consiste d'abord en un grand carré circonscrivant toutes les autres qui ne sont que la reproduction exacte des lignes constituant les lettres alphabétiques à l'aide desquelles nous avons démontré les théorèmes de la géométrie.

Ce carré circonscrit le cercle donné par la forme de la lettre O, et celui-ci circonscrit un autre carré donné par la lettre Z, de manière que nous avons le cercle inscrit dans un carré et circonscrit par un autre carré plus grand. Les lignes de X et de Y nous donnent les rayons du cercle et les diagonales de ces carrés, etc.

Les périmètres de nos deux carrés, le cercle et les diagonales, telles qu'elles sont placées, nous offrent l'aspect exact et les positions voulues des lignes trigonométriques que nous venons de décrire plus haut.

Les tangentes et cotangentes sont les quatre côtés du carré extérieur. Les sinus et cosinus sont aussi les quatre côtés du carré inscrit. Les sécantes et cosécantes sont, dans cette position marquant l'angle de 45°, des diagonales de X, et les rayons sont fournis par les jambages de Y.

Voilà donc notre tracé trigonométrique principal tout esquissé par les lignes de notre figure même; il ne nous reste plus qu'à expliquer leur mécanisme fondé sur leur relation mutuelle.

Nous débutons par le triangle AMC formé par le rayon AC, la corde sous-tendant l'arc AM et la sécante MC, partie de la diagonale de X. Comme on l'a dit, l'angle au centre étant de 45°, son supplément, pour arriver à 90°, sera l'autre angle adjacent égal aussi à 45°, MCD.

Nous ne nous occupons, pour le moment, que du mécanisme des lignes du petit carré dans lequel est placé le triangle cité plus haut, et qui est la quatrième partie du grand périmétrique; seulement si l'on voulait avoir le supplément de cet angle de 45°, il faudrait retrancher cette somme de celle de 180° que comprennent les deux petits carrés adjacents.

Le mot latin *sinus* veut dire angle, et par extension on s'en sert pour désigner la longueur de la ligne qui partage l'angle formé à l'extrémité de la corde, par la sécante, et tombe d'aplomb sur le diamètre ou le rayon.

On remarquera sans peine que, si nous changeons la position de la sécante TC, en la faisant mouvoir, depuis son centre, soit sur la droite, soit sur la gauche, l'angle du centre variant, toutes les lignes du système dont nous parlons, deviendraient ou plus grandes ou plus petites, jusqu'à ce qu'elles aient atteint leur maximum de croissance ou de décroissance qui est le rayon de la base, ou le rayon perpendiculaire au centre, avec lesquels la sécante et le sinus viendraient se confondre. On passerait ainsi par tous les degrés donnés par l'angle central, de l'aigu au droit, ou de 1° à 90°.

En trigonométrie avancée, on peut faire faire à la sécante le tour entier de la circonférence, et alors on donne aux signes, qu'on emploie à cet effet, les noms de négatifs, etc. Mais tel n'est pas le plan des auteurs, dont le but est simplement de donner ici les connaissances préliminaires usuelles de cette partie de la science.

Ainsi, plus l'angle formé au centre sera ouvert, plus les deux autres angles du triangle le seront; plus la ligne qui marque le sinus sera longue, et plus la tangente et la sécante le deviendront; mais d'un autre côté les parties correspondantes à celles-ci, cosinus, cotangente, etc., diminueront en proportion.

Il serait peut-être bon ici de faire voir par des chiffres, la corrélation continuelle de ces lignes entre elles, quelle que soit leur position; le triangle ACT, qui occupe la moitié du petit carré ACDT, a pour base le rayon et pour côtés l'hypoténuse ou sécante, et le côté du même petit carré ou la tangente; l'angle au centre de 45° est déterminé par la position et la hauteur de la ligne du sinus qui correspond à l'angle fait par la corde, qui sous-tend la moitié du quart du cercle.

Ici nous connaissons déjà la longueur de toutes ces lignes et leur relation, puisqu'elles ne sont, en définitive, que les côtés des carrés ou des parallélogrammes se combinant avec leurs diagonales. Nous avons vu en géométrie leurs rapports en longueurs.

Alors la tangente a pour longueur 3^m 50 ; la base, qui est le rayon, a 3^{m}50 ; la sécante 4^m 95, et le sinus 2^m 48. La mesure de la surface du triangle ACT sera la base 3,50 multipliée par 1,75, moitié de la hauteur 3,50 = 6^m 13 (3,50 × 1,75 = 6,13).

L'autre triangle MPC renfermé dans le premier et formé par la ligne du sinus et les parties des autres lignes correspondantes, aura pour mesure la longueur de sa base 2,48 égale à la longueur du sinus, multipliée par 1^m 24, moitié de la hauteur = 3,07, ou la moitié en surface du triangle précédent. (2,48 × 1,24 = 3,07.)

Puisque l'angle au centre varie en raison de la position et de la hauteur relative du sinus, on s'est appliqué à calculer rigoureusement cette dernière, en procédant presque point par point, ou de secondes en secondes, suivant la division du cercle qui règle cette longueur. On a commencé à l'extrémité du diamètre, où la tangente, l'arc et le sinus paraissent à l'œil encore confondus ; on a pris la longueur d'une seconde de l'arc pour unité connue, puisque cette longueur d'une seconde, si petite qu'elle soit, se trouve toujours en rapport comme la circonférence est au diamètre, ou comme 1 : 3,1415. Puis, on a continué le calcul jusqu'à la longueur d'un degré et de celui-ci à 90°, etc.

La longueur de quelques cordes de cercle a encore fourni les longueurs justes des lignes de sinus ; par exemple l'hexagone, le décagone, etc., qui sont des parties exactes de la circonférence.

Le sinus d'un arc est donc la moitié de la corde qui sous-tend un arc double.

Le carré du sinus d'un arc, plus le carré de son cosinus étant égal au carré du rayon on aura sin. ^{2}A + cos. ^{2}A = R^2. Ceci est évident, puisque le rayon n'est autre chose que la diagonale du carré qui serait formé avec les lignes égales du cosinus et du sinus (voir la figure). Ainsi ces lignes étant données, on peut toujours, par la similitude des triangles, trouver les autres lignes trigonométriques.

Dans tout triangle rectangle, le rayon est au sinus d'un des angles aigus, comme l'hypoténuse est au côté opposé à cet angle. Dans ce même triangle, le rayon est à la tangente d'un des angles aigus, comme le côté adjacent à cet angle est au côté opposé.

Dans un triangle rectiligne quelconque, les sinus des angles sont entre eux comme les côtés opposés.

RÉSOLUTION DES TRIANGLES RECTANGLES.

Toute l'opération consiste à calculer les triangles par des règles de trois formées de la proportion des sinus des angles à leurs côtés opposés d'après cette règle générale :

1° En tout triangle, si l'on connaît un angle et deux côtés dont un soit opposé à l'angle connu, on connaît le reste du triangle, ou bien, en tout triangle, si l'on connaît deux angles et un côté opposé à un angle connu, on connaît aussi le reste du triangle.

Il faut observer que les analogies donnent toujours l'angle cherché aigu ; cependant il peut être obtus, s'il est opposé au plus grand côté du triangle ; si d'ailleurs les deux autres angles ne font pas ensemble un droit, alors l'angle trouvé est le complément de l'obtus.

2° En tout triangle rectangle, les deux côtés qui forment l'angle droit étant connus, on connaît les deux autres angles aigus du même triangle.

3° Les deux côtés d'un triangle rectangle étant donnés, on a l'hypoténuse, parce que l'angle opposé à l'hypoténuse est l'angle droit donné plus haut.

4° En tout triangle rectangle, l'hypothénuse étant donnée avec un autre côté, on trouve l'un des deux autres angles, en ôtant du carré de l'hypoténuse, le carré de l'autre côté donné, en sorte que la racine carrée du restant donnera le troisième côté cherché.

5° Dans un triangle obliquangle, deux côtés étant donnés avec l'angle qu'ils forment, on connaît les autres angles.

6° Dans un triangle obliquangle, deux côtés étant connus avec l'angle qu'ils forment on trouve le reste du triangle par les règles précédentes.

7° Dans un triangle obliquangle, les trois côtés étant connus, on en connaît tous les angles en le réduisant en deux triangles rectangles par une perpendiculaire qu'on imagine tomber du sommet d'un angle sur son côté opposé.

8° Les angles d'un triangle obliquangle étant connus, on ne peut le résoudre puisqu'on n'a pas un côté.

APPLICATION DES RÈGLES CI-DESSUS.

I

On se propose de connaître la hauteur d'un édifice A B, dont le pied est accessible.

Ayant mesuré exactement sur le terrain de niveau, la distance du pied de la tour jusqu'au lieu de l'observation, on a trouvé, supposons, 47ᵐ pour base; alors on a trois choses connues : la base mesurée que nous appelons B C, l'angle droit formé du pied du mur au sommet de l'édifice A, et celui formé à l'autre extrémité de la base par le rayon visuel dirigé sur le point A. Nous avons donc ainsi le triangle ABC; l'angle B est droit ou de 90°, et par conséquent les deux autres aigus valent chacun 45° ou 90 degrés ensemble, puisque les trois angles de tout triangle rectiligne sont égaux à deux droits.

Si nous avions pris notre base de manière à ce que l'angle visuel fût juste de 45°, alors la hauteur de l'édifice, ou le côté A B, serait juste égale en longueur à celle de la base, puisque l'angle B étant rectangle, la longueur de la base et celle de la hauteur deviennent les côtés égaux du carré opposé à l'hypoténuse.

Mais ici l'angle visuel est de 35° 35; donc, l'angle A du sommet de l'édifice est 54,15; alors on forme l'analogie suivante : Si le sinus de 54,65 donne 47ᵐ, que donnera le sinus de 35°.35? (54,65 : 47ᵐ : : 35ᵐ 35 : x = 34ᵐ hauteur de l'édifice).

Afin d'éviter les calculs, on se sert des *logarithmes* de ces nombres, ce qui réduit les multiplications à de simples additions, mais cette manière d'opérer est encore en dehors de nos connaissances.

II

On se propose de connaître la hauteur de la tour inaccessible DE.

Dans ce cas, il faut faire deux observations. Placez-vous à une distance accessible de la tour ; de ce point envoyez votre rayon visuel au sommet de la tour D, et remarquez le nombre de degrés que ce rayon fera avec la ligne de votre base fictive que vous prolongez de niveau jusqu'au pied de la tour; supposez cet angle mesuré être de 34 degrés; plantez un piquet à cette place F, afin de la reconnaître, puis reculez-vous de niveau, afin de faire une seconde base à la première, et, dans le même alignement de ce point G, vous regardez une seconde fois le sommet de la dite tour; je suppose le second angle de 20 degrés, mesurez exactement la distance entre les deux stations que nous supposons de 9ᵐ.

Vous connaîtrez tous les angles du triangle DFG, et, de plus, le côté mesuré FG;

et, par ce moyen, il sera facile de connaître le côté DF, ensuite le côté DE, par les analogies suivantes :

L'angle EFD étant de 34°, l'angle qui fait suite DFG, sera de 146; et l'angle G ayant été trouvé de 20 degrés, il s'ensuit que l'angle DFG est de 14°.

C'est pourquoi on dira : Si le sinus de 14° donne 54^m, que donnera le sinus de 20°? et le calcul étant fait, on trouvera 76^m 33 pour le côté DF.

Ensuite il faut calculer le triangle rectangle DEF, duquel on connait déjà tous les angles et l'hypoténuse DF; alors on dira : Si le sinus total donne 76^m 33, que nous donnera le sinus de 34 degrés ? Le calcul étant fait, on trouvera 42^m 66 pour le côté DE, hauteur de la tour.

Mais toutes ces propositions trigonométriques peuvent se réduire, sans calcul, en faisant sur le papier des triangles semblables à ceux qui se forment sur le terrain.

Ainsi, pour résoudre la proposition ci-dessus, faites une échelle de 10^m, c'est-à-dire, tracez une ligne droite assez longue pour que la division en soit claire et exacte; divisez-la en 10 parties égales et subdivisez une des dites parties en 10 ou 100 autres, pour avoir la fraction du mètre.

Tirez ensuite la base indéterminée EG de la tour, faites au point G un angle de 20°, comme plus haut, et tirez la ligne indéterminée GD qui est celle qui aboutit au sommet de la tour; portez, de G en F, 9^m pris sur la division de votre échelle; faites au point F un angle de 34° et tirez au sommet de la tour la ligne FD, laquelle coupera la ligne GD en un point, comme D, duquel vous abaisserez la perpendiculaire DE qui représente la hauteur de la tour, et, mesurant cette ligne DE sur l'échelle, vous trouverez qu'elle contient 42^m 66.

Tous les autres côtés de ce triangle se mesureront sur la même échelle.

On trouve dans les traités de la levée des plans, une foule de méthodes relatives à cette science, mais les auteurs de l'alphabet en donnent une simple qui résume toutes les autres.

RÉSOLUTION DES TRIANGLES PAR LA MÉTHODE ALPHABÉTIQUE

Il faut nous reporter à la grande figure circonscrite par le grand carré, dont le quart nous a donné toutes les lignes trigonométriques propres à la solution des triangles.

Nous avons vu qu'en inscrivant dans le cercle le carré donné par Z, les côtés de celui-ci, conservant leur parallélisme avec ceux du grand circonscrivant, étaient distants entre eux d'un mètre dans leur pourtour. Nous avons pris pour base du triangle rectangle, dans lequel est placée la ligne du sinus, le rayon médium sur la gauche du grand carré. Nous voyons que la ligne du sinus est d'un mètre moins longue que la tangente, qui est le côté du petit carré, et que ce côté est égal au rayon de la base. Nous remarquons aussi que l'hypoténuse, ou la sécante des triangles renfermés dans le petit carré, est d'un cinquième environ moins longue dans le carré formé par les côtés parallèles aux sinus et cosinus, que dans celui formé par la tangente.

Nous prolongeons la base, ou le rayon, de 7 mètres, en donnant les mêmes proportions à la diagonale ou sécante et au côté ou tangente. Puis nous partageons ce grand triangle par des divisions d'un mètre de distance, et, à chacun de ces points, nous élèverons des perpendiculaires sur la base jusqu'à la rencontre de la diagonale. Nous aurons ainsi 7 parallélogrammes pareils à celui renfermé dans la figure primitive. Ainsi à chaque division, les parallèles ont grandi successivement d'un mètre chacune, et les mêmes parties qui correspondent à la diagonale se sont élevées d'un cinquième, ou, plus exactement, de 0,725 chacune.

Si nous partons de l'angle central de la figure, nous compterons une succession de 10 parallélogrammes et demi, contenus dans la ligne de la base, ou 10^m 50.

La parallèle extrême est devenue le côté d'un carré dont la hauteur est égale à celle de la base, de manière que, si on l'a rabattait sur celle-ci, elle se confondrait avec elle.

La diagonale qui a suivi la même proportion aura pour longueur 14,50.

Voilà la figure formée. Il est facile de voir qu'elle offre, ainsi construite, une espèce d'échelle dont nous pouvons agrandir, à volonté, les proportions en multipliant par 10 ou par 100, etc., chaque division. Nous nous apercevons aussi que chaque perpendiculaire devient le côté extrême d'un triangle rectangle qui ne diffère en rien des autres coadjacents, si ce n'est par l'ampleur ou la surface plus ou moins grande, selon sa position.

Ainsi disposée, cette série de triangles semblables nous donne, par leurs côtés perpendiculaires, une série de lignes qui sont toutes des sinus et des tangentes, et la grande diagonale, un pareil nombre de sécantes; nous pouvons donc mesurer toutes les longueurs et hauteurs voulues, sans rien changer à la disposition de notre figure, avec l'angle de 45°.

1° Nous commençons par diviser le dernier, ou le premier mètre renfermé entre les parallèles adjacentes en 100 parties, pour avoir une échelle de proportion de cette grandeur à laquelle nous rapporterons en réduction, sur le papier, soit la hauteur d'une parallèle, soit la surface d'un de ces triangles qui sont tous semblables.

Puisqu'il nous est loisible de mesurer une base, à partir du pied de l'arbre ou de l'édifice dont on veut connaître la hauteur, prenons celle de la dernière parallèle, la plus élevée. Il est évident qu'en nous reculant depuis le pied l'arbre jusqu'à ce que nous ayons obtenu l'angle de 45°, par le rayon visuel dirigé sur la ligne de la diagonale jusqu'au sommet, nous aurons la base égale à cette hauteur, soit 10ᵐ 50, ou en multipliant par 10, 105ᵐ.

Sans rien changer, en nous maintenant dans la même position au point de 45°, si nous voulons obtenir la hauteur de la 2ᵉ parallèle, nous mesurons de nouveau la base qui a dix mètres de moins que la 1ʳᵉ, la parallèle aura cette hauteur 90ᵐ 50, égale à la base, etc.

Ainsi en mesurant la base depuis l'angle immobile de 45 degrés, on obtiendra successivement toutes les hauteurs des parallèles, et leurs fractions de mètre, si l'on veut. Le dernier petit triangle, voisin de l'angle de 45° dont il fait partie, est la reduction en petit de tous les triangles semblables dont nous connaîtrons, soit les surfaces soit les côtés, en nous servant, comme nous l'avons fait tout à l'heure, de l'échelle de proportion.

En couchant la même figure sur le terrain nous pouvons, de la même manière, opérer sa triangulation.

2° On voit par la figure ci-dessus, qu'il est facile de faire des échelles simples de sinus, tangentes et sécantes, en transportant, avec un compas sur une règle, toutes les distances.

Les tables des sinus, tangentes et sécantes, sont faites sur ce principe: le rayon du cercle, ou la ligne du sinus de l'angle droit, est supposé divisé en 1,000 parties égales, et l'on a calculé combien de ces mêmes parties sont contenues, à proportion, dans tous les sinus droits, dans les tangentes et dans les sécantes de tous les angles, de minute en minute, depuis 1 jusqu'à 90 degrés; on a mis ces nombres par ordre, et c'est ce qu'on appelle les tables de sinus, tangentes et sécantes qu'on trouve dans les ouvrages spéciaux.

Ainsi, par exemple, dans notre figure qui est le petit carré de gauche au-dessus du grand, nous supposons la sécante (la diagonale) couchée sur le rayon de la base et confondue avec lui; alors, dans cette position, elle est égale au rayon 100,000, le sinus et la tangente sont nuls.

Si nous faisons marcher la sécante d'une minute vers le haut, le sinus aura 1,745, et la tangente qui, dans ce mouvement, a grandi d'un dixième en plus que le sinus, aura 1,755, et la sécante, qui est la diagonale, grandissant dans la proportion voulue avec le côté du carré, aura 100,015.

Si nous avançons encore d'une minute, les proportions resteront les mêmes entre les trois lignes; le sinus aura 3,490, la tangente 1,492, et la sécante 100,061. Enfin, arrivés au 45ᵉ degré, le sinus aura 70,711, la tangente, égale au côté du carré, 100,000, et la sécante 141,421.

Ainsi se termine l'enseignement élémentaire de la géométrie; ces principes alphabétiques, bien compris, suffiront à s'élever plus haut dans cette partie de la science.

Nous pensons avoir atteint notre but, en donnant les bases nécessaires pour arriver à la mesure des figures principales, ainsi qu'au lever des plans cadastraux. Mais nous avons eu surtout en vue de faciliter à l'intelligence l'étude de la musique, de l'astronomie, enfin, de toutes les branches de la physique, dont la géométrie est la base, et dont nous allons retracer les notions sommaires puisées dans notre unique recueil, l'alphabet. *

PRINCIPAUX INSTRUMENTS DE MATHÉMATIQUES

DONNÉS PAR LES FORMES DES LETTRES ALPHABÉTIQUES

Jusqu'à présent, nous n'avons opéré qu'au moyen d'instruments grossiers, fabriqués au fur et à mesure que le besoin s'en est fait sentir. Nous ne connaissons que la règle, le compas ordinaire et le niveau de maçon; toutes nos lignes ont été tirées avec une plume ou un crayon. Nous pressentons qu'il nous faut d'autres moyens pour arriver avec toute l'exactitude possible au résultat demandé.

Alors, nous cherchons si les lettres de l'alphabet, tout en nous retraçant la forme des figures, ne nous donneraient pas aussi celle des instruments les plus nécessaires.

En effet, nous voyons tous les jours dans les livres, sur les affiches et les enseignes, que les lettres que nous avons décrites jusqu'à présent avec de simples lignes, sans largeur, ont une certaine épaisseur marquée en noir que l'on appelle les *pleins* d'une lettre.

Nous remarquons aussi que certaines d'entre elles ont un jambage plein tandis que l'autre n'est qu'une simple ligne, comme dans M, par exemple; qu'à partir de A jusqu'à N, tous les pleins sont à droite, et que de O à Z, ils sont à gauche; et que les renflements, appelés *panses*, vers le milieu des lettres courbes, laissent une lacune entre leur jambage et le commencement et la fin de leur rotondité, lacune qui est le prolongement, en ligne droite, de l'appendice partant de leurs extrémités inférieures et supérieures dans le sens de leurs fermetures.

Ceci nous donne à penser qu'on a voulu, par un effet de perspective, nous apprendre que, puisque les lettres étaient destinées à figurer des instruments, elles doivent avoir, de toutes faces, des dimensions assez grandes, pour qu'on puisse y tracer clairement les lignes et les chiffres nécessaires à leur emploi.

LE COMPAS

A.] Ainsi, comme nous l'avons dit, les premiers instruments nécessaires vont se trouver dans la forme de la première lettre, A.

---

* Les auteurs de l'alphabet, dont je ne suis que le copiste et le traducteur très-humble, ne regardaient ces préliminaires scientifiques, classés par ordre : géométrie, trigonométrie, arithmétique, algèbre, mécanique, etc., que comme des instruments partiels destinés, quand on saura les manier, à reconstituer, pièce à pièce, et à ramener à l'unité ce grand tout dont les débris, épars dans l'espace, composent notre univers caché sous des formes diverses.

1° Le compas ordinaire qui ne consiste qu'en deux branches mobiles à leur sommet, puis une branche transversale qui sert de point d'arrêt à une ouverture donnée.

Mais l'expérience nous a fait sentir que cet instrument est susceptible de recevoir de grands perfectionnements qui pourraient abréger considérablement nos travaux.

Nous en fabriquerons donc un dans lequel nous mettrons à profit la largeur et l'épaisseur des branches, et nous l'appellerons *compas de proportions*, parce qu'il nous servira à connaître les proportions entre des quantités de même espèce, comme entre une ligne et une autre ligne, une surface et une autre surface, entre un solide et un autre solide, etc., et tout cela par le moyen des lignes et des chiffres différemment combinés que nous tracerons sur ses branches.

On est arrivé à y tracer au moins six sortes de lignes : celles des parties égales, des plans, des polygones, d'un côté; de l'autre, la ligne des cordes, des solides, des métaux.

On peut voir, dans les traités sur cette matière, la manière d'opérer dans ce cas et celle de faire usage de cet instrument indispensable aux géomètres.

Il y a encore une foule d'autres compas fabriqués exprès pour les besoins de différents métiers: comme le compas à pince, à l'allemande, à ressort, celui des horlogers, à trois branches, à cartes marines; celui de réduction, à coulisse, à tracer les ellipses, le compas d'épaisseur, celui sphérique, etc.

La forme de A nous représente encore le niveau du maçon; la ligne de foi est la perpendiculaire abaissée du sommet sur sa base, et avec laquelle doit se confondre le fil à plomb; T simule de même le niveau d'eau et celui à bulle d'air. (Voir les lettres T, U, V, l'air et l'eau étant contenus dans le tube clos U).

Cette même lettre fournit aux géomètres les lignes et les angles du triangle isocèle découpé sur bois.

L'ALIDADE

B] La lettre B nous offre par la manière dont nous l'avons formée (voir en géométrie B) l'image du quart de cercle, de son alidade et de ses deux pinnules mobiles. Nous nous rappelons que cette lettre nous a donné la manière d'élever une perpendiculaire sur une ligne droite, que la première partage en deux parties égales. Alors le petit intervalle, laissé par l'intersection des deux portions de cercle au milieu desquelles s'élève la perpendiculaire, simule la fente droite de la pinnule par laquelle passe le rayon visuel. Cette fente doit être faite directement dans le sens de cette perpendiculaire et rivée ainsi à l'alidade.

Le jambage du B est l'alidade, et ses deux rotondités, qui sont chacune un quart de cercle, deviennent, en se séparant, les deux pinnules nécessaires à cet instrument complété par la lettre E fermée qui lui prêtera son treillis.

LE QUART DE CERCLE.

La circonférence du quart du cercle B se divise premièrement en 90 degrés, et chacun de ceux-ci se subdivise en autant de parties égales qu'il est possible de le faire sans confusion, de telle sorte que les divisions et les subdivisions de degrés puissent être justes et bien distinctement marquées sur le bord de l'instrument.

A l'égard du carré géométrique ou du treillis E, chaque côté se divise en 100 parties égales, en commençant par les extrémités, afin que le centième nombre finisse à l'angle de 45 degrés. On distingue ces divisions par de petites lignes espacées de 5 en 5 et par des chiffres de 10 en 10; toutes ces divisions étant prolongées de part et d'autre forment un petit treillis qui contient en sa surface dix mille petits carrés égaux.

L'alidade mobile est attachée au centre par le moyen d'un clou, et elle porte ses deux pinnules espacées l'une de l'autre et placées en ligne droite.

Cet instrument sert à observer les hauteurs, comme celle d'un astre, d'une tour, les largeurs, les profondeurs, et à déterminer les distances, sans calculs, par l'usage du treillis. Ce quart de cercle peut être encore garni de deux pinnules immobiles attachées à un de ses demi-diamètres, et d'un fil avec son plomb, suspendu au centre.

LE DEMI-CERCLE

C] La lettre C est l'image d'un demi-cercle ; si nous la plaçons sur une base B couché, nous obtiendrons un instrument qu'on nomme *rapporteur*, qui est un demi-cercle, dont le pourtour est divisé en 180 degrés, la moitié de 360° qui est le cercle entier. Le centre doit être percé par une petite ouverture demi-circulaire, comme la panse de B, afin de mieux voir le point où doit aboutir la pointe de l'angle.

Cet instrument sert à faire des angles de telle grandeur que l'on veut, à connaître les degrés des angles, à inscrire dans un cercle tout polygone régulier ou de les décrire sur une ligne donnée, etc.

LE GRAPHOMÈTRE

D] La lettre D nous donne la forme d'un demi-cercle posé sur sa base. Cet instrument est appelé demi-cercle, ou graphomètre ; la division de cette demi-circonférence est encore de 180 degrés. Si nous plaçons le jambage de B sur cette base D, nous aurons aux deux extrémités du diamètre deux pinnules immobiles ; et si nous faisons pivoter sur le centre du jambage D la même lettre B, nous aurons une alidade garnie de ses deux pinnules, comme dans le quart de cercle.

Cet instrument sert encore à prendre les distances, les hauteurs, à lever les plans.

On construit aussi des rapporteurs de cette forme, sur le périmètre desquels on marque non-seulement les degrés, mais encore les minutes ; ils sont évidés dans leur milieu et l'alidade tourne de même autour d'un petit cercle aussi évidé, au milieu duquel est une petite pointe qui marque le centre du rapporteur.

Cet instrument sert à rapporter sur le papier les mêmes angles en degrés et minutes que ceux qui ont été observés sur le terrain.

Il y a encore le demi-cercle astronomique qui n'est divisé qu'en 90 degrés ; nous en donnerons la description à l'article astronomie.

E] La lettre E fermée nous offre une surface plane, carrée, simulant la planchette des géomètres ; il faut que cette planche, pour servir à faire de grandes opérations, soit de deux pieds en carré, comme l'indiquent les petits carrés placés dans l'intérieur de E fermé ⊞.

Cette planchette se fait d'une plaque de cuivre, ou de bois bien sec ; on arrête par dessus une feuille de papier au moyen d'un chassis qui s'emboîte juste sur son pourtour.

Nous plaçons à l'un des angles de cette planchette l'alidade B avec ses pinnules, qui sert de diagonale. On trace sur cette alidade, ou règle, plusieurs échelles de différentes grandeurs pour y rapporter de suite les longueurs et les distances mesurées. Son usage, connu de tous, est de mesurer une largeur inaccessible, de lever le plan des lieux, de mesurer les hauteurs, etc.

G] Il y a aussi la planchette ronde d'un usage plus étendu que la simple planchette, dont le limbe n'est pas divisé ; elle peut servir pour lever exactement les plans et mesurer les distances inaccessibles par la trigonométrie. La lettre G fermée est l'image d'une de ces planchettes.

Nous plaçons sur le centre l'alidade B, munie de ses deux pinnules et tournant sur son pivot ; autour de cette planchette, il y a un cercle d'une épaisseur assez forte pour contenir environ six cartons de rechange et d'une largeur convenable à recevoir les divisions de 360 degrés et les minutes de 5 en 5 et de 10 en 10.

Cet instrument sert principalement à opérer, depuis un point dominant, la triangulation d'un pays et le rapport des villages entre eux, en changeant successivement ses cartons après avoir mesuré l'un d'eux, puis en les rapportant à l'échelle, après l'opération totale terminée.

Par rapport à la trigonométrie, ses usages sont les mêmes que ceux du quart et du demi-cercle.

H] Mais à tous ces instruments, pour les rendre d'un usage commode, il faut un pied dont la longueur soit en harmonie avec la hauteur de l'œil de l'opérateur. Il faut encore qu'il réunisse les dispositions voulues, pour que l'instrument qu'il supporte soit établi toujours de niveau avec la ligne horizontale et bien perpendiculaire à cet horizon. On a essayé bien des systèmes avant d'en obtenir un de convenable, depuis le simple piquet planté en terre jusqu'au trépied mobile.

Les lignes égales de la lettre H, différemment combinées, vont nous donner le mode le plus facile et le plus commode de ces sortes de pieds.

Comme nous venons de le dire, le pied le plus simple est un bâton ferré par un bout et pointu, que l'on enfonce en terre pour soutenir l'équerre d'arpenteur, espèce d'instrument différent de celui décrit à la lettre G, en ce que la surface circulaire est divisée en quatre parties par deux alidades munies de leurs pinnules, et qui se coupent à angles droits au centre sur lequel elles sont mobiles.

Les autres pieds sont faits de trois bâtons égaux, inclinés diagonalement les uns aux autres vers leurs sommets qui entrent dans des douilles à charnières, placées, pour cet usage, au-dessous des instruments. Alors on avance ou on recule les pieds sur le terrain jusqu'à ce qu'on ait trouvé le niveau indiqué par un fil à plomb attaché au rebord de l'instrument.

I] Nous possédons maintenant les instruments principaux nécessaires aux opérations géométriques ; il nous en faut encore d'autres, afin de donner à nos dessins toute l'exactitude et la netteté nécessaires.

Nous ne connaissons, jusqu'à présent, que la plume avec laquelle il n'est pas très-facile de tirer une ligne droite et uniforme avec le secours d'une règle ordinaire.

La lettre I nous offre : 1° l'image d'une règle en cuivre ou en bois parfaitement droite en tous sens ; 2° celle du tire-ligne, attendu que cette lettre joint ici l'exemple au précepte, puisque la ligne est l'écoulement du point qui la surmonte ; 3° celle du porte-crayon qui fait ici fonction de plume ou de tire-ligne, que chacun connaît.

Ces instruments doivent être faits de telle manière que l'une de leurs extrémités puisse s'enchâsser dans une branche du compas creusé pour la recevoir. Nous avons vu que les deux pointes de notre compas simple (A) sont fixes ; mais il en faut un dont on puisse changer à volonté l'une des pointes et la remplacer, soit par le tire-ligne et le porte-crayon I, soit par une tige munie à son extrémité d'une roulette à dents pointues représentée par la forme contournée de la lettre J, et au moyen de laquelle on trace des points ou des lignes ponctuées.

K] La lettre K nous offre par sa forme l'exemple du compas à tracer les ellipses ou ovales. Les deux diagonales de ce caractère sont mobiles et faites pour glisser le long du jambage qui porte à son extrémité une pointe d'acier que l'on peut remplacer à volonté par un tire-ligne ou un crayon. Le tout est disposé de manière qu'en faisant tourner la grande branche sur une pointe attachée à une des diagonales, la pointe, au lieu de tracer un cercle, fait une ellipse plus ou moins allongée, suivant l'écartement donné aux diagonales.

L] Figure de l'équerre fixe. Toute sa justesse consiste en ce que les branches soient bien dressées et qu'elles fassent angle droit en dedans et en dehors.

L'équerre pliante, est ainsi appelée, parce qu'elle se plie dans l'angle au moyen d'un clou rond qui fait charnière. On marque ordinairement les divisions de l'unité sur ces sortes d'équerres. Leur principal usage est de tracer des lignes perpendiculaires et de construire les angles droits, etc.

M] La lettre M est l'image de la chaîne d'arpenteur ; ses quatre jambages égaux, repliés et mobiles à leur point de jonction, simulent l'unité divisée en quatre parties indiquées par la longuer de chaque chaînon.

N] La lettre N, par ses trois jambages rendus mobiles aux points de leurs jonctions, nous offre la forme d'un réceptangle. En ouvrant ou en fermant les deux branches parallèles, on peut prendre la mesure des angles et les reporter sur le papier ; elle résume ainsi les fonctions de tous les instruments précédents, qu'à la rigueur elle peut remplacer.

DE LA BOUSSOLE

La seconde partie de l'alphabet est entièrement consacrée à la description des propriétés de la pierre d'aimant et à la construction de la boussole.

Ainsi cette invention, retrouvée en 1260 par un Génois, dit-on, remonte à une date plus ancienne encore que celle des alphabets grecs et phéniciens, puisque la description détaillée de cet instrument principal de la navigation occupe une large place spéciale dans l'alphabet des Latins qui copièrent en grande partie les lettres de ces peuples.

Les anciens représentaient, comme nous le faisons, le soleil, la lune, les planètes et la terre par un globe, et les étoiles, dont la principale dans le ciel est la polaire, par un ou deux triangles accouplés : l'immensité, ou l'enveloppe de tout le système celeste qu'ils ont appelés *Monde*, devait avoir conséquemment la même forme ronde.

On peut hardiment avancer que la vertu du fluide magnétique en général, et celle de l'aimant en particulier, dont les effets sont identiques à ceux de l'électricité, a attiré de bonne heure l'attention des individus intelligents à ces époques si reculées qu'on regarde comme le berceau des connaissances humaines et qui se perdent dans la nuit des siècles. Il faut bien admettre aussi que les découvertes successives, nées, soit des besoins croissants des sociétés, soit par l'effet du génie ou du hasard, tournent dans un cercle vicieux, et que, si elles disparaissent chez un peuple, elles renaissent chez un autre. L'esprit humain en germe, toujours le même, ne prend son développement que peu à peu, de génération en génération, pour arriver ainsi à son complément ; puis on le voit baisser insensiblement, et, semblable à la décrépitude plus ou moins lente de l'homme, tellement s'affaiblir, qu'il disparaît entièrement.

Ainsi, depuis la découverte du minerai de fer, parmi lequel on trouve les pierres d'aimant, et à partir de la fabrication de ce métal, on peut dire que l'attention a été éveillée par les propriétés singulières de ces deux substances sortant du même lit ; car, placées dans certaines conditions relatives, elles ont entre elles une sorte de sentiment de sympathie ou d'antipathie qui les fait s'attirer ou se repousser mutuellement.

Cette singularité bien étudiée, on eut bientôt reconnu, en raisonnant par analogie avec le système général du monde, que ce fluide magnétique était en dehors de ces deux corps, qui avaient seulement la faculté de se laisser facilement traverser par lui, et qu'il passait par leurs pores, en suivant une certaine direction constante, à partir du centre vers lequel il s'accumulait, pour s'écouler par les deux extrémités opposées. En suivant la dénomination usitée en astronomie, on appela *pôles* ces deux extrémités qui eurent leur équateur central et leur méridien.

On remarqua bientôt encore que le frottement opéré, de certaine manière, de l'aimant sur le fer, communiquait à ce dernier des propriétés identiques et que, laissée libre dans ses mouvements, une aiguille aimantée, suspendue horizontalement par un fil, ou placée sur un pivot, tournait immédiatement une de ses extrémités vers le pôle nord, tandis que l'autre regardait le midi ; on eut dès lors un instrument facile pour s'orienter par tous les temps, pendant le jour et la nuit; et, sans crainte de s'égarer, cette fois, le vaisseau put quitter de vue les écueils dangereux des rives et traverser les mers.

Mais trop confiant dans sa nouvelle invention, le navigateur, après maints naufrages peut-être, s'aperçut que la direction de son aiguille variait considérablement en deux sens, à raison des latitudes parcourues; probablement sans trouver la cause de ces anomalies, il se borna à en constater et à en noter les effets, et l'expérience lui apprit que ces déviations allaient en augmentant, au fur et à mesure que son navire sortant de l'équateur, s'approchait de l'un ou de l'autre pôle. On donna donc à ce mouvement le nom de déclinaisons *boréale* et *australe*, c'est-à-dire le pôle du côté duquel vient la bise, (Borée) ou le vent sec du nord; et celui d'où vient le vent de la pluie, (auster) ou le sud, ou midi. On nomma aussi *inclinaison*, l'autre mouvement qui fait pencher peu à peu, en allant dans les mêmes directions que ci-dessus, l'extrémité de l'aiguille vers le centre de la terre, qu'elle toucherait si l'on pouvait arriver jusque sous le pôle, entraînée qu'elle est par le fluide magnétique qui là s'enfonce en tourbillonnant dans les profondeurs du globe pour retourner à l'équateur.

C'est donc d'après ces préliminaires sommaires que les auteurs de l'alphabet ont donné la description abrégée de la construction de la boussole et de ses effets magnétiques au moyen de la forme comparée des lettres de cette seconde partie de la série.

O] La forme ronde de O simule l'enveloppe atmosphérique de la terre dans laquelle circule le fluide magnétique, dans la direction de l'équateur vers les pôles indiquée par la forme de la lettre P qui suit. Le jambage de cette lettre est l'image du diamètre de la terre, et la panse part du milieu, ou *équateur*, pour se rendre au sommet représentant le pôle.

P] Lettre presque similaire à celle de B, nous représente comme cette dernière une alidade garnie à son extrémité supérieure de sa pinnule indiquée par la panse et qui, par métaphore, regarde l'étoile polaire désignée ici par la forme triangulaire de A, lettre placée au-dessus et un peu à gauche du P ; cette position déviée, comme nous le verrons au chapitre *Astronomie*, simule la distance qui existe entre le pôle du monde et l'étoile polaire. La forme de la lettre B, représente aussi la direction du fluide, de l'équateur aux deux pôles.

Q] Cette lettre, par sa forme ronde, est l'image de la terre, et son appendice inférieur (2) qui est un 2 *cursif*, nous dit que, sur notre globe, l'aiguille aimantée affecte *deux* directions contraires, l'une vers le nord P, et l'autre vers le centre de la terre. Cette dernière s'appelle *inclinaison* simulée par la direction de l'appendice 2.

R] Cette lettre, comme nous le voyons, ne diffère du P que par l'appendice qui est le chiffre 2 cursif, attaché à la partie inférieure de la panse; celui-ci nous dit que la direction de l'aiguille vers le nord, signalée par P, est accompagnée d'un deuxième mouvement qui se fait sentir à l'extrémité de l'aiguille nord ; que sa direction est variable en certains temps, au fur et à mesure qu'on s'éloigne de l'équateur. Ce mouvement s'appelle *déclinaison*; effectivement, l'appendice de R part du milieu du diamètre, ou du milieu du jambage de R, simulant l'équateur, et descend sur la base, indiquant d'une manière vague les degrés de cette déclinaison.

S] Cette lettre, par sa forme en zig-zag arrondi, et par les contours de ces deux demi-cercles non fermés, nous avertit que la direction variable vers le nord, signalée par R, peut être remarquée avec le temps sur les deux hémisphères, aussi bien sur la droite que sur la gauche du méridien terrestre, et que cette déviation peut aller au-delà de 22 degrés et même dépasser le quart de la circonférence ; cette distance est signalée par la lacune d'un quart du cercle, qui manque à chacune des extrémités de cette lettre et qu'il faudrait ajouter, si on voulait la fermer.

T] Ces préliminaires posés, nous construisons la boussole en plaçant l'aiguille aimantée en équilibre par son milieu, sur son pivot, comme l'indiquent les lignes de la lettre T.

U] L'opération ci-dessus faite, une des extrémités de l'aiguille se tournera immédiatement dans la direction du vent auster (qui amène la pluie), simulé par U, lettre faite en forme de vase, et qui (comme nous le verrons au chapitre traitant de la physique des anciens), représente l'eau des pluies, ou leur récipient.

V] L'autre extrémité prendra la direction du vent aigu, piquant ou froid qu'on appelle bise ou vent du nord (*Borée*), simulé par l'acuité du sommet et de l'angle de la lettre V. On sait que Borée, le dieu du vent, est représenté par une figure d'homme, dont les joues gonflées et la bouche entr'ouverte laissent échapper une bouffée d'air représentée par des lignes droites, s'étendant en éventail depuis leur sortie des lèvres. Les deux lignes marquant les côtés de cette bouffée d'air ont entièrement la forme de la lettre V qui, par métaphore, représente ici le vent ou l'air en général.

X] Si nous tirons une ligne perpendiculaire passant par le milieu de celle donnée par la direction nord et sud de l'aiguille de la boussole, nous aurons les quatre points cardinaux, ou les quatre directions principales des vents, que nous compléterons, en les divisant encore par des intervalles égaux, dont le nombre sera à volonté ; nous aurons ce qu'on appelle la rose des vents, que l'on adaptera à la surface de la boîte dans laquelle on renfermera l'aiguille ; dès lors nous aurons la boussole complète et prête à fonctionner.

YZ] Nous voyons de suite que, au moyen de cet instrument, nous pouvons résoudre tous les théorèmes géométriques décrits ci-dessus, et les résumer par ce moyen aussi facilement que nous l'avons fait par les formes des lettres finales Y et Z, ou la similaire N, qui peut les remplacer à cet effet.

Aussi, pour plus de commodité et de sûreté dans les opérations géométriques et trigonométriques, on adapte aux instruments dont nous avons donné ci-dessus la description une ou deux boussoles que l'on place, soit sur la surface des graphomètres, soit sur leurs alidades, etc. (Voir usage de la boussole).

ÉLÉMENTS DE MUSIQUE

DU SON

Le son constitue la voix qui, si elle est soutenue pendant un certain temps, forme le chant. Le langage de l'homme n'est, à proprement parler, qu'un chant morcelé par l'appareil buccal et plus ou moins harmonieux, selon la rigueur des climats habités.

Avant de nous arrêter à cette dernière considération, il est nécessaire que nous connaissions d'abord l'origine des sons musicaux qui, sans la présence de l'homme, n'existeraient pas sur la terre; il faut aussi que nous connaissions leur filiation et leur application selon une méthode régulière que nous allons trouver toute formulée dans l'alphabet.

Dans le son musical, l'oreille distingue trois qualités particulières, la *hauteur*, l'*intensité* et le *timbre*.

1° Le timbre est ce qui fait que deux instruments différents, rendant chacun le même son, ces deux sons peuvent cependant être facilement distingués.

Si nous frappons, par exemple, avec le marteau T, sur le vase sonore U, nous entendrons un son bien différent de celui que l'on tirerait du même vase, en introduisant fortement le vent V, dans l'intérieur de ce vase, comme on le ferait dans une clef forée, ou bien en introduisant avec force la partie anguleuse de V entre les jambages de U simulant les deux branches d'un diapason ordinaire; en retirant brusquement V, la pression qui a fait écarter les branches en acier de U, les mettrait en vibration; le son émis serait encore différent de celui des deux premiers, par le timbre, si surtout on place ce diapason sur une table d'harmonie (X fermé), afin d'en renforcer la sonorité, ou bien encore si on frappait avec le même marteau T, sur une tige rigide en métal, mise à l'unisson du diapason U et contournée en forme de S, afin de diminuer sa longueur.

2° La hauteur du son est l'expression qui résulte pour l'organe de l'ouïe, du plus ou moins grand nombre de vibrations émises par un corps sonore dans un temps donné.

Les sons graves sont donc ceux qui sont produits par un petit nombre de vibrations, et les sons aigus, ceux qui sont le résultat d'un grand nombre de celles-ci; mais ils ne sont graves ou aigus entre eux que d'une manière relative.

Mais, avant d'aller plus loin, il faut que nous fabriquions un ou plusieurs instruments pour nous guider dans nos expériences et nous donner des règles musicales certaines.

Nous savons que la lettre V est l'image de Borée, dieu de l'air ou du vent. Nous penchons donc V sur les bords du tuyau U bouché par en bas, et le vent répercuté par le fond et les parois, fait entendre un sifflement aigu, qui sera le premier son qui nous servira de comparaison pour juger des autres, que nous obtiendrons en fabriquant de nouveaux tuyaux d'une hauteur différente. Nous avons ainsi notre *diapason* que nous nommons le son *La*. Tel est le principe d'un instrument des plus primitifs, connu, je crois, sous le nom de *flûte de Pan* et composé, comme on le sait, d'une série de tuyaux de différentes longueurs relatives qu'on fait résonner en y introduisant par leurs extrémités supérieures l'air des poumons, en serrant les lèvres sur les bords de chacun d'eux, de manière à le briser en partie.

Mais comme cette manière d'obtenir les sons deviendrait, par la suite, trop pénible, nous imaginons de retourner le principe sur lequel est basée la sonorité de cet instrument, et nous introduisons l'air par le bas du tuyau, en ayant soin de disposer notre porte-vent V, sur lequel nous plaçons notre tuyau U, de manière que l'air introduit dans l'intérieur vienne frotter et se briser sur le bord aminci du tuyau, dans le fond duquel nous avons fait une petite fente longitudinale semblable à celle de la pinnule B. En effet, nous obtenons ainsi un son beaucoup plus doux, qui exige une masse d'air beaucoup moins considérable que dans le premier cas.

Nous avons ainsi un tuyau d'orgue, que nous plaçons sur un sommier X dans lequel sont pratiquées des rainures pour livrer passsage au vent du ou des tuyaux; nous posons le sommier sur une charpente Y; et afin de supprimer l'emploi des poumons, nous construisons un soufflet à double fond dans la forme que nous présente la lettre Z.

Maintenant, à l'aide du vase sonore, ou des tiges du diapason, ou de notre tuyau d'orgue U, nous allons d'une manière rationnelle procéder à nos expériences.

Nous faisons donc résonner un de nos instruments; et à l'instant même nous nous apercevons qu'une série de petits tremblements très-rapides se manifestent sur les parois du vase U, semblables à ceux qu'un battement très-précipité produirait, si on les frappait avec le marteau T; nous en concluons donc que le son est formé d'une succession très-rapprochée de vibrations produites par l'élasticité de la matière sonore qui, par ses retraits et ses dilatements successifs et très-rapides, frappe l'air ambiant, rompt son équilibre (T, emblème du niveau à air) et se propage en tous sens (S) en formant des ondes concentriques (S, Q), dont l'amplitude est d'autant plus grande que le son est plus fort.

Ainsi l'intensité et la force du son dépend de l'amplitude des oscillations S, Q, et non de leur nombre.

Maintenant nous soufflons de plus en plus fort dans notre tuyau U; les vibrations deviennent plus rapides et le son plus aigu; nous pouvons même le faire octavier. Nous concluons encore que la hauteur, ou l'acuité du son, provient du nombre des vibrations (R) émises par le corps sonore U, et que plus les vibrations sont rapides, plus les ondes sonores, partant du centre Q, s'étendront au loin en raison de leur redoublement simulé par l'appendice 2 de Q et de R, marquant redoublement; ainsi le son dépend d'une succession de vibrations très-rapprochées, de même que la ligne I est formée d'une série de points, dont elle est l'écoulement, et la ligne courbe G, d'une série très rapprochée de lignes brisées.

En nous reportant à nos calculs géométriques, nous avons vu que P nous donnait la surface du cercle O, et que Q nous faisait connaître la surface de la sphère, et par conséquent sa capacité intérieure. En conséquence, si nous ouvrons la lettre O, en redressant d'aplomb les rebords de la circonférence à partir du milieu de celle-ci, nous aurons une figure absolument semblable à celle du vase, ou du tuyau U; mais la hauteur des bords de O, ainsi redressé, sera plus grande que celle de U. En maintenant les mêmes dimensions que nous avons données à ces lettres alphabétiques, 7^m sur 7^m, les bords de O dépasseront les bords de U de 1^m 90. Ainsi la hauteur de ce nouveau tuyau sera de 8^m 90. Si nous le faisons résonner, le son rendu sera beaucoup plus grave que celui de U.

Nous construisons encore un tuyau avec la longueur des lignes du V, et le son rendu sera plus aigu que celui de U, attendu que la hauteur de ce nouveau tuyau étant moindre, il se trouve avec le premier dans la relation comme 7 est à 8,12, ou comme 9,90 : 11.

Ce rapport est le même que celui que l'on trouve entre la demi-circonférence du cercle et la diagonale du carré circonscrivant cette circonférence.

Enfin, si nous construisons un tuyau avec les longueurs des lignes formant la partie supérieure de la lettre Y, qui représentent un angle droit, nous obtiendrons encore un son plus aigu que celui de V et qui serait juste à l'octave du tuyau que nous construirions avec la longueur des jambages de A.

En effet, la surface ou la capacité de cette partie supérieure de Y, fermé par le haut, forme un triangle ou une surface pyramidale moitié moindre que celle du triangle isocèle A fermé par le bas. Ainsi, le tuyau Y sonnerait l'octave aiguë, de celui A.

Alors, nous construisons huit tuyaux d'une longueur proportionnelle à celle donnée par les rapports trouvés ci-dessus, et à l'aide desquels nous allons continuer nos expériences, en donnant à celui A, le plus long, qui sera la base fondamentale, une longueur de 7m, ou de 7 pieds métriques; alors le plus petit Y, qui sonne à l'octave de A, aura 3m 50. Il faut faire observer ici que la largeur d'un tuyau n'influe presque pas sur la nature du son; cependant on a adopté à cet égard, dans leur construction, certaines proportions qui rendent les sons plus moelleux et plus sonores.

Afin d'établir notre système musical sur des bases certaines, nous désirons connaître le nombre des vibrations qui constituent les huit sons différents que nous donnent nos huit tuyaux, il nous vient à l'idée de construire un instrument à cet effet.

Nous prenons un morceau de carton de l'épaisseur d'une carte à jouer ordinaire, que nous découpons sur le modèle de la panse de la lettre P, dont le jambage est un bâton que nous fixons solidement sur une caisse d'harmonie Q, afin d'obtenir l'amplitude des sons.

Nous nous servons encore de la lettre ronde O, à la circonférence de laquelle nous faisons un nombre d'entailles A, déterminées et espacées avec justesse. Nous avons alors une roue dentelée, supposée d'un diamètre assez grand pour qu'au moyen d'un ou deux de ses tours, nous puissions facilement connaître le nombre des dents qui se seront heurtées sur la carte laissée libre dans ses mouvements et attachée à l'extrémité P. Nous approchons la carte de la roue et nous l'engageons suffisamment dans une de ses entailles, pour qu'une de ses vibrations n'arrête pas celle qui lui succèdera.

Nous mettons alors la roue en mouvement, et nous la faisons tourner plus ou moins rapidement jusqu'à ce que nous ayons obtenu à l'oreille l'unisson juste du son émis par notre premier tuyau résonnant avec un vent modéré, celui qu'il doit naturellement recevoir sans rien forcer. Nous comptons alors le nombre de dents écoulées qui ont donné lieu à autant de vibrations de la carte et nécessaires à l'émission de ce son; nous en prenons note et nous répétons à plusieurs reprises, afin d'être sûrs de notre travail, la même expérience sur les huit tuyaux.

Nous nommons ce nouvel instrument *sirène*; la lettre qui le simule ici est P, qui porte le numéro 16 de la série alphabétique; c'est par elle que nous avons compté le nombre des vibrations des notes qu'elle doit rappeler à notre mémoire lorsque nous la consulterons.

En effet, nous voulons savoir le nombre des vibrations constituant le son rendu par le 8e tuyau en descendant à partir de Y, et que nous appelons *Ut*. Nous multiplions le numéro dont est affecté, P 16, par 8, et nous avons 128, nombre des vibrations propres à faire résonner le son *Ut*, qui devient ici notre basse fondamentale du système musical. Le 9e tuyau, multiplié par 16, = 144 vibrations, qui forment le 2e son que nous nommerons *Ré*. Le 10e tuyau multiplié par 16 = 160, son que nous nommons *Mi*. Le 11e × 16 = 176, *Fa*. Le 12e × 16 = 192, *Sol*. Le 13e × 16 = 208, *La*. Le 14e × 16 = 224, *Si*. Le 16e × 16 = 256, le double de 128, ou *octave* de Ut fondamental. (Octave, octavus, octo, le 8e son redisant à l'aigu celui émis par le tuyau 1).

Nous essayons ces sons en les mariant deux à deux, et nous faisons résonner ensemble *Ut* et *Mi*; *Mi* et *Sol*, puis *Ut, Mi, Sol*, mélange qui produit une sensation agréable à notre oreille.

Nous essayons ensuite *Ré* et *Sol*, accord dont nous sommes encore satifaits, mais *Ré La* devient discordant, ainsi que *Ut Fa* et *Sol Si*. Nous en concluons donc que les notes *Fa*, *Si*, et *La* s'écartent de la régle donnée par la sirène. En effet, si nous multiplions le 13° tuyau *La* par le numéro 17 du Q qui fait partie de notre mécanique, nous obtenons au produit 221 vibrations; nous les ajoutons aux 208 données par P $=$ 429 dont nous prenons la moitié, et nous avons 214 vibrations. Nous essayons de nouveau l'accord avec *Ré La* que nous trouvons juste. Nous en concluons que cette note *La* joue dans la gamme le rôle d'un demi-ton; en effet, comme nous le verrons tout à l'heure, la note *La* est la première base du ton que l'on appelle *ton mineur*, comme l'*Ut naturel* est celle du *ton majeur*.

Cette expérience nous fait présumer que les deux autres sons, *Fa* et *Si*, sont encore des demi-tons; afin de les rétablir dans le ton voulu, nous leur faisons subir la même opération que nous avons fait subir à la note *La*.

Savoir : nous multiplions le 11° tuyau *Fa* par 15, chiffre de la roue dentelée O, $=$ 165 qui, ajoutés à 176 $=$ 341, dont la moitié est 170, nombre des vibrations voulues pour le *Fa*.

De même, nous multiplions le 14° tuyau par Q 17 $=$ 238 $+$ 224 $=$ 462, dont la moitié est 231 ; le 14° tuyau $\times$ R 18, $=$ 252 $+$ 231 $=$ 483 dont la moitié est 240, nombre des vibrations du *Si*.

Ces deux tuyaux *Fa* et *La* qui donnent des demi-tons, font que le *Si* arrive comme ton entier de *La* à *Si* et forme le 15° tuyau. 15 $\times$ 16 $=$ 240, le demi-ton se trouve ainsi placé, en montant la gamme de *Si* à *Ut* (16° tuyau), séparation que l'on appelle un *intervalle*, et l'autre demi-ton est de Mi à Fa.

Nous formons donc un tableau relatant les huit sons que nous venons d'obtenir accompagnés des vibrations qui les constituent, et nous leur donnerons, pour le moment, les appellations habituelles :

128	144	160	170	192	214	240	256
Ut	Ré	Mi	Fa	Sol	La	Si	Ut²

Les rapports de gravité ou d'acuité de deux sons, se nomment *ton*, c'est-à-dire que ce mot exprime le degré de hauteur du son ; au point de vue musical, il exprime le degré de hauteur de la gamme dans laquelle on joue.

Deux tons sont dits à l'*unisson*, lorsqu'ils sont produits par un même nombre de vibrations; on nomme *échelle musicale*, une série de sons séparés les uns des autres par des intervalles; dans cette série, les sons se reproduisent dans le même ordre par période de sept; chaque période se désigne sous le nom de *gamme*, et chaque octave par les chiffres 1, 2, 3, etc., mis au-dessus de la note : Ut², Ut³, etc.

Mais nous avons remarqué encore que les cordes faites de métal, de soie, ou avec des boyaux d'animaux préparés, tendues sur des caisses d'harmonie, rendaient des sons analogues à ceux de la lettre U, dont ils ne différaient que par le timbre.

Nous construisons donc un instrument à cordes, d'après le modèle de l'échelle de proportion donnée par les jambages de la lettre A fermé et chaque ligne transversale de cette échelle, prise à ses points de divisions, deviendra, pour nous, une corde résonnant dans cette proportion de longueur sur la table d'harmonie, qui est la surface de A fermée, ou du carré de la figure.

Alors la lettre B qui suit, qui est la lettre P, notre sirène, munie d'une panse de plus, nous dit qu'il faut, pour connaître les vibrations de nos cordes, deux instruments semblables, deux cartes vibrantes ou *deux sirènes*, afin de compter en même temps les vibrations qu'on peut faire naître en faisant résonner à la fois, deux ou plusieurs cordes de notre *lyre* ou *harpe*. Nous aurons donc un instrument qui fera et le chant principal et ses accords.

Pour arriver à obtenir la résonnance de ces cordes, autrement qu'avec un objet de percussion contourné C, ou avec les doigts crochus C, et à en déterminer les ondes sonores, nous prendrons un arc de cercle C, et nous attachons à chacune de ses extrémités, afin de le tendre, un ou plusieurs fils de soie ou de crin de cheval et nous obtenons ce qu'on appelle un *archet* D, parce que ce fil tend l'arc D. (Idée première du violon, de la basse, etc.)

Afin de tendre convenablement les cordes de nos instruments nouveaux et de pouvoir apprécier le degré de cette tension, nous suspendons, pour le moment, à l'une des extrémités de chacune d'elles, un poids F, dont la pesanteur peut être augmentée et diminuée dans certaines proportions aliquotes de l'unité de pondération, en ôtant et en ajoutant une ou plusieurs parties de cette unité, comme l'indique la forme écourtée d'un petit carré intérieur de la lettre F fermée. (Voir F, en géométrie).

Nous supposons ici, que les deux diagonales qui forment les côtés de A sont mobiles, sur charnières à leurs extrémités inférieures, dans chacun des angles du grand carré où elles aboutissent (voir la figure). Alors nous ouvrons A par son sommet, et nous ramenons chaque diagonale sur un des côtés du grand carré avec lesquels elles se trouvent ainsi parallèles. Alors nous attachons nos huit cordes sonores également pareilles en matière, épaisseur et longueur, chacune au point de hauteur correspondant à celle de nos huit tuyaux d'orgue, sur une de ces diagonales A redressé. Nous laissons pendre librement l'autre extrémité des cordes sur l'autre branche qui servira ici de *sillet* mobile, sur lequel elles glisseront au fur et à mesure qu'on rapprochera la branche A de sa position première, en ayant toujours soin, dans cette opération, de maintenir leur parallélisme.

Nous attachons donc un poids d'égal pesanteur, supposé de 4 kilogrammes, à l'extrémité de chacune de ces cordes ainsi disposées sur le châssis du grand carré et nous les faisons résonner l'une après l'autre ; il est évident, dans ce cas, qu'elles rendront toutes le même son. Mais si vous avancez peu à peu la branche A, à laquelle les cordes sont fixées, les poids glisseront sur le sillet opposé, en conservant entre eux une proportion égale à ce rapprochement, et les sons deviendront de plus en plus aigus, depuis la base immobile Ut, jusqu'à l'autre extrémité. Lorsque la diagonale sera arrivée à sa place primitive, si vous faites résonner les cordes, elles rendront l'octave à l'aigu des sons que nous avons obtenus avec nos tuyaux. Si maintenant on ramène l'autre diagonale A, contre le sommet de la première, les cordes rendront chacune un son de moitié moins élevé que précédemment et pareil à ceux de notre gamme primitive ; ainsi l'instrument se trouve accordé, sans y toucher. Alors avec un compas, nous mesurons la longueur relative de ces cordes entre elles, ou avec la base Ut, que nous représentons par l'unité, et nous formons le tableau suivant :

Pour produire les différents tons de la gamme *naturelle majeure*, il faut donner à la corde vibrante les longueurs L contenues dans ce tableau.

	Ut	Ré	Mi	Fa	Sol	La	Si	Ut
	C	D	E	F	G	A	B	C
Longueur : L...	1	$\frac{8}{9}$	$\frac{4}{5}$	$\frac{3}{4}$	$\frac{2}{3}$	$\frac{3}{5}$	$\frac{8}{15}$	$\frac{1}{2}$

Pour avoir le nombre des vibrations correspondant à celles constitutives de chaque note de la gamme, il suffit de renverser les fractions ci-dessus.

	Ut							
Vibrations : V...	1	$\frac{9}{8}$	$\frac{5}{4}$	$\frac{4}{3}$	$\frac{3}{2}$	$\frac{5}{3}$	$\frac{15}{8}$	2

La corde qui donne le Ré n'est donc que les huit neuvièmes de celle qui donne l'Ut ; celle qui donne le Mi n'est que les quatre cinquièmes de la même corde ; celle qui donne le Fa, les ³/₄, etc., et celle qui donne l'Ut octave, n'est plus que la moitié de celle de la base ; comme celle-ci (*Ut fondamental*) est représentée par la longueur 7, donné aux côtés du grand carré, et que les divisions de ce diamètre sont marquées dans la figure par l'échelle A, il est facile de se renseigner sur les longueurs proportionnelles des cordes, toutes renfermées entre les jambages de A fermé, dont la moitié inférieure donne la gamme au grâve, et la supérieure, au-dessus de la barre transversale qui sonne l'Ut², celle à l'aigu de la première.

Mais il faut bien remarquer que les demi-tons Fa et Si ne sont plus dans une relation directe, comme les autres tons, avec les deux jambages de A; dans ceux-ci, les longueurs des cordes conservent un espace égal entre elles, tandis que celles des deux demi-tons n'ont qu'une relation directe avec le côté du carré et la diagonale A; c'est pour cette raison que les auteurs de l'alphabet, comme nous le verrons tout à l'heure, ont désigné tous les autres demi-tons de la gamme chromatique, par l'image des diagonales composant les lettres K, M, N, etc.

Il est évident, maintenant, que si on voulait tendre les cordes remises dans leur longueur sur toute la largeur du grand carré, et leur faire rendre les sons proportionnels du tableau ci-dessus, il faudrait augmenter chaque poids dans cette proportion relative, et l'on trouverait que les poids inégaux, tendant inégalement chaque corde, produiraient un nombre d'oscillations qui seraient entre elles comme les carrés (E) des poids qui les tendent (F).

Au fait, prenons deux cordes d'égale grosseur, tendues par des poids égaux; si l'une de ces cordes est deux fois plus longue que l'autre, le nombre des vibrations accomplies dans le même temps sera double pour la plus courte, qui produira un son une fois plus aigu que celui donné par l'autre; c'est là ce qu'on appelle *octave*, les sons étant entre eux à une distance de huit sons intermédiaires.

Nous voyons encore, dans cette expérience, que les vibrations d'une corde élastique tendue, se communiquent à l'air ambiant qui les transmet à notre oreille. Nous remarquons aussi que le ton rendu par une corde, ou le degré de son, du grâve à l'aigu, dépend uniquement du nombre des vibrations (R) accomplies dans un temps donné; en sorte que deux cordes, quelles que soient les grosseurs, la substance et la tension, rendront le même son, si elles accomplissent un nombre égal de vibrations dans la même durée. Aussi, lorsqu'une corde entre en vibration, ses excursions sont plus grandes au commencement qu'à la fin, mais le ton reste le même, parce que les vibrations sont *isochrones*, c'est-à-dire de même durée; la vitesse de son mouvement ne change pas, mais l'intensité du son décroît de plus en plus, parce que les excursions de la corde perdent de leur amplitude; elles se resserrent jusqu'à devenir bientôt trop peu étendues pour pouvoir être sensibles à l'œil et à l'ouie, car la corde vibre encore qu'on a cessé de l'entendre.

La force du son dépend donc de celle des vibrations de la corde; plus ces vibrations sont grandes et fortes, plus le son est fort et vigoureux et s'entend de loin, mais en diminuant d'étendue, le ton ne change pas, quoique le son se perde peu à peu.

Ainsi, plus une corde est tendue, plus les vibrations sont promptes; deux cordes également tendues, mais de longueurs différentes, font, dans un temps donné, des nombres de vibrations qui sont en raison inverse des longueurs.

Afin d'avoir la preuve que les divisions des cordes données par les jambages de A. s'accordent avec le nombre des vibrations des sons obtenus par la sirène P, nous multiplions d'abord le nombre des vibrations émises par l'Ut fondamental 128, par 9, numérateur de la fraction qui donne le son Ré, total 1,152, que je divise par 8, chiffre du dénominateur de la même fraction; on a pour résultat 144, nombre des vibrations qui constituent le Ré.

Je procède de même pour le son Mi, $\frac{5}{4}$: 128 $\times$ 5 = 640 qui, divisés par 4 = 160, vibrations du Mi, Fa, $\frac{4}{3}$: 128 $\times$ 4 = 512 qui, divisés par 3, = 170, vibrations du demi-ton Fa, et ainsi de suite. Il suffit, comme on le voit, de multiplier le nombre des vibrations de la base fondamentale par le numérateur de la fraction et de diviser le produit par le chiffre du dénominateur,

Afin de bien comprendre les nombres fractionnaires par lesquels les cordes sont divisées, il faut se reporter à la figure dans laquelle on trouve toutes les subdivisions des côtés du carré ou du diamètre 7, écrites çà et là, en prendre la longueur avec un compas, et la reporter sur la corde autant de fois qu'elle est indiquée par le chiffre du haut de la fraction qui est le numérateur; celui du bas dit en combien de parties, cette corde fondamentale 7, est divisée.

Ainsi, le son Ré est marqué $\frac{8}{9}$, vous prenez cette division 9, que vous trouvez désignée par des lignes ponctuées dans le bas de la figure, entre la circonférence et le carré ou sur l'échelle A. Vous la reportez huit fois sur la corde qui sonne le Ré, et vous connaissez sa longueur relative avec celle de la base qui sonne l'Ut, dont la corde est un côté, 7ᵐ, du carré, et ainsi de suite pour les autres.

Nous sommes désireux, maintenant, de connaître les intervalles des notes, et par contre, le nombre des vibrations qu'il faut ajouter à chaque son pour arriver au suivant. Il suffit de diviser le nombre des vibrations d'une note quelconque par celui des vibrations de la note subséquente; la division des fractions se fait en multipliant les chiffres du multiplicateur par ceux du multiplicande, comme suit :

On voit que les intervalles se réduisent à trois : $\frac{9}{8}$, $\frac{10}{9}$ et $\frac{16}{15}$. Le premier, qui est le plus grand, s'appelle *ton majeur;* le second, *ton mineur,* et le plus petit, *semi-ton majeur.*

L'intervalle entre le ton majeur et le ton mineur est $\frac{80}{81}\left(\frac{10}{9}\times\frac{9}{8}\right)$. C'est le plus petit intervalle que l'on considère; on le désigne sous le nom de *comma* de Pythagore.

L'intervalle entre le ton mineur et le semi-ton majeur est de $\frac{150}{144}\left(\frac{10}{9}\times\frac{16}{15}\right)$, et celui entre le ton majeur et le semi-ton majeur est $\frac{128}{135}$ $\left(\frac{16}{15}\times\frac{9}{8}\right)$.

Il y a donc deux manières de considérer les notes de la gamme, soit par le nombre des vibrations qui les constituent, soit par les intervalles qui les séparent. Le système complet de la gamme sera donc formé de trois sons majeurs, Ré, Fa, La; deux tons mineurs, Sol, Si; et deux semi-tons majeurs, intervalles de Mi à Fa et de Si à Ut.

Il est facile de s'assurer de la réalité de ces intervalles à la vue de la figure A; comme les intervalles des tons sont égaux, la distance de 9 à 10, marquée sur l'échelle, est égale à celle de 8 à 9, et celle des demi-tons Fa et Si, qui ne résonnent que sur la moitié de la corde qui les représente en A, ne sont que les $\frac{16}{15}$ de cette distance.

Les intervalles qu'on nomme comma de Pythagore, sont les deux plus petits qu'il y ait dans

Ainsi, les notes diatoniques de la gamme, considérées selon leurs nombres relatifs des vibrations qui les constituent donnant le tableau renversé ci-dessus, ont les intervalles suivants :

	Ut	Ré	Mi	Fa	Sol	La	Si	Ut
	1	$\frac{9}{8}$	$\frac{5}{4}$	$\frac{4}{3}$	$\frac{3}{2}$	$\frac{5}{3}$	$\frac{15}{8}$	$\frac{2}{1}$
Intervalles...		$\frac{9}{8}$	$\frac{10}{9}$	$\frac{16}{15}$	$\frac{9}{8}$	$\frac{10}{9}$	$\frac{9}{8}$	$\frac{16}{15}$
		$\frac{80}{81}$	$\frac{450}{144}$	$\frac{128}{135}$	$\frac{80}{81}$	$\frac{80}{81}$	$\frac{128}{135}$	

notre échelle de proportion A, sur laquelle la perpendiculaire de A est divisée en 10 parties; comme le son Ré résonne sur une corde qui est les $\frac{9}{8}$ de cette échelle, nous multiplions 9 par lui-même $= 81$, et 8 par $10 = 80$, ou la fraction $\frac{80}{81}$, mais nous trouvons le même intervalle relatif de Fa à Sol $\frac{80}{81}$. En effet, comme il est encore facile de le voir par la figure, à partir de Fa, la gamme se renverse sur elle-même, et les notes suivantes, Sol, La, Si, Ut, sont les mêmes que les premières Ut, Ré, Mi, Fa, dont les vibrations sont doublées, savoir :

Ut 128 $+$ 64, la moitié de 128, $=$ 192, nombre des vibrations qui constituent le son Sol
Ré 144 $+$ 72   » $=$ 216   »   La
Mi 160 $+$ 80   » $=$ 240   »   Si
Fa 170 $+$ 86   » $=$ 256   »   Ut²

Ainsi, l'intervalle $\frac{80}{81}$, de Ut à Ré, est semblable à celui de Fa à Sol, qui remplace ici le Ré; et, puisque les cordes de la deuxième série de l'octave sont de moitié moins longues que les premières, en proportion, le son rendu par elles résonnera selon le rapport de ces longueurs.

GÉNÉRATION DES SONS

Les découvertes que nous venons de faire, nous forcent à revenir sur nos pas, afin de bien nous fixer sur la nature des sons que nous venons de classer, et encore de nombre d'autres dont nous avons entendu la résonnance harmonique et que nous ne connaissons pas encore.

Nous faisons résonner de nouveau notre plus longue corde, ou notre plus long tuyau, Ut, émis par 128 vibrations; nous entendons, outre le son principal, d'autres sons plus faibles dont nous prenons l'unisson, et nous remarquons qu'ils sont avec le premier dans le rapport de 1, 3, 5, 7; nous en concluons que Ut, par sa résonnance, engendre les sons Mi Sol Si; nous faisons ensuite résonner Mi, et nous entendons qu'il engendre, en suivant le même rapport, les sons Sol Si Ré. Sol engendre Si Ré Fa, et Ré engendre Fa La Ut.

Nous rangeons ces sons d'après leur degré d'acuité et nous obtenons la même gamme diatonique, ou les 8 sons dont nous venons de déterminer les rapports, et le nombre des vibrations qui les constituent. Mais nous nous sommes aperçus que les sons engendrés par Ut fondamental, et que l'on appelle ses harmoniques, au lieu de correspondre au Mi, 3e note, au Sol, 5e, et au Si, 6e note de la gamme, sont reportés, par la résonnance à l'aigu, au Mi, chiffré 17 de la 3e octave; au Sol, chiffré 12 de la seconde, et au Si, chiffré 14 de la même octave. Il faut donc que la corde, pendant sa résonnance, se soit partagée, pressée par l'air ambiant, en ses parties aliquotes propres à l'émission de ces trois sons à l'aigu. On a appelé ces points d'intersection, *nœuds*, et la partie de la corde vibrant entre ceux-ci, *ventres*.

En effet, cette singularité est due, comme nous le verrons au chapitre traitant de la physique des anciens, au mélange de l'azote (V) et de l'oxigène (F), deux gaz qui constituent notre air atmosphérique dans ces proportions : le 1er de $\frac{1}{5}$ et le 2e, des $\frac{4}{5}$ du volume; comme le volume de l'air est représenté par 100, l'oxygène formera 20 de ces parties (20,9) et l'azote 80 (79,1) parties de ce même volume. Ces gaz étant à l'état de mélange, conserveront leur pesanteur respective et agiront d'une manière proportionnelle lorsqu'ils seront soulevés ou repoussés par les vibrations d'un corps sonore. On peut même dire que le son provient de ces chocs réitérés de l'air ambiant sur les corps élastiques.

Ainsi, en multipliant $\frac{80}{100}$ par $\frac{20}{100}$, on a 16 qui est le chiffre que les auteurs de l'alphabet ont donné à la sirène R, et à l'aide duquel nous avons connu le nombre des vibrations propres à l'émission de chaque note de la gamme.

Ainsi, la corde en vibrant, pressée par l'atmosphère, se divisera en 16 parties qui feront 8 ventres, donnant chacun à l'aigu la résonnance d'une note de la gamme dont trois seulement, celles du milieu de la corde, sont perceptibles à l'oreille ; les autres entrent également dans la résonnance générale dont elles augmentent la force et le ton :

Établissons les proportions que voici :

$$100 : 80,\ \text{azote} :: 128,\ Ut : x = 102,4$$
$$100 : 20,\ \text{oxygène} :: 128,\ Ut : x = 25,6$$

Total, $\overline{128,0}$, Ut grâve.

Or, les chiffres résultant de ces deux proportions nous fournissent les éléments de la composition des gammes diatonique et chromatique ou procédant par demi-tons.

L'oxygène 25,6, en supprimant la virgule, ou en multipliant par 10, nous donne de suite le nombre des vibrations constituant l'Ut², 256.

Si l'on multiplie, comme nous l'avons fait avec la sirène P, la série des tuyaux d'orgue 8, 9, 10, etc., par 25,6, on obtient de suite le nombre des vibrations qui constituent une note diésée et celles de la note naturelle qui lui correspond.

Remarque. — Nous indiquons par un astérisque (*) les demi-tons ou *dièses*, de sorte que *Ut**, *Ré**, etc., doit se lire : *Ut dièse, Ré dièse, etc.* Les auteurs modernes se servent d'un autre signe, c'est celui-ci ✵

$$25,6 \times \begin{cases} 8, \text{tuyau } Ut = 204,8, \text{ vibr. du } Sol^* ;\ 204,8 \times 10 = 2048, \text{ vibr. de l'}Ut^4 \\ 9 \quad\ \ Ré = 230,4 \quad\ \ La^* ;\ 230,4 \times 10 = 2304 \quad\ \ Ré^5 \\ 10 \quad\ \ Mi = 256,0 \quad\ \ Ut^2 ;\ 256,0 \times 10 = 2560 \quad\ \ Mi^5 \\ 12 \quad\ \ Sol = 307,2 \quad\ \ Ré^{*2} ;\ 307,2 \times 10 = 3072 \quad\ \ Sol^5 \\ 15 \quad\ \ Si = 384,0 \quad\ \ Sol^2 ;\ 384,0 \times 10 = 3840 \quad\ \ Si^5 \\ 21 \quad\ \ Fa = 537,6 \quad\ \ Ut^{*3} ;\ 537,6 \times 10 = 5376 \quad\ \ Fa^6 (^1/_2,\ 2688\ Fa^5) \\ 27 \quad\ \ La = 691,2 \quad\ \ Fa^{*3} ;\ 691,2 \times 10 = 6912 \quad\ \ La^6 (^1/_3,\ 3456\ La^5) \end{cases}$$

RÉSULTAT DE L'AZOTE

$$102,4 \times \begin{cases} 2 = 204, \text{ vibrations du } Sol^* \\ 3 = 308 \quad\ \ Ré^{*2} \\ 5 = 512 \quad\ \ Ut^3 \end{cases} \qquad 102,4 \times \begin{cases} 7 = 716, \text{ vibrations du } F^{*3} \\ 9 = 921 \quad\ \ La^{*3} \\ 11 = 1126 \quad\ \ Ut^{*4} \end{cases}$$

Ainsi l'oxygène produit ensemble et les notes diésées et les notes naturelles, et l'azote, seulement les notes diésées, ou les demi-tons, reportés par les résonnances des parties aliquotes de la corde vibrante, à leurs octaves à l'aigu, suivant cette progression 2, 5, 7, 9, etc.

On verra aussi que l'azote est aux demi-tons, comme le rapport de ceux-ci est entre le côté du carré et ses diagonales en général.

Le côté du carré [ré 7] est à :

$$\begin{aligned}
&7,725, \text{ longueur de la diagonale A ou V} :: 128,\ Ut : x = \ldots 139, \text{ vib. de } Ut^* \\
&8,45 \quad\ \ \text{des 2} \quad\quad\quad :: 128 : x = \ldots\ldots 154 \quad\ \ Ré^* \\
&9,175, \text{ moitié de la diagon}^\text{le} \text{ de K du carré prolongé} :: 128 : x = 169 \quad\ \ Fa \\
&9,90, \text{ moitié de la diag}^\text{le} \text{ de K du 2}^\text{e} \text{ carré prolongé} :: 128 : x = 181 \quad\ \ Fa^* \\
&11,350 \quad\quad\quad :: 128 : x = 207 \quad\ \ Sol^* \\
&12,075 \quad\quad\quad :: 128 : x = 233 \quad\ \ La^* \\
&12,80, \text{ diagonale de X} :: 128 : x = 234 \,\Big\} \, 481, \text{ moyenne} .. 240 \quad\ \ Si \\
&13,523 \quad\quad\quad :: 128 : x = 247 \,\Big\}
\end{aligned}$$

Il faut remarquer qu'en montant la gamme diatonique, les demi-tons se font sentir de l'intervalle de Mi à Fa, et de Si à Ut, et qu'en descendant de Sol à Fa, ou de Si à La, les deux dénominations Fa et Si sont considérées comme tons.

Ainsi, d'après la nature constitutive de l'air atmosphérique, il ne peut y avoir que 7 sons diatoniques s'engendrant les uns les autres par leurs résonnances harmoniques : et comme, à partir de Fa, l'autre moitié de la gamme n'est que la répétition de la première doublée, il n'existe réellement que 3 tons principaux, Ut, Ré, Mi.

L'occasion nous a forcé de parler ici des demi-tons de la gamme chromatique que nous ne connaissons pas encore ; mais, afin d'éviter, autant que possible, des répétions, nous renverrons à cet article-ci lorsque nous parlerons de cette composition.

DE L'ONDE SONORE

Lorsqu'un corps vibre, ses parties élastiques éprouvent des mouvements de va et vient très-petits et très-rapides. L'air ambiant qui est en contact avec ce corps est d'abord chassé de manière à produire une onde analogue à celle que nous voyons se développer à la surface d'une eau tranquille, dont un point a été ébranlé. Lorsque les vibrations du corps reviennent en arrière, elles laissent un vide dans lequel se précipite l'air entraîné par son poids ; les vibrations du corps ébranlé revenant de suite en avant, repoussent l'air de nouveau, et il se forme de nouvelles ondulations semblables aux premières, et ainsi de suite.

Si nous considérons les effets produits selon une ligne, l'air sera agité par une série d'ondulations qui constituent l'onde sonore. La longueur de cette onde sera égale à l'espace que le son peut parcourir pendant le temps que dure chacune des excursions du corps vibrant ; il suit de là que si le corps vibrant ne fait qu'une excursion par seconde, la longueur de l'onde sonore est la vitesse du son qui se réduit à 1,024 pieds de roi anciens (340 mètres), et qu'elle se trouve ainsi juste en rapport avec le nombre des vibrations émises par l'Ut 128^8, c'est-à-dire reporté à sa 8e octave à l'aigu.

Ainsi, pour deux vibrations par seconde, l'onde a 512 pieds de longueur (l'Ut 128^4) ; elle en a 256 pour 4 vibrations (Ut 128^2) ; en continuant ainsi, on forme le tableau suivant.

32 vibrations par seconde, l'onde a pour longueur 32 pieds (le n° 16 du P doublé)

64	»		16	»
128	»		8	»
256	»		4	»
512	»		2	»
1,024	»		1	»
2,048	»		»	6 pouces.
4,096	»		»	3 pouces, etc.

Enfin, lorsque les vibrations deviennent trop rapides, comme celles des ailes des petits insectes, leurs ondes sont si courtes, qu'elles ne peuvent plus arriver à notre oreille.

Le son grâve ou l'aigu se propagent avec la même vitesse ; supposons un auditeur placé à 1024 pieds du corps sonore produisant le son le plus grâve donné par 32 vibrations à la seconde, ces vibrations seront communiquées, de proche en proche, jusqu'à l'auditeur ; elles produiront des ondulations de même longueur, dont chacune aura la 32e partie de 1024, ou 32 pieds.

On voit qu'il y a deux manières de représenter les sons par les nombres, soit par la quotité des vibrations, soit par la longueur de leurs ondes. Dans l'un et l'autre cas, les chiffres du tableau sont réciproques ; pour 16 vibrations, P, par exemple, l'onde sonore aura 64 pieds et pour 64 vibrations, l'onde aura 16 pieds ; les nombres diviseurs étant toujours les multiples ou sous-multiples de l'Ut fondamental produit par 128 vibrations.

Cette coïncidence entre le nombre des vibrations rendues par un son de la gamme, et la longueur de son onde sonore calculée en pieds de roi anciens, nous donne ici la preuve manifeste de l'enchaînement des phénomènes naturels; car il faut être persuadé que la longueur de l'unité ancienne, la toise et sa subdivision, le pied, n'a pas été établie d'une manière arbitraire, et sans base immuable, comme on l'a cru jusqu'ici. L'unité de longueur, comme nous le verrons tout à l'heure, a été prise dans la nature du son, qui restera toujours le même dans ses rapports avec les corps sonores, et qu'il est toujours facile de connaître et de vérifier.

DE L'ACUITÉ ET DE LA GRAVITÉ DU SON

Nous sommes encore obligé de donner ici, par anticipation, un extrait du chapitre traitant de la physique des anciens.

Nous avons déjà dit que le volume d'air étant représenté par 100, l'azote formait 80, et l'oxygène 20 de ses parties. Le son le plus grâve que l'air puisse émettre sera donc en raison multipliée de ces principes constitutifs, $\frac{80}{100} \times \frac{20}{100} = \frac{1600}{100} = 16$, numéro de la lettre P. Le son le plus grâve possible sera produit par 16 vibrations, nombre qui représente la pression opérée par ces gaz sur le corps vibrant. Ces 16 vibrations par seconde produisent un son assourdissant, qu'on ne peut obtenir qu'au moyen d'une forte sirène fabriquée exprès. Mais le son le plus grâve qu'on puisse faire rendre à un instrument de musique, qui est un tuyau d'orgue de 32 pieds de hauteur, ou de 16 pieds, bouché, n'est sensible à l'oreille que lorsqu'il est produit par 32 vibrations par seconde, ou l'octave de 16. Les 32 vibrations sont le résultat de l'effort du corps vibrant pour vaincre la résistance de l'air ambiant qui correspond effectivement au poids total de l'atmosphère capable de soulever, dans le vide opéré en un corps de pompe, une colonne d'eau d'un poids égal, jusqu'à la hauteur de 32 pieds de roi, ou de tenir en équilibre une colonne de mercure jusqu'à la hauteur de 28 pouces.

Ce premier chiffre 16, reporté à sa 8e octave (16×8) nous donnera 128, ou l'Ut fondamental au grâve, notre point de départ dans le cours de nos opérations; et ce dernier chiffre 128 reporté à sa 8e octave (128×128), produira 16,384 vibrations, limite des sons les plus aigus et à peine perceptibles à l'oreille la plus délicate, attendu que l'onde sonore n'aurait plus que quelques lignes de longueur, 15 à 16.

DES CONSONNANCES ET DISSONNANCES.

On appelle consonnance, l'effet de deux ou de plusieurs sons entendus à la fois. Cette dénomination convient donc aux intervalles formés par deux sons, dont l'accord plaît à l'oreille, et dans ceux-ci il n'y a qu'un petit nombre qui fasse *consonnance*, tous les autres choquent l'oreille, et sont appelés *dissonnance*.

J'essaie de trouver des consonnances, en faisant raisonner les huit notes primitives: Ut, Mi, Sol, Si, Ré, Fa, La, Ut, dans l'ordre naturelle de la filiation des sons; je les réunis par deux, par trois, par quatre, etc., et je consulte leurs intervalles. Nous trouvons que, lorsque les nombres des vibrations des sons simultanés sont dans un rapport simple, il y a un parfait accord, et que plus ce rapport est compliqué, plus l'oreille est désagréablement affectée.

Ainsi, le plus simple des accords sera l'unisson; viendront ensuite l'octave, intervalle de 8 sons; la tierce, intervalle de 3 sons; la quarte (de 4 sons); la quinte (de 5 sons), et la sixte (de 6 sons). On donne aussi le nom d'accord parfait à trois sons si-

multanés, résultant de leur filiation naturelle, Ut, Mi, Sol; Mi, Sol, Si ; Sol, Si Ré;
Ré, Fa, La ; Fa, La, Ut; La, Ut, Mi ; c'est-à-dire trois sons tels, que le nombre de
vibrations qui leur correspond est entre elles comme 4, 5, 6. Ce sont les accords
qui produisent sur l'oreille la sensation la plus agréable.

MODE MAJEUR ET MINEUR

Cependant, l'expérience nous apprend encore que certains sons, placés à certains
intervalles les uns des autres, étant diminués d'un demi-ton, sans changer le degré,
pouvaient émettre des sons agréables, comme les tierces et les sixtes majeures affai-
blies d'un demi-ton ; que d'autres, comme la quarte et quinte, ne pouvaient quitter
leur accord, sans souffrir quelque altération. Nous en concluons encore que la
nature veut deux tons différents, appelés *modes* : le mode *majeur* et le mode
mineur.

EXEMPLE DU TON MAJEUR

Tonique Ut naturel A ;	Ut	Ré	Mi	Fa	Sol	La	Si	Ut
Tonique La, Ut;	La	Si	Ut	Ré	Mi	Fa	Sol	La

Dans le premier cas, les demi-tons se trouvent placés dans l'intervalle de Mi à Fa
et de Si à Ut; ou entre la 3e note et la 4e, et entre la 7e et la 8e.

Dans le second, les demi-tons se trouvent placés entre la 2e et la 3e et entre la
5e et la 6e note.

L'expérience nous apprend encore que d'autres sons ou intervalles variables,
sont la tierce, la sixte et la 7e; ils diffèrent toujours d'un semi-ton du majeur au mineur; ainsi la tierce majeure Ut, Mi, a deux tons, et la tierce mineure Mi, Sol ou
La, Ut, un ton et demi.

Le semi-ton et le ton sont aussi susceptibles de variation, mais leur différence,
comme nous l'avons vu ci-dessus, ne peut s'exprimer en notes.

Les autres intervalles, comme la quarte, la quinte et l'octave, ne peuvent varier
sans cesser d'être justes, et sont aussi appelés accords parfaits.

Il n'y a de consonnances simples que la tierce et la quarte ; car la quinte, par
exemple, est composée de deux tierces; la sixte est composée de tierce et de quarte;
mais la combinaison des lettres consonnes de l'alphabet avec les voyelles, va toute-
à-l'heure nous donner tous ces renseignements.

FORMATION DE LA GAMME CHROMATIQUE
OU PROCÉDANT PAR DEMI-TONS

Nous venons de voir que la longueur des cordes tendues transversalement sur un
instrument où elles auraient pour point de repos deux côtés semblables, quant à la
direction, aux deux jambages de A fermé, donnerait les tons Ut, Ré, Mi, Sol, La, en
rapport avec les divisions de l'échelle sur laquelle la base Ut est divisée en 10 parties égales; alors la corde Ré aura pour longueur $9/10$; Mi, $8/10$; Sol, $7/10$, et La, $5/10$.
Mais la longueur des cordes des demi-tons Fa et Si ne se trouve pas dans le même
rapport, qui serait la moitié ou $1/20$ des premiers.

Nous prenons donc la longueur de la corde Si, que nous comparons avec celle du
jambage de A, et nous voyons qu'elle est juste la moitié, ou les $5/10$, de la longueur entière.

Nous prenons, en conséquence, une corde sonore qui aura la longueur de cette
diagonale A, nous la tendrons sur les deux jambages de A prolongé par le bas, et

nous aurons une nouvelle note fondamentale en dessous de Ut naturel, et qui sonnera à l'octave inférieure de Si, cité plus haut. Ainsi cette nouvelle corde se trouve être la longueur de la diagonale A, qui conserve ainsi son rapport avec celle du côté du carré Ut, qui est de 7 à 7,725. Les autres cordes que nous allons intercaler en montant cette gamme nouvelle, suivant les intervalles voulus par la gamme naturelle Ut, se trouveront, par cette raison, toutes en rapports entre elles comme leur base l'est avec le côté du carré.

Voilà la raison pour laquelle les auteurs de l'alphabet, dans leur langage allégorique, ont représenté les demi-tons par des diagonales qui entrent dans la composition de certaines lettres.

Donc, nous ajoutons 5 cordes à notre instrument, nous en placerons une entre chaque ton entier de la gamme diatonique, et nous réglerons leur tension d'après le nombre des vibrations propres à l'émission de leur son particulier, que nos deux sirènes P et B vont nous faire connaître.

Nous savons que le nombre des vibrations d'une corde vibrante dépend, soit de la longueur de cette corde, soit de la pesanteur du poids F qui la tend. Il faut donc qu'il y ait une corrélation entre la sirène B, numérotée 2, et le poids F, numéroté 6. Nous multiplions 2 par 6 = 12, nombre qui représente ici la valeur de la sirène B, comme nous savons que le nombre 16 est celle de P.

Au moyen de ces deux nombres, nous allons connaître ceux des vibrations constituant les 13 sons de notre nouvelle gamme chromatique: $16 \times 16 = 256$, Ut²; 256 moins $16 = 240$, Si; 256 plus $16 = 272$, Ut*², dont la moitié est 138; $138 + 16 = 154$, Ré*; $154 + 16 = 170$ Fa; $12 \times 12 = 144$, Ré; $144 + 16 = 160$, Mi; $144 - 16 = 128$, Ut; $16 \times 12 = 192$, Sol; $192 + 12 = 204$, Sol*; $192 - 12 = 180$ Fa*; $204 + 12 = 216$, La; $216 + 16 = 232$, La*.

Maintenant, si nous faisions sonner séparément, et l'une après l'autre, chaque note diésée, il est évident que leur résonnance engendrerait leurs harmoniques dans les mêmes ordres et rapports que nous ont donnés les notes diatoniques. Ut* engendrerait Mi* et Sol*, etc.

Comme les cinq sons que nous venons de trouver, et que nous avons intercalés dans la gamme diatonique, ne forment pas de nouveaux degrés, en ce sens qu'ils conservent les noms et le degré de la note la plus voisine, on les marque par le signe dièse si le degré est plus haut, ou par le signe ♭ (un b), qui signifie Ut *bémol*, si cette note est d'un demi-ton plus basse que Ut. (L'étymologie du mot *dièse* vient du grec *di*, augmentatif, et *ásis*, chant : son exhaussé. *Bémol* vient de *b émiol-os*, par contraction : *émol-os*, mot grec aussi, qui signifie: moitié moins fort.)

Nous allons maintenant connaître les longueurs relatives des cordes de toutes les notes de la gamme.

On sait qu'il faut réduire la corde entière Ut, 128, aux $^2/_3$, ou à la moitié, si l'on veut qu'elle rende le son de la quinte ou de l'octave du ton primitif. La quinte Sol, sera produite par $^3/_2$ de 128, ou 192 vibrations; la quarte au-dessous, Ré, le sera par la moitié des $^3/_2$ de 192, ou 144 vibrations; le La au-dessus exigera les $^3/_2$ de 144, ou 215; en continuant de la sorte à prendre successivement les longueurs relatives, on parcourt les 12 demi-tons de la gamme qui donnent le tableau dressé plus haut; en faisant l'opération contraire, on obtient la longueur des cordes, et l'on a le tableau suivant:

Notes :	Ut	Ut*, Réᵇ	Ré	Ré*, Miᵇ	Mi	Fa	Fa*, Solᵇ	Sol	Sol*, Laᵇ	La	La*, Siᵇ	Si	Ut,
Vibrations :	128	138	144	154	160	170	180	192	204	214	230	240	256
Cordes :	1	$\frac{12}{13}$	$\frac{8}{9}$	$\frac{5}{6}$	$\frac{4}{5}$	$\frac{3}{4}$	$\frac{5}{7}$	$\frac{2}{3}$	$\frac{5}{8}$	$\frac{3}{5}$	$\frac{5}{9}$	$\frac{8}{15}$	$\frac{1}{2}$
Intervalles :		$\frac{16}{17}$	$\frac{17}{18}$	$\frac{18}{19}$	$\frac{19}{20}$	$\frac{15}{16}$	$\frac{16}{17}$	$\frac{17}{18}$	$\frac{18}{19}$	$\frac{19}{20}$	$\frac{16}{17}$	$\frac{17}{18}$	$\frac{15}{16}$

Cette échelle, qui procède par semi-tons en divisant arithmétiquement le ton majeur $\frac{8}{9}$ ou $\frac{9}{8}$, en $\frac{16}{17}$ et $\frac{17}{18}$, et leur semi-ton mineur $\frac{10}{9}$ ou $\frac{9}{10}$, en deux autres semi-tons presque égaux $\frac{13}{19}$ et $\frac{19}{20}$, ces nombres représentant toujours la longueur des cordes, est appelée semi-tonique. Son usage est de donner le moyen de moduler sur telle note qu'on veut choisir pour fondamentale et pouvoir faire sur cette note un intervalle quelconque, en établissant une échelle diatonique semblable à celle de Ut.

Il y a encore une différence de son assez sensible donnée par les intervalles d'une même note diésée ou bémolisée; on l'a divisée en semi-ton majeur et mineur. Un ton mineur même contient plus de deux semi-tons mineurs, et l'on trouve que l'intervalle qui existe entre le dièse de la note inférieure et le bémol de la supérieure est ce qu'on appelle le *quart du ton enharmonique*. Ce quart de ton, lui-même est majeur ou mineur. Le rapport du majeur est de 576 à 625, qui est le complément des deux semi-tons mineurs au ton majeur; et la raison du quart de ton mineur est de 125 à 128, complément de deux semi-tons mineurs au ton mineur.

Ainsi le calcul peut déterminer ces intervalles que le tempérament de l'accord fait évanouir, car on appelle, dans la pratique, *semi-tons majeurs* ceux qui forment un intervalle de seconde, comme de *Mi* à *Fa* et de *Si* à *Ut* et *semi-tons mineurs*, ceux qui se marquent par dièse et par bémol sans changer le degré, comme Mi^b $Ré^*$ leur rapport est de 24 à 25. $\left(Ré^* \frac{6}{5} \times \frac{4}{5} \ Mi = \frac{24}{25} \cdot \frac{24}{25} \times \frac{24}{25} = \frac{576}{625} \cdot \frac{4}{5} \times \frac{4}{5} = \frac{16}{25} \right.$ qui, $\left. \times \frac{8}{5} = \frac{128}{125} \right)$.

ÉCHELLE ENHARMONIQUE

Ut		Ut*		Réb		Ré		Ré*		Mib		Mi		Mi*		Fa		Fa*		Solb		Sol		Sol*		Lab		La		La*		Sib		Si		Si*		Ut
	$\frac{24}{25}$		$\frac{576}{625}$		$\frac{24}{25}$		$\frac{24}{25}$		$\frac{125}{128}$		$\frac{24}{25}$		$\frac{24}{25}$		$\frac{125}{128}$		$\frac{24}{25}$		$\frac{576}{625}$		$\frac{24}{25}$		$\frac{24}{25}$		$\frac{125}{128}$		$\frac{24}{25}$		$\frac{24}{25}$		$\frac{576}{625}$		$\frac{24}{25}$		$\frac{24}{25}$		$\frac{125}{128}$	

DU TEMPÉRAMENT

Nous avons maintenant, à peu près, tous les renseignements nécessaires pour procéder à l'accord général de notre instrument à cordes, sur lequel nous avons multiplié les gammes chromatiques, autant que l'étendue du son a pu le permettre. Nous comptons, par exemple, 7 octaves; nous accordons très-justes les tierces, les quartes, les quintes, etc., les unes avec les autres, selon les rapports donnés ci-dessus, et nous essayons les accords généraux. Notre oreille est si désagréablement affectée par cette mauvaise harmonie, que nous pensons d'abord à remédier à cet état de choses inattendu.

En effet, en réfléchissant aux principes naturels du son, nous voyons que ce désaccord provient, d'abord, des divisions inégales, très-minimes il est vrai, opérées sur les corps sonores par l'effet des fractions, incommensurables entre elles, qui accompagnent les deux rapports des gaz constitutifs de l'air atmosphérique; soit l'air représenté en volume par 100, l'oxygène comporte 20,9 et l'azote 79,1 de ce volume au lieu que la longueur des cordes a été calculée sur les chiffres les plus approximatifs possible $\frac{1}{5}$ et $\frac{4}{5}$ ou en chiffres ronds, sur 20 et 80.

2° Les longueurs de nos cordes sont entre elles comme le rapport incommensurable aussi du côté du carré avec sa diagonale.

3° Nos cordes suivent encore le même rapport incommensurable qui existe entre le diamètre et sa circonférence. Ces causes de notre erreur, qui rejaillissent sur les cordes musicales, font sentir leurs effets sur la marche de la nature entière, sur celle du soleil, de la lune et des planètes; de là la précession des équinoxes, les aber-

rations de la lune dans son orbite, et le changement insensible de l'axe de la
terre, etc.

Pour arriver à un accord, non pas parfait, mais autant juste que possible, il faut
donc tâcher d'établir un rapport autant rapproché que faire se pourra entre les
diverses longueurs de nos cordes et de modifier les influences des gaz atmosphériques, d'après leurs modes de génération des tons entiers (oxygène) et des demi-tons
(azote), en renforçant les tierces majeures et en diminuant les tierces mineures;
ou bien en affaiblissant un peu les quintes, en renforçant un peu les quartes. Nous
entendons par là que le son aigu qui forme la quinte d'un son plus grave doit être
un peu plus bas que l'exige l'exacte justesse. De même, la quarte grave qui n'est
que le renversement de la quinte, sera accordée sur un son plus aigu; le premier
intervalle est un peu diminué, le deuxième est un peu augmenté.

Pour faciliter cette opération, on peut faire 12 diapasons semblables à celui U, et
les graduer de manière à faire entendre les 12 sons tempérés de la gamme, et l'on
tend chacune des cordes à l'unisson du diapason correspondant.

On peut se servir aussi, en guise de monocorde, de la perpendiculaire de A, sur
laquelle les divisions des intervalles des 12 sons chromatiques sont marquées, et
tendre dans ce sens une corde à l'unisson de Ut 128; alors, à l'aide d'un chevalet
mobile, amené sur chacun de ces points de divisions, on obtient juste le son que
chaque corde doit rendre, la tension de la corde restant la même.

ORDRE DES ACCORDS

Nous avons donc accordé notre instrument, et nous voulons connaître le mécanisme des accords principaux qu'on peut en tirer, ainsi que leur ordre de succession.

Nous commençons par l'Ut fondamental dont nous faisons résonner la corde.
Nous savons, qu'en la partageant en deux parties égales par un chevalet, chaque
partie fera résonner l'octave Ut². Si nous la divisons au tiers, les deux tiers rendront la quinte Sol, et le reste de la corde qui est la moitié de l'autre partie rendra
la 12ᵉ, c'est-à-dire l'octave de la quinte du premier Sol. Si nous la divisons aux $^4/_5$,
nous aurons la note Mi, ainsi les longueurs de cordes qui donnent ces tons formeront l'accord parfait Ut Mi Sol Ut.

Nous prenons ensuite Sol pour tonique; l'accord parfait sera Sol Si Ré, et les longueurs des cordes propres à rendre ces sons devront être, comme dans le premier
cas, comme 1, $^4/_5$ et $^2/_3$; multiplions ces nombres par $^2/_3$, et nous aurons $^2/_3$, $^8/_{15}$
et $^4/_9$; doublons $^4/_9$, pour ramener le Ré à l'octave en bas, et nous aurons $^2/_3$, $^8/_{15}$
et $^8/_9$, ou Sol Si Ré. Pour avoir l'accord Fa La Ut, multiplions de la même manière $^4/_5$ et $^2/_3$ par $^3/_4$, Fa, nous aurons $^3/_5$, La, $^1/_2$, Ut, et en procédant ainsi, nous
arriverons à la formation de tous les accords fondamentaux que nous reforme-
rons en les ordonnant :

Ut Mi Sol; Ré Fa La; Mi Sol Si; Fa La Ut Sol Si Ré; La Ut Mi; Si Ré Fa.

CHANGEMENT DE TON

Jusqu'ici, nous avons toujours pris pour base des sons de l'octave la note Ut produite par 128 vibrations. Sans changer l'ordre, ni la place des autres cordes de notre
instrument, il est évident qu'en rapprochant par le bas les deux jambages de l'A,
sur lesquels elles sont tendues par des poids égaux, ces cordes diminuant ensemble, en glissant sur le sillet, d'une longueur proportionnée entres elles, rendraient
chacune un son plus aigu, c'est-à-dire émettraient un nombre de vibrations plus
rapides et par conséquent plus nombreux.

Nous poussons donc ce rapprochement jusqu'à ce que nous ayons obtenu l'unisson de Ré, et nous montons la gamme de Ré, comme nous l'avons fait pour Ut, sans nous apercevoir, par notre doigté, que nous avons changé de tonique; notre oreille seule a apprécié cette différence. Toutes les cordes ayant gardé leur position respective et leur tension proportionnelle, les intervalles sont demeurés tels quels. Il en serait de même, en se servant d'un clavier mobile; on pourrait donc parcourir tous les sons de la gamme pris pour toniques, et le doigté resterait toujours celui de Ut.

Mais, comme ces sortes d'instruments seraient trop compliqués, pour ne pas perdre dans les bas ce qu'on gagnerait en hauteur de son, on est obligé d'employer un doigté particulier à chaque changement de ton, afin que l'intervalle des deux semitons, (Mi, Fa, Si, Ut) se trouve toujours, en ton majeur, selon le vœu de la filiation naturelle des sons, de la 3e à la 4e et de la 7e à la 8e note.

Nous voulons jouer en Sol, par exemple; il faut admetttre entre les sons successifs les mêmes intervalles que ceux donnés par la nature du son.

Or, comme le Sol est rendu par la corde qui fait $^3/_2$ vibrations, nous allons multiplier par $^2/_3$ tous les nombres du tableau des vibrations donné plus haut, afin que la tonique soit Sol.

Sol Ré $\frac{3}{2} \times \frac{9}{8} = \frac{27}{16}$ La

Sol Mi $\frac{3}{2} \times \frac{5}{4} = \frac{15}{8}$ Si

Sol Fa $\frac{3}{2} \times \frac{4}{3} = \frac{12}{6} = \frac{6}{3} = \frac{2}{1}$ Ut

Sol Sol $\frac{3}{2} \times \frac{3}{2} = \frac{9}{4}$ Ré

Sol La $\frac{3}{2} \times \frac{5}{3} = \frac{15}{6} = \frac{5}{2}$ Mi

Sol Si $\frac{3}{2} \times \frac{15}{8} = \frac{45}{16}$ Fa*

Sol Ut $\frac{2}{3} \times \frac{2}{1} = 3.$ Sol

On voit que tous les sons de cette nouvelle gamme sont les mêmes que dans le tableau, à l'exception du Fa, qui a été obligé de devenir plus aigu qu'il n'était; on en dirait autant de toute autre note prise pour tonique.

Afin de rendre cet exemple plus sensible, il faut traduire en vibrations les fractions ci-dessus. L'Ut étant produit par 128 vibrations, le Sol étant les $^3/_2$, il faut prendre les $^3/_2$ de 128. La moitié de 128 $= 64 \times 3 = 192$. Le La étant les $^{27}/_{16}$ de 128, on divise 128 par 16 $= 8$ que l'on multiplie par 27 $= 216$, vibrations du La. En continuant ainsi de prendre les $^{15}/_8$, le $^1/_2$, les $^3/_4$ de 128, on obtient le nombre des vibrations propres à chaque note, et l'on voit que le Fa* a 360 de ces vibrations.

Dans le cas contraire, c'est-à-dire si l'on voulait obtenir le même chant d'une manière rétrograde, en baissant successivement les notes d'un demi-ton par bémol, on suivrait la même marche que ci-dessus et il faudrait commencer la série par le même semi-ton Fa, qui, en descendant de quinte en quinte, affectera d'abord d'un bémol son équivalent Si, qui deviendra Si bémol, puis les quintes en descendant, Fa, Si, Mi, La, Ré, Sol. Ex. : $\overset{\text{Fa}}{\frac{4}{3}} \times \overset{\text{Ré}}{\frac{9}{8}} = \frac{36}{24} = \frac{18}{12} = \frac{9}{6}$. 128 divisés par 6 $= 22{,}33$ qui, $\times\ 9 = 192$, Sol, etc. Enfin, $\overset{\text{Fa}}{\frac{4}{3}} \times \overset{\text{Fa}}{\frac{4}{3}} = \frac{16}{9}$. 128 divisés par 9 $= 14{,}22$ qui $\times\ 16 = 228$, Si bémol.

Ainsi, en général, les changements de tons, à partir du ton naturel Ut, en rehaussant par dièses, suivent la progression de quinte en quinte, Ut, *Sol*, celui-ci affecte le *Fa* d'un dièse (Fa*). Le ton de Ré, affecte également le *Fa* d'un dièse et l'*Ut* d'un dièse (Fa*, et Ut*); *La*, trois dièses (Fa*, Ut*, Sol*); le ton *Mi*, quatre dièses (Fa*, Ut* Sol* et R*); le ton *Si*, 5 dièses (Fa*, Ut*, Sol*, Ré*, La*); Enfin, le ton *Fa*, six dièses. (Fa*, Ut*, Sol*, Ré*, La*, Mi*).

En procédant par bémols, la progression des bémols se fait par quarte en montant ou par quinte en descendant, en commençant par la première note affectée d'un bémol, *Si;* puis Fa, Si, Mi, La, Ré, Sol; à partir de Ut, le ton de *Fa*, affecte le *Si* qui devient bémol (Si♭), puis, en montant de quarte en quarte, le ton *Si*♭, deux bémols (Si♭, Mi♭) *Mi*, 3 bémols (Si♭, Mi♭, La♭), etc.

Ainsi, une note subséquente ne peut-être affectée d'un signe dièse ou bémol, sans que les précédentes le soient également, en suivant cette progression ci-dessus.

—

Avertissement essentiel. — Il est nécessaire, afin de faciliter l'intelligence des descriptions si variées qui suivent, d'avertir le lecteur que les lettres alphabétiques se portent un secours mutuel : d'abord, les presque similaires phoniques, comme F, V, B. Ensuite, les lettres placées les unes au-dessus des autres, selon la série; A, corrobore le sens donné à O; B à P; C à Q; D à R, etc., et réciproquement. Toutes les branches de la science humaine se tiennent tellement bien les unes les autres dans le cours de cet ouvrage, qu'il serait presque impossible d'apprendre l'une d'elles, si l'on ne possède pas les notions données par celle qui la précède.

INSTRUMENTS DE MUSIQUE EN CUIVRE

—

LA TROMPETTE ET LE COR

Nous venons de construire des instruments de percussion, d'autres composés de tuyaux en bois que nous avons fait résonner avec des soufflets, et enfin nous en avons établi un avec des cordes sonores composées de matières différentes. Mais nous avons remarqué aussi que l'on pouvait tirer des sons de tuyaux en métal, en faisant vibrer les lèvres appliquées à l'une de leurs extrémités et en y introduisant par la bouche le vent des poumons. Nous allons essayer de tirer parti de cet objet qui ressemble à un de nos entonnoirs fabriqués pour notre usage domestique.

Nous prenons notre porte-vent V, qui deviendra un bocal, ou embouchure; nous l'introduisons dans le tuyau un peu conique G que nous développons pour en avoir la longueur, et nous terminons l'autre extrémité en entonnoir, ou selon la forme ronde et évasée de G fermé. Nous obtenons ainsi une trompette, dont la longueur sera de 22 pieds; nous en ôtons la longueur du diamètre transversal 7; il reste en tout 15 pieds pour la longueur totale, y compris celle du pavillon. Nous appliquons sur le bocal V notre bouche B, dont les lèvres serrées ne laissent qu'une petite fente semblable à celle de la pinnule. Nous chassons de nos poumons l'air qui vient gonfler nos deux joues B (les panses de B) et nos lèvres produisent des frémissements qui sont de véritables vibrations; celles-ci se communiquent, par l'air agité, aux parois de la trompette qui les répercutent à l'extérieur, en emplifiant les sons; nous en avons obtenu un grâve et rude que l'habitude adoucira. En soufflant plus fort et en pinçant davantage les lèvres, nous en tirons d'autres plus aigus que nous essayons vainement de faire accorder avec les sons de nos autres instruments déjà fabriqués; nous en concluons que le tuyau unique de notre trompette, est ou trop long ou trop court pour certains sons.

Comme la longueur de notre tuyau est trop embarrassante, il nous vient à l'idée de le contourner en forme de G et de multiplier les contours, de manière à ce qu'il soit plus portatif et moins gênant. Nous voulons aussi rendre mobiles une certaine série de ces contours en bien ajustant les tubes les uns dans les autres comme H, afin que l'air ne puisse s'en échapper. Nous pourrons ainsi en les repoussant, ou en les retirant à volonté, augmenter et raccourcir un peu la longueur totale de la trompette. En effet, au moyen de cette manœuvre, nous obtenons l'unisson

désiré de Ut, de Ré, Mi, Sol, et un peu difficilement celui de La; Mais quelqu'effort que nous fassions, nous ne pouvons en tenir les deux demi-tons Fa et Si.
Nous en concluons encore, que la longueur de notre tuyau est à ces notes, comme
le diamètre I est à la circonférence G qui refuse d'émettre les demi-tons simulés par
la forme de J tenant le milieu entre le diamètre et la circonférence. Dans l'im-
possibilité de mieux faire, nous laissons la trompette et le cor dans cet état; mais
comme nous voyons que l'imperfection de cet instrument provient de ce que nous
pouvons allonger et raccourcir le tube à volonté, en jouant, nous essayons de modifier les sons en introduisant la main dans le pavillon et nous obtenons, [quoiqu'un
peu sourds, les demi-tons Fa et Si (le bras et la main simulés par la barre transversale de G qui rentre dans le pavillon). Dans les tons aigus (I J) on peut obtenir
les tons et les demi-tons. Pour rendre possible l'exécution de toute musique, on
construit des cors dont la longueur est variable, afin d'avoir le ton Ut, Ré,
Mi, etc.; alors le musicien ne change pas sa manière de jouer, et fait Ré,
Fa, La, quand il croit jouer Ut, Mi, Sol. Autrement on est obligé de fracturer
l'instrument en trois pièces (H) qui se rajustent, bout à bout, en un seul tube, à
frottement doux. Elles ont pour objet, comme nous l'avons dit, d'allonger ou de
raccourcir le tuyau général ; on les nomme *cors de rechange*.

Nous revenons à notre trompette que nous ne voulons pas laisser dans un état
d'imperfection, et nous pensons à y adapter des tubes mobiles qui se raccourciront
ou s'allongeront à la volonté de l'exécutant, afin de mettre, autant que possible, nos
deux demi-tons (les deux diagonales de K), en rapport avec le côté du carré (le
jambage perpendiculaire de K).

En effet, nous obtenons un instrument parfait (L parfait équerre), avec lequel
nous pouvons émettre tous les demi-tons M (idée du trombone.)

Mais nous désirons obtenir la perfection de la trompette par un autre moyen que
nous indique la forme de la lettre M. Si, au lieu de faire rentrer l'un dans l'autre
nos tubes, nous perçions des ouvertures aux points de jonction indiqués par les
jambages de M, nous croirions, par ce moyen, raccourcir et allonger à volonté
la colonne d'air qui vibre dans l'intérieur de l'instrument, en lui procurant
une sortie dans cet endroit. Nous cherchons donc, dans la longueur du tube, les
points où la diagonale est en rapport avec le carré, ou les nœuds que forment la colonne d'air dans l'intérieur, et nous y pratiquons à chacun d'eux une ouverture que
nous boucherons ou que nous ouvrirons, avec nos doigts, ou par le moyen des clefs,
et nous obtenons le résultat désiré, la trompette à clef ou la trompette à pistons.

Si nous réunissons M avec N, en formant des diagonales de leurs deux jambages
opposés, nous aurons cinq diagonales $\mathcal{N}\mathcal{V}\mathcal{N}$, autant qu'il y a de demi-tons
dans la gamme chromatique; nous pratiquons un trou à chacun de ces points de
jonction, et nous avons un instrument qui résume à lui seul $\left(\overset{14}{\text{N}}\right)$ les 13 trompettes ou les 13 cors qui ne rendraient, comme un tuyau d'orgue, qu'un son uni-
que de la gamme.

Voici un nouvel instrument pour lequel il n'est pas nécessaire d'employer la sirène
attendu que le son qu'on en tire ne varie pas, cependant en le construisant d'une
hauteur convenable et dans les proportions de 1, 3, 5, 7, on peut le mettre à l'u-
nisson de Ut, Mi, Sol, c'est le tambour.

Nous avons donc la surface du cercle O, sur laquelle nous tendons la surface extérieure d'un animal, c'est-à-dire sa peau préparée adhoc (une peau de mouton
figuré par B.) Nous mettons en jeu cet instrument appelé *tambour de basque*, avec
une baguette ou avec le doigt mouillé C.

Si nous joignons le cercle de la lettre Q, avec celui O, et que nous y tendions une
peau pareille, nous aurons deux peaux séparées par un corps cylindrique formé
par la largeur des cercles ; nous passons sur l'une d'elles la corde vibrante P (jam-

bage du P) qu'on appelle *timbre*, et destiné à produire un grand nombre de vibrations sur la peau inférieure, lorsque l'on frappera, avec une baguette ou un tampon P, sur la peau supérieure. Nous obtenons ainsi la grosse caisse, aux sons graves et retentissants.

Si nous diminuons le volume de cette caisse, nous avons le tambour ordinaire, que l'on met en jeu au moyen de deux baguettes de bois dur, agitées vivement sur le milieu de la caisse Q; alors les mouvements rapidement redoublés, (le 2 cursif de Q) produisent un roulement sonore, qui sont les vibrations sensibles à l'oreille, produites par cet instrument qui relève le pas des soldats et les excite au combat.

La lettre R nous annonce un autre instrument aux sons également formés par le redoublement rapide d'un corps qui vibre librement par l'une de ses extrémités, l'autre étant attachée à la panse R figurant la sirène P et sa caisse d'harmonie.

Afin d'obtenir du ressort, nous prenons une petite lame d'acier, ou de cuivre bien écroui, mince, un peu large dans son milieu et se terminant insensiblement en pointe par une de ces extrémités, tandis que nous fixons solidement l'autre extrémité sur un autre corps également métallique qui aura la forme de E; notre languette ainsi placée sera la barre transversale et allongée de cette lettre.

On nomme ce petit instrument *bombarde*. Il se place dans la bouche ouverte D, on serre un peu avec les dents les deux branches transversales de E, et l'on met la languette libre (appendice de R) en mouvement avec le doigt C. La bouche fait ici l'effet d'une caisse d'harmonie mobile, à l'aide de laquelle on peut varier les sons rendus par la languette mise en vibration par le vent des poumons. Cet instrument, si simple en apparence, est cependant l'idée première de laquelle on a tiré l'orgue à anche libre des salons (accordéon, harmonium) et tous les instruments, aux tons si sonores, qu'on obtient avec cette même languette arrêtée dans ses vibrations, en la faisant frapper sur un corps dur; telle est encore l'origine de la clarinette et des grands jeux de l'orgue appelés trompettes, cromornes, etc.

En effet, si nous voulons avoir l'harmonium, ou l'orgue à anche libre, nous prenons les contours du parallélogramme E, que nous allongeons ou raccourcissons en raison de la gravité, ou de l'acuité des sons que nous voulons obtenir. Nous supposons une plaque de cuivre, un peu mince, qui aurait à l'extérieur la forme de ce parallélogramme. Nous pratiquons dans le sens de sa longueur une ouverture ayant à l'intérieur cette même forme. Nous rivons, à l'un des bords longitudinaux, une des extrémités de notre languette de cuivre écroui, assez amincie pour faire ressort à l'effort de l'air, et ajustée de manière à jouer librement entre les côtés de ce parallélogramme dont elle effleure juste les bords intérieurs. Nous la fixons avec deux vis à bois sur une caisse d'harmonie, et l'air introduit en dessous, au moyen d'un soufflet, produit des sons exactement semblables à ceux du grand orgue, moins l'amplitude des ondes sonores.

Il va sans dire que chacune de ces languettes ne rendant qu'un son, il faut en construire un nombre égal à celui des octaves que l'on veut avoir, et les faire jouer au moyen d'un clavier, etc.

Afin d'augmenter le nombre des vibrations de ces languettes, quand on veut les accorder, il faut amincir l'extrémité libre; le son monte et devient de plus en plus aigu; si l'on veut, au contraire, le faire baisser, il faut diminuer l'autre extrémité près du rivet.*

Enfin, nous allons compléter notre grand orgue, en y plaçant les tuyaux à anches.

---

* J'avais construit, il y a une quarantaine d'années, un instrument exactement semblable à celui décrit ci-dessus et dont je croyais être l'inventeur; mais, hélas! il était bien connu et mis en usage, il y a quelques milliers d'années.

Nous prenons notre ancien tube U, que nous partageons longitudinalement par le milieu, alors, nous avons les deux moitiés d'un corps creusé en forme de canal bouché par un bout ; ce canal s'appelle *gouttière*. Nous ajustons sur cette gouttière notre languette en cuivre écroui, de manière qu'elle frappe, cette fois, sur les bords dont elle suivra les contours (dans l'orgue à anches libres elle passe outre) ; nous la fixons avec une bride et une virole mobile, vers la partie ouverte de U, afin que, par ce moyen, l'autre extrémité arrondie de la languette puisse vibrer librement sous l'effort de l'air et venir frapper de ses vibrations réitérées les bords de U, sur lesquels elle s'appuie comme si elle était son couvercle ; dans ce cas-ci, le son de la languette est varié par sa longueur relative. On peut la raccourcir ou l'allonger au moyen de la virole mobile qui la fixe, ou mieux, en employant un fort fil de fer T, qui la presse depuis sa base et que l'on peut faire marcher depuis le dehors du tuyau, sans qu'il soit besoin de le démonter pour l'accorder. Ce fil de fer s'appelle *rasette*.

Nous prenons donc cet appareil que nous plaçons dans un tuyau d'une longueur convenable au son que l'on veut obtenir, et nous le mettons sur le porte-vent V ; alors le son, modifié et amplifié par les vibrations du tuyau, devient moelleux et éclatant, de criard et aigre qu'il était à son principe, lorsqu'il émanait de l'appareil nu.

Maintenant, nous pouvons mettre à profit cette invention et l'appliquer en petit, à nos instruments de musique portatifs. Nous construisons un appareil semblable, nous remplacerons la languette en cuivre par une autre faite d'un métal non oxydable ou par un roseau ; notre bouche fera l'office de porte-vent, nos lèvres serrées plus ou moins remplaceront la rasette ; le tube sonore sera muni, à son autre extrémité, d'un pavillon et percé de trous espacés convenablement, comme nous l'avons fait pour la trompette ; nous les boucherons avec nos doigts, ou par des clefs ajustées à cet effet. Nous obtenons ainsi la clarinette et tout autre instrument basé sur le même principe.

Il nous vient encore à l'idée de faire vibrer l'une contre l'autre deux languettes, sans qu'il y ait un corps interposé entre elles. Nous prenons notre bocal V, fabriqué avec deux plaques minces de roseau ; nous les rapprochons l'une de l'autre, et nous les plaçons dans notre bouche, après les avoir fixées sur le tube d'une clarinette dont nous avons ôté le bec. En effet, il se manifeste des vibrations qui produisent un son différent de celui donné par la clarinette, et qui se rapproche de la voix humaine.

Afin d'obtenir cet unisson, soit à l'aigu, soit au grâve, nous construisons des tubes convenables pour cet instrument ; nous obtenons, d'abord, le hautbois ; mais comme celui au grâve serait trop long, nous le contournons en forme de S, et nous avons le basson, le serpent, etc.

Nous plaçons tous ces instruments dans notre orgue, que nous complétons par un jeu de carillons ou de petites cloches U et V, appelées timbres d'horloge, et que nous faisons sonner au moyen du petit marteau T. Nous arrangeons tout cela, bien accordé ensemble, T (le niveau), dans un vaste buffet X. Celui-ci combiné de telle manière qu'un seul homme, placé au centre du mécanisme, puisse à lui seul résumer (Z) les sons, émis en détail par tous les instruments décrits plus haut par les lettres de l'alphabet, et cela au moyen d'un clavier et de tirages ou registres, Y, mis à la portée de ses quatre membres, X.

En effet, l'orgue est le plus vaste des instruments de musique, celui dont les chants sont les plus étendus, les sons les plus nourris et les mieux variés. Il est surtout remarquable par la majesté des effets qu'il produit ; on fait imiter au grand orgue le son de la flûte, celui plus aigu du flageolet, le ton du hautbois, des bassons, le bruit des cors, des trompettes, les sons éclatants de la clarinette, ceux des instruments à cordes : de la basse, du violon, les effets de l'écho et enfin de la voix humaine. Le grand orgue de Dole est une merveille de ce genre.

Il faut faire encore remarquer que lorsque l'on bouche, par le haut, un tuyau d'orgue Y, le son rendu descend à l'octave, parce que sa longueur se trouve ainsi doublée ; la colonne d'air, après avoir frappé le fond, étant obligée de redescendre et de ressortir par la bouche.

On fabrique des tuyaux de toutes formes, selon que l'exige le timbre de l'instrument qu'on veut imiter ; on bouche leur extrémité supérieure au quart, au tiers, à moitié, etc. Les tuyaux qui imitent la voix humaine sont dans ce dernier cas, et s'appellent jeux de régale.

NOTATION DE LA MUSIQUE

L'alphabet vient de construire tous les instruments de musique nécessaires à l'exécution d'une grande harmonie ; maintenant, nous connaissons parfaitement le doigté de chacun d'eux, et l'habitude nous a donné la facilité d'exécuter ensemble toute espèce de musique. Mais jusqu'à présent, nous n'avons pu jouer que de mémoire, pour ainsi dire, et en apprenant pas à pas les morceaux, puisque nous ne pouvons les noter qu'au moyen des mots, Ut, Ré, Mi, etc. Nous sentons la nécessité d'une notation plus rapide et convenable à l'exécution de nos idées musicales.

La première méthode qui se présente à notre esprit consiste tont simplement à employer les cordes de notre instrument A fermé ; elles deviendront autant de lignes sur lesquelles nous placerons, au fur et à mesure de nos besoins, le signe représentatif du son qu'elles rendent chacune en particulier.

Nous aurons 13 cordes puisque nous avons 13 sons dans la gamme chromatique ; nous devrions tracer 13 lignes sur le papier, mais nous voyons que, les cinq sons diésés ou bémolisés ne formant pas de nouveaux degrés, puisqu'ils prennent le nom de la note qui suit ou qui précède, n'ont pas besoin de lignes ; ils nous en reste à tracer sept ; nous les espaçons suffisamment pour ne rien confondre, et nous plaçons sur chacune d'elles un petit rond (o) qui représente le son rendu par la corde déterminée. La réunion de ces lignes s'appellera une *portée* puisque chacun des échelons de cette espèce d'échelle musicale *porte* une note.

Mais, comme nous pouvons avoir à noter 7 gammes différentes, puisqu'en prenant successivement pour tonique chacune des notes de la gamme diatonique, nous avons 7 tons ; afin de les distinguer, nous employons les 7 premières lettres de l'alphabet a, b, c, d, e, f, g, qui seront représentatives des tons, Ré, Mi, Fa, Sol, La, Si, Ut ; nous les placerons en tête de notre portée pour avertir l'exécutant. Nous appellerons *clefs* ces lettres, attendu qu'elles sont censées *ouvrir* la marche qu'on va suivre sur la portée.

Nous nous apercevons bien vite encore que cette invention, assez bonne pour l'étendue pleine de la voix humaine, ne convient pas à celle de nos instruments, notamment de l'orgue et de la harpe, qui comportent de 7 à 8 octaves.

Nous imaginons alors de supprimer de notre portée deux lignes et d'utiliser leurs intervalles ; il nous reste cinq lignes au moyen desquelles, en nous servant de la clef de *Sol*, nous pouvons déja noter une *octave* et une *tierce*, Ré, Mi, Fa, Sol, La, Si, Ut, Ré ; Mi, Fa, Sol.

Nous voyons qu'en multipliant nos lignes, par en haut et par en bas, nous arriverions de cette manière à la notation de 8 octaves, mais il nous faudrait pour cela tracer 35 lignes, opération qui causerait une confusion telle, que l'œil ne pourrait rien apprécier.

Nous allons essayer de tourner cette difficulté. Comme nos instruments, en général, n'ont une étendue pleine que de trois octaves, nous nous appliquons d'abord à obtenir la notation claire et nette de cette portée, qui exigerait 20 lignes d'après notre système. Alors nous imaginons de maintenir le tracé de nos cinq lignes primitives, ou notre portée ordinaire, et de remplacer les lignes supplémentaires par de petites lignes ou traits de plume horizontaux qui traverseraient le signe de la note placé à la distance voulue, comme si les lignes entières existaient réellement. Ainsi en montant, notre notation, dans la portée, s'arrête au Sol; si nous avons besoin d'aller au La, nous posons notre rond (o) un peu au-dessus du Sol, à une distance égale à celle qu'exigerait la ligne, si elle figurait; vous tracez une fraction de cette ligne à travers le rond, et vous avez le signe convenable à la figuration du son La.

Ensuite, d'après le même principe, pour noter la note suivante, Si, il faut laisser la ligne du La inférieur et mettre le rond au-dessus de cette ligne; pour noter l'Ut, il faut, par conséquent, 2 lignes postiches : une au-dessous du rond (o) et l'autre qui le traverse. Enfin, il faut procéder, afin d'arriver à cette notation des sons, en haut comme en bas, exactement comme si les lignes entières existaient.

Mais voici encore un autre sujet de confusion. Ces lignes postiches ainsi prolongée de toutes parts, finiraient par devenir illisibles; afin de remédier, autant que possible, à ce second inconvénient, nous imaginons de changer les degrés de l'échelle, c'est-à-dire l'épellation que portaient ces notes placées sur ces lignes. A cet effet, nous employons nos clefs, ou lettres alphabétiques, que nous placerons d'une certaine manière sur une ligne ou dans les intervalles, afin de déterminer la *note* qui ouvrira la marche à celles de la portée.

Nous venons de nous servir de la clef de Sol, dont la forme est un ⌐ cursif renversé et rétourné ⌐ comme le tableau cité plus haut nous l'indique. Afin de déterminer la note Sol qui a ouvert la marche de la portée, nous avons placé l'appendice arrondi de cette lettre juste sur la deuxième ligne en montant, ce qui signifie que la note tracée sur cette ligne sera un Sol et que les notes subséquentes, en montant comme en descendant, à partir de ce point, suivront leur série naturelle Sol, La, Si, Ut, et Sol, Fa, Mi, Ré, etc.

Il en sera de même pour toute autre clef qu'on sera forcé d'employer selon l'étendue des instruments. Si nous prenons la clef de Fa, par exemple, qui est le C retourné, nous sommes obligés, afin de bien déterminer la ligne de la portée que cette lettre affecte, de placer deux points sur son contour arrondi ɔ:, la ligne placée entre ces deux points portera la note Fa qui ouvrira la marche aux autres. Si nous mettons cette clef sur la ligne où était placé le Ré, tout à l'heure, en nous servant de la clé de Sol, nous faisons monter aux notes 5 degrés, et le Sol devient un *Si*. C'est ainsi qu'il faut transposer les sons sur les degrés de l'échelle, selon le besoin, et s'habituer à les lire.

Comme les chants sont susceptibles de recevoir divers mouvements et qu'ils deviennent vifs ou lents, il est nécessaire de donner à nos signes musicaux certaines valeurs entre eux et relatives à ces changements. Nous appellerons donc notre petit rond (o) une ronde. La valeur de cette note comportera une mesure entière et sera le type comparatif sur lequel les autres signes se régleront.

Si nous voulons doubler sa valeur, nous lui adapterons une petite ligne verticale ou une queue, et ce signe prendra le nom de blanche; pour avoir sa valeur doublée, nous remplissons d'encre ce rond, et il devient une noire à laquelle nous maintenons la queue; afin de doubler la valeur de cette dernière, nous traçons une petite ligne diagonale en forme de crochet à l'extrémité de cette queue, et nous nommons ce signe *une croche*, dont nous doublons la valeur en ajoutant un second crochet, et nous avons une *double-croche*; puis en suivant le même rapport, nous aurons une *triple-croche*, *quadruple-croche*, etc.

Ainsi, une ronde vaut 2 blanches, 4 noires, 8 croches, 16 doubles-croches, 32 triples-croches, etc.

Mais comme il y a dans les mesures des temps de repos, ou *pauses*, il est encore nécessaire de créer des signes d'une valeur relative, comme celle des notes, afin que les premiers puissent correspondre à la valeur de celles-ci.

Un long trait horizontal tiré au milieu de la portée, entre les deux barres qui marqueront les mesures, s'appellera une *pause*; puis la moitié de ce trait, une *demi-pause*; le quart se nommera un *soupir* et se marquera par la forme d'un petit v renversé, dont l'ouverture sera tournée dans le sens de la marche des notes (◄); la moitié de la valeur de ce signe sera le ◄ retourné, ou le *demi-soupir* (►); la moitié de cette dernière valeur sera indiquée par ce ►, auquel on ajoute une queue, etc. Ainsi, la pause vaut une ronde; la demi-pause, une blanche; le soupir, une noire; le demi-soupir, une croche, etc.

On appellera aussi dans cette musique *temps* la mesure du son quant à sa durée; on le considère, ou par rapport au mouvement général d'un air qui peut être lent ou vif, ou selon les parties aliquotes de chaque mesure qu'on marque par des mouvements de la main ou du pied, ou par quelque régulateur qui est ordinairement le chef d'orchestre. Ainsi, il pourra y avoir des mesures en un, deux, trois, quatre, etc. temps, suivant les allures et le sentiment de la musique.

Enfin, nous appellerons *solfier*, la manière d'entonner les sons et de prononcer en même temps les syllabes *Ut, Ré, Mi*, qui leur correspondent; cet exercice est celui par lequel on doit faire commencer ceux qui apprennent la musique, afin que l'idée de ces différents mots s'unisse dans leur esprit à celle des sons et des intervalles qui s'y rapportent.

Nous allons mettre en usage cette méthode de notation musicale et l'introduire dans nos écoles populaires. Mais nous ne tarderons pas à remarquer que le plus grand nombre de nos élèves, rebutés par les difficultés qui se présentent, soit dans la transposition, soit dans la notation, dont ils ne peuvent pas, d'emblée, comprendre le mécanisme, restent à peu près stationnaires, et que la routine ou l'habitude réitérée d'entendre répéter un chant le leur fait retenir dans la mémoire seulement. Dès lors nul progrès ne se manifeste. A l'exception de quelques sujets intelligents et travailleurs, nous désespérons de l'application et de la propagation de notre système; il est donc nécessaire d'en chercher un autre par lequel l'enfant, tout en apprenant à lire, puisse, sans s'en douter, en quelque sorte, et sans efforts d'intelligence, connaître, par le moyen des formes des lettres alphabétiques, les principes généraux de la musique dont il ne lui restera plus qu'à faire l'application, lorsqu'il sera devenu adulte *.

LA VOIX ET LA PAROLE DE L'HOMME

L'appareil vocal de l'homme est constitué par un mécanisme tellement bien combiné qu'il tient, à la fois, de celui de tous les instruments à vent et à cordes que nous venons de décrire. De là les diversités des voix des individus, soit par le timbre, soit par l'intonation. Il se compose d'abord, comme la trompette droite, d'un tube (le gosier) qui communique à deux soufflets (les poumons). A la base de ce tube est placé un muscle (le pharynx) qui fait l'effet du fond mobile d'un tuyau d'orgue en venant s'appuyer, selon le besoin, dans les intervalles de ce tube sur un autre muscle (le larynx) dont, par ce jeu, il augmente ou raccourcit la longueur; il détermine ainsi par ces intervalles plus ou moins grands, la gravité ou l'acuité des sons vocaux. Ces derniers reçoivent leur *timbre* de l'espèce de languette, ou anche libre (la glotte) placée à la partie supérieure du tube, et qui, par ses vibrations, rapides

* Précisément contre les prévisions des auteurs de l'alphabet, ce système difficile s'est conservé, et celui alphabétique que nous allons expliquer, a disparu de l'enseignement populaire et s'est perdu dans la suite des temps.

plus ou moins, selon le ton émis, rend juste le nombre de vibrations voulues pour former successivement toutes les notes de la gamme chromatique.

Reportons nous à notre instrument à cordes construit sur les jambages inférieurs de la lettre A fermée. Cette lettre est traversée, dans son milieu, par les deux jambages de la lettre X, qui sont les deux grandes diagonales du carré circonscrit, et qui jusqu'à présent, ne nous ont pas servi dans nos expériences musicales. On voit néanmoins de suite, par l'inspection de la figure, qu'elles font ici le même effet que les jambage inférieurs de A, et que nous pourrions supposer qu'elles servent de sillets mobiles ou de chevalet aux 13 cordes sonores de notre instrument.

En effet, nous allons simuler l'intérieur du gosier de l'homme par l'espace compris entre les lignes inférieures de ces deux diagonales X qui, se mouvant à leur sommet ou point d'intersection, sur un pivot qui serait placé au centre de la barre transversale de A, sont susceptibles de s'approcher ou de s'éloigner, par en haut comme par en bas, et de raccourcir d'autant la longueur des cordes auxquelles elles servent de chevalets mobiles.

La glotte sera placée au haut du tube, c'est-à-dire au point où les diagonales pivotent, et la bouche ouverte, ou le pavillon de cet instrument, sera simulée par l'écartement des branches supérieures de X.

L'expérience a fait remarquer que toutes les interjections, ou exclamations de la voix de l'homme, se résument en cinq principales, qui rendent les sons A, E, I, O, U base de tous les langages. Voilà précisément les cinq tons pleins rendus par les instruments de musique quels qu'ils soient; donc le mécanisme de notre gosier doit être semblable à celui de ces derniers.

En effet, pour faire résonner l'*Ut fondamental au grâve*, le son rendu par la lettre A qui est représenté par la corde la plus longue, *Ut*, de notre instrument, il est nécessaire d'ouvrir toute grande la bouche, et vous sentez, en faisant attention à ce qui se passe dans votre gosier, que ce son est formé dans sa profondeur la plus grande, tous les muscles étant retirés sur les parois.

Afin d'énoncer le son plus aigu *Ré*, représenté par E, il faut rapprocher les jambage de X dans le rapport de l'intervalle voulu; la corde vocale se raccourcira en proportion; la bouche (les deux jambages supérieurs de X) suivra ce mouvement en se fermant un peu, et vous sentirez sonner dans votre gosier le ton É, dans un espace plus raccourci que dans le premier cas: A. Alors le muscle diviseur, (le pharynx) a commencé à opérer sa première pression contre les parois du larynx.

Nous passons à l'exclamation la plus aiguë de cette première partie de la gamme, au son I, représenté par *Mi*. Les branches de X se rapprochent encore davantage, par en haut comme par en bas, la corde ou le tube vocal, se raccourcit également, et la bouche est forcée de se fermer dans cette proportion, afin d'émettre le son aigu I, qui part, pour ainsi dire, de la glotte.

Si nous voulons émettre les sons de la deuxième partie de l'octave, le mécanisme vocal se complique et nous avons besoin du secours des lèvres, ou de notre pavillon mobile.

Nous chantons le son O, représenté par la note *Sol*; nous sommes obligés de contourner les lèvres et de les arrondir, comme l'indique la portion supérieur de la lettre S non fermée, qui se trouve encore tracée dans le milieu de notre instrument à corde, et qui, jusqu'à présent, ne nous a représenté que les ouvertures que l'on pratique aux tables d'harmonie, afin de laisser échapper le son (comme on le fait à la harpe, au violon ou à la guitare). Cette lettre S simule maintenant la forme de la bouche ouverte, vue de profil, le tube guttural élargi par le haut et le muscle mobile du gosier.

En émettant ce son O, les jambage de X se sont encore rapprochés, la corde vocale s'est raccourcie d'autant et, si nous passons de suite au son U, nous le sentons résonner dans notre bouche, au-delà de la glotte, et prêt à s'échapper en dehors; de même, le son bref rendu par V, représenté par la note *Si*, simule le passage immédiat du dernier son vocal au sifflement, seconde faculté que la nature a donnée à l'homme d'émettre avec ses lèvres, pour qu'il soit le résumé de tous les êtres de la création.

La forme de la lettre U est rendue ici exactement par les deux contours de la moitié supérieure de S, qui seraient redressés parallèlement aux côtés du carré qui les renferme, et cette forme retrace la position que prennent les lèvres en prononçant le son U.

Mais avant d'arriver au sifflement, l'appareil buccal, par sa mobilité, suivant la volonté de l'homme, possède encore une autre faculté que nous n'avons jamais pu obtenir de nos autres instruments; celle de chanter et de parler, ce qu'on appelle improprement *à voix basse.*

Dans ce cas le tube vocal fonctionne de la même manière, seulement la glotte n'est pas mise en jeu par l'air des poumons, et le faible son formé par l'appareil guttural vient se formuler et s'amortir dans la bouche qui doit encore se prêter ici à tous les mouvements nécessaires à son émission tonique.

Si nous voulions aussi nous rendre compte de cette autre faculté que possède l'homme d'imiter le chant des oiseaux, ou les sons aigus du flageolet, nous trouverions cette description dans la partie supérieure de notre instrument A, qui n'est que la réplique au sur-aigu de l'instrument inférieur. Il suffira de dire qu'en prêtant attention au mécanisme du sifflement opéré par les lèvres de l'homme, on s'aperçoit vite que ce son aigu a pour principe, comme cela a lieu dans la bouche d'un tuyau d'orgue, le bris de l'air attiré du dehors ou repoussé par les poumons, et que la variété des intonations provient toujours des différentes divisions de la longueur du tube guttural opérée par les muscles de cet organe.

Ainsi les cinq lettres A, E, I, O, U, que nous appellerons *voyelles*, parce qu'elles sont les bases uniques de la *voix* de l'homme, deviendront naturellement représentatives des cinq tons entiers de la gamme diatonique que nous avons nommés tout à l'heure Ut, Ré, Mi, Sol, La.

Mais il nous faut encore deux signes, c'est-à-dire deux lettres, afin de figurer les demi-tons *Fa* et *Si;* par conséquent, nous les appellerons *semi-voyelles*, c'est-à-dire ne rendant que la moitié d'un son.

Or, comme nous savons que les sons proviennent de l'air ébranlé et que les deux extrêmes, à l'aigu, sont formulés par les lettres I et U, dans chaque moitié de la gamme, nous représenterons leurs dernières expansions par les figures allégoriques avec lesquelles on dépeint le *vent* (Borée), c'est-à-dire par la lettre V, qui remplacera la note sifflante *Si* et par sa similaire phonique J qui remplacera le *Fa* (Fe). Le signe J, moitié de U, simulant le sifflement aigu que produit un jet de vapeur d'eau bouillante sortant avec impétuosité du tuyau d'un conducteur *Jiii.*

La gamme entière diatonique et naturelle, se trouve ainsi représentée par les voyelles et les semi-voyelles naturelles, auxquelles, afin de les figurer convenablement à l'esprit, on a donné les formes des principales images géométriques qui correspondent par la mesure de leurs contours, ou de leurs surfaces, aux nombres des vibrations qui constituent ces mêmes sons :

Ut	Ré	Mi	Fa
A	E	I	J
Sol	La	Si	Ut
O	U	V	Y

Ainsi la lettre A fermée a la forme d'un triangle isocèle, la première des figures géométriques; elle représente le son fondamental *Ut* formé par 128 vibrations.

La surface de ce triangle mesure 24^m 50 qui est la moitié de celle du grand carré qui le renferme. La surface de celui-ci sera 49, ci 49,00

A *reporter* . . . 49,00

Report   . . .   49,00

Les deux diagonales de A mesurent chacune, en longueur, 7,73 (en les rapportant, comme on sait, au côté du carré, nombre que nous multiplions l'un par l'autre (7,73 × 7,73 = 59,75,) ci.   59,75

Longueur de la barre transversale 3,50, multipliée par elle-même (3,50 × 3,50 = 12,25), ci   12,25

Longueur de la barre inférieure qui ferme l'A, 7, ci   07,00

Total égal aux vibrations de l'Ut . . . 128,00

Ré. Le 2ᵉ son vocal est figuré par la lettre E qui, fermée, nous a donné le carré parfait, la seconde figure géométrique. Elle représente la note Ré, formée par 144 vibrations. Nous avons placé cette voyelle au 5ᵉ rang de la série des lettres alphabétiques.

La mesure de la surface de ce carré, dont le côté est 7 (7 × 7 = 49) nous a été donnée plus haut, en mesurant la valeur du triangle A.

La mesure de la solidité de la pyramide élevée sur le triangle A, moitié du carré E, est de 57 (abstraction faite des fractions), ci   57,00

La mesure de la solidité du prisme élevé sur la surface de A, moitié du carré, est de   171,40

La mesure de la surface du losange de la partie supérieure de A, est de .   3,35

Le carré des petites barres de E, 3,50 × 3,50 = ...   12,25

Total égal aux vibrations du Ré . . . 144,00

Mi. Le 3ᵉ son vocal est figuré par le diamètre perpendiculaire I, 7 de hauteur. (Cette lettre I remplace le *Mi* formé par 160 vibrations). Ci   007

Nombre auquel il faut ajouter le n° de cette lettre, 9, ci   009

Plus la valeur de Ré   144

Total égal aux vibrations du Mi . . . 160

Fa. Le 4ᵉ semi-ton est représenté par la semi-voyelle J, qui remplace le semiton *Fa* formé par 170 vibrations, provenant du n° 10 de cette lettre J; ce chiffre 10 ajouté à la valeur 160 du Mi, = 170, vibrations du Fa, ci   170

Ou bien le demi-jambage droit de cette lettre, 3,50; plus le quart 5,50 de la circonférence, 22, indiquée par la portion courbée de la partie inférieure de la lettre; en somme, 9; plus valeur du point qui la surmonte, 1, total 10.

Sol. Le 5ᵉ ton est représenté par la circonférence du cercle O, 22; cette figure remplace le Sol formé par 192 vibrations.

Ajoutez à la valeur de J, 170, la mesure 22 de la circonférence, total. . . .   192

Ou bien, la surface du cercle représenté par la lettre O est de 38,48; la surface de la sphère ou celle du cylindre, représentées par O, est de 153,92, total: 192, nombre des vibrations du Sol.

Ou bien encore la solidité de la sphère 180, plus la demi-circonférence S, 11, total: 191.

La. Le 6ᵉ ton est représenté par la voyelle U, qui remplace la note *La*, formée par 214 vibrations. (Ces vibrations sont variables de 212 à 216).

Ajoutez 21, le n° de cette lettre à la valeur 192 de Sol, total: 213.

Ou bien la surface du cercle O, sur laquelle on a construit le cône . . .   39,00

Solidité du cône   89,66

Sa surface   84,87

Total . . . 213,53

Nombre des vibrations du La, 214.

Si. Le 7ᵉ son est représenté par la semi-voyelle V qui a remplacé la note *Si*, composée de 240 vibrations.

1° La base du tronc du cône est la circonférence 22 du cercle	22,00
2° Plus la moitié, 11, de cette circonférence, base supérieure du tronc.	11,00
3° Plus 7, la hauteur totale dudit cône	07,00
4° Plus la mesure de la surface du tronc de cône	63,50
5° Plus la mesure de la solidité dudit tronc de cône	78,35
6° Plus la surface du cercle, base de la solidité du tronc de cône . . .	39,00
9° Plus la moitié, 19,50, de cette même surface, base supérieure de ce tronc de cône	19,50
Total. . .	240,00

Ut². Le 8ᵉ son ou l'octave est représenté par la lettre à l'épellation composée Y (igrec) qui nous a servi d'introduction à la trigonométrie, seconde branche de la géométrie, De même, cette lettre nous sert de passage à une seconde octave. Comme le but de la trigonométrie est la solution de tous les triangles, nous doublerons les vibrations du triangle A (Ut) et nous aurons le son Y constitué par 256 vibrations.

D'après ces données, il est facile de voir que la nature a établi une corrélation directe et simple entre la mesure des figures géométriques principales, et celle identique des 7 sons principaux de la gamme. Nous allons voir encore qu'il en est de même pour les principes généraux de toutes les sciences humaines qui, en définitive, se résument dans la forme du triangle et du cercle.

DES ARTICULATIONS VOCALES, LEUR ORIGINE

Nous avons encore remarqué que tous les animaux de la création, à l'exception des poissons et des crustacés, etc., étaient aussi doués de la faculté d'émettre des sons, et qu'ils avaient, chacun selon leur espèce, un cri, ou une voix invariable. Nous en concluons que leur appareil vocal est moins bien combiné que celui de l'homme, qui peut imiter les cris et les articulations sourdes ou sonores d'eux tous; elles se résument comme il suit, dans le langage, constitué et varié en raison du morcellement des sons vocaux combinés avec les articulations propres à quelques espèces d'animaux.

Mais nous avons remarqué aussi que lorsque la matière elle-même était mise en mouvement par une cause quelconque, elle pouvait produire un bruit qui, en persistant, pouvait faire l'effet d'un son ou d'une articulation vocale; cette similitude s'appelle *onomatopée*, c'est-à-dire harmonie imitative dans le son des mots.

Ainsi, afin de connaître l'origine des articulations vocales humaines et d'en conserver intacte la trace, les auteurs de l'alphabet les ont classées et désignées à l'aide des formes et du rang qu'elles occupent dans la série des lettres qui rapellent à l'esprit ces différentes combinaisons vocales.

Nous venons d'établir le tableau des cinq sons principaux de la voix, a, e, i, o, u, ou voyelles; les articulations qui suivent s'unissent à celles-ci de différentes manières, et sont appelées *consonnes*.

TABLEAU DES ARTICULATIONS CONSONNANTES

1° L'articulation la plus simple est celle qui fait entendre le son Ê ou A, joint à la lettre B, puisqu'il suffit de gonfler d'air la cavité de la bouche et de le laisser échapper en desserrant subitement les lèvres. Mais pour éterniser par un type naturel cette articulation, on l'a représentée par la figure du bélier vue de face, et dont la voix rend invariablement ce mot : Bê (Bâ) (les deux panses de B couché ⌬ simulent les cornes contournées de cet animal, et le profil de sa figure). Prise encore dans le sens métaphorique, cette lettre veut dire, qu'à l'instar des moutons, il faut, à partir de A, suivre le rang des lettres dans toutes les applications scientifiques qu'elles renferment.

2° C. Cette lettre nous retrace une articulation sifflante et douce : *Cee*, un peu différenciée de celles rendues par *Se* et *Ze*. Elle est simulée ici, par le bruit que produit un projectile qui vient d'être lancé au moyen d'une fronde, dont une des extrémités est lâchée de la main qui la tient, et dont la forme circulaire est déjà ouverte comme C. (*Ceee*).

Ci, Ciii. Le son *Ciii* devient plus aigu et plus sifflant que le précédent, lorsque l'articulation C est jointe à la voyelle i; il imite le sifflement de la flèche qui fend l'air avec rapidité et que vient de lancer *l'arc* au repos, D.

Mais lorsque la lettre C, est jointe aux voyelles A, O, U, elle contracte un son dur semblable à celui rendu par la lettre K ou Q : *Ka, Ko, Ku*.

Ce son dur est le cri propre à quelques oiseaux (l'oiseau est représenté en général par la letttre K couché qui simule, par son jambage perpendiculaire, le corps de l'animal, du milieu duquel s'élèvent deux ailes déployées représentées par les diagonales ⋉). Le coucou, dit : *co-co, cou-cou*; la caille émet l'articulation *Ca ;* la poule et le coq : *Co, ca, cococo*.

3° L'articulation *De* fait entendre un petit frappement, un peu différencié de celle de T, qui imite le choc léger de deux corps durs, comme *tic, tac, toc*.

Celle de D est semblable au son sec produit par la *corde de l'arc* tendu pour lancer la flèche, et qui revient subitement au repos; on entend le son *De*.

4° F. Nous avons déjà dit plus haut que cette lettre avait le même son muet que V emblème du vent. En effet l'articulation F est imitative du bruit que l'on fait avec les lèvres, lorsqu'on souffle sur un objet léger, afin de l'écarter, ou sur la flamme d'une bougie, lorsque l'on veut l'éteindre; le son est un peu plus sec ici, que dans celui rendu par V, plus prolongé, *Ve*.

5° G. Le son *Gééé* est imitatif de celui émis par l'eau bouillante renfermée dans une marmite ou dans un vase demi-clos. Si l'on bouche le vase, la vapeur s'échappera avec bruit par les interstices du couvercle, ou par une petite ouverture, sous forme de jet rapide , et fera entendre le son sifflant *Jiii*. Mais si le vase est clos, de manière à ne pas laisser échapper la vapeur, l'eau bouillante produira le son dûr, *gaaa, gueee, gueee*.

La forme du g minuscule est celle de l'appareil complet d'un alambic; la chaudière est le réfrigérant. (Voir distillation.)

6° H. Cette lettre est purement gutturale et forme une espèce d'aspiration dans les mots, lorsqu'elle est placée à leur tête, mais sans en changer l'intonation ; elle nous est venue de la prononciation dure de quelques peuplades du nord, mises en relation de commerce avec celles du midi. Les Grecs l'employaient sous le nom de leur *hêta*. En français elle sert à distinguer l'étymologie de quelques mots qui viennent du grec. La forme de la lettre H, h, simule cette aspiration par une bouche largement ouverte dans le milieu de laquelle on aperçoit la langue immobile; attendu que celle-ci devient inutile dans l'énonciation de ce son, qui n'est pas une articulation, mais simplement une espèce de souffle, ou d'haleine : *Che, cho, cha, chi, chu. Ah! eh! oh, ih!* exclamation de plaisir ou de douleur, d'admiration, de colère.

7° I. Ligne droite formée par l'*écoulement* du point qui surmonte cette lettre dont le son *Iiii* simule celui que rend un mince filet d'eau tombant sur un corps dur, ou bien imitant le bruit légèrement sifflant d'un mince filet d'eau froide s'échappant avec force d'une ouverture étroite.

8° J. Lettre similaire, à l'aigu, du G, *Jiii ;* son rendu par l'eau vaporisée, s'échappant violemment sous forme d'un jet dont l'écoulement est simulé par le point qui surmonte cette lettre.

9° K, *Ka*, similaire du C dur. Cette lettre est le radical déterminatif des arbres. Le son dûr *Kaa*, *Keu*, est imitatif de celui produit par le *bris subit* d'un morceau de bois sec, ou par l'écartement violent du bois que l'on fend avec le coin. K couché est encore le radical des oiseaux qui se retirent dans les forêts. Le jambage droit simule le corps, et les diagonales, les ailes déployées.

10° L. L'articulation *Lee*, imite le son dur rendu par un corps vibrant, subitement arrêté. Elle est l'extinction subite du son rendu par l'appendice vibrant placé à la panse de la lettre R, *Re Re Re;* le redoublement lingual du son *Re* est inconnu à certains peuples; les Chinois disent *Le* pour *Re*.

Cette articulation est figurée par la forme de l'équerre, qui marque le repos, l'arrêt, l'immobilité de la matière. (Une perpendiculaire à une ligne droite.)

11° M. Cette lettre, par ses quatre jambages, est l'emblème des quadrupèdes, dont un des plus gros est le bœuf, qui fait entendre le son *Me*, *Mu*, en mugissant.

12° N. La forme en zigzag de cette lettre était, dans les hiéroglyphes des Égyptiens, l'emblème de l'eau courante agitée.

Elle représente par son articulation, qui exige le passage du vent par les *narines*, le son *nasillard* des voix des oiseaux aquatiques; le canard, l'oie, etc. Elle simule aussi le nez et son écoulement muqueux, emblème d'un faible courant d'eau.

13° P. Articulation un peu moins forte que celle de B qui, pour cette raison, a reçu deux panses, ou deux joues gonflées par le vent, tandis que le P, dont le son est plus bref, n'en a qu'une : *Pe*.

14° Q. Articulation similaire à celles de *Ku*, *Cu*.

Mais cette lettre représente, par sa forme, la croupe ou les fesses d'un grand quadupède, dont la queue retroussée simulée par l'appendice 2 (autrefois il partait du centre de la lettre) est censée livrer passage aux vents renfermés dans l'intérieur du corps ; ceux-ci, en s'échappant par les bords de l'orifice resserré, produisent des vibrations sonores semblables à celles qu'émettrait l'appendice de R, de même forme, s'il était mis en mouvement par l'air. (Bruissement subit d'une flatuosité, pet sec, *quee*, et par antithèse : bruit produit par le gosier d'une personne qui fait des efforts pour vomir.)

15° R. Cette articulation R *Re*, produit un *roulement* de la langue simulé par l'appendice libre, attaché à la panse de P, qui fait l'office de caisse d'harmonie. Cet appendice de R, est le chiffre 2 cursif qui indique *redoublement* du mouvement qui produit les vibrations sonores que nous avons comptées au moyen de la sirène O et P, et rendues par la lettre Q. (Voir page 43.)

16° S. Articulation représentant le son *sifflant*, un peu plus fort que celui de *Ciii*.

Cette lettre S est l'image d'un serpent irrité, dressé sur sa queue et faisant entendre, dans ce cas, le sifflement aigu *Siii*. (Voir C, Z.)

17° T. Articulation un peu plus sèche que celle donnée par D ; *Te, De*.

La forme de cette lettre est celle d'un marteau qui, mis en jeu, ferait rendre au corps frappé, le son *Te*, comme le *tic tac* d'une montre, d'une horloge, dont T simule la roue dentée d'échappement à palettes vue de profil, ou l'échappement à ancre, dont les deux arrêtes sont formées par les deux appendices extrêmes de la barre horizontale: *toc, toc*.

18° V. Articulation similaire, à peu de chose près, de celle rendue par F; *Fe, Ve*.

La forme de cette lettre est tirée des deux rayons extrêmes, en forme d'éventail, qui simulent la bouffée de vent s'échappant de la bouche du dieu Borée, lorsqu'il souffle (en mythologie), les tempêtes sur la terre. Il suffit donc pour émettre ce son, de desserrer rapidement les lèvres et de chasser l'air de la bouche : *Vee*.

19° X. Lettre dont le son est composé de ICS, ou IKS. Elle est figurée par la forme d'un chevalet sur lequel on scie le bois, et elle rend le bruit aigu que fait la scie, dans cette circonstance : *ics, ics*.

20° Y. Lettre dont le son est celui de I à l'aigu. On l'emploie, en français, pour remplacer l'U, dans les mots tirés du Grec. Elle ne figure pas dans l'alphabet de ce peuple. Elle est représentée par le canon anguleux d'une clef forée, et elle rend le son aigu *ii* qui en émane, lorsque l'on souffle dedans avec force.

20° Z. Lettre dont le son est composé de sd (sed) ou st, (set). Elle est figurée par les contours d'une espèce de rabot, dont le fer est incliné à 45 degrés, et qui, mis en jeu, fait entendre le son sifflant *Ze.*

Nous appellerons ces lettres *majuscules;* mais afin d'en faciliter l'écriture, nous en avons établi d'autres, les *minuscules,* dites *cursives,* auxquelles nous avons donné des formes aisées à dessiner, mais toujours en rapport avec leurs similaires majuscules, en ce sens qu'elles sont également représentatives des mesures des lignes géométriques qui les forment. Afin de ne pas faire un double emploi, nous renvoyons le lecteur à la description des figures géométriques où nous les avons placées à côté de leurs homonymes. (Elles sont reportées, à la fin du chapitre de musique.)

On a ensuite établi certaines catégories de consonnes que l'on a classées selon que l'exigeait le jeu de l'appareil vocal pour les prononcer. Ainsi il y aura des labiales, gutturales, nasales, palatales, dentales, etc. D (Δ des Grecs), qui est l'image d'une dent ; B, labiale ; G, gutturale ; N, nasale ; R, liquide, etc.

Les voyelles recevront aussi un son plus ou moins long ou bref, il y aura A long, A bref ; O long, O bref ; E long, bref et muet; tout cela différencié par des *accents,* comme nous le verrons en parlant de la grammaire.

Nous avons donc un alphabet régulièrement défini, dont les lettres sont des emblèmes pris sur nature, des sons rendus par les objets qu'elles simulent par leurs formes. Nous les avons classées en suivant l'ordre du développement insensible de l'appareil vocal. Le premier son énoncé par un enfant est celui de A, accolé à la consonne B ou P, *baba, papa,* etc ; puis, suivant l'ordre naturel de la formation des figures géométriques décrites plus haut; enfin, nous avons intercalé les voyelles à travers les consonnes, de manière à ce que, rien qu'en comptant les intervalles qui les séparent les unes des autres, et en tenant compte des chiffres qui les surmontent, suivant la série, elles puissent nous offrir une méthode de musique complète et pareille à celle que nous avons expliquée plus haut au moyen du calcul. Ce travail a été fait ainsi, afin que l'enfant, auquel on fera remarquer peu à peu ce mécanisme, puisse, tout en apprenant à lire et à écrire, posséder les notions élémentaires du chant dont il aura toujours, sous les yeux ou dans la mémoire, les règles les plus simples.

———

MÉTHODE DE LA MUSIQUE ALPHABÉTIQUE

Nous formulons d'abord notre première gamme naturelle en *Ut majeur;* mais afin de familiariser l'élève avec cette nouvelle méthode, nous donnerons les deux notations concordantes.

	Ut	Ré	Mi	FA
Tableau n° 1	A	E	I	J
	Sol	La	Si	Ut
	O	U	V	Y

Nous avons partagé l'octave en deux parties, pour nous conformer au vœu de la filiation des sons; car nous savons que cette dernière fraction n'est que la répétition de la première doublée et renversée.

Nous écrivons ensuite notre alphabet, dont nous numérotons les lettres, et que nous partagerons également en deux parties.

Tableau n° 2

1	2	3	4	5	6	7	8	9	10	11	12	13	14
A	B	C	D	E	F	G	H	I	J	K	L	M	N

15	16	17	18	19	20	21	22	23	24	25
O	P	Q	R	S	T	U	V	X	Y	Z

Nous ferons remarquer d'abord que, dans l'ordre donné au tableau n° 1, les sons marqués dans la 1re partie engendrent immédiatement, par leurs harmoniques sonnant de quinte en quinte, les sons de la 2e partie. Ut engendre Sol; Sol, Ré; Ré, La; La, Mi; Mi, Si; Si, Fa; et Fa, Ut.

Nous avons ainsi de suite les accords : Ut Sol; Ré La; Mi Si; Fa Ut; et Ut Mi Sol Si; Ré Fa; La Ut, etc., disposition qui résume, d'un coup d'œil, le tableau des consonnances et des dissonances.

LE SON FONDAMENTAL *UT* EST FORMÉ PAR 128 VIBRATIONS

Nous désirons maintenant connaître le nombre des vibrations qui constituent la base fondamentale de notre système.

Nous comptons le nombre des lettres qui forment la première partie de l'alphabet et nous notons 14; puis les lettres de la seconde partie, 11, chiffres auxquels nous ajoutons la valeur relative numérale de O, 10, que nous allons tout à l'heure donner à cette lettre, en réformant également notre système ancien de numération, pour en établir un nouveau décimal que nous baserons sur les sons de la gamme, et que nous appliquons ici par anticipation. Nous avons alors 14, plus 11 multiplié par 10, en ajoutant un zéro = 110, total 124

Nous ajoutons à cette somme les 4 sons des lettres différentes employées

en sus pour émettre le son et le nom des trois lettres composées X, *is*; Y,

i; Z, *sd*, ci 4
                                                                    ——
Total . . . 128

(14 + 110 + 4 = 128, vibrations de A, Ut.)

LES VIBRATIONS DES SONS DE LA GAMME DIATONIQUE

SONT AU NOMBRE DE 1,248

Nous désirons aussi savoir quel sera le total des vibrations renfermées dans la gamme diatonique dont la base est émise par 128 vibrations.

Nous additionnons les chiffres qui marquent le rang alphabétiques des voyelles de la première partie de l'alphabet, A, E, I, J, ensemble 25; puis ceux de la 2e partie O, U, V, ensemble 48.

Nous multiplions ces nombres, 25 par 48, et nous avons au produit 1,200, total auquel nous ajouterons, comme nous l'avons fait plus haut, le produit des lettres doubles X, Y, Z.

X qu'on prononce aussi *ics*, et *iks* (comme dans cieux, xavier, 4 lettres).

Y qu'on prononce *igrec*; 5 lettres.

Z qu'on prononce aussi *s d*, ou *s t*, 3 lettres, total 12 lettres que nous multiplions par 4, nombre des mêmes lettres données par leur prononciation dans le tableau ci-dessus, produit 48.

(25 × 48 = 1,200; 12 × 4 = 48, ensemble 1,248, nombre des vibrations données par les 7 sons diatoniques composant la gamme naturelle, dont l'Ut fondamental est formé par 128 de ces vibrations.)

Nota. On obtient le même résultat, en ajoutant au produit de 25 × 48 = 1,200, la somme 48 des voyelles de la 2ᵉ partie, = 1,248.

LE NOMBRE DES VIBRATIONS

DES 5 DEMI-TONS DE LA GAMME CHROMATIQUE EST DE 906

Pour savoir maintenant le nombre des vibrations qui composent toutes les notes diésées de cette même gamme, nous additionnons les numéros qui surmontent les consonnes de la première partie de l'alphabet, abstraction faite des voyelles, b, c, d, f, g, h, k, etc, total 55 ; ensuite ceux de la deuxième partie, p, q, r, s, t, etc., total 98.

Nous multiplions ce dernier nombre 98 par 10, en ajoutant à l'extrémité la valeur relative de O, que nous appellerons *zéro,* = 980.

Nous retranchons de ce nombre 55, somme donnée par la première partie de l'alphabet, augmentée de 19, somme qui représente le nombre des lettres employées pour prononcer le nom affecté aux lettres doubles X, Y, Z, ensemble 74, que nous retranchons de 980; il nous reste 906, nombre des vibrations qui constituent les 5 demi-tons de la même gamme (98 × 10 = 980; 55 + 19 = 74 ôtez de 980 = 906).

Nota. La lettre Z se prononce aussi *ised,* ce qui reporte à 19 le nombre des lettres empruntées à celles de l'alphabet pour arriver à l'énonciation de ces trois lettres X, Y, Z.

NOMBRE DES VIBRATIONS

CONSTITUTIVES DES 12 SONS DE LA GAMME CHROMATIQUE

Les opérations que nous avons pratiquées dans les tableaux précédents nous ont appris que la voyelle O, qui prête sa forme ronde au zéro de l'arithmétique, en avait ici la valeur relative 10 et celle de ses multiples. Nous pouvons, en conséquence, nous servir de ses sous-multiples 5, 15, que nous allons appliquer immédiatement au tableau qui suit et qui doit, par ce moyen, nous donner le nombre des vibrations propres à l'émission de chaque son de la gamme chromatique.

Nous donnerons donc, comme dans les tableaux précédents, des numéros d'ordre aux consonnes, selon la série, et nous affecterons les voyelles et semi-voyelles de la valeur relative 10 de O et de ses sous-multiples 5, 15.

10	1	2	3	10	1	2	3	10	10	1	2	3	4
A	b	c	d	E	f	g	h	I	J	k	l	m	n

10	1	2	3	4	5	10	15	5	$\left(\begin{array}{c}1+4=5\\k \quad s\end{array}\right)$	10	11	$\left(\begin{array}{c}4+4+3=11\\s \quad s \quad d\end{array}\right)$
O	p	q	r	s	t	U	V	x		y	z	

Nous savons que notre son fondamental est formé par 128 vibrations, Ut.

Ajoutons la valeur de $\overset{10}{A}$, ci 10
_____

                            Total . . . 138   id.   Ut*.

Id.   la valeur de $\overset{1}{b}, \overset{2}{c}, \overset{3}{d} = 6$, ci . . .   6
_____

                            Total . . . 144   id.   Ré.

Id.   la valeur de $\overset{10}{E}$, ci 10
_____

                            Total . . . 154   id.   Ré.*

Id.   la valeur de $\overset{1}{f}, \overset{2}{g}, \overset{3}{h} = 6$, ci 6
_____

                            Total . . . 160   id.   Mi.

Id.   la valeur de $\overset{10}{I}$, ci 10
_____

                            Total . . . 170   id.   Fa.

Id.   la valeur de $\overset{10}{J}$, ci 10
_____

                            Total . . . 180   id.   Fa*.

Id.   la valeur de $\overset{1}{k}, \overset{2}{l}, \overset{3}{m}, \overset{4}{n}, = 10$, ci . 10
_____

                            Total . . . 190   id.   Sol.

Id.   la valeur de $\overset{1}{p}, \overset{2}{q}, \overset{3}{r}, \overset{4}{s}, \overset{5}{t}, = 15$, ci . 15
_____

                            Total . . . 205   id.   Sol*.

Id.   la valeur de $\overset{10}{U}$, ci 10
_____

                            Total . . . 215   id.   La.

Id.   la valeur de $\overset{15}{V}$, ci 15
_____

                            Total . . . 230   id.   La*.

Id.   valeur de $\overset{10}{Y}$, ci 10
_____

                            Total . . . 240   id.   Si.

Puis celle de $\overset{11}{X}$, de $\overset{5}{Z}, = 16$, ci 16
_____

                            Total . . . 256   id.   Ut^2 octave.

Ainsi, il nous a été facile en faisant successivement les additions des valeurs chiffrées des voyelles et des consonnes, prises selon leur ordre alphabétique, de trouver le nombre des vibrations propres à l'émission de chaque son de la gamme chromatique suivante.

GAMME DIATONIQUE

128 144 160 170 190 214 240, total: 1,248, et Ut^2 , 256, total: 1,504
Ut Ré Mi Fa Sol La Si

CINQ DEMI-TONS

138 154 180 204 230, total: 906
Ut* Ré* Fa* Sol* La*

GAMME CHROMATIQUE

128	138	144	154	160	170	180	192	204	214	230	240	256, tot.: 2,410
Ut	Ut*	Ré	Ré*	Mi	Fa	Fa*	Sol	Sol*	La	La*	Si	Ut²

Le tableau alphabétique ci-dessus nous donne le nombre des vibrations qui constituent successivement, par leur addition, chaque son de la gamme chromatique, à partir de Ut 128. Il est facile de connaître les intervalles de chacun d'eux, en prenant la différence de leurs vibrations, et par là on a la longueur relative des cordes avec le nombre des vibrations qu'elles émettent.

Ainsi, l'intervalle de Ut à Ré est de 16 vibrations. Or, la longueur de la corde fondamentale Ut, que nous avons supposé avoir 7ᵐ (ou 7 pieds métriques) s'est raccourcie de 0,84 pour émettre le son Ré. Le chiffre 0,84 est donc la longueur de l'intervalle qui sépare ces deux sons et qui correspond à 16 vibrations (84 × 2 = 16,8) qu'il faut ôter de celles qui constituent Ut 128, il reste 144 pour former le son Ré, nombre qui équivaut aussi à la fraction 9/8, intervalle de Ut à Ré, lorsqu'on prend l'unité pour longueur de la corde Ut.

Afin de pouvoir embrasser d'un seul coup-d'œil, le système général de la musique, nous allons tracer un tableau qui résumera tous les calculs renfermés dans notre méthode.

TABLEAU GÉNÉRAL DE LA MÉTHODE MUSICALE ALPHABÉTIQUE

Désignation des notes	Rapports en fractions, la longueur de la corde étant 1	Intervalles des sons	Intervalles des intervalles	Interv. en vibrations Différences des sons	Notes et différ. simples	Différences des notes diatoniques	Différences des demi-tons	Nombre des vibrations constituant les cinq demi-tons	Nombre des vibrations constituant les tons diatoniques	Nombre des vibrations de la gamme chromatique	Longueurs relatives des cordes. l'unité étant 7 mètres	Différences de ces longueurs	Différences des intervalles	Intervalles des intervalles	Résumé des intervalles
Ut	8/8			Ut) 10	1	1			128	128	7,00				
Ut*	12/13	9/8		Ut* 16 6		10	138			138	6,45	0,55	0,30		
Ré	8/9		80/81	Ré) 10	16				144	144	6,15	0,85	0,30	0,50	
Ré*	5/6	10/9		Ré* 16 6		26	154			154	5,85	1,15	0,25	0,10	
Mi	4/5		150/144	Mi) 10 10	32				160	160	5,60	1,40	0,35	0,10	
Fa	3/4	16/15	128/135	Fa) 10	42				170	170	5,25	1,75	0,25	0,35	
Fa*	5/7	9/8		Fa* 22 12 64		52	180			180	5,00	2,00	0,55	0,45	0,10
Sol	2/3		80/81	Sol 12 64	64				192	192	4,65	2,55	0,10	0,50	
Sol*	5/8	10/9		Sol* 22 10		76	204			204	4,35	2,65	0,15	0,15	
La	3/5		80/81	La 16 10	86				214	214	4,20	2,80	0,30	0,10	
La*	5/9	9/8		La* 10 26		102	230			230	3,90	3,10	0,20		
Si	8/15	16/15	128/135	Si 16 16	112				240	240	3,70	3,30	0,20		
Ut	4/8			128 64 Ut² 128	64	553 267 138	906 276	1,248 256	2,154 256	3,50					
	72/100			Totaux 481		405	1,182	1,504	2,410						

Ce tableau n'est que la répétition, plus apparente, des renseignements matériels donnés par notre instrument à cordes, construit sur les deux jambages de A fermé, où l'on peut se reporter pour avoir encore une idée plus nette de ces calculs.

On peut encore, en consultant les intervalles qui séparent les voyelles des consonnes, trouver un grand nombre d'enseignements musicaux.

Nous voulons connaître, par exemple, la filiation des sons; nous savons que l'Ut fondamental, dans sa résonnance, donne naissance à deux nouveaux sons distincts, ses harmoniques, qui sont la quinte et la tierce majeures reportées, le Sol à sa seconde octave ou 12e de ce même Ut, et le Mi à la 17e de la 3e octave; nous chiffrons ces octaves en suivant la série :

A	E	I	J	O	U	V	Y
Ut	Ré	Mi	Fa	Sol	La	Si	Ut
1	2	3	4	5	6	7	
8	9	10	11	12	13	14	
15	16	17	18	19	20	21	

L'alphabet est censé partagé en deux parties, de A à N et de O à Z.

Ut   Ré   Mi Fa   Sol   La Si   Ut

A, b, c, d, E, f, g, h, I, J, k, l, m, n, O, p, q, r, s, t, U, V, x, Y, z,

A Ut, engendre Sol O, 12e de la 2e octave. Nous ferons observer, afin de nous y reconnaître par la suite, que le point de départ, pour compter des lettres, est indifférent, pourvu qu'on débute par une voyelle, pour aller à la rencontre, suivant la série inverse ou directe, d'une autre voyelle cherchée.

Nous comptons donc en rétrogradant, les lettres comprises entre A et O, nous trouvons le chiffre 12 : A z, y, x, v, u, t, s, r, q, p, O. En procédant de même, pour toutes les autres notes, nous formerons le tableau suivant :

TABLEAU ALPHABÉTIQUE DE LA GÉNÉRATION DES SONS

A, Ut, engendre O Sol, 12e de la 2e octave (quinte).
1	2	3	4	5	6	7	8	9	10	11	12
A,	z,	y,	x,	v,	u,	t,	s,	r,	q,	p,	O Sol, ci 12,00

A, Ut et O, Sol, engendrent I, Mi, 17e de la 3e octave.
1	2	3	4	5	6	7	8	9	10	11	12	13	14	15	16	17
O,	p,	q,	r,	s,	t,	u,	v,	x,	y,	z,	n,	m,	l,	k,	j,	I Mi. 17,00

O, Sol, le premier son engendré, donne naissance à sa quinte E Ré,
[chiffré 16.
1	2	3	4	5	6	7	8	9	10	11	12	13	14	15	16
o,	p,	q,	r,	s,	t,	u,	v,	x,	y,	z,	a,	b,	c,	d,	E Ré, 16, 16,00

Mi I, Le second des engendrés, donne naissance à sa quinte V Si, chif-
[fré 14.
I,	j,	k,	l,	m,	n,	o,	p,	q,	r,	s,	t,	u,	V, Si, 14. 14,00

V, Si, le 3e des engendrés, donne naissance à sa quinte Fa, J, chiffré 18.
V,	u,	t,	s,	r,	q,	p,	o,	a,	b,	c,	d,	e,	f,	g,	h,	i,	J Fa 18, ci 18,00

J Fa, le 4e des engendrés, donne naissance à sa quinte Y Ut² chiffrée 15.
J,	k,	l,	m,	n,	o,	p,	q,	r,	s,	t,	u,	v,	x,	Y U² 15, ci . . 15,00

Y Ut² le 5ᵉ des engendrés, donne naissance à sa quinte Sol et à Mi sa
tierce majeure, chiffrées I (Mi), 17, et O (Sol), 19 (harmoniques renversées).

Y, x, v, u, t, s, r, q, p, o, à, b, c, d, e, f, g, h, I Mi 19, ci 19,00
Y, z, a, b, c, d, e, f, g, h, i, j, k, l, m, n, O Sol, 17, ci. 17,00

E, Ré, formé des deux sons *ai* A (Ut), I (M)i, donne naissance à sa quinte
[U, *La*, chiffré 13.
1 2   3 4 5 6 7 8 9 10 11 12 13.
a, i, (é) d, c, b, a, o, p, q, r, s, t, U. La 13, ci. 13,00

Enfin U La, lettre qui rend les deux sons OU, donne naissance à sa quinte
[Mi, 17.
O, u (ou) t, s, r, q, p, o, a, b, c, d, e, f, g, h, I Mi, 17 17,00

En redonnant aux chiffres obtenus, leur série numérale, nous avons la gamme
diatonique avec les tons, les demi-tons et leurs intervalles donnés par leur filiation
successive.

A, Ut, engendre Sol, O, 12 . . . . . 2 | Sol ²/₃ . . . Ut* ¹²/₁₃
E, Ré,   »   La, U, 13 . . . . . 3 | Fa ³/₄ . . . La ³/₅
I, Mi,   »   Si, V, 14 . . . . . 4 | Mi ⁴/₅
J, Fa,   »   Ut², Y, 15 | Si, ¹⁵/₁₆ . 5 |
O, Sol, »   Ré, E, 16 | . 6 | . . . . Ré* ⁵/₆
U, La,   »   Mi, I, 17 . . . . . 7 . . . . Fa* ⁵/₇
V, Si,   »   Fa, J, 18 . . . . . 8 | Ré ⁸/₉ . . . Sol* ⁵/₈
Y, Ut,   »   Sol, O, 19 . . . . . 9 | . . . La* ⁵/₉

Les lettres de l'alphabet affectées de la notation musicale, selon leurs séries,
donnent le rang des voyelles représentatives de la gamme diatonique :

Ut
La Sol Fa Mi *Ré* Ut; Ut Ré *Mi* *Fa* Sol La Si Ut.
A   b   c   d   E   f   g   h   I   J   k   l   m   n.

Ut; Ut Ré Mi Fa Sol *La* *Si* Ut; *Ut* Si (La Sol Fa, etc 1ʳᵉ section)
O, p   q   r   s   t   U   V   x   Y   z (A,   b,   c, d, etc.)
Sol Fa Mi Ré Ut Si   La   Sol   Fa   Mi   Ré (Ut)

Maintenant, en prenant Å, (Ut) pour tonique des deux sections, et en procédant dans
le sens direct, de gauche à droite, nous obtenons les notations régulières des
voyelles et des semi-voyelles, représentatives des sons de la gamme diatonique,
leur rang et leur valeur relative dans le mode majeur et mineur.

AVEC LES TONIQUES UT ET LA

Ut	Si	La	Sol	Fa	Mi	*Ré*	Ut
Y	z	A	b	c	d	E	f

Ut	Ré	Mi	Fa	Sol	*La*	*Si*	Ut
p	q	r	s	t	U	V	x

La	Sol	Fa	Mi	Ré	Ut	Si	La
U	v	x	y	z	*A*	b	c

Ut	Si	La	*Sol*	Fa	Mi	Ré	Ut
l	m	n	O	p	q	r	s

AVEC LE TONIQUE UT

Ut	Ré	*Mi*	*Fa*	Sol	La	Si	Ut
g	h	i	j	k	l	m	n

AVEC LE TONIQUE LA

Ut	*Ré*	Mi	Fa	Sol	La	Si	Ut
d	E	f	g	h	i	j	k

N. B. Il faut remarquer que chaque voyelle correspond à la note qu'elle représente, en suivant la série des lettres.

Ainsi nous avons Ut, La, toniques; Ré, Si, secondes notes; Mi, Ut, médianes; Fa, Ré, sous-dominantes; Sol, Mi, dominantes; La, Fa, sixièmes notes ou sous-dominantes; Si, Sol septièmes notes; Ut, La, octaves.

Ainsi la gamme en mode mineur a lieu lorsque les demi-tons sont placés, le 1er, de la 2e à la 3e note (La, Si, Ut) et de la 5e à la 6e (Mi, Fa); il en sera de même de toutes les notes prises pour toniques.

EXEMPLES

DU MODE MINEUR ET DES TONS RELATIFS A CE MODE

Ut tonique :	Ut	Ré	Mib	Fa	Sol	Lab	Sib	Ut	. . . Relatif	de Mib (Lab)
Ré »	Ré	Mi	Fa	Sol	La	Sib	Ut	Ré	. . . . »	de Sib (Fa)
Mi »	Mi	Fa*	Sol	La	Si	Ut	Ré	Mi	. . . . »	de Sol.
Fa »	Fa	Sol	Lab	Sib	Ut	Réb	Mib	Fa	. . . . »	de La. (Réb)
Sol »	Sol	La	Sib	Ut	Ré	Mib	Fa	Sol	. . . . »	de Sib (Mi)
Si »	Si	Ut*	Ré	Mi	Fa*	Sol	La	Si	. . . . »	de Ré.

Nous ne pousserons pas plus loin nos citations musicales alphabétiques. Nous avons suffisamment démontré l'idée qui a présidé à l'arrangement relatif des lettres pour faciliter dans leurs recherches les personnes qui voudront approfondir cette mine si fertile en résultats inattendus.

Nous terminerons par un tableau général des intervalles de la gamme et des appellations qui leurs conviennent.

TABLEAU GÉNÉRAL DES INTERVALLES DE LA GAMME DIATONIQUE

Ut	Ré	Mi	Fa	Sol	La	Si	Ut	Ré	Mi	Fa	Sol	La	Si
a	b	c	d	e	f	g	h	i	j	k	l	m	n

Ut	Ré	Mi	Fa	Sol	La	Si	Ut	Ré	Mi	Fa
o	p	q	r	s	t	u	v	x	y	z

INTERVALLES

         i   j
1° Seconde majeure, Ré, Mi....................1 ton.

         u v
2° Seconde mineure, Si, Ut......................1 demi-ton majeur.

       v x y
3° Tierce majeure, ..Ut, Ré, Mi................2 tons.

       y z a
4° Tierce mineure,...Mi, Fa, Sol................1 ton et demi.

      a b c d e
5° Quinte majeure, ..Ut, Ré, Mi, Fa, Sol..........3 tons et demi.

      e f g h i j
6° Sixte majeure,....Sol, La, Si, Ut, Ré, Mi......4 tons et demi.

      j k l m n o
7° Sixte mineure,....Mi, Fa, Sol, La, Si, Ut......3 tons et 2 demi-tons majeurs.

      o p q r s t u
8° Septième majeure, Ut, Ré, Mi, Fa, Sol, La, Si...5 tons et 1 demi-ton majeur.

      u v x y
9° Quarte,.........Si, Ut, Ré, Mi,.............2 tons et demi.

      y z a b c d e
10° Septième mineure, Mi, Fa, Sol, La, Si, Ut, Re,...4 tons et 2 demi-tons majeurs.

      a e i j o u v y
11° Octave,.........Ut, Ré, Mi, Fa, Sol, La, Si, Ut.5 tons, et 2 demi-tons.

Ainsi, les intervalles sont donnés par les consonnes séparatives des voyelles, sans rien déranger à la série, et chaque ligne commence et finit par une voyelle, ou semi-voyelle, lettres représentatives des huit sons de la gamme diatonique.

Nous concluons de tout ce qui précède que, puisque le gosier de l'homme est rendu le plus parfait des instruments de musique par le jeu des muscles qui composent et règlent la voix, de même les nerfs auditifs placés dans l'oreille, frappés et dilatés plus ou moins suivant l'intensité du son, par les ondes transmises par l'ébranlement de l'air, doivent être de vraies cordes musicales graduées selon que le représente l'instrument A, placé dans le grand carré E, lettre qui simule, par sa forme, l'oreille de l'homme (e, ε)

L'habitude de chanter ou d'entendre chanter juste forme l'oreille et la rend musicale ; c'est là le but que les commençants doivent s'efforcer d'atteindre par la persévérance et le travail.

NOTATION ALPHABÉTIQUE

SANS PORTÉES, SANS DIÈSES, BÉMOLS NI BÉCARRES, ETC.

Nous venons de voir que tous les sons de la gamme naturelle correspondaient par leur arrangement et leur valeur relative, à la série ordinaire des voyelles alphabétiques a, e, i, j, o, u, v, y. Nous avons également démontré que chaque ton entier de la gamme pouvait être modifié de deux manières, c'est-à-dire haussé et baissé d'un demi-ton, ce qui constitue le genre chromatique ; cette opération donne naissance à cinq nouveaux sons qui n'ont pas encore reçu dans notre système des dénominations particulières. Dans notre méthode antérieure, nous avons donné à ces sons les mêmes noms que portent les notes voisines, en suivant la série. On les affecte d'un dièse ou d'un bémol, signes destinés à faire distinguer ces demi-tons et à déterminer leur valeur relative.

Ici, au contraire, nous regardons les demi-tons comme les intervalles primitifs et élémentaires qui composent tous les autres. Nous divisons chromatiquement la gamme par intervalles en degrés égaux et tous d'un demi-ton, au lieu que dans notre méthode ancienne chacun de ces degrés est tantôt un comma, tantôt un semi-ton, un ton et même un ton et demi ; ce qui laisse à l'œil l'équivoque et à l'esprit le doute de l'intervalle ; puisque, les degrés étant les mêmes, les intervalles sont tantôt les mêmes et tantôt différents.

La notation alphabétique consiste donc à assigner aux douze sons de la gamme chromatique, douze dénominations particulières, selon l'ordre des notes ; lesquelles restant ainsi toujours les mêmes, déterminent leurs intervalles avec la dernière précision et rendent absolument inutile l'emploi, tant à la clef qu'accidentellement, des dièses, bémols et bécarres, dans quelque ton qu'on puisse jouer.

Après avoir essayé cette notation, au moyen des chiffres, des diphthongues, des barres, etc., nous avons adopté la suivante, comme étant la plus facile et la plus rationnelle.

Les huit sons de la gamme diatonique seront donc marqués, comme plus haut, par les huit voyelles et semi-voyelles, et chacun de ceux-ci, diésés ou bémolisés, c'est-à-dire haussés ou baissés d'un demi-ton sur le même degré, sera représenté par la même consonne qui se trouve jointe à la voyelle, dans l'épellation des notes anciennes, comme suit : t (Ut*), r (Ré*) F (Fa*) S (Sol*) L (La*).

Ut	Ut* = Réb	Ré	Ré* = Mib	Mi	Mi* = Fa	Fa* = Solb	Sol	Sol* = Lab
A	T	E	E	I	J	F	Ω	S

La	La* = Sib	Si	Si* = Ut²
U	L	V	a

Ainsi, dans les instruments à tons fixes, ou autres, Ut* ou Réb sera marqué par la lettre T qui était jointe à l'U de Ut; Ré* ou Mi♭, par R, Ré etc., de manière qu'il sera bien facile de savoir le son que représentent ces lettres.

Mais, comme l'étendue de trois octaves suffit à notre notation instrumentale et vocale, nous représentons chacune de ces octaves en employant à cet effet, les formes des trois lettres synonymes de notre alphabet : A majuscule marquera la note au grave Ut¹ ; a celle du médium ou de la 2ᵉ octave Ut² et 𝔞 celle de la 3ᵉ, Ut³.

Mais comme on pourrait confondre les formes de certaines lettres de notre alphabet nous emprunterons à celui des Grecs ces mêmes lettres phonétiques, Ω (ô long, oméga), Υ U (upsilon), ε e (epsilon), σ s (sigma), avec lesquelles on sera bientôt familiarisé, et nous formons le tableau suivant :

NOTATION

A, Ut¹ à la 1ʳᵉ gamme, au grave sera notée par A, E, I, J, Ω, U, V majuscules.
a, Ut² 2ᵉ » au médium, » a, e, i, j, o, u, v minuscules.
Ut³ 3ᵉ » à l'aigu, » a, ε, y, g, ω, υ, w.
Les 5 demi-tons, au grave, » T, R, F, S, L, majuscules.
» au médium, » t, ι, ſ, ô, ℓ, cursives min.
» à l'aigu, » 𝒯, ℛ, ℱ, 𝒮, ℒ, cursives maj.

Comme on le voit, cette division correspond, en chacune de ces trois parties, à celles du système ancien, formé en ajoutant quatres lignes postiches, par en haut et par en bas, aux cinq lignes de la portée qui se trouve supprimées ici, nous avons donc la même étendue.

GAMME CHROMATIQUE

Ré♭   Mi♭   Sol♭   La♭   Si♭
Ut, Ut*, Ré, Ré*, Mi, Fa, Fa*, Sol, Sol*, La, La*, Si, Ut, Ut*
Médium: a, t, e, r, i, j, f, o, s, n, ℓ, v, a, 𝒯,

Si l'on avait besoin, suivant l'étendue du clavier, de baisser cette portée alphabétique à la 4ᵉ 5ᵉ et 6ᵉ octave, on met à l'extrémité de la ligne, l'indication en chiffre, 2. Mais on pourra objecter qu'il est nécessaire qu'un instrumentiste, connaisse d'abord le ton dans lequel il doit jouer ; on peut répondre : qu'il n'a qu'à parcourir rapidement de l'œil les premières mesures, et il remarquera de suite le ton et le sentiment du chant qu'il rendra sensible à son oreille en préludant immédiatement dans ce sens.

Néanmoins, pour faire que ce changement de notation ne soit pas trop radical, on peut conserver les signes dièse et bémol en les plaçant au commencement de la portée, au-dessus d'une lettre représentative du ton dans lequel on va jouer.

Ainsi on sait que les dièses à la clef se succèdent, en montant de quinte en quinte, Ut, Sol, Ré, La, Mi, Si, Fa, sons représentés par les lettres a, o, e, u, i, v, j; alors rien n'empêche de placer, suivant le ton, une de ces lettres surmontée d'un dièse, et qui servira à l'indication de ce ton : il est inutile de placer tous les dièses, car on doit savoir que le ton de Sol affecte le Fa d'un dièse; celui de Ré, de deux dièses, Fa et Ut; celui de La, de trois dièses, Fa Ut, Sol, etc.

On procéderait de la même manière pour les sons bémolisés qui montent par quarte.

Le ton Fa, j, affecte le Si d'un bémol, etc. V♭ marquerait le ton Fa.

VALEUR DES NOTES ALPHABÉTIQUES

Outre la forme et la position des notes qui en marquent le ton, c'est-à-dire la hauteur du son, elles doivent encore avoir un signe déterminé qui en marque la durée ou le temps qui règle la valeur de ces notes ou lettres. Les accents grammaticaux, selon leur étymologie, marquant autrefois la quantité ou la durée du son que devait garder chaque lettre qui en était affectée, correspondent encore à nos valeurs musicales : ronde, blanche, noire, croche, etc., dont voici le tableau.

ā	â	à	á	ȧ	ä	ă
Accents : long	circonflexe	grâve	aigu	point	tréma	bref
Ronde	Blanche	Noire	Croche	Double-Cr.	Triple-Cr.	Quadruple-Cr.

Pause   Demi-pause   Soupir   Demi-soupir

Quart de soupir   Demi-quart de soupir   Trois quarts de soupir

Ainsi, la longue égale en valeur la ronde ou la pause; l'accent circonflexe, la la blanche ou la demi-pause; l'accent grâve, la noire, ou le soupir; l'accent aigu, la croche ou le demi-soupir ; le point, la double-croche ou le quart de soupir; le tréma, la triple-croche ou le demi-quart de soupir, et la brève, la quadruple-croche ou les ³/₄ de soupir. Le premier et le dernier de ces signes sont encore employés pour marquer la quantité des vers latins, les autres sont connus de tous.

TEMPS

Il n'est rien changé, dans ce cas, à notre ancienne méthode, seulement, la virgule, le point et le point-et-virgule remplacent la barre séparative des mesures; on peut encore employer, selon le sentiment du récitatif, les autres signes grammaticaux : le point d'exclamation et d'interrogation, etc.

Nous avons maintenant tous les renseignements nécessaires pour noter un chant et pour l'exécuter sur un instrument, sans s'inquiéter d'autre chose que de la notation.

Nota. — Comme il est matériellement impossible de mettre ici sous les yeux du lecteur, pour servir de terme de comparaison, la musique ordinaire tracée avec ses portées, je ne vais faire que décrire quelques lignes de cette notation alphabétique, en prenant pour type un chant connu, dont la musique est entre les mains d'un grand nombre : Chœur des montagnards de l'opéra de la *Dame Blanche:*

Son - nez, son - nez, son-nez, cors et mu - set-tes, son-

nez, son - nez, son - nez, cors et mu - set-tes.

D'i-ci vo - yez ce beau do - maine dont les cré-

neaux tou-chent le ciel.

La da-me blan-che vous re - garde, la da-me blan-che vous en-

tend, prenez garde.

Il serait inutile de pousser plus loin notre chant; on voit que cette notation, avec un peu d'habitude, deviendrait aussi facile à lire qu'à écrire, et surtout qu'elle n'exigerait pas des frais d'impression plus coûteux que ceux que l'on fait pour un livre ordinaire, puisque tous ces caractères sont semblables, dans l'un et dans l'autre cas.

Le ton du chœur est celui de *La* majeur, U* (La dièse), avec 3 dièses à la clef; celui de la ballade est en Oᵇ (Sol bémol), avec 5 bémols à la clef, et le refrain de la ballade est en Iᵇ (Mi bémol), avec 2 bémols à la clef, le tout indiqué en tête de chaque morceau.

La lettre *a*, placée en tête, remplace la clef de Sol; si l'on voulait, comme nous l'avons dit plus haut, faire descendre le ton de ce morceau trois octaves plus bas, on l'indiquerait en tête par le chiffre 2, et il n'y aurait rien de changé dans l'écriture.

Ainsi nous pensons avoir atteint notre but, car il est évident qu'un enfant, tout en apprenant à lire et à écrire, prendra peu à peu l'habitude du chant et de sa notation en infiniment moins de temps qu'il ne lui en faudrait pour apprendre l'autre système musical; car ses éléments, quoique étant les mêmes, composent une théorie et un mécanisme assez compliqués et souvent inconnus à de bons instrumentistes qui ne sont arrivés tels, qu'à force de routine et de travail matériel.

EXPLICATION ÉTYMOLOGIQUE

DES APPELLATIONS MUSICALES UT, RÉ, MI, FA, SOL, ETC.

Il ne nous reste plus qu'à faire connaître le motif pour lequel nous avons choisi, parmi les autres, les consonnes t, r, m, f, l, z, pour former concurremment avec les voyelles u, e, i, a, o, a, i, les appellations musicales anciennes, Ut, Ré, Mi, Fa, Sol, La, Zi (il faut dire Zi au lieu de Si; on a confondu, par la suite des temps, le son Z avec celui presque semblable S).

Nous avons déjà fait voir que les voyelles par la forme de leurs contours, par le nombre des vibrations qui les constituent, comme représentatives des sons de la gamme, et par leurs numéros d'ordre alphabétiques, correspondaient exactement aux mesures des surfaces et des solidités des figures géométriques qu'elles représentent; mais il nous manquait la mesure de la surface du cylindre, celle de sa solidité; la mesure du cube, et la démonstration du carré de l'hypoténuse. Ces consonnes ainsi accolées aux voyelles, viennent combler cette lacune.

1° *Ut.* Nous avons vu, en géométrie, que le cylindre était formé par la révolution de la lettre T fermée carrément, sur son jambage perpendiculaire, faisant fonction d'axe.

La mesure de la surface de ce cylindre est la circonférence de sa base multipliée par la hauteur. Nous savons que le type des dimensions données à toutes nos figures géométriques et autres est le chiffre 7, pris comme unité. Alors la mesure de la surface du cylindre sera la circonférence 22, multipliée par la hauteur 7, = 154.

Si l'on multiplie les deux lignes de T, 7, l'une par l'autre, 7 × 7 = 49, que l'on multipliera par 3,50 (la moitié de 7), longueur d'un des jambages de U, = 171,50, somme à laquelle il faut ajouter 3,50, longueur de l'autre jambage de U, = 175, dont il faut retrancher 21, numéro d'ordre alphabétique de U, on a 154, mesure exacte de la surface du cylindre représenté par l'appellation musicale Ut.

2° *Sol.* La solidité du cylindre est le produit 39 de sa base, surface du cercle O, multipliée par sa hauteur 7, représentée par le jambage perpendiculaire de L, = 269,36. Si nous multiplions, l'un par l'autre, les deux jambages 7, de L, 7 × 7 = 49, somme que nous multiplions par le quart, 5,50 de la circonférence O, représentée par la lacune de S non fermée, on a 269,50, mesure de la solidité du cylindre figuré par Sol.

3° *Ré.* Si l'on multiplie la mesure déjà connue de la solidité de la sphère, 180, par l'appendice, chiffre 2, de R, on a 360, dont il faut retrancher le n° d'ordre 17, de Q, lettre indicative de la mesure de la surface de cette même sphère (360—17), on a 343, mesure du cube du carré E représenté par l'appellation Ré.

4° *La.* La lettre L fermée carrément, indique la mesure de deux prismes élevés sur la surface du carré E, moitié de la surface de A; or, si l'on multiplie la surface 24,50 du triangle A, par 7, hauteur du jambage de L, on a 171,50, mesure d'un de ces prismes.

5° *Mi.* M, par ses quatre jambages, indique le rapport du côté du carré ou du diamètre I, avec la diagonale du carré E (l'excès de longueur des deux jambages obliques de M étant égal à celle de la diagonale du carré.) Ainsi, le carré construit sur l'hypoténuse de L, fermée triangulairement à angle droit, équivaudrait en surface aux deux carrés construits sur les deux jambages droits de M (voir en géométrie ce théorème).

6° *Fa.* La lettre F fermée représente la surface du carré E, moins un des quatre petits carrés intérieurs, ou moins un quart. La pyramide quadrangulaire, que nous avons construite sur la surface de E fermée, a pour mesure 113,17 ; celle qu'on construirait sur la surface de F aurait donc un quart de solidité en moins, où (113,17— 28,40 = 84,77) 84,77 ; or, cette mesure est précisément égale à celle de la surface du cône, construit sur la circonférence O, avec une hauteur 7, ci. . . .   84,77.

7° *Zi* (Si). Le Z est la dernière lettre de l'alphabet, comme I est le dernier son à l'aigu de la première partie de la gamme diatonique. C'est ainsi que sont résumées les notes, de même que toutes les figures géométriques, par le rapport qui existe entre la diagonale avec les côtés du carré et le diamètre du cercle I.

ONOMATOPÉE GRECQUE

DES APPELLATIONS DES SEPT SONS DE LA GAMME

Ut *(auteó,* crier fortement ; la base) ; RÉ *(réó* parler, dire, en général) ; Mi *(muo, mió,* mugir, crier comme les quadrupèdes) ; Fa *(Faó* parler, converser comme l'homme) ; Sol *(sullaó,* parler ensemble, ici, répéter les mêmes sons compris dans la première partie de la gamme ; La *(Laó,* parler tumultueusement, fréquemment, *laleó)*; Si *(Sizo,* siffler comme les oiseaux) ; le dernier son à l'aigu de la gamme.

Nota. On lit dans les traités sur l'origine des notes musicales, que les Hébreux, les Grecs et les Latins se servaient des lettres de leur alphabet différemment disposées, pour arriver à leur notation. Plus tard, sous le règne du pape Saint Grégoire, un moine, nommé Guy d'Arezzo, inventa la dénomination des notes actuelles, Ut, Ré, Mi, etc., en empruntant ces syllabes au commencement de chacun des vers latins d'une hymne en l'honneur de saint Jean : *Ut queant laxis resonare fibris,* etc.

Ce récit historique, reçu de tout le monde, est entièrement faux, en ce sens que ce n'est pas ce moine, ni d'autres hommes de ces temps modernes, qui composèrent ces dénominations, puisqu'elles étaient connues depuis la plus haute antiquité des prêtres grecs, ou égyptiens, chez lesquels elles étaient en usage, et qui la consignèrent dans leur alphabet, afin de les rendre impérissables.

Ces syllabes renferment dans leur constitution, comme on vient de le voir, trop d'enseignements musicaux et géométriques, pour qu'elles soient dues à l'effet du hasard. Il faut plutôt dire que l'hymne de Saint-Jean a été fait d'après quelques vieux manuscrits conservés dans les archives des couvents où, à cette époque, se trouvaient enfouis les trésors des sciences, et que les syllabes initiales de chaque vers étaient pour les néophytes une espèce de mnémonique, c'est-à-dire un secours destiné à fixer dans leurs mémoires la dénomination et l'ordre de ces notes. La grande ignorance de ces temps-ci, relative aux sciences profanes et sacrées des anciens, est la cause de cette erreur, ainsi que de nombre d'autres que nous allons rectifier au moyen du manuscrit alphabétique qu'ils nous ont transmis.

ORIGINE DES LETTRES CURSIVES

La nécessité d'arriver à la notation des trois octaves successives de la gamme, fit qu'on inventa trois espèces de lettres redisant, sous une forme différente, les mêmes accentuations affectées à chacune d'elles selon la série ; il fallait donc, pour être conséquent, que la forme des lettres cursives retraçât, par la combinaison des lignes, les mesures des mêmes figures géométriques que leurs majuscules représentent.

En effet, nous avons trois manières différentes d'écrire la lettre A, *a*, a.

a est composé de deux autres lettres de l'alphabet, o et c accolés.

Cette lettre doit redonner, par ses lignes, la mesure de la surface 24,50 de A majuscule.

1° La surface de O, 39, moins la demi-circonférence 11, de C, = 28 et moins la barre transversale de A, supprimée dans ce cas, 3,50 = 24,50, surface du triangle A (39 — 11 — 3,50 = 24,50).

2° a, caractère composé, comme le précédent de o, accolé au 2 cursif (ι), appendice de R.

La surface de 0,39 — 18, numéro alphabétique de R, = 21, + la barre transversale de A, 3,50, = 24,50, surface du triangle A.

3° B, ♭, b, même forme que celle de la lettre p, redressée.

4° C n'a pas varié ; le cappa des Grecs (×), représenté par deux c affrontés comme notre *x* cursif.

4° D, d, ∂, δ, même forme que p, redressé et retourné. Ce dernier caractère est le *d* cursif grec qui, retourné, deviendra le chiffre 2 de la numération.

5° E, ε, e, ce dernier caractère est l'ancien ϴ (gau), retourné et redressé ; il est composé des $^3/_4$ de la surface de O, 30, + le diamètre transversal de G, 7 + le nᵒ de G, 7, + le nᵉ de E, 5, total 49, surface du carré E, 7 (30 + 7 + 7 + 5 = 49).

6° F, f, image adoucie de sa majuscule (le φ des Grecs, ph.)

7° G, g, forme adoucie de l'ancien **ϟ**, des Grecs et des Latins ; (γ, gamma des Grecs).

8° H, h, forme du η cursif des Grecs (êta), dont le jambage droit est allongé.

9° I, i ; J, j ; K, k ; L, l ; M, m ; N, n ; O, o ; P, p, rien de changé.

10° Q, q, est le kophe des Grecs et le p retourné.

11° R, r, *v*, lettres cursives formées de la demi-circonférence C, 11, surmontée de l'appendice 2 attaché à la panse de R. La demi-circonférence 11, multipliée par 3, nᵒ de c, = 33 ; plus 18, nᵒ de R, × 3 = 54, ensemble 87 × 2, appendice de R = 174 + 2 × 3 = 6, total 180. Solidité de la sphère indiquée par R majuscule (11 × 3 = 33 + 18 × 3 = 54, ensemble 87 × 2 = 174 + 2 × 3 = 6, total 180).

12° S, T, ♭, U, V, X, Y, Z, lettres qui n'ont pas varié.

RÉCAPITULATION GÉNÉRALE
DE LA GÉOMÉTRIE ET DE LA MUSIQUE

RAPPORT EXACT

ENTRE LES TOTAUX DES MESURES DES FIGURES GÉOMÉTRIQUES ET LES TOTAUX DES VIBRATIONS PRODUISANT LES 12 SONS DE LA GAMME CHROMATIQUE

Nous terminons le chapitre de la musique pour montrer l'étrange coïncidence qui existe entre les nombres donnés par les mesures générales des figures géométriques que nous avons décrites et le nombre des vibrations qui constituent les 12 sons chromatiques : 2,154.

FIGURES RECTILIGNES		
Mesure de la surface du triangle	A	24,50
» du losange	A	3,36
» du trapèze	A	18,38
» du carré	E	49,00
» du cube	E	343,00
» de la pyramide triangulaire	A	57,08
» » quadrangulaire	E	114,31
» » »	F	28,54
» du prisme	A	171,50
» du petit triangle supérieur de	A	6,12
» surface de la petite pyramide triangulaire	A	73,50
» du carré de l'hypoténuse	L	98,00
Total		987,29

FIGURES CURVILIGNES		
Circonférence du Cercle	G	21,99
Surface du cercle	O	38,48
» de la sphère	P	153,93
» du cylindre	T	153,93
» du cône	V	84,88
» du tronc de cône	A	63,51
» du petit cône supérieur de	A	21,10
Total		538,82
Solidité de la sphère	R	180,08
» du cylindre	T	269,36
» du cône	U	89,65
» du tronc de cône	A	78,35
» du petit cône	A	11,31
Total		628,76

RÉCAPITULATION

Total des figures rectilignes, 987,29
» curvilignes, 538,82 ⎞ 1167,58 + 89,94, différence de ces deux
» » 628,76 ⎠ sommes = 1257,52, dont il faut retrancher 9,52, mesure du losange et du petit triangle supérieur de A, qui font double emploi, total : 1,248, nombre des vibrations de la gamme diatonique.

Totaux . . . 2,154,87, total égal à celui des vibrat. de la gamme chromatique. (V. le tableau, p. 74.)
Plus . . . 256,00, octave de Ut[1].

Vibrations, total général . . . 2,410,00, octave chromatique, donnée par la lettre Z. (Voir Z en géométrie, page 26.)

SYSTÈME MÉTRIQUE

UNITÉ LINÉAIRE ET DE PONDÉRATION DES ANCIENS

Nos mesures de *longueur*, de *capacité* et de *pondération* ont une base certaine et ne sont pas dues à *l'arbitraire*. Conséquents dans notre manière de procéder, et désireux de laisser à la postérité des règles invariables en toutes choses, nous avons encore consulté la nature en cette circonstance et nous avons emprunté, d'abord aux lois immuables des sons, les différentes valeurs de notre système de mesure.

Nous savons que les tuyaux, aussi bien que les cordes sonores, ont un *maximum*, soit de hauteur, soit de tension, au-delà duquel tout son s'éteint; une fois ce maximum déterminé et mesuré, on pourrait s'en servir comme un point de départ pour établir un système de mesures assez régulier.

Un tuyau d'orgue ouvert, par exemple, ne rend plus aucun son lorsque sa hauteur dépasse 32 pieds; ce phénomène, le même partout et dans tous les temps, a servi primitivement de base pour arriver à un type invariable de l'unité linéaire. Ainsi les octaves successives à l'aigu, de ce tuyau, en forment autant d'autres qui, construits selon les règles de l'art et placés dans un lieu où la température est constamment la même, parfaitement accordés et mesurés avec justesse dans leur longueur, ont donné autant de diapasons devenus types, à leur tour, des subdivisions de l'unité. Ce diapason reconnu a été transporté à la fabrication des instruments à vent, et a réglé le ton des flûtes anciennes et déterminé la longueur des tubes qui étaient autant d'étalons remis entre les mains de tous.

Notre pied (le pied de roi) de 12 pouces, a juste la hauteur du tuyau sonnant l'Ut à la sixième octave à l'aigu, du 32 pieds. La longueur de ce tuyau adoptée pour servir d'unité linéaire, ses subdivisions devaient, en conséquence, être calquées sur la nature des sons de la gamme partagée en 12 semi-tons qui représenteront les 12 *pouces* et chacun de ceux-ci en 12 *lignes*, ou quart de tons, etc.

L'unité linéaire ainsi déterminée, au moyen de tuyaux dont la hauteur et le diamètre étaient établis sur des règles invariables, il est devenu facile d'obtenir différentes unités proportionnelles de capacité et de pesanteur, en remplissant l'intérieur du tuyau d'eau distillée ramenée à son maximum de densité.

Mais afin d'éviter toute erreur possible dans la hauteur d'un tuyau qu'on voudra prendre pour type de longueur linéaire, il faudra consulter le son rendu par la sirène qui est invariable en ses vibrations, et accorder, cette fois, le tuyau sur elle, en rehaussant, ou en abaissant sa longueur, jusqu'à ce qu'il soit bien à l'unisson.

Comme l'unité de 1 pied, était trop petite pour mesurer les grandes étendues, nous l'avons multipliée par 6, et nous avons appelé *toise*, cette nouvelle unité, basée sur la hauteur d'un tuyau de 6 pieds, sonnant le Fa naturel de la 4ᵉ octave à l'aigu du 32 pieds, et émis par 680 vibrations.

Afin de propager encore davantage nos unités linéaires et de pondération, et de mettre tous les jours les acheteurs en mesure de rectifier les fraudes commises à leur égard par les vendeurs, nous avons ordonné qu'on construisît des cadrans solaires horizontaux et verticaux tracés sur les places publiques, et dont le style aura pour longueur une de ces unités.

La longueur d'ombre projetée à midi, sera indiquée aux deux solstices et aux deux équinoxes de l'année.

Mais ce système, quoique basé sur la nature invariable des sons, est encore sujet à bien des inconvénients, et entraîne dans son contrôle, trop de manipulations délicates. Nous allons en chercher un autre encore plus rationnel, plus facile dans ses applications, et puisé à la source des figures géométriques.

—

SYSTÈME MÉTRIQUE

Nous connaissons parfaitement maintenant le rapport qui existe entre le diamètre et la circonférence du cercle, qui est 1 : 3 :: 7 : 21,99. Nous avons, jusqu'à présent, toujours pris pour unité des dimensions données à nos figures géométriques ce même chiffre 7, qui est à peu près le tiers de la circonférence. Il y a autant de diamètres qu'il y a de circonférences, mais le rapport est toujours le même entre eux. Nous avons déjà mesuré le diamètre de la Lune (voir chapitre *Astronomie*). Nous connaissons la mesure de sa circonférence et la distance de ce satellite à la terre. Pendant une éclipse, le cône d'ombre projetée par la terre sur la lune, ainsi que nombre d'autres observations, nous ont fait connaître que la terre était ronde aussi, et que sa surface était une circonférence de cercle dont la longueur du diamètre mise en rapport avec elle serait $^{22}/_7$; il ne nous reste donc plus qu'à mesurer cette circonférence, ou une partie de sa courbe, pour connaître son étendue, ou sa mesure en toises de 6 pieds.

Nos domaines, ou nos affiliations, sont assez vastes pour nous permettre, sans encombre, de nous transporter au loin, et de mesurer un arc du méridien terrestre; nous avons trouvé que le quart de ce méridien est de cinq millions cent trente mille cent quarante toises (5,130,140) ou 10,000,000 de mètres, ce qui donne le rapport exact entre nos toises et le mètre. La grandeur de celui-ci sera donc de 3 pieds, 11 lignes, 295,936, ou 443 lignes, 295,936.*

Ainsi, on voit, par ces calculs que tout s'enchaîne dans la nature; et que la circonférence du globe terrestre coïncide exactement avec nos mesures anciennes linéaires tirées de la hauteur d'un tuyau de 6 pieds de notre orgue, émettant 680 vibrations. D'ailleurs, 1,000,000 de mètres qui est le 10e du méridien font exactement:

513,074 toises
5,078,444 pieds
36,941,328 pouces
443,295,936 lignes.

L'unité fondamentale sera maintenant appelée le *mètre*; on en déduira celle des poids et des mesures. Sa longueur est composée de la dix-millionième partie du quart du méridien terrestre. L'étalon prototype, en métal le plus dur, afin d'éviter le plus possible sa dilatation, sera mis en usage à la température de zéro.

MESURE DES LONGUEURS		MESURE DES CAPACITÉ	
NOMS	VALEURS	NOMS	VALEURS
Myriamètre	Dix mille mètres	Kilolitre	Mille litres
Kilomètre	Mille mètres	Hectolitre	Cent litres
Hectomètre	Cent mètres	Décalitre	Dix »
Mètre	Unité	Litre	Décimètre cube (unité)
Décimètre	Dixième du mètre	Décilitre	Dixième du litre
Centimètre	Centième »	Centilitre	Centième »
Millimètre	Millième »		

---

* Toutefois, en France, pour l'usage civil, on a fait le mètre de 445 lignes, 296. Ce qui porte le million de mètres à 513,074 toises 07,407,482, et ne fait pas trois quart de toises d'augmentation sur la grandeur du quart du méridien.

MESURES AGRAIRES

NOMS	VALEURS
Hectare	100 ares ou 10,000 mètres carrés
Are	100 mètres carrés ou carré de 10 mètres
Centiare	100me de l'are ou 1 mètre carré

MESURES DE SOLIDITÉ

NOMS	VALEURS
Décastère	10 stères
Stère	1 mètre cube (unité)
Décistère	Dixième du stère

POIDS

Mille kilogrammes, poids du mètre cube d'eau et du *tonneau* de mer.

Cent kilogrammes, quintal métrique.

Kilogramme, mille grammes, poids dans le vide, d'un décimètre cube d'eau distillée, et ramenée à la température de 4° centigrades.

Hectogramme, cent grammes.

Décagramme, dix grammes.

Gramme, poids d'un centimètre cube d'eau.

Décigramme, dixième du gramme.

Centigramme, centième   id.

Milligramme, millième   id.

MONNAIES

Franc, 5 grammes d'argent, au titre de 9 dixièmes de fin.

Décime, dixième de franc.

Centime, centième du franc.

Millime, millième   id.

Dixmillime, dix millième du franc.

C'est ainsi que les divisions, ou les multiples et sous-multiples de cette nouvelle unité, le mètre, diminuent ou s'élèvent, en suivant une progression constante de 10 en 10.

On peut appliquer ainsi, le système décimal à la fabrication des monnaies et leur donner, soit par leur épaisseur, soit par leurs diamètres, les relations exactes avec le mètre.

Si l'on fait une pièce de 5 fr. de 38 millimètres de longueur et une pièce de 2 fr. de 28 millimètres, on aura par leurs multiples, la longueur du mètre

$$16 \text{ fois } 38 \text{ millimètres} = 608 \atop 14 \text{ fois } 28 \text{ millimètres} = 392 \Big\} \; 1^m\,000$$

Ainsi le quart du méridien terrestre mesuré, à partir de l'équateur au pôle boréal, a pour longueur 5,130,140 toises de 6 pieds; la circonférence totale de la terre sera donc 4 fois cette longueur ou 20,520,560 toises*. Mais, si nous prenons cette mesure entre les lignes des deux tropiques, nous trouvons un excédant d'environ ⁵/₆. Cette anomalie nous fait penser que le globe n'est pas parfaitement sphérique, comme nous l'avions cru, et qu'il doit être aplati vers l'axe de ses pôles de la quantité de matière qui se trouve en excédant vers son équateur.

En effet, nous verrons dans notre traité de l'astronomie que, puisque le globe terrestre a été autrefois un soleil tournant sur lui-même, il est arrivé une époque de refroidissement de cet astre où sa masse, venue à l'état de fluidité pâteuse, a dû prendre par le mouvement de rotation sur son axe, une forme sphéroïdale, semblable à celle que produirait une masse fluide, si elle était douée du même mouvement de rotation dans l'espace; c'est-à-dire qu'en donnant une plus grande force centrifuge aux matières un peu fluides situées vers l'équateur, elle a dû faire renfler le globe dans cette région, et par conséquent l'aplatir aux pôles.

---

* Le mot *Toise*, vient du grec *To*, nom de la lettre T, qui représente dans l'alphabet la forme d'une

toise avec laquelle on mesure la taille de l'homme (de 4 à 6 pieds), et du mot grec *ois-ó*, s'étendre en longueur, marcher vers, cheminer, (moins la terminaison ò).

La taille peu ordinaire d'un homme est celle de 6 pieds. (*To-is-e.*)

Nous avons pris aussi par métaphore l'appellation *pied*, pour celui de notre petite unité *itinéraire*, parce que la marche a lieu avec le pied, qui simule ici la longueur peu ordinaire du pied d'un homme. Le mot roi qu'on y ajoute n'est pas pris dans le sens de *souverain*, mais dans celui de *règle*, rex, *régula*, roi, règle, ou mesure légale.

ARITHMÉTIQUE

ORIGINE DES CHIFFRES ET DE LA NUMÉRATION

La figure des premiers chiffres inventés fut indubitablement calquée sur la position que prennent alternativement les doigts des deux mains lorsqu'on veut faire connaître à un interlocuteur un calcul de peu d'étendue : un, deux, trois, quatre, cinq doigts levés signifient 5 unités. On devait les marquer sur le sable, ou au moyen du charbon, de la craie, etc., par cinq barres droites simulant les 5 doigts de la main ; mais bientôt, afin d'abréger, on supprima trois barres en ne laissant subsister que celles de l'index et du petit doigt imitant par le prolongement des lignes inclinées l'une sur l'autre, la forme du V, signe qui, employé seul, reçut la valeur de 5 unités. Puis on recommença à compter de même sur l'autre main, en levant un doigt placé à la suite de V, et l'on dit VI, puis VII, puis VIII, VIIII, enfin la dizaine s'exprima par deux VV que, pour abréger, on plaça l'un sur l'autre, opposés par leurs sommets, forme du chiffre X (10). En procédant de la même manière que plus haut, on dit XI (onze); XII (douze); XIII (treize) ; XIIII (quatorze); XV (quinze) XVI (seize) etc., jusqu'à XX (vingt), puis on monta de 10 en 10, en suivant la même progression, jusqu'à 100; mais afin de noter cette somme, il fallait tracer 10 fois l'X et 5 fois pour 50; 100 fois pour 1,000, opération qui aurait demandé autant de temps que d'attention soutenue. Alors on songea à donner à ces chiffres une valeur conventionnelle, et on chercha des lettres qui, par leurs positions relatives avec celles des autres, selon la série alphabétique, pouvaient désigner les multiples et sous-multiples des dizaines.

Ainsi, on convint d'abord que tout chiffre placé à la gauche d'un autre plus grand que lui diminura celui-ci de la valeur du premier, comme I et V, IV, ne vaut que 4, et I et X, IX ne vaut que 9, etc.

Il nous restait, maintenant, à choisir des lettres alphabétiques, pour remplacer nos autres signes, mais il faut procéder méthodiquement, de manière à pouvoir retrouver leur origine et consulter l'intention qui a présidé à ce choix. En conséquence, nous formons le tableau suivant :

1	2	3	4	5	10	9	8	7	6	100	90	80	70	60
r	s	t	u	V	X	y	z	a	b	C	d	e	f	g

10	20	30	40	50	1,000	900	800	700	600	100	200	300	400	500
h	i	j	k	L	M	n	o	p	q	R	a	b	c	D

5	4	3	2	1
e	f	g	h	I

En commançant et en finissant par R, pour la série des lettres, et en allant de gauche à droite et réciproquement, pour la série des chiffres, nous avons choisi de 5 lettres en 5 lettres, celles majuscules, initiales et finales de ces séries, pour représenter les nombres: V, 5, X 10; L 50; C 100; D 500; M 1,000 et I 1, chiffres dont ces lettres sont surmontées.

La lettre R, qui commence et finit la série, porte le n° 100, valeur numérale à elle attribuée par le tableau alphabétique numéral des Grecs.

Voici donc notre système de numération complété.

Pour écrire 1867, nous disons : MDCCCLXVII ; 1400 MCD (1,000, puis 500—100).

C'est ainsi, qu'à l'aide de ces seules lettres, nous exprimions toutes les valeurs intermédiaires jusqu'à 1,000. Lorsqu'on avait besoin de chiffrer un nombre plus élevé, nous donnions à ces lettres la valeur ordinaire de leur position relative; ainsi, on pouvait écrire, 1,620,829 de cette manière : XVI XX DCCC XX IX.

On peut juger combien ce système de numération entraînait d'inconvénients et s'opposait au progrès des sciences mathématiques. Aussi, avant que nous entreprissions de le réformer, nous avions mis en usage, dans les colléges sacrés, une sorte de numération plus facile que l'on exécutait au moyen des lettres de l'alphabet rendues représentatives, à volonté, de certains chiffres et de certains nombres, l'algèbre.

Cette nouvelle méthode, tout en favorisant et en étendant nos connaissances astronomiques, nous a fourni la clef et la marche à suivre dans la composition de ce nouveau système de numération que nous décrivons ci-après.

Afin de ne pas multiplier nos bases, nous allons d'abord prendre pour type des dix premiers chiffres nécessaires à notre numération nouvelle, la forme des mêmes lettres de notre alphabet qui nous ont servi à figurer les clefs dans notre musique alphabétique A, B, C, D, E, F, G, V, S, O. Mais, afin de simuler des types particuliers à notre numération, et de rendre sa notation facile et vive, nous prendrons les lettres cursives de ces mêmes majuscules, que nous disposerons à notre volonté, en les retournant, ou en les couchant, etc., suivant le besoin :

1° Le chiffre 1 sera naturellement la perpendiculaire, ou le diamètre I placé dans le milieu de la lettre A (voir la figure), et que nous avons divisé en dix parties égales.

2° Le B, b cursif, figurera le chiffre 6.

3° C dur (q) figurera par la forme cursive de son homophone q, le chiffre 9.

4° D, ɔ, ẟ, ce dernier caractère d cursif des Grecs, retourné, le chiffre 2.

5° E, e, ɛ, ce dernier e cursif des Grecs, retourné le chiffre 3.

6° F, Ⅎ, le fau ancien des Grecs, couché, 4.

7° G, le gau ancien des Grecs ϟ, redressé, 5.

8° S, s, homophone de C doux, fermée, le 8.

9° V, v, homophone de F, renversé, 7.

10° O, o, le zéro.

Voilà donc nos dix chiffres faciles à reconnaître, 1, 2, 3, 4, 5, 6, 7, 8, 9, 0.

Il s'agit maintenant de donner des noms particuliers à chacun de ces chiffres, et d'établir leur corrélation numérale. Nous sommes encore obligés, dans ce cas, de donner, par anticipation, les étymologies de ces caractères. (Voir Dictionnaire général des Étymologies des Mots latins.)

Le premier chiffre figuré par la perpendiculaire I, recevra le nom de uN—us, un eN (ɛv)* par antiphrase; la lettre N est la première lettre, en rétrogradant, de la première partie de l'alphabet, comme l'A en tient la tête en allant dans le sens direct. Les Latins ont dit : ON-US, en prononçant l'O comme OU, ounus attendu qu'ils ont joint la lettre O, première de la seconde série alphabétique, avec N, première de la 2e série.

Le second chiffre, figuré par la lettre ɔ, s'appelle Duo (douó) deux; c'est-à-dire la lettre D jointe à O (ou), 1re de la 2e série; un et un seront appelés deux. Comme le d cursif grec retourné a la forme de S, les Allemands ont dit zwei.

Le 3e chiffre se nommera ter, mot emprunté au grec. La lettre T, chez ce peuple, occupe le 3e rang dans la série alphabétique des centaines commençant par er, R1, S 2, Ter 3.

---

* Il faut toujours faire abstraction des terminaisons lorsqu'on veut avoir la racine du mot.

Le 4ᵉ chiffre, *qua-ter*, quatre, q, 3ᵉ lettre de la 2ᵉ série alphabétique commençant par O, plus a 1, total quatre, chiffre qui suit immédiatement *ter* trois.

Les Grecs ont dit de même *tatra*, *tètra* (quatre) T, chiffre 3 + a, 1, = 4, chiffre qui suit *ter*, trois.

Le 5ᵉ chiffre, *Quin-que* (cuin-que) cinq. On devrait écrire: *Gau-en-que*. La lettre G, marquant 5 dans notre système, se prononçait *Gau, Go, Gou; en* un, unité; *que*, mot latin signifiant *et, aussi*, conjonction qui se met après les mots. Cette appellation veut dire que la lettre G, 5, *est aussi* une nouvelle unité, tout comme l'était la lettre V 5, dans notre ancienne numération latine.

Le chiffre 6, *sex*, six, dénomination empruntée aux Grecs, *ex* (ξ *xi*), lettre qui marque dans leur série alphabétique le n° 6 des dizaines.

Chez les Latins *sex* ou *s·e·k·s*. Nous chiffrons ces lettres d'après la valeur que leur donne le tableau numéral alphabétique des Grecs (abstraction faite des zéros) et nous disons: $2 \times 5 = 10$; $2 \times 2 = 4$; de 10 nous ôtons 4, il nous reste 6, valeur du mot *sex*. Voilà le premier exemple de multiplication et de soustraction au moyen de ces nouveaux caractères.

Le chiffre 7 *sept-em* sept, emprunté au grec *epta* (e p t) dans l'alphabet numéral de ce peuple. Si on multiplie les 2 chiffres extrêmes, 5 et 3, l'un par l'autre = 15, dont il faut retrancher le moyen, 8, = 7, premier exemple de multiplication et de soustraction.

Chez les Latins: *s e p t*. Nous multiplions les deux extrêmes l'un par l'autre: $2 \times 3 = 6$; nous ajoutons les deux moyens l'un à l'autre: $5 + 8 = 13$, ensuite nous ôtons 6 de 13 = 7, valeur de notre mot *sept*.

Le chiffre 8 *veto*, huit, emprunté au grec (o k t ô) $7 \times 8 = 56$; $2 \times 3 = 6$; 6 fois $8 = 48$ qui ôtés de 56, il reste 8, second exemple de numération plus compliqué que le précédent.

Le chiffre 9, *novem*, neuf (en grec *ennea*), c'est-à-dire: *én*, un, l'unité *neaô*, renouveler, ou en latin, N, l'unité (*unus*) *novo*, renouveler; chiffre après lequel une nouvelle unité recommence, celle des dizaines (n n a, neuf, ou $5 + 5 = 10 - a$, 1, = 9).

Le chiffre 10, *decem, dexem*, dix; en grec *De Ka*, d plus K = 10.

En latin: ꝉ, 2, x 10; deuxième unité représentée autrefois par X 10, après celle V, 5 (D, X, M, ou 2ᵐᵉ unité, dizaine, première puissance de 1,000, M).

Nous venons d'établir les appellations de nos dix premiers chiffres, tout en joignant l'exemple aux préceptes:

Zéro	Un	Deux	Trois	Quatre	Cinq	Six	Sept	Huit	Neuf
0	1	2	3	4	5	6	7	8	9

Pour exprimer tous les autres nombres avec ces caractères, nous sommes convenus que de dix unités, on en ferait une seule à laquelle on donnera le nom dizaine, et l'on comptera par dizaine, comme on compte par unité; c'est-à-dire que l'on dira deux dizaines, trois dizaines, etc. jusqu'à 9; pour représenter ces nouvelles unités on emploiera les mêmes chiffres que pour les unités simples, mais on les distinguera dans les nombres entiers par la place qu'on leur fera occuper, en les mettant successivement à la gauche des unités simples.

Ainsi l'unité ajoutée à 9 donne 10, ou une nouvelle espèce d'unité, celle des dizaines; au lieu d'énoncer ensuite: dix-un, dix-deux, dix-trois, etc., comme en latin un-decim, duo-decim, tre-decim, on dit en français onze, douze, treize, parce qu'on a pris la valeur de Z, dernière lettre de l'alphabet, qui est devenue la dixième de la seconde série, depuis qu'on a pris la lettre O pour servir de zéro (en latin, *as* signifie un, unité ; *duo-as*, douze, *tre-as*, treize etc.).

Nous arrivons ainsi jusqu'à *vingt*, mot pris du latin *vigenti*, ou deux dizaines ; puis, en procédant ainsi par dizaine, on dit *trente*, *quarante*, *cinquante*, *soixante*, *septante*, *octante* et *nonante*, dizaines après quoi l'on passe à *cent*, mot représentatif de dix dizaines, et qui devient alors une nouvelle unité des centaines ; ensuite deux cents, trois cents, etc., jusqu'à *mille*, ou *dix* centaines. Ce mot devient encore l'unité des mille, et l'on dira : *un* mille, *deux* mille, *dix* mille, *nonante* mille, puis *cent* mille *deux cent* mille, etc., *neuf cent nonante-neuf* mille ; puis un *million*, nouvelle unité des millions ; *deux* millions, *trois* millions etc., jusqu'à *dix cent* millions qui font un *milliard*, nouvelle unité : *deux* milliards, *quatre* milliards, etc.

Avant d'aller plus loin, il est nécessaire encore de faire connaître les étymologies des appellations numérales vingt, trente, cent, mille, million, milliard, prises du latin vigenti, trigenti, quadragenti, etc., centum, mille.

Le mot *Vigenti*, signifie : deuxième unité des dizaines, *bis*, deux (on a confondu dans la prononciation, la lettre B, avec son homophone V). Le mot bis, vient lui-même de B qui est la deuxième lettre de la série alphabétique.

Bi, deuxième ; J, lettre placée au dixième rang dans la série, accolée au mot grec *enot-ês* unit-as, unité ; deuxième unité des dizaines désignée par J, homophone de G, 5. Trigenti, quadragenti, même racine ; ter, quater, troisième, quatrième unité des dizaines, etc.; ainsi jusqu'à nonante-neuf.

Centum, cent. C, lettre troisième dans la série alphabétique, et le mot grec *enotês*, (moins la terminaison ês) ; en latin *unitas*, *unitus*, c'est-à-dire, la troisième unité à partir de 1 ; dix fois un, font 10 ; 10 fois 10 font 100.

Mille, mille. Ici, la lettre M, n'est qu'indicative de la valeur des deux L de ce met ou deux fois 50 (L 50), multipliée par celle de la lettre I, 10 des Grecs ; $\overset{50}{L} + \overset{50}{L} = 100$ $\times \overset{10}{i} = 1,000.$

Le mot français *million*, unité représentant dix cent mille. Mille multiplié par mille $= 1,000,000$; *un*, unité, que l'on a écrit *oun*, *on*, a la même origine. M $\overset{10.50,50.10}{i \quad l \quad l \quad i}$. I, 10, $\times$ L, 50, $= 500$; L, 50, $\times$ I, 10, $= 500$, ensemble 1,000 ; ce chiffre 1,000 $\times$ M, 1,000, $= 1,000,000.$

Milliard, unité des dix centaines de millions, 1,000,000,000. La valeur des lettres numérales des Latins formant aussi le mot MILLIARD nous donne ce chiffre. M, 1,000, $\times$ I, 10, $= 10,000$; L, 50, $+$ L, 50, $= 100$; I, 10, $\times$ 10 $= 100$; A, 200 ; R, 100 ; D, 500 ; ensemble, de L à D, 1,000 $\times$ 100 $= 100,000$ qui, $\times$ 10,000 $= 1,000,000,000.$

Ainsi, puisque notre système de numération ne dépasse pas la lettre M, désignant mille, il suffit pour énoncer les nombres, lorsqu'ils sont grands, de partager les nombres en tranches de trois chiffres, au moyen d'une virgule, et de compter chaque tranche, comme si elle était seule, en commençant par la gauche ; il faut faire toutefois attention de mettre les zéros pour marquer chacune des tranches qui ne contiennent point de chiffres significatifs, comme on l'a vu plus haut ; 1,690,453,260, s'énoncent de cette manière, un milliard, six cent nonante millions, quatre cent cinquante trois mille, deux cent soixante unités. *

Nous ne parlerons pas des nombres, complexes ou non, ayant rapport à notre ancien système de numération et dont l'unité était la toise, le pied, la livre, etc. On trouvera ces connaissances dans les traités spéciaux du temps.

---

* Nous faisons observer que l'usage veut, en français, que l'on dise : *soixante-dix*, *quatre-vingts*, *quatre-vingt-dix*, au lieu des appellations plus naturelles : *septante*, *octante*, *nonante*.

En adoptant le mètre pour unité, nous avons vu comment la numération, à partir de l'unité, progressait de dix en cent, de cent en mille, etc., il en sera de même des parties plus petites que l'unité que nous appellerons décimales et que nous séparerons de la première par une virgule; ainsi, le déplacement de ce signe donnera aux chiffres les valeurs relatives de 10, 100, 1000, plus grandes ou plus petites, selon que nous l'avancerons ou le reculerons de 1, 2 ou 3 chiffres sur la gauche ou sur la droite. Pour multiplier par 100, par exemple, cette somme 34,^{m}342, il suffit de transporter sur la droite la virgule de la distance de 2 chiffres, et la somme devient celle de 3434,^{m}2.

ADDITION

L'addition consiste à ajouter un nombre quelconque à un autre nombre de même nature. A l'aide d'un seul tableau des nombres, un enfant peut facilement arriver à additionner les petites sommes.

0, 1, 2, 3, 4, 5, 6, 7, 8, 9, 10, 11, 12, 13, 14, 15, 16, 17, 18, 19, 20, etc.

A zéro on veut ajouter 1 ; si après zéro je compte 1, l'addition est toute faite.

Si à 1 j'ajoute 5, en partant de 1 je compte 5 et au bout du doigt, on voit 6.

Si à trois j'ajoute quatre, en partant de 1, on compte quatre plus trois et au bout on a sept.

Si à huit j'ajoute six, à partir de un, je compte huit, plus six, on a au bout quatorze.

De quelque point que je parte et à quelque point que j'arrive, on trouvera toujours sous le doigt le chiffre de la somme. Ainsi, la ligne des chiffres croissant toujours d'un à chaque degré de la progression, est le principe de l'addition.

Mais lorsque l'on doit instruire des enfants déjà intelligents, on leur fait comprendre par le raisonnement le mécanisme des chiffres. On place les nombres à additionner les uns au-dessous des autres ; les unités sous les unités, les dizaines sous les dizaines, etc.

fr. c.
4,939,68
9,437,42
14,377,10

On dit, en commençant par les centimes : 8 et 2 font dix centimes ; puisqu'il n'y a pas de chiffre significatif, je remplace cette absence par un zéro, et comme dix centimes font un décime, je vais l'ajouter à la colonne des décimes ; et je dis 6 et 4 font 10 décimes, plus un décime que j'ai retenu en additionnant les centimes ; total, onze ou la valeur d'un franc plus un décime, que j'inscris à la colonne des décimes. 9 f. et 7 f. font 16 f.; plus un de retenu, 17, j'inscris 7 f. à la colonne des francs, et je reporte les dix francs de retenus aux chiffres des dizaines ; trois et trois dizaines font 6 dizaines de francs, plus 10 f. ou une dizaine, que j'ai retenue, font 7 dizaines ; j'inscris 7 dizaines à la colonne des dizaines, et je continue mon addition des centaines, telle qu'elle est, puisqu'il n'y a rien à y ajouter, etc.; ainsi de suite en suivant une progression de 10 en 10, qui reçoit sa valeur relative, suivant le rang des chiffres.

SOUSTRACTION

La soustraction a pour but de retrancher un nombre d'un autre, le résultat se nomme reste ou différence. On retranche les unités des unités ; les dizaines, des dizaines, etc. Après avoir écrit les chiffres ainsi disposés, au-dessus l'un de l'autre, et en commençant toujours par la droite, c'est-à-dire par l'unité du dernier ordre. Si un chiffre de la ligne inférieure se trouve plus fort que son correspondant placé au-dessus de lui, il faut décomposer un ou plusieurs chiffres de cette série en ses aliquotes qu'on reporte successivement sur les chiffres qui en ont besoin. En somme, la soustraction, dans ce cas, est l'inverse de l'addition que nous venons de faire plus haut. Exemple : on propose de soustraire 2,434,64 de 4,002,30.

$$4,002,30$$
$$2,434,64$$
$$\overline{1,567,66}$$

Et je dis, en commençant par les centimes : 4 ôtés de 0, cela ne peut se faire, alors comme il n'y a pas de centimes correspondants au chiffre 4 inférieur, je prends sur le chiffre 3 voisin un de ses décimes qui font 10 centimes et que je porte, *fictivement*, à la place du zéro qui se trouve augmenté de cette valeur 10 ; alors je puis soustraire 4 centimes de 10 centimes, et il me reste 6 centimes que j'écris en dessous de la colonne des centimes.

Mais, ensuite il faut bien faire attention que, puisque j'ai emprunté 10 centimes au chiffre 3 décimes, celui-ci ne vaut plus que 2 décimes; et je dis, en continuant ma soustraction : 6 décimes ôtés de 2 décimes, cela ne peut encore se faire ; je suis encore obligé d'emprunter, au chiffre voisin de gauche, 1 franc qui vaut dix décimes, que je reporte à la valeur de mes deux décimes, ensemble 12 décimes. Alors je puis dire : 6 décimes ôtés de 12 décimes, il reste 6 que j'écris au dessous. Maintenant la colonne des francs a perdu 1 franc que je viens de lui emprunter, et les 2 francs qui y figurent ; ne valent plus qu'un franc ; je continue à soustraire, et je vois qu'on ne peut encore soustraire 4 fr. de 1 fr. ; je ne peux rien emprunter aux dizaines de francs, ni aux centaines, puisque ces valeurs sont nulles en chiffres significatifs, dont le rang est tenu par des zéros ; je suis donc obligé d'aller à la colonne des milliers de francs. Mais je ne puis reporter tout d'un coup ces 1,000 francs, que je vais emprunter sur la colonne des fr., cela me ferait 1,002 f., dont il faudrait soustraire 4 fr. Alors je décompose ces mille fr. en parties aliquotes de 10 en 10, et je laisse 900 fr. à la colonne des centaines, 90 fr. à la colonne des dizaines, et 10 fr. que je conserve pour la colonne des francs ; ceux-ci ajoutés aux francs qui restent font 11 fr. Alors je puis ôter quatre fr. de 11 fr., il reste 7 fr. que j'inscris en-dessous de la barre séparative. Ensuite, je soustrais facilement 3 dizaines de 9 dizaines, il reste 6 ; puis 4 centaines de 9 centaines, il reste 9 ; puis enfin, 2 mille de 3 mille, valeur actuelle des 4 mille primitifs, qui ont prêté un mille à leurs voisins de droite qui se les sont partagés comme nous l'avons vu.

C'est ainsi qu'il faut bien insister sur les principes de la numération, auprès des enfants et ne pas craindre d'être fastidieux, ni prolixe ; car, une fois que l'on a bien saisi le mécanisme décimal, on peut faire, sans effort, avec son aide, tous les calculs possibles et se rendre compte de toutes les opérations mathématiques.

MULTIPLICATION

Le but de la multiplication est de répéter un nombre nommé *multiplicande*, autant de fois qu'il y a d'unités dans un nombre appelé *multiplicateur* ; le résultat se nomme *produit*. Le multiplicande et le multiplicateur sont les *facteurs* du produit. Ainsi, la multiplication n'est qu'une addition abrégée.

Pour multiplier deux nombres l'un par l'autre, il est nécessaire de connaître d'abord les différents produits obtenus en multipliant deux des nombres quelconques des neufs premiers chiffres, l'un par l'autre : commme 2 fois 2 font 4 ; 2 fois 9 font 18 ; 9 fois 9 font 81, résultat qu'on peut obtenir en additionnant 2 plus 2 égal 4 ou en répétant 9 fois 9 successivement additionnés.

Mais comme, afin de faciliter les calculs, il est nécessaire de conserver dans sa mémoire au moins le résultat des multiplications des 9 premiers chiffres les uns par les autres, les 4 petits carrés intérieurs de la lettre E multipliés par les 3 autres de F, nous donnerons 12 cases destinées à recevoir les produits des 12 premiers nombres multipliés successivement les uns par les autres. Il suffira donc de jeter un coup-d'œil sur ce tableau indicateur, pour connaître de suite le produit cherché, en suivant la série des chiffres écrits dans le sens de la largeur et de la hauteur des deux côtés du carré. (Voir la table dite de Pythagore, et le grand livret de nos almanachs.)

Le produit de plusieurs nombres entiers ne change pas de valeur, dans quelque ordre qu'on effectue les multiplications. Le simple report de la virgule séparative d'un ou de deux chiffres, etc., sur la gauche ou sur la droite d'un nombre, décima augmente ou diminue la valeur de celui-ci de dix, cent, etc. unités ; l'addition de 1, 2, ou 3 zéros, placés à la droite d'un nombre entier, produit le même résultat; s'ils sont placés à l'extrémité gauche d'un nombre fractionnaire décimal, le même effet a lieu en diminuant.

Exemple de Multiplication

$$
\begin{array}{r}
45,35 \\
34,35 \\
\hline
22675 \\
13605 \\
18140 \\
13605 \\
\hline
1557,7725
\end{array}
$$

Après avoir placé les deux nombres au-dessus l'un de l'autre, on procède à la multiplication en suivant les mêmes raisonnements que nous avons employés pour faire l'addition. Nous commençons à droite par les chiffres inférieurs, les centimes, et nous disons :

5 fois 5 font 25 centimes, qui font 2 décimes et 5 centimes; j'inscris 5 centimes au-dessous de la barre sous la colonne des centimes, et je vais reporter les deux décimes à celle des décimes; je continue à multiplier ainsi tous les chiffres de la rangée supérieure par le même chiffre 5. Alors 5 fois 3 décimes font 15 décimes, plus deux décimes, que j'ai retenus lors de la multiplication des centimes, font 17 décimes, qui font 1 franc 7 décimes (puisque 10 décimes font 1 franc); j'écris 7 décimes à la colonne des décimes et je retiens un franc que j'ajouterai aux francs ; 5 fois 5 font 25 plus 1 franc de retenu font 26 fr. ; j'écris 6 à la colonne des francs, et je retiens 20 francs que je reporterai à la colonne des dizaines de francs. 5 fois 4 francs font 20 francs, plus 2 de retenus égalent 22 fr., que j'écris en entier à la suite, puisqu'il n'y a plus de chiffres à multiplier. J'ai, pour ce premier produit, la somme de 2,2675 qui représente 0,05 centimes multipliés par 45,35.

Je passe maintenant à la multiplication de décimes, et je dis : 3 décimes multipliés par 5 font 15 décimes; je place donc 5 décimes sous la colonne des décimes, en reculant d'un chiffre sur la gauche et j'écris le 5 sous le 7, et je retiens un décime; puis, 3 décimes multipliés par 3 égalent 9 décimes, plus 1 de retenu = 10 décimes qui font 1 franc que je reporterai aux francs. Comme ici il n'y a point de chiffre significatif aux décimes, j'écris zéro, sous le chiffre 6, et je continue: 3 fois 5 fr. = 15, plus 1 fr. de retenu = 16 ; je pose 6 à la colonne des francs, et je retiens 10 fr. ; $3 \times 4 = 12$, plus 1 (dizaine de retenue) = 13 francs, que j'écris à la suite.

Nous avons obtenu une somme 13,605 qui est le produit des décimes multipliés par 45,35.

Je passe à la colonne des francs et je dis : 4 fr. $\times$ 5 = 20; j'écris zéro sous la colonne des francs, en reculant encore d'un chiffre sur la gauche, et je retiens 2 dizaines que je reporterai à la colonne des dizaines ; puis je continue, avec le même raisonnement, la multiplication successive des chiffres et j'ai au produit 181 fr. 40. En procédant de la même manière pour le dernier chiffre des dizaines de francs, nous avons pour produit 13,605 que nous plaçons sous 181,40, en reculant d'un chiffre sur la gauche.

Alors, nous faisons l'addition de tous les produits particls et nous avons 1557 f. 7725 dix millièmes.

Nous avons séparé au produit 4 chiffres sur la droite, qui sont des fractions du fr.; attendu que notre produit total était dix mille fois trop grand, puisqu'il y a deux décimales au multiplicande et deux décimales au multiplicateur (10 dizièmes $\times$ 10 dizièmes = 10,000) et on dit, après le franc, décime, centime, millime, dix millimes.

En effet, notre premier produit nous a donné........   2 f. 2675
Le second,........ 13 f. 605
Le troisième,...... 181 f. 40
Le quatrième,..... 1360 f. 5

Ensemble. . . 1557 f. 7725

Ainsi, un des facteurs est généralement censé être un nombre *abstrait*.

Le produit de plusieurs facteurs égaux s'appelle *puissance*; la première puissance d'un nombre est ce nombre lui-même, la deuxième puissance est le nombre multiplié par lui-même, comme 3 $\times$ 3 = 9. On lui donne aussi le nom de *carré*. La 3e puissance est le produit de ce nombre trois fois facteur, 3 $\times$ 3 = 9 $\times$ 3 = 27. On l'appelle aussi *cube*.

Les degrés plus élevés conservent le nom de puissance qui est égale au nombre de fois que ce nombre est *facteur;* ainsi, on dira 4e puissance, 5e 6e, etc., comme Ut^2 , Ut^5 , Ut^6 , etc.

DIVISION

L'opération compliquée de la division renferme, tout à la fois, les principes de l'addition, de la soustraction et de la multiplication. On l'a définie : une opération par laquelle on cherche combien de fois un nombre appelé *dividende* contient un autre nombre appelé *diviseur;* le résultat s'appelle *quotient*. Il s'ensuit que, si l'on multiplie le diviseur par le quotient, on doit reproduire le dividende; la question seule qui conduit à faire une division décide la nature des unités du quotient.

Il ne faut pas oublier que nous parlons toujours à de jeunes élèves, qui n'ont que les premières notions d'arithmétique exposées ci-dessus.

On propose de diviser 4,536 par 8, c'est-à-dire qu'on veut savoir combien de fois le premier nombre contient le 2e.

Nous disposons les chiffres de cette manière :

$$4,000 \mid \underline{8}$$
$$\mid \ 5$$

$$\text{Dividende}\ldots 4,536 \mid \underline{8} \quad \text{diviseur}$$
$$53 \mid 567 \quad \text{quotient}$$
$$56$$

En commençant par la gauche, nous devrions d'abord chercher combien de fois 4,000 contient le nombre 8. Comme 4 ne peut contenir 8, nous prenons sur la droite le zéro qui tient la place des centaines, et nous avons 40 centaines, qui contiennent 5 fois 8, puisque 5 fois 8 font 40; nous mettons donc un 5 au quotient. La division se trouverait ainsi terminée, puisqu'en ajoutant au quotient les deux zéros qui restent au dividende, nous aurions 500, nombre de fois que 4,000 contient 8, car en multipliant le quotient 5 par 8, diviseur, puis en ajoutant les deux zéros, nous aurions 4,000.

Mais dans l'opération proposée, nous avons 4 mille 500 à diviser par 8; nous laissons donc de côté les deux zéros qui représentent les dizaines et unités, et nous

disons : en 45 cents, ou simplement en 45, combien de fois 8 ? Nous avons trouvé
tout à l'heure 5 fois ; nous mettons donc 5 au quotient que nous multiplions de
nouveau par le diviseur ; 5 fois 8 font 40, somme que nous devrions placer sous 45,
puis faire la soustraction de 40 à 45 ; mais pour abréger, on fait ce petit calcul de
tête et l'on dit : 40 ôtés de 45, il reste 5 centaines que nous plaçons sous le chiffre
des centaines du dividende. Comme 5 ne peut être divisé par 8, diviseur,
nous prenons le chiffre 3 qui exprime les dizaines du dividende, que nous plaçons
à la suite des 5 centaines restées dans notre dernière opération. Nous avons ainsi
un nouveau dividende composé de 53 dizaines qui contiennent 6 fois le diviseur 8
(6 fois 8 = 48). Nous mettons 6 au quotient à la suite de 5, chiffre des centaines,
et nous multiplions ce chiffre 6 par le diviseur 8 ; 6 fois 8 = 48, ôtés de 53, il reste
5 dizaines. Enfin nous abaissons auprès de celui-ci le dernier chiffre des unités, 6,
et nous avons notre dernier dividende 56 unités. En 56 combien de fois 8 ? On trouve
7 (7 × 8 = 56) ; en multipliant le chiffre 7 par le diviseur 8, on a 56 ôtés de 56 du
dividende, la division se termine juste, et le nombre 4,536 contient 567 fois le chiffre 8, ainsi :

Le 1er dividende était 4536 | 8 diviseur.
  De 45 ôtez....... 40   567 quotient.
  il reste 5.   53
  De 53 ôtez........ 48   Le 1er chiffre obtenu au quotient est 5   centaines
  il reste 5.   56   Le 2e   »   »   6   dizaines
  De 56 ôtez........ 56   Le 3e   »   »   7 unités
  il reste............. 0   Qui, réunis, forment le quotient 567.

Nous avons supposé, dans cet exemple, que le dividende était exactement divisé par le diviseur, et la division s'est faite sans reste. Mais il n'en est pas toujours ainsi ; quelquefois on parvient à un reste, toujours moindre que le diviseur,
mais il n'est pas nul ; le dividende étant égal au produit du diviseur multiplié par
le nombre entier obtenu au quotient, il faut ajouter le reste à celui-ci, afin d'obtenir sa valeur réelle, ou, si l'on n'a pas besoin d'une extrême justesse, on peut aug-
gmenter le quotien d'une unité.

Pour opérer la division des parties décimales, mettez à la suite de celui des deux
nombres qui a le moins de décimales, un nombre de zéros suffisant, pour que le nombre des décimales soit le même dans chacun ; cela, évidemment, ne changera en rien
la valeur de ce nombre ; supprimez la virgule dans l'un et dans l'autre et faites
l'opération comme pour les nombres entiers ; mais après avoir marqué la place où
s'arrête, au quotient, la division des unités entières, vous mettez une virgule et en
continuant l'opération, le reste exprimera les décimales selon leur série.

La raison de cette règle est que supprimer la virgule dans le dividende et dans le
diviseur, c'est multiplier ces deux nombres de la division par un même nombre, ce
qui ne change rien à la valeur du quotient, car on opère sur des 10mes, des 100mes et
des 1,000mes au lieu d'opérer sur des nombres entiers.

Si, dans une division de parties décimales, il arrivait pourtant que le dividende
eût plus de décimales que le diviseur, et que le quotient dût être de même nature
que le dividende, on pourrait faire la division comme celle de deux nombres entiers,
sans compléter le nombre des décimales ; il suffirait seulement de séparer, sur la
droite du quotient, l'excédant des décimales du dividende sur celles du diviseur,
c'est-à-dire de le ramener à sa juste valeur en le rendant 10, 100, 1,000 fois plus
petit. C'est ce qu'on fait en séparant sur la droite, par la virgule, le nombre de
décimales nécessaires.

Voici un dernier exemple, non sans importance, des divisions des décimales.

On propose de diviser, 0,48, par 0,000016.

Pour faire cette division, je complète les décimales et j'ai 0,480000 à diviser par 0,000016, que je change en 48,0000 divisés par 16, en supprimant la virgule.

Faisant la division, comme à l'ordinaire, je trouve pour quotient 30,000 unités.

Presque tous les élèves seront étonnés de trouver un si gros quotient dans une division de parties décimales, sans unités. Mais qu'ils fassent attention, ici, que le dividende exprime les parties de l'unité, dix mille fois plus grandes que celles du diviseur; que, par conséquent, chaque unité du dividende contient une unité du diviseur dix mille fois. Or, les 48 parties du dividende contiennent 16 parties du diviseur trois fois; le quotient doit donc être dix mille fois plus grand que trois, c'est-à-dire 30,000.

Ainsi la preuve de la multiplication se trouve par la division et *vice-versâ*.

La division sert à cinq principaux usages : 1° à trouver combien de fois un nombre en contient un autre; 2° à partager un nombre en parties égales; 3° connaissant la valeur totale de plusieurs unités de même espèce, à trouver la valeur de chacune d'elles; 4° à trouver combien on pourrait avoir d'unités de même espèce pour un nombre donné, connaissant la valeur de chacune; 5° à convertir des unités d'une certaine espèce, en unités d'espèce supérieure, comme par exemple, à convertir des lignes en toises, des minutes en jours.

Exemple : on demande combien 6 fr. 25 font de centimes; je supprime la virgule, et j'ai 625 centimes. En supprimant la virgule, on multiplie la somme par 100, et en la rétablissant, on divise également par 100.

DES FRACTIONS

Les fractions sont des nombres par lesquels on exprime les quantités plus petites que l'unité; par exemple, si l'unité monétaire est une livre, le sol, le liard, le denier, sont des fractions successives de la livre; si l'unité est le franc, 25, 50, 75 centimes, sont des fractions du franc, qui s'appelleront le quart, la moitié, les trois quarts du franc, tout comme le sol est la vingtième partie de la livre; elles s'écrivent ainsi : $\frac{1}{4}, \frac{1}{2}, \frac{3}{4}, \frac{1}{20}$, etc., ou l'unité divisée en 4, 2, 20 parties. Le reste d'une division qui ne finit pas juste, se met aussi sous forme de fraction. Si l'on divise 25 par 7, on aura au quotient 3, plus un reste, 4, qui étant plus petit que 7, et ne pouvant être divisé par ce chiffre, se placera au bout du quotient, sous cette forme $\frac{4}{7}$, ou 4 qui doivent être divisés par 7.

On donne des noms particuliers aux diverses subdivisions de l'unité. Lorsque celle-ci est divisée en 2, 3, 4 parties égales, on les appelle un demi, un tiers, un quart; quand l'unité est divisée en plus de 4 parties, on ajoute la terminaison *ième* au chiffre diviseur. On dit 5°, 6°, 7°, $\frac{2}{8^{es}}$, $\frac{3}{7^{es}}$, etc. Les chiffres placés au-dessus de la barre séparative prennent le nom de *numérateur*, et ceux du bas de *dénominateur*, parce qu'ils indiquent en combien de parties doit être divisé le nombre donné par le numérateur.

Une fraction ne change pas de valeur, quand on multiplie ou qu'on divise ses deux parties par un même nombre; cela est évident.

Pour comparer entre elles les grandeurs de plusieurs fractions, il faut les réduire au même dénominateur, et une fraction est irréductible, quand elle ne peut être exprimée exactement par aucune fraction équivalente ayant des termes respectivement moindres.

Pour réduire une fraction à sa plus simple expression, il suffit de diviser successivement ses deux termes par le plus grand facteur commun.

Exemple : Si nous établissons toutes les consonnances sur un même son fondamental , en divisant une corde sonore en 120 parties, nous aurons le tableau des intervalles des sons de l'octave diatonique suivante :

$$
\begin{array}{ccccccccc}
\text{Ut} & \text{Mi}^b & \text{Mi} & \text{Fa} & \text{Sol} & \text{La}^b & \text{La} & \text{Ut} & \\
\dfrac{120}{120} & \dfrac{100}{120} & \dfrac{96}{120} & \dfrac{90}{120} & \dfrac{80}{120} & \dfrac{75}{120} & \dfrac{72}{120} & \dfrac{60}{120} & = \dfrac{693}{120}
\end{array}
$$

$$
1 \quad \frac{5}{6} \quad \frac{4}{5} \quad \frac{3}{4} \quad \frac{2}{3} \quad \frac{5}{8} \quad \frac{3}{5} \quad \frac{1}{2}
$$

Ces dernières fractions étant les mêmes que celles ci-dessus réduites à leur plus simple expression :

$$
\frac{100}{120} = \frac{50}{60} = \frac{5}{6} \cdot \frac{96}{120} = \frac{48}{60} = \frac{24}{30} = \frac{12}{15} = \frac{4}{5} \text{ Mi, etc.}
$$

L'addition de plusieurs fractions de même dénominateur s'effectue en formant la somme des numérateurs et en lui donnant pour dénominateur celui des fractions proposées.

La soustraction de deux fractions de même dénominateur, s'effectue en prenant la différence entre les numérateurs et en l'affectant du dénominateur commun.

Pour ajouter ou soustraire des fractions qui ont des dénominateurs différents, on les réduit d'abord au même dénominateur et l'on opère comme on vient de l'indiquer : $\dfrac{2}{3}, \dfrac{3}{4} = \dfrac{8}{12}, \dfrac{9}{12}$.

Si nous reprenons l'exemple des consonnances données dans le tableau fractionnaire ci-dessus nous obtenons toutes les consonnances dans cet ordre :

La tierce mineure $\dfrac{5}{6}$, la tierce majeure $\dfrac{4}{5}$, la quarte $\dfrac{3}{4}$, la quinte $\dfrac{2}{3}$, la sixte mineure $\dfrac{5}{8}$, la sixte majeure $\dfrac{3}{5}$, enfin l'octave.

Puisque l'octave donne toutes les consonnances, elle doit fournir aussi toutes leurs différences, et par elles, tous les intervalles simples du système musical.

1° La différence de la tierce majeure à la tierce mineure donne le semi-ton majeur, comme suit :

Rapport de la tierce majeure $\dfrac{4}{5}$, rapport de la tierce mineure $\dfrac{5}{6}$; nous réduisons les fractions au même dénominateur, ci $\dfrac{4}{5} \times \dfrac{5}{6} = \dfrac{24}{30} \dfrac{25}{30}$.

Le rapport du semi-ton mineur sera donc de $\dfrac{24}{25}$ ou de . . . . . . 24 à 25

2° La différence de la tierce majeure à la quarte donne le semi-ton majeur.

Rapport de la tierce $\dfrac{4}{5}$, rapport de la quarte $\dfrac{3}{4}$.

Réduisons au même dénominateur $\dfrac{4}{5} \times \dfrac{3}{4} = \dfrac{15}{20} \dfrac{16}{20}$, ci . . . . . . 15 à 16

La différence de la quarte à la quinte, donne le ton majeur.

Rapport de la quarte $\dfrac{3}{4}$, de la quinte $\dfrac{2}{3}$; $\dfrac{3}{4} \times \dfrac{2}{3} = \dfrac{8}{12} \dfrac{9}{12}$, différence . 8 à 9

La différence de la quinte à la sixte majeure donne le ton mineur.

Rapport de la quinte $\dfrac{2}{3}$, de la sixte mineure $\dfrac{3}{5}$; $\dfrac{2}{3} \times \dfrac{3}{5} = \dfrac{9}{15} \dfrac{10}{15}$, diff. . . 9 à 10

Le ton mineur résulte encore de la tierce mineure $\frac{5}{6}$ à la quarte $\frac{3}{4}$; $\frac{5}{6} \times \frac{3}{4} = \frac{18}{24}$

$\frac{20}{24}$, ou . . . . 9 à 10

Or, le semi-ton majeur, le semi-ton mineur, le ton mineur et le ton majeur sont les seuls éléments de tous les intervalles de la musique.

Pour diviser une fraction par une fraction, il faut renverser les deux termes de la fraction qui sert de diviseur, et multiplier la fraction dividende par la fraction renversée. Par exemple, pour diviser $\frac{4}{5}$ par $\frac{2}{3}$, on renverse la fraction $\frac{2}{3}$, on a $\frac{3}{2} \times \frac{4}{5} =$

$\frac{12}{10} = \frac{6}{5}$.

DES FRACTIONS DÉCIMALES

Une fraction est dite décimale quand son dénominateur est l'unité suivie de plusieurs zéros. Ainsi, $\frac{7}{10}$, $\frac{47}{10}$, etc., sont des fractions décimales.

Le système adopté pour écrire les nombres entiers fournit le moyen de mettre les fractions décimales sous la forme de nombres entiers, car d'après ce système, les différents chiffres d'un nombre exprimant des unités de dix en dix fois plus petites, à mesure qu'on avance d'un rang vers la droite, il en résulte que, si l'on place des chiffres à la droite de celui des unités, le premier de ces chiffres exprimera des dixièmes d'unité, le deuxième des centièmes, etc.

Pour distinguer le chiffre des unités, nous plaçons à sa droite une virgule.

Cela posé, si l'on veut écrire la fraction décimale $\frac{547}{100}$ sous la forme d'un nombre entier, on observera qu'elle se décompose en $\frac{500}{100} + \frac{40}{100} + \frac{7}{100}$, ou 5 unités $+ \frac{4}{10}$

$+ \frac{7}{100}$, et que, par conséquent, on peut écrire: 5,47.

Un nombre décimal ne change pas de valeur, mais seulement de dénomination, quand on met ou qu'on supprime des zéros à la droite de la virgule: 0,5000, on peut dire 5 décimes, 50 centimes, 500 millimes, etc.

Selon qu'on avance la virgule d'un rang ou de deux rangs vers la droite d'un nombre décimal, on rend ce nombre 10 fois, 100 fois plus grand et réciproquement.

L'addition, la soustraction, etc. des nombres décimaux s'effectuent comme celles des nombres entiers, en ayant soin de placer convenablement la virgule pour séparer les fractions.

Le calcul des nombres décimaux étant beaucoup plus simple que celui des fractions, il est naturel de chercher à convertir les fractions en décimales, et pour ce, on divise le numérateur par le dénominateur, en ajoutant au premier autant de zéros qu'il est nécessaire pour arriver à un quotient juste. $\frac{3}{4}$: $\frac{3,0}{20} \Big| \frac{4}{0,75}$.

Mais il y a des fractions dans lesquelles plusieurs chiffres se répètent dans le même ordre et à l'infini; on les appelle fractions périodiques. Il en est d'autres qui sont continues; dans ce cas, on les termine en une décimale quelconque, selon le besoin d'approximation nécessaire. Le rapport du diamètre à la circonférence, 3,1415, etc., est un exemple de ces sortes de fractions.

Si on demendait la fraction ordinaire qui a produit celle décimale, 0,875 on rend celle-ci à sa valeur $\frac{875}{1,000}$, et, réduisant cette fraction à sa plus simple expression,

elle se réduit à $\frac{7}{8}$ (7 divisé par 8 = 0,875).

RACINE CARRÉE DES NOMBRES

Le produit d'un nombre par lui-même se nomme le carré de ce nombre, et le nombre qui, multiplié par lui-même, fournit un nombre donné, en est la racine carrée.

Ainsi le produit de 7 × 7 est 49, et 7 est la racine de 49.

Pour indiquer le carré d'un nombre, on place le chiffre 2 à sa droite et un peu au-dessus.

On désigne la racine carrée d'un nombre en le mettant sous le signe $\sqrt{}$ qui est un V dont le jambage droit est prolongé par une ligne horizontale. Ainsi 7² indique le carré de 7, et $\sqrt{49}$ désigne sa racine carrée à extraire.

Le carré des nombres 1, 10, 100, etc., étant 1, 100, 1,000, etc., ont leurs racines comprises entre 1 et 10, entre 10 et 100, etc. Par conséquent, quand le carré d'un nombre entier n'a pas plus de deux chiffres, la racine carrée de ce carré n'a qu'un chiffre ; quand le carré renferme trois ou quatre chiffres, la racine carrée en a deux, trois et ainsi de suite.

Les carrés des nombres d'un seul chiffre étant moindres que 100, on revient de ces racines à leurs racines carrées en faisant les carrés des neuf premiers nombres et en voyant entre lesquels le nombre donné est placée. Ainsi cette opération n'est que la décomposition pièce à pièce, d'une multiplication ordinaire ; alors celle-ci étant bien comprise et suivie dans son mécanisme, il devient facile de la pratiquer.

Exemple : pour extraire la racine carré d'un nombre entier plus grand que 100, nous chercherons d'abord en détail comment les parties de la racine entrent dans le carré supposé de 64.

(64 × 64 = 4,096 unités). Plaçons les chiffres et voyons l'opération partielle :

```
    64
    64
  ─────
    16    4 × 4 = 16 unités, carré des unités.
    24    4 × 6 = 24 dizaines, produit de 6 dizaines par 4 unités,
    24    6 × 4 = 24 dizaines, produit renouvelé des 6 dizaines par les 4 unités.
    36    6 × 6 = 36 centaines, carré des 6 dizaines.
  ─────
  4096
```

La même décomposition peut s'appliquer à tout nombre. Ainsi nous avons le carré des dizaines.

Le double des dizaines multipliées par les unités, et le carré des unités.

Pour extraire la racine de 4,096, on dispose les chiffres de cette manière :

```
Carré, . . . 4096 | 64
             36   | ─────
1er reste . . 496 | 124 × 4 = 496
             496  |
2e reste . . .  0 |
```

Nous voyons de suite que le nombre 4096 est compris entre 6² (6 × 6 = 36) centaines, et 7² (7 × 7 = 49) centaines, c'est-à-dire entre les carrés de 6 dizaines et 7 dizaines, elle est donc composée de 6 dizaines et d'un certain nombre d'unités moindres que 10. Pour obtenir les unités, on retranche de 4,096 le carré 36 centaines des 6 dizaines de la racine ; le reste, 496, ne renferme plus que le double de 6 dizaines de la racine multipliée par les unités et le carré des unités. Le double des dizaines multiplié par les unités exprimant des dizaines ne peut se trouver que dans les 49 dizaines du reste 49.6 (on sépare par un point le premier chiffre, à droite, du reste 9). Ces 49 dizaines contiennent, en outre, les dizaines qui peuvent provenir du carré des unités ; divisant donc 49 par 12 (double des dizaines de la racine) les 4 unités du quotient expriment le chiffre des unités de la racine, ou un chiffre trop fort. Pour essayer le chiffre 4, on pourrait ôter 64^2 de 4,096 ; le reste, zéro, indiquerait que 64 est la racine demandée. Mais on parvient plus simplement au même résultat, en observant que, le reste 496 étant composé du double des dizaines multiplié par les quatre unités et du carré des 4 unités, il suffit de calculer la somme de ces deux parties et de l'ôter de 496.

A cet effet, on écrit le chiffre 4 des unités à la droite de 12 (double du nombre des dizaines et de la racine), ce qui donne 124. On multiplie 124 par 4 ; le résultat exprime la somme demandée. Retranchant 4 fois 124 de 496, le reste, zéro, indique que 64 est la racine exacte de 4,096.

Si le nombre proposé renferme plus de 4 chiffres, on suit l'analogie en opérant comme plus haut.

On appelle incommensurables les quantités qui n'ont pas de mesure commune avec l'unité. Quand le dernier reste n'est pas zéro, la racine cherchée est incommensurable, et le nombre obtenu à la racine carrée exprime la racine du plus grand carré contenu dans le nombre proposé.

RAPPORTS, PROPORTIONS, PROGRESSION DES CHIFFRES

La différence entre deux quantités est leur *rapport arithmétique* ou *par différence* ; le quotient de deux quantités est leur *rapport géométrique* ou *par quotient*.

Ainsi le rapport arithmétique de 18 à 6 est 18 — 6 ou 12, et le rapport géométrique de 18 à 6 est $\frac{18}{6}$ ou 3 ; 18 et 6 sont les deux termes de chacun de ces rapports. Le premier terme 18 en est l'*antécédent*, et le deuxième terme 6 en est le *conséquent*.

Un rapport arithmétique ne change pas, qu'on augmente ou qu'on diminue les deux termes d'un même nombre. Par exemple, le rapport arithmétique de 7 à 5 est égal à celui de 7 + 4, à 5 + 4 ou de 11 à 9, car 7 — 5 est égal à 11 — 9.

Un rapport géométrique ne change pas, qu'on multiplie ou qu'on divise ses deux termes par un même nombre, car le rapport est équivalent à une fraction dont le numérateur et le dénominateur sont l'antécédent et le conséquent du rapport ; et une fraction ne change pas de valeur, qu'on multiplie ou qu'on divise ses deux termes par un même nombre. Par exemple, le rapport géométrique de 7 à 3 est le même que celui de 7 × 4 à 3 × 4 ou de 28 à 12 ; car les rapports sont respectivement égaux aux fractions $\frac{7}{3}$, $\frac{28}{12}$, qui sont égales.

L'assemblage de deux rapports égaux forme ce qu'on nomme une *proportion*. Par exemple, le rapport arithmétique de 7 à 5, étant égal à celui de 11 à 9, les nombres 7, 5 ; 11, 9 forment une proportion arithmétique que l'on écrit de cette manière ; 7 : 5 :: 11 : 9 que l'on énonce 7 est à 5, comme 11 est à 9.

Le rapport géométrique de 7 à 3, étant égal à celui de 28 à 12, les nombres 7,3, 28,12 forment une proportion géométrique que l'on écrit : 7 : 3 :: 28 : 12.

Pour distinguer les deux antécédents et les deux conséquents d'une proportion, on appelle premier antécédent et premier conséquent les deux termes du premier rapport ; et deuxième antécédent et deuxième conséquent ceux du deuxième rapport. Le premier terme et le quatrième sont les *extrêmes*, le deuxième terme et le troisième sont les *moyens*.

Dans une proportion arithmétique, la différence des deux premiers termes est la raison du premier rapport ; la différence des deux autres est la raison du deuxième rapport. Dans une proportion géométrique, le quotient du premier terme par le deuxième est la raison du premier rapport, et le quotient du troisième terme par le quatrième est la raison du deuxième rapport.

Il résulte des définitions précédentes que, dans toute proportion arithmétique ou géométrique, la raison du premier rapport est égale à la raison du deuxième.

Le quatrième terme d'une proportion est ce qu'on nomme une quatrième proportionelle aux trois autres termes ; quand les moyens sont égaux, la proportion est dite continue.

Dans la proportion continue 5. 7 : 7. 9, le terme moyen 7 est une moyenne arithmétique entre 5 et 9; cette proportion s'écrit ordinairement de cette manière : 5. 7 : 7. 9. 9 est une moyenne proportionnelle arithmétique à 5 et 7 ; de même 4 : 12 : : 12 : 36 est une proportion géométrique continue ; 12 est une moyenne géométrique, et 36 une troisième proportionnelle.

Dans toute proportion arithmétique, la somme des extrêmes est égale à la somme des moyens.

Le quatrième terme d'une proportion arithmétique est égal à la somme des moyens diminuée du premier terme. En effet, la proportion 7 : 5 : : 11 : 9 donnant $7 + 9 = 5 + 11$, on a $9 - 5 = 11 - 7$.

Par conséquent, quand on connaît trois termes d'une proportion, on peut toujours en déduire le quatrième.

Dans toute proportion géométrique, le produit des extrêmes est égal au produit des moyens.

En effet, la proportion 7 : 3 : : 28 : 12 exprime que $\frac{7}{3} = \frac{28}{12}$ et, par suite que $7 \times 12 = 28 \times 4$.

Quand le produit de deux nombres est égal à celui de deux autres, ces quatre nombres peuvent former une proportion. $7 \times 12 = 28 \times 3$, donc $\frac{7}{3} = \frac{28}{12}$, donc 7 : 3 : : 28 : 12.

Le quatrième terme d'une proportion est égal au produit des moyens divisés par le premier terme. $12 = \frac{28 \times 7}{7}$, par conséquent, quand on connaît trois termes d'une proportion, on peut toujours en déduire le quatrième. Si les moyens sont égaux, chacun d'eux est égal à la racine carrée du produit des extrêmes ; en effet, 4 : 12 : : 12 : 36 ; donc $12 \times 12 = 12^2 = 4 \times 36$, donc $12 = \sqrt{4 \times 36}$.

Enfin, il est facile de voir que tant que le produit des moyens est égal à celui des extrêmes, la proportion a toujours lieu. On peut donc mettre les moyens à la place des extrêmes.

Exemple : un navire a fait avec un même vent 275 lieues en trois jours, on demande en combien de temps il en fera deux mille, toutes circonstances demeurant les mêmes ?

Il est évident qu'il faudra plus de temps à proportion du nombre de lieues et que par conséquent le nombre de jours cherché doit contenir 3 jours autant que 2,000 lieues contiennent 275 lieues. Il faut donc chercher le quatrième terme d'une proportion qui commence par ces trois ci, 275 : 2,000 : : 3 : x. Multipliant 2,000 par 3, et divisant le produit par 275, on aura 21 jours $^9/_{11}$.

PREMIÈRES NOTIONS DU CALCUL ALGÉBRIQUE

DONNÉES PAR L'ALPHABET

On trouve dans le mélange des voyelles à travers les consonnes de l'alphabet l'indication sommaire des principes de l'algèbre, espèce de calcul abrégé qui donne à des lettres prises arbitrairement, des valeurs fictives et indéterminées ; appliquée dans un sens général, cette méthode peut servir de type pour aider à résoudre les règles de la numération ordinaire.

La valeur numérale d'une expression algébrique sera donc représentative d'un nombre qu'on obtiendrait en donnant aux lettres des valeurs chiffrées. Cette valeur dépend évidemment de celles attribuées à ces caractères et doit varier avec eux. Ici comme notre but n'est que d'établir une méthode élémentaire, l'exemple sera joint au précepte.

Ainsi, les lettres de l'alphabet ne servent qu'à désigner les nombres sur lesquels on doit raisonner, et leur usage est utile seulement, soit pour abréger le raisonnement, soit pour le généraliser.

Comme il est indispensable d'employer des signes pour exécuter cette espèce de calcul, ils seront ainsi formulés: 1° le signe de l'*addition* est un X redressé (+) ; il signifie *plus*. 2° le signe de la *soustraction* sera marqué par un I couché (—) l'écoulement du point qui surmonte cette lettre est censé être une perte), ou par une barre horizontale ; il désigne le mot *moins*. 3° Celui de la *multiplication* est représenté par X, et veut dire *multiplié par*. On exprime encore la multiplication en séparant les facteurs par un point, ou en les écrivant simplement l'un à côté de l'autre : $a \times b$, ou $a \cdot b$, ou $a\,b$.

4° L'opération de la *division* s'énonce par deux points : $a : b$ se lira : a *divisé* par b, ou en plaçant le diviseur au-dessous du dividende, séparé par un trait : $\dfrac{a}{b}$.

5° La marque de l'*égalité* se forme de deux traits horizontalement parallèles (=).

6° Celle de *supériorité* ou d'*infériorité* est un V couché, dont le sommet se tourne du côté du nombre le plus grand ; $a > b$ veut dire a plus grand que b ; $a < b$, a plus petit que b.

On appelle *coefficient* d'une quantité, tout nombre écrit à gauche de cette quantité et par lequel elle est à multiplier $3\,a$, $2\,a\,b$, $\frac{2}{3}\,e\,d$, $\frac{1}{4}\,k$; énoncez trois a, deux $a\,b$, deux tiers $e\,d$, le quart de k.

L'*exposant* d'une quantité est un nombre écrit à droite, un peu au-dessus de la quantité, pour indiquer combien de fois cette quantité est supposée prise pour facteur : a^3, b^2, $b\,c^4$.

Les diverses *puissances* d'une quantité sont les produits formés de cette quantité prise plusieurs fois comme facteur. Il y a la première puissance, qui est la quantité même ; le carré est la deuxième puissance, le cube la troisième ; on appelle *positifs* les termes affectés du signe +, et *négatifs* ceux marqués du signe — ; on appelle *expression algébrique*, toute expression de quantité où il entre des lettres. Chaque partie jointe au signe + ou — qui la précède s'appelle *terme*. Une expression à un seul terme est un *monome*; quand il y en a deux, *binome*; 3, *trinome*, etc.; tous les termes semblables peuvent se réduire en un seul.

ADDITION

L'addition des quantités algébriques est très-simple. Elle se borne à écrire, à la suite les uns des autres, chacun avec leurs signes respectifs + et — les différents

termes de ces quantités, après avoir opéré, s'il y a lieu la réduction des termes semblables. Exemple : $2a + 4cb - 2cd$; $4a - 2bc + 9cd$; $3bc - ba - 3ed$, la
somme sera $2a + 4bc - 2cd + 4a - 2bc + 9cd + 3bc - ba - 3ed$, qui
redeviendra, par la réduction des termes semblables, $5bc + 42d$.

Voici l'exemple donné par l'alphabet (auquel j'ai ajouté la traduction). Ce tableau
est un de ceux qui servent de base à la théogonie des Égyptiens et des anciens
Grecs ; il représente la filiation des dieux.

$$A^2(Ut^2) + \quad A^5 \quad = E^5 (Ré^5) \qquad A^3 \quad + \quad A^5 \quad = \quad I^5$$

Vibra-
tions
$$256\ Ut^2 + 2,048,\ Ut^5 = 2,304,\ Ré^5 \quad | \quad 512,\ Ut^3 + 2,048,\ Ut^5 = 2,560\ Mi^5$$
ou $\qquad$ ou
$$144,\ Ré,\ \times\ 16,\ n° \text{ de la sirène P.} \quad | \qquad 160,\ Mi,\ \times\ 16$$

Vibrat⁵.
$$A^1 + A^3 + A^5 = J^5 \qquad A^4 + A^5 = O^5$$
$$128,Ut^4 + 512,Ut^3 + 2,048,Ut^5 = 2,688,Fa^5 \quad | \quad 1,024,\ Ut^4 + 2,048,\ Ut^5 = 3,072,\ Sol^5$$
ou $\qquad$ ou
$$170,\ Fa,\ \times\ 16 \qquad\qquad 192,\ Sol,\ \times\ 16$$

Vibrations.......
$$A^1 \quad + \quad A^2 \quad + \quad A^4 \quad + \quad A^5 \quad = \quad U^5$$
$$128,\ Ut^1 + 256,\ Ut^2 + 1,024,\ Ut^4 + 2,048\ Ut^5 = 3,456,\ La^5$$
ou
$$214,\ La,\ \times\ 16$$

Vibrations......
$$A^2 \quad + \quad A^3 \quad + \quad A^4 \quad + \quad A^5 \quad = \quad V^5$$
$$256,\ Ut^2 + 512,\ Ut^3 + 1,024,\ Ut^4 + 2,048,\ Ut^5 = 3,840,\ Si^5$$
ou
$$240,\ Si,\ \times\ 16$$

Ainsi, le son Ré reporté à sa cinquième octave à l'aigu, est formé par la résonnance de l'Ut² et de l'Ut⁵ , et ainsi de suite. Chose étonnante, comme on le voit, les
nombres des vibrations constituant les différentes puissances de Ut 128, entrent dans
la composition de toutes les notes de la gamme diatonique reportées à leur cinquième
octave qui ne sont formées que de ces puissances.

2ᵉ EXEMPLE, DONNÉ PAR L'ALGÈBRE

$$A^5 \quad + \quad A^2 \quad + \quad A^5 \quad = \quad T$$
Vibrations : $2,048,\ Ut^5 + 256,\ Ut^2 + 2,048,\ Ut^5 = 4,352,\ Ut^{*6}$

$$A^2 \quad + \quad A^5 \quad + \quad A^3 \quad + \quad A^5 \quad = \quad R$$
Vibrations: $256,\ Ut^2 + 2,048,\ Ut^5 + 512,\ Ut^3 + 2,048,\ Ut^5 = 4,864,\ Ré^{*6}$

$$J^5 \quad + \quad O^5 \quad = \quad F$$
Vibrations: $2,685,\ Fa^5 + 3,072,\ Sol^5 = 5,760,\ Fa^{*6}$

$$O^5 \quad + \quad U^5 \quad = \quad S^6$$
Vibrations: $3,072,\ Sol^5 + 3,456,\ La^5 = 6,528,\ Sol^{*6}$

$$U^5 \quad + \quad V^5 \quad = \quad L$$
Vibrations : $3,454,\ La^5 + 3,840,\ Si^5 = 7,294,\ La^{*6}$

Les tons diésés sont aussi constitués à leurs sixièmes octaves, par les vibrations des sons auxquels ils se rapportent. Ce tableau représente la filiation des déesses.

SOUSTRACTION

La *soustraction* des quantités algébriques, se fait en changeant dans l'expression à soustraire les signes *plus* ou *moins* et réciproquement; on écrit les termes à la suite les uns des autres et l'on réduit ceux qui sont semblables $5\,a - b + 3\,c$ qu'il faut retrancher de $3\,e + d - b$.

Il faut écrire: $3\,c + b - d - 5\,a + b - 3\,c$. Cette quantité se réduit à $d - 5\,a$.

EXEMPLE ALPHABÉTIQUE ET TRADUCTION

$$E^5 \quad - \quad E^{15} \quad = \quad E$$
Vibrations: $2,304$, $Ré^5 - 2,160$, $Ré^{15} = 144$, Ré

$$I^5 \quad - \quad I^{15} \quad = \quad I$$
Vibrations: $2,560$, $Mi^5 - 2,400$, $Mi^{15} = 160$, Mi

$$J^5 \quad - \quad J^{15} \quad = \quad J$$
Vibrations: $2,688$ $Fa^5 - 2,518$, $Fa^{15} = 170$, Fa

$$O^5 \quad - \quad O^{15} \quad = \quad O$$
Vibrations: $3,072$, $Sol^5 - 2,880$, $Sol^{15} = 192$, Sol

$$U^5 \quad - \quad U^{15} \quad = \quad U$$
Vibrations: $34,566$, $La^5 - 3,242$, $La^{15} = 192$, La

$$V^5 \quad - \quad V^{15} \quad = \quad V$$
Vibrations: $3,840$, $Si^5 - 3,600$, $Si^{15} = 240$, Si

Ce tableau représente la filiation des dieux *détrônés* (des anges déchus); voir *Zodiaque* et *Ciel étoilé*.

MULTIPLICATION

Dans la multiplication, il faut distinguer deux cas, suivant que les facteurs sont des *monomes* ou des *polynomes*. Pour les monomes, il y a quatre règles à observer : 1° la règle des coefficients ; elle consiste à en faire le produit. 2° la règle des lettres ; elle consiste à écrire au produit toutes les lettres différentes qui entrent dans l'un des facteurs. 3° la règle des exposants; elle consiste à donner à chaque lettre du produit un exposant égal à la somme de ses exposants dans les différents facteurs qui la contiennent. 4° la règle des signes d'après laquelle le produit a le signe $+$, si les deux facteurs sont de même signe, et le signe $-$, s'ils ont des signes différents.

La multiplication des polynomes n'est qu'une multiplication successive de monomes. On effectue d'après les règles ci-dessus le produit de tous les termes du multiplicande par chaque terme du multiplicateur. La somme de tous les produits partiels est le produit total, et l'on fait, s'il y a lieu, la réduction des termes semblables. D'après cette règle, $a - b \times c\,d$ donne pour produit $a\,c - b\,e - a\,d + b\,d$.

Dans cet exemple, les numéros des lettres alphabétiques jouent le rôle des multiplicateurs, et leur valeur numérale est traduite en décimales, lorsqu'il s'agit de le formation des vibrations constituant les sons des demi-tons. (Comme on ne saisirait pas parfaitement la manière de calculer des auteurs, je vais former de leur tableau algébrique un autre tableau ordinaire sans employer leurs formules).

FORMATION

DES VIBRATIONS CONSTITUTIVES DES SONS CHROMATIQUES DONNÉES PAR LES LETTRES ALPHABÉTIQUES, D'APRÈS LE CALCUL DÉCIMAL

$$
\text{Ut, } 128 \times
\begin{cases}
16,00 = 2,048, \text{ Ut}^5 , \quad \text{P, } n^o 16, \text{ la sirène divisible par } 2 \\
17,25 = 2,208, \text{ Ut}^{*5} , \quad \text{Q, } \text{» } 17, \qquad \text{» } \quad \text{non divisible p. } 2 \\
18,00 = 2,304, \text{ Ré}^5 , \\
19,25 = 2,464, \text{ Ré}^{*5} , \text{ S, } \text{» } 19, \qquad \text{» } \qquad \text{»} \\
20,00 = 2,560, \text{ Mi}^5 \\
21,25 = 2.720, \text{ Fa}^5 , \quad \text{U, } \text{» } 21, \qquad \text{» } \qquad \text{»} \\
22,50 = 2,880, \text{ Fa}^{*5}, \text{ V, } \text{» } 11, \qquad \text{» } \qquad \text{»} \\
24,00 = 3,072, \text{ Sol}^5 \\
25,50 = 3,264, \text{ Sol}^{*5}, \text{ Z, } \text{» } 25, \qquad \text{» } \qquad \text{»} \\
27,00 = 3,456, \text{ La}^5 \\
28,50 = 3,648, \text{ La}^{*5} , \text{ C, } \text{» } 3 \ (25 \text{ et } 3 = 28) \qquad \text{»} \\
30,00 = 3,840, \text{ Si}^5 \\
32,00 = 4,096, \text{ Ut}^6
\end{cases}
$$

Ce tableau représente la filiation *biblique* des *Hébreux* et celle de leurs tribus.

DIVISION

Il y a aussi pour la division le cas des monomes et des polynomes. La division des monomes exige quatre règles, comme la multiplication : la règle des coefficients la règle des lettres et exposants et la règle des signes. La première consiste à diviser le coefficient du dividende par celui du diviseur ; le quotient de cette division partielle sera le coefficient du quotient cherché.

La règle des lettres consiste à écrire au quotient toutes les lettres du dividende non communes au diviseur avec leurs exposants propres et de donner à leur produit pour dénominateur le produit des lettres du diviseur non communes au dividende.

Quant aux lettres communes aux deux termes, on les supprime si elles ont le même exposant dans l'un et dans l'autre ; dans le cas contraire, on les conserve avec un exposant égal à la différence de ces exposants dans les termes et on l'écrit au numérateur, si son exposant est plus grand au dividende qu'au diviseur, et au dénominateur, si son exposant est plus grand au diviseur qu'au dividende.

Enfin, le quotient de la division d'un monome par un autre est soumis à la même règle des signes que la multiplication de ces quantités ; si le dividende et le diviseur sont de même signe, le quotient devra être positif ; si les deux termes de la division sont de signe différent, le quotient sera négatif. Toutes ces règles sont des réciproques rigoureuses de celles de la multiplication.

Les auteurs donnent encore, ici, des exemples assez compliqués de la division algébrique ; je suis obligé de traduire leurs calculs et de les convertir en un tableau plus simple. Ils traitaient de la règle des accords des sons et de la composition musicale chiffrée; comme leur manière n'est probablement plus mise en usage aujourd'hui, je me bornerai à extraire un seul exemple. Ils commencent par dire qu'il ne faut jamais mettre deux quintes de suite, a, $\overset{1}{e}$, $\overset{5}{-}\overset{10}{i}$, puis ils chiffrent leurs accords comme suit :

LES ACCORDS MUSICAUX CHIFFRÉS.

Ut , 128 + Mi , 160 + Sol , 192 = 480		30 tierce majeure
Ré , 144 + Fa , 170 + La , 214 = 518		33 quarte
Mi , 160 + Sol , 192 + Si , 240 = 592		37 tierce mineure
Fa , 170 + La , 214 + Ut , 256 = 640	qui, divisés par	40 quarte renversée
Sol , 190 + Si , 240 + Ré , 144 = 576	16, P, =....	36 quarte directe
La , 214 + Ut*, 138 + Mi , 160 = 512		32 quarte directe
Si^b , 230 + Ré , 144 + Fa , 170 = 544		34 seconde majeure
Si , 240 + Ré , 144 + Fa , 170 = 554		34 $^{10}/_{16}$ nul accord

(à droite, accolade) Différences

L'accord de Si ne peut se diviser exactement par le diviseur commun 16, cette singularité montre la cause pour laquelle cette note ne peut entrer dans l'accord général du système et la raison pour laquelle ce son, ainsi mitigé, sert de passage facile à d'autres modulations.

Ce tableau représente le type de la généalogie biblique et mnémonique des patriarches depuis Adam. (Voir *Adam*).

DES ÉQUATIONS

Comme ce livre est destiné à être purement élémentaire, il serait inutile de poursuivre plus loin cette branche des mathématiques qu'on étudiera plus facilement dans les traités spéciaux; d'ailleurs, les auteurs de l'alphabet nous donnent des exemples trop compliqués se rapportant à leur théorie astronomique, qu'ils ont encore assimilée à leur méthode musicale; nous verrons tout à l'heure ce chapitre dans lequel nous retrouverons ces calculs dépouillés de toute leur obscurité algébrique.

On sera sans doute surpris de retrouver ici des citations musicales qui semblent détachées de leur chapitre spécial. Cependant, sans faire un double emploi, nous avons cherché à joindre le précepte à l'exemple, car nous ne saurions par trop insister sur cette manière multiple de développer notre méthode des sons, base immuable des théogonies les plus anciennes et de leurs dogmes religieux dont nous ne pourrions suivre les développements compliqués, si nous étions privés de ces notions indispensables.

ÉLÉMENTS DE STATIQUE

L'idée que nous avons des corps est telle, que nous ne supposons pas qu'ils aient besoin de mouvement póur exister ; ainsi, quoiqu'il n'y ait peut être-pas dans l'univers une seule molécule qui jouisse d'un repos absolu, nous ne concevons pas moins clairement qu'un corps peut exister en repos.

Mais si le corps est une fois en repos, il y demeurera toujours, à moins qu'une cause étrangère ne vienne l'en tirer. Cette cause, quelle qu'elle soit, qui ne nous est connue que par ses effets, on l'appelle *force* ou *puissance*. La force est donc une cause quelconque de mouvement, quel que soit le point sur lequel elle soit appliquée, sur un autre corps, suivant une certaine direction et avec une certaine intensité.

Maintenant, si nous représentons les directions des forces par des lignes droites, et leurs intensités par des longueurs proportionnelles prises sur ces lignes, ou par des nombres, il est clair que les forces pourront être soumises au calcul, comme toutes les autres grandeurs. On suppose toutefois, que tous les corps sont sans pesanteur, de sorte qu'il n'y a plus à considérer que les efforts des forces appliquées P, Q, R, S, qui devront se contre-balancer mutuellement dans le cas d'équilibre.

Il peut arriver qu'une seule force soit capable de produire sur un corps le même effet que plusieurs ; cette force finale se nomme la *résultante*, les autres s'appellent les *composantes*. La loi d'après laquelle on substitue à une seule plusieurs forces capables du même effet, se nomme la *composition des forces*. Il est évident que deux forces égales et contraires appliquées à un même point sont en équilibre; il est évident aussi que deux forces égales et contraires appliquées aux extrémités d'une ligne droite considérée comme une verge invariable de longueur et agissant dans la direction de cette droite, sont en équilibre. On admet alors comme axiome que, quand plusieurs forces P, Q, R, etc., agissant dans le même sens et dans la même direction, ces forces s'ajoutent et donnent une résultante égale à leur somme P + Q + R, etc. On admet aussi que, quand plusieurs forces agissent dans un sens et d'autres dans un autre sens opposé, la résultante s'opère dans le sens de la plus grande de ces deux sommes.

La résultante de deux forces quelconques P, Q, appliquée à un même point, sous un angle quelconque, est dirigée suivant la diagonale d'un parallélogramme qui serait construit sur les lignes qui représentent la direction des forces P, Q.

Quand on sait déterminer la résultante de deux forces appliquées à un point, on peut déterminer celle de tant de forces P, Q, R, S, qu'on voudra.

DES CENTRES DE GRAVITÉ

On nomme *pesanteur* ou *gravité*, cette cause qui fait descendre les corps vers le centre de la terre quand ils sont abandonnés à eux-mêmes. La pesanteur, ou les poids, est une cause de mouvement; on peut la considérer comme une force. Cette force pénètre les parties les plus intimes des corps et agit également sur toutes leurs molécules. On considère donc la pesanteur comme une force constante, dont la direction est représentée par celle du fil à plomb en équilibre tracé dans le milieu de la lettre A; on l'appelle la *verticale*. Tout plan perpendiculaire à la verticale se nomme *plan horizontal*.

Toute *figure* de matière homogène, dans laquelle il se trouve un point tel qu'un plan quelconque mené par ce point, coupe la figure en deux parties parfaitement symétriques, a son centre de gravité en ce point, qu'on appelle *centre de figure*. Il en résulte que le centre d'une ligne droite est à son milieu; que celui d'un parallélogramme est à l'intersection de ses diagonales; que celui d'un parallélipipède est à l'intersection de ses diagonales; que celui d'une sphère est à son centre; celui d'un triangle, au milieu de la barre transversale de A placée à l'intersection des deux jambages de X; celui de la pyramide construite sur le triangle A sera le même point de centre.

———

DES MACHINES

On appelle *machine* tout instrument destiné à transmettre l'action d'une force déterminée à un point qui ne se trouve pas sur la direction, de manière que cette force puisse mouvoir un corps auquel elle n'est pas immédiatement appliquée, et le mouvoir suivant une direction différente de la sienne propre.

La force dont on a pour objet de changer la direction, en employant une machine, s'appelle *puissance;* on donne le nom de *résistance* au corps qu'elle doit mouvoir, ou à la force à laquelle elle doit faire équilibre au moyen de la machine. Comme on se propose ici seulement de trouver les rapports que doivent avoir entre elles la puissance et la résistance appliquées à la même machine, pour que, eu égard à la direction, elles soient en équilibre, on fait abstraction du frottement; nous supposerons que les cordes, quand il en entrera dans la composition de la machine, sont parfaitement flexibles.

Quoique le nombre des machines soit très-grand, elles se composent toutes de trois machines simples, le levier, les cordes et le plan incliné.

LE LEVIER

Le *Levier* est la plus simple de toutes les machines, qui sont au nombre de sept: le *levier*, les *cordes*, la *poulie*, le *treuil*, le *plan incliné*, la *vis* et le *coin ;* mais tout cela se réduit à la théorie du *levier*, que nous commençons à appliquer à la balance ordinaire.

Nous prenons d'abord la lettre T, dont la forme est celle d'une balance, dont les deux bras, en équilibre et de niveau, sont placés par leur milieu sur le jambage de T, leur point d'appui.

Nous ajoutons, fictivement, deux bassins égaux en pesanteur attachés au moyen de chaînes ou de cordes, à chacune des extrémités des bras. Nous plaçons dans l'un et dans l'autre de ces bassins un poids égal, d'une livre, par exemple ; l'équilibre se maintient dans l'appareil; mais si l'on fait glisser le bras transversal de T, d'une certaine distance sur un des côtés de la tige d'appui, à l'instant même l'équilibre sera rompu et la balance penchera du côté du bras allongé de cette distance parcourue. Alors, sans rien toucher, vous remettez sur l'autre bassin, élevé, un autre poids d'une livre, et vous faites glisser la tige transversale sur son point d'appui, jusqu'à ce que vous arriviez à l'équilibre parfait de vos deux bassins; vous marquez cet endroit d'un point; et vous continuez à faire glisser la tige transversale d'une distance égale à celle primitive ; la balance qui a perdu son équilibre le retrouve si vous remettez encore un poids d'une livre ajouté aux deux autres du même bassin ; ainsi en faisant reculer insensiblement la barre de son point d'appui, de distances en distances égales, et en remettant dans ce même bassin des poids égaux d'une livre pour faire équilibre à celui unique placé dans l'autre bassin, vous parcourrez toute la longueur de la tige transversale, et vous aurez le système sur lequel est basé le *peson* ou la *romaine*, en retournant le point d'appui.

Vous comptez ensuite tous les poids contenus dans le même bassin, vous mesurez la longueur du levier ou des bras de la balance, et vous aurez le tableau exact mesuré de distance en distance de l'équilibre des corps. Alors on verra que la *longueur du levier est en raison inverse des poids* et que, *plus on gagne en force plus on perd en mouvement, et réciproquement*. Ainsi, nous supposons qu'il y ait 20 poids d'une livre dans un bassin, lorsque le point d'appui est tout près de celui-ci ; et un poids d'une livre suspendu à l'extrémité du levier et qui fasse équilibre à ces vingt livres. Si vous faites glisser celui-ci sur la tige, comme cela se pratique dans les romaines, l'équilibre sera rompu, et il vous faudra ôter un de ces 20 poids du bassin, pour le ramener ; ainsi le levier a diminué de longueur, il a perdu de sa force ; la portion du cercle décrite par l'extrémité du levier dans son mouvement de va-et-vient, aura diminué dans la même proportion de 1 à 20 ; en effet, si avec les lignes parcourues du levier, on formait deux triangles, dont les sommets seraient le point d'appui, leurs surfaces mesurées donneraient la même proportion de 1 à 20, puis de 1 à 19, de 1 à 18, etc.

Soit, P le corps à peser avec une romaine ; p, son bras de levier ; Q, le poids, équilibrant réuni à celui du curseur ; q, son bras de levier ; nous négligeons les poids du fléau et de son crochet, qui se détruisent ; puisque, dans le cas d'équilibre, ainsi que nous venons de le dire, les poids sont en raison inverse des bras de *levier*, alors on a cette proportion : $P : Q :: q : p$, ou $P\,p = Q\,q$. Prenons un autre poids P' ; son bras de levier restera le même, savoir : p ; le poids équilibrant sera encore Q, mais il devra recevoir un autre bras de levier q' ; et l'on aura de même $P'\,p = Q\,q'$. En divisant la première de ces équations, membre à membre, par la seconde, on a $\dfrac{P}{P'} = \dfrac{q}{q'}$, ou $P : P' :: q : q'$; ainsi les poids sont proportionnels aux bras du levier mobile équilibrant. Si donc P, étant l'unité de poids (une livre) on prend successivement pour P' les poids 1, 2, 3, 4, les bras q correspondants seront q, 2 q, 3 q, 4 q, etc., les bras croissant proportionnellement. On peut diviser ces espaces chacun en dix unités pour avoir les fractions de ces unités de 10 en 10.

LE COIN

C'est le nom qu'on a donné à une machine simple composée d'un prisme triangulaire de fer, ou de bois dur. On l'insère par le tranchant de l'une de ces arêtes dans une fente pratiquée à un corps que l'on veut diviser en deux parties, ou soulever et écarter.

On frappe avec un marteau sur la tête du coin, et le choc fait pénétrer le coin dans la fente, et force la résistance du corps à céder. Cet instrument tient à la fois du levier et du plan incliné : les couteaux, les ciseaux, les clous, les épingles ne sont que des *coins*.

Les coins servent encore à serrer les pièces les unes sur les autres dans un assemblage ; plus les deux faces du coin sont aiguës, plus facilement il pénétrera sous la pression du marteau, mais moins l'effet à obtenir sera prompt.

Afin d'établir la théorie de la force du coin, nous allons prendre la lettre V fermée, dont la forme, vue de profil, est celle de cet outil ; nous l'introduisons par la pointe dans les branches faisant ressorts, de la lettre U (notre ancien diapason en acier) et nous frappons sur sa tête avec le marteau T, jusqu'à ce que nous soyons parvenus à écarter les jambages de U d'une certaine distance que nous mesurons ; nous retirons ensuite le coin, et l'U revient à sa forme primitive.

Nous retournons ensuite le système du levier, en modifiant son point d'appui que nous reportons à l'extrémité de la barre transversale de T, et nous avons la forme de L redressé (ꓕ). Le mouvement de ce bras de levier se fera dans toute sa longueur, égale à celle des deux bras de la balance citée plus haut ; l'extrémité de son appui sera solidement établie au moyen d'une charnière, ou sur un boulon y fixé. Nous plaçons l'extrémité de ce levier sur le coin introduit à l'aise dans U, et nous faisons glisser le poids sur la tige du levier, jusqu'à ce que la pression opérée ait fait enfoncer le coin de la même quantité qu'on a obtenue en frappant sur sa tête avec le marteau. En divisant le nombre de coups de marteau par les poids additionnés, on aura la puissance équivalente de chacun des coups.

Ainsi la *force* n'est qu'une *accumulation des poids* ajoutés successivement ou spontanément sur un autre corps qu'ils déplacent, tout comme la *ligne droite* est formée par l'*écoulement successif et rapproché des points ;* la *ligne courbe* d'une infinité de *lignes brisées* et le *son* d'une *succession* plus ou moins rapide *de vibrations* mises en jeu par des chocs identiques répercutés par le corps sonore.

LA PRESSE

La petite machine dont nous venons de nous servir nous donne l'image exacte d'une presse, d'un pressoir. En effet, vous n'avez plus qu'à verser dans la lettre U, qui est un *vase* ou une capacité quelconque vue de profil, des raisins, des olives ou toute autre matière dont il s'agit d'extraire le liquide ; on place par-dessus le coin V retourné, on fait agir le levier sur l'arrête du coin et celui-ci en s'enfonçant, pressera sur le raisin qu'il écrasera ; le liquide sera forcé de s'écouler par une ouverture ou un tuyau I fixé vers le fond du vase U.

Le calcul de la pression est identique à celui décrit pour la balance et le coin. Ainsi, en supposant que le bras de levier soit 10 pour la puissance, et 1 pour la résistance, cette force sera décuplée ; un poids de 20 livres exercera une pression de 200 livres ; toutes circonstances restant les mêmes.

— Lorsque l'on veut obtenir une forte pression, il faut allonger le levier en conséquence ; mais on peut éviter cet inconvénient, en redoublant la force du premier, tiré au moyen d'une corde par un second levier ou treuil, X, autour de l'axe duquel cette corde s'enroule. (Voir *Treuil.*)

LA POMPE FOULANTE

Notre pressoir devient en même temps une pompe foulante et propre à lancer les matières liquides, sans rien changer à son appareil. En effet, remplissez d'eau le vase U, la pression du levier sur le coin V, glissant à frottement doux sur les parois du vase, empêchera l'eau de s'échapper par le haut ; celle-ci s'écoulera avec violence par le tube J, et pourra s'élever à une grande hauteur analogue à celle du tuyau qui la contient.

Mais, en employant ce système, le jet ne pourrait être continu, dépendant ainsi de la quantité d'eau renfermée dans le vase U. Afin d'obtenir sa persistance, nous clouons autour du coin Y renversé et fermé (⅄), remplaçant celui V et qui nous offre l'image d'un *piston* muni de sa tige, un morceau de cuir taillé en rond se rabattant à l'intérieur sur les parois du vase. Nous plaçons alors notre appareil dans l'eau d'une source, d'une rivière ou d'un puits, et nous mettons en mouvement le

levier ou balancier attaché à la tige, Y. Le piston, en s'élevant, laisse entrer l'eau
autour de ses bords en cuir qui cèdent sous son poids ; mais, en exécutant le mouvement contraire, le piston presse sur l'eau qui ne peut s'échapper, parce qu'elle est
retenue par le frottement du cuir dont le pourtour vient s'appuyer sur les parois du
vase. En plaçant au-dessus du tuyau de sortie un petit réservoir pour recevoir l'eau
superflue, on obtient un jet continu.

LA POMPE ÉLÉVATOIRE

Si vous retournez l'appareil de la pompe foulante, vous avez, immédiatement et
sans rien changer, une pompe élévatoire. Le levier soulève la tige du piston renversé (λ), placé au fond du tuyau ou corps de pompe, U, et toutes les choses se pas-
seront de la même manière; seulement, au lieu de tirer la tige, λ, avec le levier,
L, on le remplace par un levier du premier ordre, T, dont vous fixez le point d'appui à volonté.

Ce système peut s'appliquer à l'air et former des soufflets puissants à l'usage des
grandes usines, G, représentant les fourneaux des fonderies de métaux, etc.

L'INVENTION DES SOUPAPES

Mais le jeu alternatif des morceaux de cuir, que nous avons cloués autour de nos
pistons et dont l'entretien devient coûteux, nous donne l'idée de les remplacer par
de petites portes à charnières que nous construirons en cuir, en bois, ou en métal
durable; nous en placerons une dans la partie inférieure du corps de pompe pour
empêcher la descente de l'eau et pour faciliter son accès, lorsque nous baisserons
ou que nous soulèverons le piston, muni d'une autre soupape semblable.

En effet, nous nous sommes bien vite aperçus qu'en employant notre ancien
système de pompe, nous étions obligés de soulever tout le poids de la colonne d'eau
renfermée dans notre tuyau d'ascension et en même temps celui de la colonne d'air
atmosphérique correspondante. Comme nous connaissons le poids de l'air, nous
allons chercher à le tenir en équilibre avec le poids de l'eau. Nous placerons
notre piston à cette distance de l'eau à pomper qui peut s'étendre jusqu'à 32 pieds
de roi (P redoublé); pour arriver à ce résultat, il nous faut fabriquer deux soupapes
dont la lettre Z nous donne le modèle vu de profil.

Nous pratiquons une ouverture, ronde ou carrée, dans le plan de la diagonale Z,
dont le diamètre est égal à celui du tuyau U, dans lequel il doit entrer à frottement
dur. Les barres horizontales de Z simulent les portes ou *soupapes*, mouvantes au
moyen de charnières attachées aux points d'intersection des lignes de cette lettre,
soit en haut, soit en bas. Nous prenons la soupape simulée par la partie supérieure
de Z, qui ferme hermétiquement; nous l'introduisons dans le piston (inclinée comme
elle est représentée par la diagonale, afin que la porte ne se renverse pas en arrière)
et, notre piston ainsi complété, nous le faisons jouer entre 1 et 28 pieds de distance
de la nappe d'eau. Nous plaçons l'autre soupape, s'ouvrant également par le haut,
immédiatement au fond du tuyau.

Le piston, cette fois, peut être ramené à notre portée dans le tuyau au haut du
sol, nous aurons ainsi la facilité de le réparer s'il y a lieu. Nous l'utilisons tel qu'il
est, entouré d'un cuir, en faisant jouer la pompe au moyen du levier. Alors l'eau,
pressée par l'air extérieur, soulève la soupape inférieure, s'introduit dans le corps
de la pompe où elle suit la course du piston, déterminée par la longueur du bras
de son levier. Arrivé à son point d'arrêt, le piston redescend, sa soupape s'ouvre

sous la résistance de l'eau amenée au-dessous et maintenue par la soupape inférieure, car cette dernière s'est fermée à l'instant où l'eau, ayant cessé d'être tirée par le piston et tendant à descendre, pesa sur elle. Lors de la nouvelle ascension du piston, les soupapes fonctionnent comme à la première, et le piston, tout en aspirant l'eau par le bas, soulève celle qui l'a traversé pendant sa descente. Lorsque la partie supérieure du tuyau sera remplie, l'eau s'écoulera en dehors par une ouverture pratiquée à cet effet.

Voilà, en général, les principes sur lesquels toutes les pompes et tous les soufflets sont basés. On peut varier leur construction de bien des manières, suivant le besoin et le génie du constructeur. On peut les rendre à double effet, comme les pompes à incendie, les grandes machines hydrauliques, foulantes et aspirantes en même temps. On peut faire jouer les pistons dans des tuyaux courbés ou droits, et même tirer l'eau de toutes les profondeurs en utilisant la force élastique de l'air renfermé entre deux pistons.

LA MACHINE PNEUMATIQUE

Cette machine, construite pour aspirer l'air renfermé dans un vase et y opérer le vide, est basée sur les mêmes principes que ceux appliqués à la pompe à eau. Introduisez le piston Y dans le vase U et vous refoulerez l'air (V), qui s'échappe par le tuyau I, muni d'une soupape qui l'empêchera de rentrer lorsque vous soulèverez de nouveau le piston. Cette expérience a fait connaître la pesanteur de l'air s'exerçant en tous sens sur les corps, et la cause de l'ascension de l'eau dans l'intérieur du tuyau d'une pompe aspirante. La pression opérée sur la cloche ou le vase, dans lequel on a fait le vide, est équivalente au poids de la colonne d'air ayant le même diamètre ; et l'effort, fait pour séparer le vase de sa base, est équivalent au poids d'une même colonne d'eau renfermée dans un tuyau qui aurait 32 pieds de hauteur.

La même pression atmosphérique maintient en équilibre une colonne de 28 pouces de mercure dans le tuyau de verre du baromètre dans lequel on a fait le vide. Ainsi, toute surface terrestre est pressée perpendiculairement par l'air atmosphérique, comme si elle était horizontale et chargée d'une colonne de 76 centimètres (28 pouces) de mercure. Supposons que sa base soit d'un centimètre carré, la colonne aura 76 centimètres cubes ; le mercure pèse 13 fois et $^6/_{10}$ de plus que l'eau; cette colonne de mercure pèse donc $13,6 \times 76$ grammes ou 1,034 grammes, environ un kilogramme.

Ainsi, l'atmosphère presse toute surface d'un centimètre carré d'étendue comme si elle était chargée du poids d'un kilogramme. C'est pour cette raison que, pour terme de comparaison des pressions, on les assimile à celle de l'atmosphère; on dit un, deux, trois, dix atmosphères, c'est-à-dire que chaque centimètre carré d'étendue du piston d'une machine supporte un kilogramme.

LA PRESSE HYDRAULIQUE

Si nous retournons le principe sur lequel nous avons établi la pompe foulante et le pressoir, nous obtiendrons de suite l'effet de la presse hydraulique ; seulement, ce que nous *gagnerons en force*, nous le *perdrons en mouvement*.

Ainsi, au lieu d'introduire l'eau par le dessus de notre vase, U, dans lequel est placé le piston, V fermé, nous l'injecterons dans l'intérieur par le petit tuyau inférieur de sortie, I, dans lequel nous établirons un piston muni de son levier; nous finirons, à force de pomper, par emplir au moins la moitié du vase U; nous ferons monter en conséquence son piston V, qui va devenir pour nous une puissance extraordinaire de pression, en continuant de s'élever lentement sous la faible injection du petit piston I dans le vase qui doit avoir une solidité relative, attendu que cette pression agit sur toute sa surface intérieure.

Supposez notre vase, U, plein à moitié, l'eau, refoulée dans son intérieur par le tuyau, I, produit une pression sur la base du piston, V, et la puissance transmise suit, comme nous l'avons dit, le rapport des bases des pistons.

Supposons que les bras de levier, I, soient le dixième l'un de l'autre, et que la force appliquée soit de 20 kilogrammes; le piston de la pompe d'injection pressera le liquide, comme si la tige était chargée d'un poids de 200 kilog. Maintenant, si les deux pistons, I et V, ont pour diamètre 1 et 4 centimètres, les bases circulaires sont entre elles comme 1 et 16, et chaque kilogramme posé sur le petit piston, I, fait équilibre à 16 kilogrammes posés sur le grand. Ainsi le poids de 200 kilogrammes, que nous avons placé sur le levier I, produit 3,200 kilogrammes de pression sur la base du grand piston V. Or, cette base a pour surface 12,566 centimètres carrés; en divisant 3,200 par ce nombre, on obtient le quotient 255. C'est le nombre de kilog. portés par chaque centimètre carré du piston V; alors la pression intérieure de la pompe est de 255 atmosphères.

Ainsi, avec un poids de 20 kilogr., on peut, avec cette machine, opérer une pression de 3,200 kilogrammes ou soulever un fardeau identique.

FORCE MOTRICE

EMPRUNTÉE AU POIDS ET AU MOUVEMENT DE L'EAU COURANTE

La lettre N est, comme nous le savons, l'emblème de l'eau courante s'écoulant ici sur un plan incliné de 45 degrés. Nous supposons cette eau arrêtée par la lettre Z, sa similaire par la forme, munie de ses soupapes ou vannes fermées; voilà notre force motrice en réserve.

Nous prenons Y, figure conique terminée par une tige ou axe que nous plaçons dans l'intérieur de V, dont les parois portent des sillons coupants, disposés en sens oblique; la surface extérieure du cône Y, qui s'emboîte dans V, en a d'autres disposés en sens inverse. Nous portons ensuite X, couché horizontalement dans O qui lui sert d'enveloppe. Puis l'appareil combiné de Y dans V est fixé solidement dans le centre de X traversé par l'extrémité de la tige de Y reposant dans une cavité ronde et solide, base de toute la machine. Nous avons la forme d'une *turbine*, O, portant son *arbre* attenant à la *noix* du *moulin*, Y. Si maintenant nous ouvrons la vanne, Z, l'eau se précipitera dans la turbine, O, se heurtera contre les bras de X et communiquera à la partie mobile un mouvement de rotation rapide, capable de pulvériser les graines introduites dans l'appareil conique, V et Y.

Telle est l'invention primitive des moulins à graines qui remplaça la trituration opérée dans des vases (U), avec des marteaux (T) ou pilons.

Mais on s'aperçut bien vite que les graines ainsi concassées s'échauffaient sous l'action du frottement contre les métaux employés pour construire la noix et son enveloppe, V, et l'on songea à remédier à cet inconvénient. Alors apparut l'invention des meules en pierre dure que l'on fit mouvoir par le même mécanisme, en supprimant l'appareil conique que l'on conserva seulement pour les petits moulins à bras.

Maintenant nous prenons une forte meule, O, que nous perçons par son milieu, afin d'y faire passer un axe dont nous fixerons une des extrémités sur l'arbre de la turbine, X, nous obtenons le moulin à *huile*, propre à écraser les graines oléagineuses par le moyen de la pesanteur de la meule O, reposant perpendiculairement sur un plan solide et circulaire.

Si nous redressons X traversé dans son centre par un arbre ou axe horizontal, soutenu de chaque côté par des points d'appui solides, nous avons une roue verticale, qui sera mise en mouvement par le même courant d'eau, Z, qui viendra se heurter sur la largeur des jambages de cette lettre, et nous obtenons une force motrice qui, pour être utilisée dans ce sens, nécessitera la transmission de son mouvement circulaire au moyen de courroies ou d'engrenages.

Voilà en principe la construction de ces espèces de moulins dont le mouvement est basé sur le poids de l'eau et sur la rapidité de sa course, due à l'inclinaison du plan sur lequel elle coule.

LE MOULIN A VENT

Le mécanisme d'un moulin à vent est le même en principe que celui à eau, seulement on les construit sur les éminences, afin que le souffle de Borée, V, se faisant vivement sentir, puisse immédiatement mettre en mouvement la roue verticale, X, dont les jambages deviennent les ailes de la machine tournant sur un pivot, Y, dans le but d'utiliser les différentes directions de l'air. On règle les ailes de ce moulin, en leur faisant prendre des directions plus ou moins inclinées selon le besoin, de même qu'on ouvre plus ou moins les soupapes ou vannes de Z, afin de régler le courant d'eau.

Comme on le voit, toutes ces machines sont construites sur le principe des bras de levier qui doivent être proportionnés à la résistance à vaincre.

LE CABESTAN — LE TREUIL

Le cabestan T, est une machine formée de leviers horizontaux qui traversent un arbre vertical dont les deux bouts ou tourillons sont solidement retenus dans des collets sur un bâti en charpente. Des hommes appliquent leur force aux extrémités des barres pour faire tourner l'arbre sur son axe autour duquel s'enroule une corde, S, C, qui tire le fardeau.

Pour trouver la puissance, P, capable de faire équilibre à une force de traction représentée par un poids, Q, il faut multiplier le poids par le rayon q de l'arbre et diviser le produit par le rayon, R, du cercle que la puissance, P, tend à décrire:

$$P = \frac{Q\,q}{R}$$. Plus les leviers sont longs, et plus les hommes ont de facilité à faire mouvoir la résistance, mais aussi plus il faudra qu'ils dépensent de temps et de mouvement.

LA MANIVELLE

A l'extrémité d'un axe tournant, on fixe, à carré, un bras de levier perpendiculaire qui se coude à son milieu à angle droit, L, pour devenir parallèle à l'axe. On arrondit la tige que l'on garnit d'un manchon mobile en bois, afin que la main qui fait tourner la manivelle ne soit pas blessée par le mouvement de rotation. Souvent le bras de cette manivelle est courbée comme S, pour que l'action soit transmise dans le sens des fibres du bois; mais la longueur du bras est toujours égale à la ligne droite qui est le rayon du cercle décrit par la force motrice. La théorie de la manivelle, comme on le voit, est exactement celle du treuil. On peut, afin d'éviter les temps morts, ajuster à l'autre extrémité de l'axe, un volant X qui, par son poids, régularisera le mouvement inégal communiqué par les bras de l'homme qui est obligé d'appuyer sur la manivelle et de la soulever successivement.

LA CHÈVRE

Machine qu'on emploie pour soulever des fardeaux considérables; elle est formée de deux longues pièces de bois ou bras, inclinées l'une sur l'autre comme A, et par le milieu desquelles on place, à la portée de l'homme, un treuil (B) figuré par la barre transversale de A. Au sommet, on fixe une poulie (O), qui ne sert qu'à la transmission du mouvement et dans la gorge de laquelle on fait passer une corde (C), dont un des bouts va s'attacher au fardeau à soulever, et l'autre s'enrouler sur le cylindre du treuil que l'on fait tourner à l'aide de leviers (T).

Le calcul de la force de cette machine, abstraction faite du frottement, est: la puissance et la résistance sont l'une à l'autre comme le rayon du cylindre T est au rayon de cercle décrit par la force qui fait tourner les leviers. Si un des leviers, (T), mesuré depuis l'axe du moulinet jusqu'à celui où la force le saisit est huit fois le rayon du cylindre, la puissance d'enlever a un poids huit fois plus grand que si elle n'était pas aidée de cette machine; ainsi, un homme qui ne serait capable que d'enlever 50 kilogrammes pourra en soulever 400.

LE CROC

Le croc est une espèce de chèvre portative dans laquelle on supprime la poulie ; sa construction est figurée par les lignes rapprochées et transversales de A dans la grande figure, qui sont autant de chevilles mobiles dans des trous percés à ces distances. On attache la corde qui tire le fardeau à l'extrémité d'un levier qui trouve alternativement son appui sur ces chevilles au fur et à mesure qu'on soulève le fardeau ; ainsi, deux chevilles, que l'on déplace et que l'on remet l'une après l'autre, suffisent pour cette manœuvre.

LA GRUE

A la rigueur, la chèvre, A, inclinée vers sa base pourrait servir de grue ; il ne s'agirait que de la faire tourner sur sa ligne perpendiculaire faisant fonction de pivot, afin d'amener sur le sol le fardeau suspendu à son extrémité. Mais, pour avoir plus de facilité à faire tourner sur sa base cette machine, on l'a construite selon la forme du T, afin que les forces de traction s'équilibrant de part et d'autre, le point de centre pût retomber sur le pied de T. En effet, la grue, employée à tirer et à soulever au ras du sol les lourdes pierres des carrières, est composée d'après ce principe d'un long treuil tournant dans une gorge pratiquée à l'extrémité supérieure du jambage de T, solidement contrebuté vers sa base par un bâti terminé par un collier dans lequel il puisse tourner. A l'extrémité d'une des branches de T, on attache une corde qui va saisir le fardeau; l'autre branche sert d'axe sur lequel on place un tambour, O, dans l'intérieur duquel on fait marcher des hommes dont le poids, agissant à l'extrémité des traverses, X , qui soutiennent le tambour, fait tourner le treuil, T ; la corde s'enroulant autour du bras tire à elle le fardeau jusqu'à la hauteur voulue. On fait tourner l'arbre T sur son pivot, et on dépose le fardeau sur le sol.

On a composé cette machine de plusieurs manières différentes. On y adapte ordinairement des engrenages et des manivelles qui remplacent le tambour, etc. Mais le principe reste le même que celui appliqué à la chèvre. Dans le cas où l'on y placerait un engrenage simple (une roue et son pignon), les rayons des roues n'étant que des leviers, le calcul de la puissance de cette grue serait facile à faire. Supposons le rayon de la roue E $=$ A $=$ 18 pouces, celui du pignon F $=$ B $=$ 3 pouces , celui du treuil D $=$ C $=$ 4 pouces, et la longueur du bras de la manivelle $=$ D $=$ 12 pouces ; la puissance appliquée à cette manivelle $=$ P, et le poids à soulever accroché à la corde $=$ q ; on a la proportion $\dfrac{P}{q} = \dfrac{b\,c}{a\,d} = \dfrac{3\,P.4}{18.12} = \dfrac{1}{18}$, c'est - à - dire qu'une livre appliquée à la manivelle en tient 18 en équilibre; mais dans le cas du mouvement, il n'en faut compter que 12, parce que le tiers de la puissance se trouve absorbé par les frottements inévitables dans toute machine. Par la même raison, le poids montera 18 fois moins vite que la vitesse imprimée à la manivelle. Un seul homme peut donc charger ou décharger des colis du poids de 1,000 à 1,200 livres.

Lorsqu'on a de très-lourds fardeaux à soulever, on fait les roues à double engrenage pour en multiplier la puissance, c'est-à-dire qu'on ajoute encore une roue et un pignon du même diamètre que les précédents.

LA MOUFLE

Si l'on passe une corde C sur la poulie O et qu'on attache à chacune des extrémités de cette corde des poids égaux, ceux-ci resteront en équilibre. Mais, lorsqu'une force tire un cordon passé dans la gorge de la même poulie dont l'axe n'est pas fixe, l'autre bout du cordon étant fixé, cette force retiendra en équilibre un poids double qui est porté par l'axe, quand les deux parties de la corde sont parallèles. Plusieurs poulies de ce genre ajustées les unes au-dessous des autres, dans des chappes séparées B, prennent le nom de moufles ou poulies moufflées. Le cordon passant sur plusieurs poulies alternativement fixes et mobiles, chacune de celles-ci produit l'effet ci-dessus indiqué, en sorte que la force, M, qui fait équilibre, n'est que la moitié, le quart, le sixième du poids, F, selon qu'il y a une, deux, trois poulies mobiles ; celles qui sont fixes et sur lesquelles les cordes glissent ne servent qu'à changer la direction de ces dernières.

Ainsi, F = 7, M, parcequ'il y a 7 cordes communiquant aux poulies mobiles ; le dernier cordon ne compte pas. Le poids, F, se distribue par portions égales sur tous les cordons, et puisque tous éprouvent la même tension, M, il faut bien que le poids, F, agissant sur l'axe du moufle mobile, soit égal à la force M, qui retient le cordon, multipliée par le nombre des cordons qui aboutissent au moufle mobile.

Il faut faire observer que, s'il y a 6 cordons, il faudra que la force, M, développe six fois plus de cordon que le poids, F, ne parcourra d'espace. Tel est le principe des vitesses virtuelles, applicable à toute machine. En outre, on n'a pas tenu compte, ici, du frottement, ni de la raideur des cordes : aussi ne peut-on accroître le nombre des poulies mobiles au-delà de trois ou quatre.

Ainsi, les moufles font l'effet d'une suite d'engrenages ou de leviers successifs dont le mouvement est transmis par des cordes.

FORCE DE PROJECTION DÉTERMINÉE PAR LA ROTATION

Le premier exemple de la force de projection d'un corps en ligne, plus ou moins droite, nous est donné par la *fronde*, C, composée d'une corde dont une des extrémités, déjà détachée de la main, vient de lancer le projectile qu'elle retenait. Chacun sait que cette *arme de guerre* aujourd'hui abandonnée, consistait à envoyer au loin des pierres placées à la partie centrale de l'instrument, que l'on faisait tournoyer avec une grande vitesse au moyen de la main ; puis en lâchant subitement un des bouts de la corde, le projectile s'échappait dirigé vers le but, en produisant un léger sifflement, causé par le bris de l'air violemment déplacé.

La théorie de cette machine est la même que celle appliquée aujourd'hui aux balles, aux bombes et aux boulets de canon. Le projectile, vivement poussé par la puissance, tend d'abord à s'élever, mais rencontrant d'un côté la résistance de l'air ambiant, et sollicité de l'autre par l'attraction centripète, il est forcé de décrire dans l'espace une courbe qui le ramène sur le sol.

Cette force de projection, produite par la rotation rapide des corps, est fort puissante. Chacun connaît les accidents terribles occasionnés par la rupture subite d'une meule de moulin douée de la plénitude de son mouvement centrifuge. On connaît encore des machines construites sur ce principe, et qui sont capables de lancer des cailloux roulés ou des boulets à des distances incroyables. Dès lors, il n'est pas étonnant, que les anciens se soient servis de ces engins de guerre, pour défendre l'approche de leurs murailles, comme ils le donnent à entendre, dans leur alphabet, par les lettres C, Y, X, O, qui rappellent la construction du moulin capable de leur procurer un mouvement de rotation suffisant à cet effet.

FORCE DE PROJECTION DÉTERMINÉE PAR LES CORPS ÉLASTIQUES

La lettre D, qui est l'image d'un *arc* tendu par sa corde diamétrale, nous donne encore un exemple de cette sorte de puissance. D'abord, en rendant cet instrument portatif, il devint une *arme de guerre*, et servait à lancer des *flèches* légères; puis en augmentant ses dimensions, on parvint à lui faire jeter des pierres petites ou grosses (E fermé), de différents poids (F), des catapultes et des javelots fort pesants (I); de l'eau bouillante (G, J) et des espèces de chevaux de frises (K), montés sur des bâtis (A), etc., engins aujourd'hui perdus ou hors d'usage.

FORCE PROCURÉE PAR LA PESANTEUR DIFFÉRENTE DES POIDS

Cette puissance, appliquée à la traction ou à la pression, peut toujours être exactement connue en calculant le carré ou le cube (E) des poids pesants ou légers (F) employés dans une machine. Mais comme tous les corps, quoiqu'ayant le même volume, c'est-à-dire occupant le même espace, n'ont pas une pesanteur uniforme, il est nécessaire de pouvoir la connaître, au moyen d'une expérience facile, donnée par les lettres T, U, V.

La recherche du poids spécifique d'un corps solide se réduit à connaître son poids absolu pesé dans l'air et dans l'eau. Nous prenons donc la balance, T, avec ses deux bassins, nous suspendons le corps à peser à un crin, ou à un fil de fer mince, sous l'un des plateaux de la balance; on pèse ainsi le corps dans l'air, et l'on a pour *dividende* le poids trouvé; puis passant sous ce corps un vase plein d'eau, U, on l'y fait immerger totalement; on verra que l'équilibre entre les deux plateaux n'existe plus, parce que l'eau renfermée dans le vase soulève le corps. Il faudra donc ajouter dans le bassin qui tient le corps, des poids convenables pour ramener l'équilibre. Cette perte, qui est le poids d'un égal volume d'eau, est le *diviseur* dans notre calcul.

On sait, par le principe d'Archimède, qu'un corps plongé dans l'eau y perd une partie de son poids égale à celui du volume d'eau qu'il déplace.

Pour connaître la pesanteur spécifique des liquides, il suffit de prendre un flacon vide que l'on remplit du liquide proposé, puis on déduit le poids du flacon; remplissez ensuite le même flacon d'eau pure, vous aurez les poids de deux volumes égaux du liquide proposé et de celui de l'eau; le quotient de la division du premier poids par le second est la densité demandée.

Le poids spécifique des gaz se rapporte à celui de l'air atmosphérique. A l'aide de notre machine pneumatique, nous faisons le vide dans notre vase, U, que nous avons pesé plein d'air, ensuite, nous y introduisons le gaz proposé que nous pesons également; le premier de ces poids divisé par le second, donne pour quotient la densité du gaz.

Un litre d'air sec, à 4 degrés, pèse 1,2995 grammes, sa densité est donc de $^1/_{770}$ de celle de l'eau à la même température. Telle est le terme pris pour unité de densité des corps solides et liquides.

En se ressouvenant que le poids spécifique d'un corps est le poids en grammes d'un centimètre cube de cette substance, on voit qu'il suffit de multiplier ce nombre par le volume du corps rapporté à la même unité, pour avoir le poids de ce corps. Ainsi la densité du fer est 7,788; si l'on a un barreau carré de 4,000 centimètres cubes; multipliant 4,000 par 7,788, on trouve que ce barreau pèse 31,152 grammes, ou 31 kilog. environ.

PUISSANCE PROVENANT DE LA CHUTE DES POIDS

Nous avons reconnu que tous les corps, quelle que soit leur densité, tombaient avec une même vitesse, dans le vide; donc l'air atmosphérique, par sa résistance, est la cause de l'inégalité des chutes. A l'air libre, la chute d'un corps s'accélère de plus en plus, et s'il a décrit, par exemple, 1 mètre en un quart de seconde, il en parcourra 3 dans un temps égal compté à l'expiration du précédent; 5, 7, etc., dans les instants suivants. Si nous comptons les espaces et les temps, depuis l'origine de a chute, nous verrons que ces durées représentées par 1, 2, 3, 4, les hauteurs descendues sont 1, 4, 9, 16, qui sont les carrés des premiers nombres. Ainsi, *les hauteurs des chutes croissent comme les carrés des temps*.

On a basé sur la chute des poids des instruments très-puissants, que l'on emploie pour enfoncer les pieux dans la terre; on les nomme *sonnettes, moutons, béliers*, etc. (Voir leur théorie au mot *Coin*, p. 111).

PUISSANCE TIRÉE DE L'EAU RÉDUITE EN VAPEUR

PAR L'ACTION DU FEU

On s'aperçut de la force expansive de la vapeur produite par l'eau bouillante, du moment où l'on eut fabriqué un vase en terre ou en métal, capable de résister à l'action du feu. Les premiers récipients d'eau furent, sans aucun doute, les creux des deux mains jointes (B), de l'homme (A), puis des espèces d'écuelles en bois (C), ou l'écorce durcie de quelque cucurbitacée (D). Afin de chauffer, et même de faire bouillir l'eau qu'ils contenaient, on était obligé de faire rougir au feu (G) des cailloux (E, F) ou d'autres pierres et de les y plonger instantanément et successivement. Mais ces procédés primitifs durent nécessairement être abandonnés, lors de la découverte de la poterie et de la fusion d'un minerai, soit fonte, cuivre, argent, etc., dont l'origine est inconnue.

Les auteurs de l'alphabet, comme nous l'avons vu en parlant de l'accent phonétique appliqué à la forme des lettres, ont représenté le son produit par l'eau bouillante renfermée dans une marmite ou une chaudière surmontée de son couvercle entr'ouvert par la lettre G (gau, *Gueee...*) et le son produit par la tension de la vapeur, qui s'échappe du vase clos par J *(jiii...)*

Dès lors, si l'on place un poids quelconque sur le couvercle de la chaudière d'eau bouillante, G, la tension de la vapeur soulèvera le couvercle avec plus ou moins de violence, en raison de la pression opérée et de la solidité des parois. Si vous convertissez votre chaudière en un tube, U, dans lequel peut se mouvoir le piston, Y renversé, de la pompe que nous venons de construire, il est évident que la tension de la vapeur augmentant soulèvera le piston et le chassera en dehors du vase ou du corps de pompe, par l'ouverture duquel elle s'écoulera dans l'atmosphère (O). Voilà donc la puissance de la force de la vapeur d'eau connue, il s'agit d'étudier ses effets, de les soumettre au calcul et d'en faire l'application aux machines ordinaires.

Nous n'avons plus qu'à consulter, à cet égard, les lettres de l'alphabet et de nous reporter aux principes de l'invention.

Avant de procéder à nos expériences, il nous faut une machine, que nous composons de la chaudière, G fermé, et du corps de pompe U muni de son piston, Y, que nous affermissons sur une ouverture du même calibre, pratiquée à la partie supérieure du couvercle de G ; nous nous assurons, par crainte d'accident, de la solidité des parois de notre machine, au moyen de notre presse hydraulique que nous chargeons de... atmosphères. Comme la dépense de l'eau vaporisée doit être remplacée, nous rapprochons de la chaudière notre pompe à eau ordinaire, et nous ferons communiquer l'eau refoulée par celle-ci avec la partie supérieure de la chaudière, par une petite ouverture que nous y pratiquons et à laquelle nous adaptons le tuyau I. Nous injectons par ce moyen de l'eau froide dans la chaudière que nous remplissons à peu près à moitié, afin de laisser, dans le dessus de l'eau, un espace suffisant au dégagement de la vapeur, et nous faisons du feu en dessous. L'eau s'échauffe, la vapeur prend peu à peu de la tension et notre piston, que nous avons chargé d'un certain poids, s'élève lentement dans son tuyau. Dans le but de remplacer l'eau vaporisée, nous injectons un filet d'eau froide dans la chaudière, et soudain, à notre grande surprise, le piston retombe avec une violence telle, qu'il ébranle toute la machine.

Après quelques expériences, répétées à de longs intervalles, attendu qu'à chaque injection d'eau froide sur la vapeur renfermée dans la chaudière, celle-ci se condense, se résout en eau, et refroidit d'autant celle de la chaudière, nous apprenons que la chute si forte du piston est occasionnée par la pression de l'air atmosphérique qui se précipite sur la surface extérieure du piston, forcé de remplir le vide fait au-dessous de lui par la condensation subite de la vapeur. Nous attachons alors un des bras de la balance (T) à l'extrémité de la tige du piston soulevé ; puis nous plaçons des poids suffisants (F) dans l'autre bassin opposé, afin de faire équilibre au poids de l'atmosphère. L'injection d'eau froide opérée, le piston reste immobile. Nous connaissons dès lors, en faisant le calcul de la surface de notre piston $_X$, que, dans chacune de ses chutes, il peut soulever, au moyen d'un balancier adapté à sa tige, un poids égal à celui contenu dans le bassin de la balance.

Nous voici en possession d'un moteur inattendu, qu'il s'agit encore de perfectionner dans son application aux machines. Afin d'éviter la déperdition du calorique occasionnée par l'injection de l'eau froide dans la chaudière, nous séparons le système en deux parties. Nous plaçons le corps de pompe à une certaine distance de celle-ci, en établissant une communication entre les deux, au moyen d'un tuyau qui ira prendre la vapeur de la chaudière, pour la reporter dans le corps de pompe au-dessous du piston ; puis nous faisons pénétrer notre jet d'eau froide alimentaire un peu au-dessous du niveau ordinaire de l'eau.

Afin d'interrompre l'arrivée de la vapeur dans le corps de pompe, lorsque le piston sera soulevé au terme de sa course, nous adaptons, au tuyau de conduite, une soupape ou un robinet (Z) qu'on fera mouvoir avec la main ; puis on l'ouvrira, lorsqu'il s'agira de le faire remonter.

Pour procurer une sortie à la vapeur renfermée au-dessous du piston, lorsqu'il sera soulevé, et faciliter sa descente, on adaptera au fond du corps de pompe, un petit tuyau qui conduira la vapeur dans un seau rempli d'eau froide, placé sur le sol ; on ajustera également à ce tuyau un robinet que l'on fermera, lorsque la vapeur de la chaudière arrivera pour soulever le piston. Nous avons ainsi deux robinets à tourner, afin d'entretenir le jeu continuel de la machine. Le premier donne et refuse alternativement, l'accès de la vapeur venant de la chaudière ; le second laisse passer la vapeur lorsqu'elle a fait son effet sous le piston, et interdit l'accès de la vapeur de la chaudière ; il faut donc l'emploi de deux hommes, l'un injectera de l'eau froide dans la chaudière et entretiendra le feu, et l'autre portera toute son attention à tourner les robinets à temps. Nous allons immédiatement employer cette force motrice atmosphérique à faire mouvoir une pompe aspirante en y trans-

portant le mouvement de la tige du piston, Y, au moyen du balancier, T, à l'extrémité des bras duquel nous fixons un segment de cercle (C) destiné à maintenir la
ligne verticale à la tige, ou à la chaîne du piston.

Mais bientôt, nos deux manœuvres, fatigués de l'attention soutenue qu'il fallait
avoir pour entretenir le jeu régulier de la machine, s'imaginèrent l'un, d'attacher
au levier de sa pompe d'injection un long bâton qui correspondait au mouvement
du balancier T, et dès lors il fut débarrassé de sa besogne accomplie par le moteur
général; l'autre, d'en faire autant pour maintenir le jeu de ses robinets qui se trou-
vèrent, par ce moyen, juste en rapport parfait avec l'arrivée et la sortie de la vapeur.
Cette invention, mise à profit, fut dès lors appliquée au système général de la construction de la machine à vapeur dite *à basse pression.*

Il va sans dire que, pour régulariser le mouvement et passer les points morts, on
fut obligé de recourir à la force circulaire des volants X; et quelquefois, afin de
donner moins de tension à la vapeur, il fallut alléger par un contre-poids, l'ascension du piston qui, lorsque le vide est fait au-dessous de lui, est forcé de soulever
le poids d'une colonne d'air égale à son diamètre.

L'idée des robinets articulés nous fait entrevoir la possibilité de donner une issue
à la vapeur, aussi bien au-dessus qu'au-dessous du piston. Dès lors, nous serons dé-
barrassés d'une partie du poids de l'atmosphère.

En effet, nous n'avons que quatre conduites qu'il s'agit de boucher, ou d'ouvrir
deux à deux alternativement, afin d'introduire ou de laisser échapper la vapeur, au-
dessus et au-dessous du piston. La forme des lettres E et F fermés nous dit, par les
quatre petits carrés de l'intérieur, qu'il faut faire arriver la vapeur de la chaudière
dans une boîte carrée d'une dimension suffisante, et percée de quatre ouvertures,
auxquelles seront adaptés quatre tuyaux extérieurs correspondant chacun à autant
de conduites pratiquées à l'intérieur de la boîte et communiquant, par en haut et par
en bas, deux à deux, avec le corps de pompe; c'est-à-dire arrivant au-dessus et au-dessous du piston. Puis, on prendra la lettre F fermée, dont deux des carrés sont pleins,
(non à jour) que l'on applique exactement sur les carrés de E (tous à jour); la lettre
F, ainsi placée, obstrue les deux ouvertures opposées de E et fait ainsi l'office d'un
tampon, d'une soupape, ou d'un robinet. La lettre F est mobile et retenue par deux
rainures; si vous y attachez une tige qui recevra son mouvement de va-et-vient
d'une manivelle (S) ou d'un excentrique attenant au mouvement général de la machine, cette plaque, bien ajustée, ouvrira ou fermera des passages convenables au
jeu de la vapeur sur les deux faces du piston. Si le piston monte, l'ouverture du bas
s'ouvre, pour laisser arriver la vapeur de la chaudière *sous* le piston; puis le mouvement de la plaque ferme celle correspondante du dessus; par contre, l'autre voisine du dessus s'ouvre pour laisser échapper la vapeur qui se trouve *au-dessus* du
piston, et celle correspondante du bas se ferme pour empêcher la fuite de la vapeur arrivant de la chaudière; ainsi de suite.

En définitive, ce mécanisme est le contraire de celui des soupapes placées dans
le corps de notre pompe à eau à double effet. Ici, le piston refoule l'eau qui fait ouvrir et fermer les soupapes, selon le besoin; là, la puissance prend une direction
opposée, la vapeur agit sur le piston dont le mouvement fait ouvrir ou fermer les
soupapes.

Nous nommerons cette machine, pompe à feu à *haute pression*, parce que, pour la
faire fonctionner, il est nécessaire de donner à la vapeur toute sa tension (H, le cube
de la dilatation). Il sera donc urgent de fabriquer des chaudières solides et capables
de résister à la pression énorme qui viendra, dans ce cas, appuyer sur ses parois in-
térieures. Cette précaution prise, on peut transmettre sa force extraordinaire à
toutes les autres machines que nous venons de décrire, soit au moyen, des balan-
ciers (T), des cordes, des courroies (C), des manivelles droites ou courbes (L, S),
etc., selon le besoin.

On peut même la placer sur un chariot à quatre roues (E fermé), chargé de poids considérables (F); pour cela nous retournerons sens dessus dessous notre chaudière, G, sur la partie supérieure de laquelle nous établirons notre corps de pompe, afin qu'il soit à la portée de notre main qui pourra ainsi facilement régler son mécanisme et le jeu du piston ; le dessous de ℮ ayant, retourné, la forme de e minuscule, sera le foyer que nous séparerons en deux parties par une grille, au-dessous de laquelle sera le cendrier, près duquel se postera l'homme chargé de diriger la marche et d'entretenir le feu. Attenant à la machine et venant à sa suite, on pourra placer un autre chariot à quatre roues (H) sur lequel seront le réservoir d'eau d'alimentation (U) et le combustible (V) ; le mouvement du piston se communiquera aux roues du chariot de la machine qui tourneront avec l'essieu et auquel elles seront fixées, soit au moyen d'une manivelle, d'un balancier ou d'une bièle, qui ira s'articuler sur un des rayons.

Ainsi disposée (ou de toute autre manière, selon le génie du constructeur), cette voiture, mue par la vapeur qu'elle porte, pourra courir sur les routes ordinaires, monter sur des rampes au moyen de crémaillère, B (qui simule une suite de dentelures); mais si l'on construit, pour son usage spécial, des chemins horizontaux sur lesquels on placera des longrines en bois ou en fer retenues dans leur écartement par des traverses (H) et sur lesquelles s'engageront, à rainures, les jantes des roues, OH ! (H); alors la machine aura reçu son complément. A l'aide de l'eau (I) et de la vapeur (J), elle égalera en vitesse l'oiseau qui vole (K), elle surpassera en rapidité (L) la course des quadrupèdes (M), dont elle remplacera la force ; et appliquée à la navigation, elle remontera les courants les plus rapides (N) auxquels elle suppléera également avec avantage comme puissance motrice.

Mais, afin de prévenir les accidents que pourraient occasionner, soit la trop grande tension de la vapeur, soit la trop grande vitesse acquise, il est nécessaire d'ajouter à la chaudière une soupape de sûreté (O) sur laquelle appuie fortement un levier (P retourné ꝗ) qui, par le poids (F), dont il sera chargé à son extrémité, puisse s'équilibrer (T) avec la pression multiple (Q R) exercée dans la chaudière par la force d'expansion de la vapeur.

Afin de modérer la vitesse et d'arrêter la marche de la voiture, on place sur la roue (O) un frein (P retourné) dont le frottement puissant et multiple (Q, R), transmis à l'extrémité de son levier par la manivelle (S), puisse faire équilibre (T) à la force de la vapeur renfermée par le corps de pompe (U). Alors cette rapidité, égale à celle d'un vent tempétueux (V, Borée), sera modérée comme si l'on appliquait un volant (X) à l'oscillation de la tige du piston (Y), ou comme si l'on réglait, par le moyen des vannes ou des soupapes (Z) la rapidité de l'écoulement de l'eau (N) sur les aubes d'une roue hydraulique.

Lorsqu'un vase (U) rempli d'eau est mis sur le feu, l'ébullition commence au point où la force élastique de la vapeur l'emporte sur la pression de l'air atmosphérique. Ainsi l'eau bout à une plus basse température sur les hautes montagnes que dans les plaines, à la surface de l'eau qu'au fond du vase, parce que celui-ci porte le poids de la colonne liquide. Lorsque l'air et la vapeur sont mêlés ensemble, chacun de ces gaz conserve sa force élastique propre, leurs tensions s'ajoutent, et la pression est la somme de leurs pressions particulières.

La force élastique de la vapeur, ou sa *tension*, varie proportionnellement à la température et en raison inverse de l'espace occupé par cette vapeur. Elle ne se laisse pas comprimer dès qu'elle a atteint un certain degré de tension propre à sa température et à l'espace qu'elle occupe. Si l'espace qu'elle occupe est saturé de vapeur d'eau, il faut élever la température pour que l'eau puisse former de nouvelle vapeur.

Le poids d'un volume de vapeur d'eau n'est que les cinq huitièmes de celui de l'air sous même volume et même température; un litre de vapeur d'eau pèse 0,81 gramme, à la température de la glace fondante, tandis qu'un litre d'air pèse 1,3 grammes; l'eau absorbe 550 degrés centigrades de chaleur dans son passage à l'état de vapeur.

L'eau, en se vaporisant, occupe un volume 1693,55 fois plus grand ; ainsi, un gramme de vapeur occupe 1 litre 69355 de litres et est produit par un centimètre cube d'eau.

Si nous donnons à la goutte d'eau, O, la forme et la mesure de la solidité des figures géométriques décrites ci-dessus; 180,08, sphère multipliée par le calorique, G 7, suffisant à l'eau bouillante = ... 1,260,56

Plus le calorique élevé à son cube, E, 343, afin d'obtenir la plus grande tension de la vapeur, ci 343,00

Plus le cube 90 du cône, forme des globules vaporisées et pressées . .   90,00

Total égal . . . 1,693,56

L'air atmosphérique, chauffé et dilaté, peut devenir une puissance mécanique d'une force égale à celle de la vapeur d'eau, mais il faut combiner la machine de manière à éviter le ramollissement des métaux qui, trop échauffés, tendent sans cesse à adhérer entre eux; cet inconvénient s'opposant au jeu des pièces constituantes.

Tous les corps capables d'être vaporisés par le calorique peuvent devenir une puissance motrice plus moins ou grande.

INVENTION DU FER — FONTE DES MINERAIS — LE VERRE

L'homme, dans le principe (A) n'avait pour instrument que ses deux mains (B); c'est donc dans le creux de ses mains jointes ensemble, afin de simuler une pêle, qu'il ramassa sur le sol, et qu'il mit dans son premier vase (C) en écorce de bois, ou dans celui D, formé de l'enveloppe d'une cucurbitacée séchée, les grains de minerai semblables, par la forme et la couleur, à ceux du sable ou du gravier, E, d'un poids ou d'un volume plus ou moins grand (F); puis, par manière d'expérience non encore raisonnée, on jeta ces grains de minerai mélangés par hasard avec des morceaux de pierre calcaire, siliceuse ou argileuse, dans le vase en terre cuite, G, à la base duquel était pratiquée une ouverture pour l'écoulement des matières qui, probablement, vont se mettre en fusion sous l'action d'un feu violent (H) entretenu sans cesse au-dessous et autour du vase G.

Mais, à la grande surprise des expérimentateurs, ce fut le vase lui-même qui se fondit et se vitrifia (I, J). Voilà encore l'invention inattendue du verre, grossière, il est vrai, mais que l'on perfectionnera tout à l'heure. Il s'agit de recommencer de suite l'expérience non réussie. Mais, cette fois, on construisit un récipient en terre cuite (G), auquel on donna une bonne épaisseur, et comme il était impossible de chauffer depuis l'extérieur une masse aussi grande, on imagina d'entasser dans l'intérieur, par couches alternatives, le combustible et le minerai.

Afin d'obtenir un degré de chaleur plus grand encore, on dessécha le bois servant de combustible (H qui vient après G), en le faisant consumer en partie dans le vase clos ([G], charbon de bois). Pour activer ensuite l'action du feu et établir un tirant d'air, on ménagea quelques ouvertures dans le massif du four. De crainte que ces précautions ne fussent pas encore suffisantes, on eut recours à l'emploi de nos forts soufflets à piston, mûs par l'eau ou la vapeur et décrits plus haut (U, V, X, Y, Z). Nous voilà en possession d'un fourneau en terre (G) que nous couvrons à demi, afin d'empêcher l'accès de l'eau de pluie, et de laisser échapper la fumée. Nous pratiquons vers sa base trois ouvertures : l'une destinée à la sortie du liquide, les deux autres propres à recevoir, de chaque côté opposé du vase, les extrémités des tuyaux correspondant à la machine soufflante.

Tout étant ainsi disposé, nous introduisons, par dessous, le feu dans l'intérieur du fourneau, et nous faisons fonctionner les soufflets. Bientôt la masse s'échauffe le combustible se consume, et sous l'action du calorique, porté presque à son maximum, (H), les parties métalliques et pierreuses entrent pêle-mêle en fusion, et viennent, en se tamisant goutte à goutte, à travers le combustible, se réunir au fond du vase sous la forme liquide. Ici, en raison de la densité, les matières terreuses et pierreuses liquéfiées, se maintiennent au-dessus de celles métalliques plus lourdes et s'écoulent les premières (I) en présentant l'aspect visqueux et noirâtre du verre fondu.

Lorsque la capacité réservée à la fonte métallique est remplie, on élargit peu à peu l'ouverture par en bas, et le liquide métallique bouillant (K) s'écoule (J) dans des moules contenus par des chassis (L fermée), ou bien, afin de le diviser dans sa longueur, dans des *rigoles* en zigzags (M) creusés dans le sol. Lorsque la fonte s'est réfroidie, il faut la faire rougir de nouveau dans la fournaise (G); on fait ensuite couler le courant d'eau (N) sur les aubes d'une roue largement dentée (O, notre roue dentelée pour construire la sirène), sur les dentelures de laquelle vient s'appuyer l'extrémité du manche, retenu par son milieu, d'un marteau (P); le mouvement circulaire de cette roue fera hausser et laissera retomber le marteau dont le poids et la vitesse doivent être doublés et redoublés (Q) en raison de la force de la roue (O) et de la résistance de la *masse* que l'on *martelle* sur une *enclume* dont le poids est également doublé et redoublé (R). Ces chocs répétés produisent des ondes sonores (R) qui s'étendent au loin (S.)

On obtient, par ce martelage répété, des barres de métal longues, ductiles et faciles à contourner (S) sous l'effort d'un petit marteau (T). On peut remplacer l'effet du marteau, T, par la pression de deux cylindres (TT) tournant en sens contraire. Maintenant, à l'aide de ce petit marteau, T, nous pressons une certaine quantité de ces petites barres de fer les unes contre les autres; nous les serrons avec un lien plusieurs fois contourné (S), nous les renfermerons dans une boîte hermétiquement fermée (U), dans laquelle nous aurons placé, pêle-mêle avec les barres de fer, des matières capables de produire le vent, V, c'est-à-dire le gaz aériforme le plus lourd (le *carbone*, l'acide carbonique); nous porterons cette boîte dans la fournaise, G, et après l'avoir assez longtemps tenue rougie (H) sous l'action du feu, nous la plongeons dans une cuve (U) remplie d'eau froide. Alors, toutes les petites barres, qui se sont durcies par l'action du carbone avec lequel le fer s'est combiné, sont propres à fabriquer toutes sortes de *coins* (V), c'est-à-dire les instruments tranchants: *ciseaux, couteaux, haches, épingles, etc. Les leviers rigides et sonores* (X); *les noix coniques et les tourillons de nos moulins* (Y). Enfin, la découverte du minerai de fer, dont on fait la fonte qui produit, par le travail de l'homme, le fer et l'acier, ouvrira ou fermera plus ou moins les soupapes (Z) qui régleront, dans l'avenir, le sort des nations, selon leur amour du travail, leur instruction et leur aptitude à construire les outils et à s'en servir.

Le poids spécifique du fer en barre est de 7,78; ou il pèse autant que 8 fois son volume d'eau; il entre en fusion entre 1,500 et 1,600 degrés centigrades (vibrations du Ré dièse, $154 \times 10 = 1540$).

Tous les métaux, à l'exception du mercure, dont nous parlerons tout-à-l'heure, proviennent de la fonte de leurs minerais plus ou moins purs; chacun d'eux renferme en lui une certaine quantité de calorique latent qui lui est propre, et qui, ajouté à celui qu'on lui communique pour parvenir à sa liquéfaction, vient plus ou moins en aide, par cette raison, au résultat de cette opération.

Les métaux sont aussi susceptibles d'être dilatés par les molécules caloriques qui, se logeant dans leurs pores, les étendent en tous sens jusqu'à ce que, les mailles qui les constituent cédant sous l'effort de la chaleur et se rompant, ils changent d'état en se liquéfiant. Chaque métal possède encore sa sonorité, son aspect et sa pesanteur particuliers.

Afin de tout ordonner, et de ramener les corps de la nature à l'unité de laquelle ils sont sortis par la toute-puissance des dieux, nous avons donné leurs noms vénérables aux sept métaux principaux et aux sept astres visibles qui tournent dans l'immensité de notre système céleste. Nous avons voulu aussi éterniser dans la mémoire des hommes cette grande harmonie des corps lumineux qui, semblable à celle des sons de la gamme chromatique, sera notée, comme l'échelle musicale, par les appellations assignées aux sept jours de la semaine, dont voici le tableau succinct :

NOMS ALLÉGORIQUES DES SEPT MÉTAUX PRINCIPAUX ASSIMILÉS AUX SONS DE LA GAMME

Jour	Nom latin	Astre	Métal	Poids spécifique	Son
Lundi,	Lun-æ di-es,	jour de la Lune, représente l'argent, dont le poids spécifique est 4 et correspond au son			Ut, A.
Mardi,	Mar-tis di-es,	jour de Mars . » le fer	»	6	» Ré, E.
Mercredi,	Mercur-ii di-es,	» Mercure . » le mercure	»	2	» Mi, I.
Jeudi,	Jov-is di-es	» Jupiter » l'étain	»	7	» Fa, J.
Vendredi,	Vener-is di-es	» Vénus » le cuivre	»	5	» Sol, O.
Samedi,	Saturn-i di-es	» Saturne » le plomb	»	3	» La, U.
(La Terre)					» Si, V.
Dimanche,	Di-es manachi,	jour du Soleil, qui règle la division des mois en semaines, représente l'or, dont le poids spécifique est 1, et correspond au son .	»		Ut², Y.

Ces noms se marquent aussi au moyen des signes particuliers que nous donnons ici d'après l'ordre de notre tableau :

Ainsi, on voit par ce tableau que la pesanteur relative des métaux suit le rapport de la formation des sons de la gamme diatonique 1, 3, 5, 7, etc., et nous montrerons encore, en décomposant les sept couleurs du spectre, que chaque rayon lumineux est produit par la couleur propre à l'un de ces métaux vaporisés *à l'excès* par l'effet de la pression énorme opérée par la surface sur le centre du soleil ; circonstance qui explique l'étonnante vitesse du calorique qui ne devient liquide, c'est-à-dire lumineux, qu'après s'être refroidi à une certaine distance de son centre d'émersion. La pression de l'air atmosphérique produit le même effet sur la flamme d'une lampe.

On devra donc se souvenir que, souvent dans le cours de cet ouvrage, les noms des sept métaux ci-dessus seront remplacés par les voyelles et les semi-voyelles musicales auxquelles ils correspondent.

LE MERCURE

Après l'invention du fer, le métal le plus abondant, le plus important et le plus nécessaire à l'industrie de l'homme, vient le mercure. L'utilité de ce dernier est non moins grande : on l'emploie journellement dans les expériences de physique, dans les opérations métallurgiques relatives à l'extraction des métaux précieux, dans le traitement d'un grand nombre de maladies, etc., etc.

Voici donc l'homme (A), plein de dédain maintenant pour le tranchant siliceux, mis à même, par l'invention du fer, d'user de toute l'énergie que lui donna le Créateur. Ses deux mains (B), armées désormais d'outils acérés, vont fouiller les flancs de la terre dans laquelle il pratiquera des ouvertures profondes; il saura se débarrasser des débris encombrants, au moyen de récipients (C, D), fabriqués selon le besoin; il attaquera le dur rocher (E) en soulèvera les blocs énormes (F), et construira de gigantesques fournaises (G); ou bien il saura couler de vastes chaudières qu'il chauffera au moyen d'un combustible abondant (H), renfermé dans les entrailles du globe (le charbon de terre), produit jadis par du bois consumé lentement, et semblable au charbon brûlé en vase clos (G).

Le mercure donc, que nous avons confondu longtemps avec l'argent, parce que nous le trouvions allié sous forme solide à ce dernier métal, est un corps à part. Il ressemble à de l'argent liquide *(vif-argent)*, est très-brillant, d'un blanc bleuâtre, et sa densité est de 13°,568, à 15 degrés; il bout à 330° (I, J) en produisant une vapeur incolore; (I, 160; J, 170 = 330). Un froid de 39°,5 le congèle, il cristallise alors en octaèdres brillants et malléables dont la pesanteur spécifique est d'un dixième environ plus considérable que celle du mercure liquide.

Le mercure s'allie avec un grand nombre d'autres métaux, et les combinaisons qu'il forme avec eux portent le nom *d'amalgame.* Il peut dissoudre l'or et l'argent qu'il est toujours facile de retrouver en le faisant évaporer par l'action de la chaleur; on le sépare de même des métaux auxquels il est uni.

Le mercure existe dans la nature à l'état natif d'abord; il se rassemble dans certaines cavités de la terre en quantité quelquefois considérable. On le trouve aussi allié à d'autres substances, telles que le soufre, l'argent, le cynabre, etc. C'est alors que, pour l'extraire, on a besoin d'employer la marmite, G, dont nous allons donner la description sommaire.

LA DISTILLATION

Ayant remarqué que le mercure avait une tension notable à la température ordinaire, nous imaginâmes de concasser le minerai auquel il adhérait, d'en mettre les fragments dans la chaudière G, exactement close, mais percée à sa partie supérieure d'une ouverture à laquelle nous adaptons le tuyau serpentant, S, que nous faisons passer à travers le vase U, plein d'eau froide (g minuscule appareil de l'alambic). La chaleur du foyer est alors poussée jusqu'à faire rougir les parois de la chaudière; le mercure se liquéfie peu à peu, passe à l'état de vapeur, qui suit les contours de la partie supérieure de la chaudière et du serpentin dans lequel elle se refroidit; puis il redevient un liquide (I) qui s'écoule dans un vase de bois. Il suffirait même de recevoir le mercure sortant du serpentin dans un vase plein d'eau froide dans laquelle il se condenserait.

Il nous vient à l'idée de soumettre l'eau à la même expérience, et nous n'en retirons qu'une eau plus limpide et dégagée des corps terreux ou salins qu'elle contenait en suspension. C'est après avoir été ainsi expurgée que l'eau nous a servi de type pour arriver à nos mesures de capacité et de pesanteur.

Toute matière végétale capable d'entrer en fermentation, comme le raisin, les prunes, etc., peut être distillée; les parties volatiles de ces corps, modifiées par le calorique, s'élèvent dans la cavité supérieure de la chaudière, suivent le serpentin dans lequel elles se condensent et arrivent sous forme liquide dans un récipient. On obtient ainsi de l'alcool plus ou moins fort et que l'on distille de nouveau si l'on veut obtenir sa partie la plus spiritueuse. On traite de même les plantes aromatiques dont on désire extraire le parfum.

Nous parlerons tout à l'heure de l'application du mercure à différents objets d'art.

LE VERRE

Les expériences de fusion des métaux que nous venons de faire, nous ont procuré un fort amas de matières calcinées de toutes sortes. Nous y remarquons des cendres de bois, de la pierre brûlée et poudreuse (la chaux), des sables vitrifiés, des parcelles de charbon, d'autres substances métalliques oxidées provenant de la cangue des métaux, c'est-à-dire de la matière rocheuse, terreuse ou métallique auxquelles le minerai adhère ordinairement.

Il nous vient alors à l'idée de ramasser pêle-mêle ces débris, de les placer dans notre pot en terre (G) et de les soumettre à l'action du feu jusqu'à ce qu'ils soient liquéfiés.

En effet, après un certain temps, la fusion s'opère et nous donnons issue à cette masse pâteuse que nous recevons dans différents récipients. Après leur refroidissement complet, nous brisons en éclat, plus ou moins gros, ces corps encore inconnus et, après une attention prolongée, nous concluons que la diaphanéité, la sonorité, la dureté et l'éclat métallique que nous entrevoyons être le propre de quelques-uns de ces débris, peuvent être obtenus séparément et tourner au profit de l'industrie humaine.

Après avoir réitéré nos expériences, nous trouvons que la base du *verre* est le sable de cailloux ([E] le silex, la silice, silicium) mélangé selon certaines mesures, suivant que l'on veut avoir du verre blanc ou foncé, avec des cendres neuves, des cendres lescivées (H', de la soude, de la potasse, de l'argile, de la craie (F), du charbon en poudre (H), de la chaux éteinte (E), du plomb (U) et des cassures de verre.

Voici la manière d'employer le verre liquéfié par l'action du feu (H) et déposé dans le pot de terre réfractaire (G) à moitié fermé par son couvercle contourné, afin de conserver le plus possible le calorique. On peut : 1° le faire couler (I) dans des moules en métal (U) dans lesquels on suspend un piston ([Y] un noyau), afin de régler l'épaisseur des parois du vase en verre que l'on fond. Alors la matière, liquide et pesante en prendra tous les contours, que l'on ouvragera à volonté de différents dessins; (verre coulé). Comme la forme du noyau est légèrement conique (Y), on le retirera facilement lorsque le verre sera refroidi.

2° On aura un *tube* en fer, J, sur l'extrémité supérieure duquel on adaptera l'embouchure, V, d'où sort le vent, c'est-à-dire qu'on soufflera avec la bouche; on plongera légèrement l'extrémité inférieure de ce tube dans le verre liquide (G) et celui-ci s'attachera à l'extrémité de la *canne* sous la forme contournée d'un *sphéroïde* (la partie contournée du jambage de J); alors, l'ouvrier soufflera par l'autre extrémité, et ce sphéroïde grandira rapidement sous l'action du vent (V); mais en même temps, il faut que l'ouvrier, tout en soufflant, agite rapidement la masse en tous sens, à gauche et à droite (K); puis, lorsque cette boule allongée a atteint à peu près la grosseur qu'on veut lui donner, on l'introduit dans un moule en métal chaud (U), dont elle prend les contours. Un petit coup sec (T) frappé sur la canne, fait rompre le verre près de l'extrémité de celle-ci, et vous avez ainsi une bouteille aux parois minces et transparentes, d'une capacité voulue; de suite, l'ouvrier replonge la canne dans la matière fondue (G) et en retire un mince filet de matière qu'il place (S) autour du goulot auquel il se soude; il forme dans cet endroit un point d'arrêt qui retiendra la main et empêchera la bouteille de s'échapper de son étreinte; (verre soufflé).

On souffle aussi des boules (U) d'un grand diamètre, et lorsqu'elles sont arrivées à la grosseur voulue, au moyen d'une pointe de fer rougie (Y) que l'on promène légèrement sur la surface du verre encore chaud, on en détermine la rupture selon la direction indiquée; alors la sphère se développe en deux parties (V) que l'on étend sur une plaque de fer chaud (X). Lorsqu'elle est refroidie, on la divise au moyen de la pointe rougie (Y), que l'on pose doucement sur le point où l'on veut commencer la rupture et sur lequel on a placé une goutte d'eau froide ([I] effet du contraste de la chaleur et du froid subit). On règle ces divisions selon la grandeur des soupapes ([Z] des ouvertures), que l'on veut boucher avec ces plaques de verres; (verres à vitres [E fermé]).

3° On prend le pot plein de matière liquide G, que l'on verse sur une table de fer chaude et très-unie (H) et que l'on étend à gauche et à droite, en tous sens (K) d'une épaisseur égale (L). Cette grande plaque de verre, lorsqu'elle sera refroidie, servira à faire un objet qui répercute les traits et les couleurs des corps en tout sens (M), ainsi que les rayons lumineux, sous tous les angles (les miroirs, les verres d'optique). Mais pour arriver à ce but, il faut la diviser, l'amincir et la polir (M), selon le besoin, au moyen du courant d'eau, N, qu'on lâchera contre les aubes de la roue, O (c'est-à-dire qu'on travaillera le verre au moyen du mouvement circulaire donné à des meules faites de différentes matières et de différentes formes).

Lorsque les verres seront destinés à aider la vision de l'homme (A), et à s'adapter à ses deux yeux (B), on les usera de différentes manières ; on leur donnera, selon le besoin, c'est-à-dire selon la conformation de la vue d'un individu et d'après les raisons décrites ci-après, les formes : 1° bombée des deux côtés ([O] forme convexe), 2° mi-convexe (B), 3° creuses ([C] concaves), 4° creuses des deux côtés ([x] biconcave). Afin de faire prendre aux verres ces différentes courbures que l'on réglera au moyen de sections de cercles données d'avance à la surface, soit concave, soit convexe, des meules ; on les fixera solidement (au moyen d'un mastic composé d'un mélange de cendres et de poix) à une mollette bombée (D couché); puis on les fera frotter contre la meule tournante (O), sur laquelle on répandra, en petite quantité et peu à peu, d'abord du sable grossier mouillé (E), puis du plus fin (F); pour donner le poli ou la transparence d'une goutte d'eau distillée (I), on emploiera la poussière du métal (J) calciné dans la chaudière, G (de la potée d'étain).

Ces verres ainsi travaillés et polis doivent être montés sur un objet mobile et tubuleux, comme les tuyaux du trombone (K), afin de régler et de rendre nette (L) la vision de l'objet regardé (les binocles); ou bien fixés sur des branches métalliques articulées (M) que l'on place sur le nez ([N] lettre nasillarde).

Si l'on renferme deux de ces verres bombés (B), dans un tube à coulisse, on apercevra parfaitement les objets éloignés qui, sans ce moyen, seraient souvent hors de la portée de la vue (distance de U à Z). Le premier (O), *l'objectif* d'une très-petite courbure, mais large, sera placé à l'extrémité du tube tourné du côté de *l'objet* que l'on regarde, l'autre verre (o), beaucoup plus convexe que le premier, mais plus petit sera adapté à l'extrémité opposée et nommée *l'oculaire*, parceque c'est près de celui-ci que l'on placera l'œil pour regarder dans la *lunette*; c'est ainsi que l'on appelle cet appareil.

Alors on allongera ou raccourcira plus ou moins les tubes, selon la distance de l'objet observé.

Si, par exemple, vous tournez votre lunette dans la direction que prend l'aiguille aimantée (P), vers l'étoile polaire (c'est-à-dire vers le ciel étoilé), vous aurez une lunette astronomique. Les astres vous apparaîtront sous une forme grossie qui les rendra plus nets (Q), mais la queue en bas *(renversé)*; si l'on veut avoir l'image *redressée*, pour les lunettes terrestres, vous placez dans votre tube, à des distances convenables, deux autres verres convexes qui modifieront l'effet des rayons lumineux des deux premiers; l'image sera toujours considérablement agrandie (R) doublée et redoublée selon la convexité des verres.

Mais nous avons vu tout à l'heure que l'ouvrier verrier a cueilli, afin de le coller autour du goulot de la bouteille, un mince filet de verre (S). Si vous étirez vivement ce filet très-chaud, en l'enroulant sur un cylindre rapide (T), vous obtiendrez, dans toute sa longueur, un tube (U) qui s'est formé sous l'action de l'air (V) introduit, au fur et à mesure du développement du filet, par l'extrémité restée ouverte de la canne à souffler.

EXTRAITS DE PHYSIQUE

LE BAROMÈTRE

Il nous vient à l'idée d'utiliser le tube, U, dont nous avons expliqué la confection à la fin de l'article précédent. A cet effet, nous le redressons, en lui laissant, par en bas, la forme contournée de J, et nous le remplissons du métal liquide, I (le mercure). Nous bouchons hermétiquement, en la soudant, l'extrémité supérieure du tube que nous plaçons dans une position verticale. Alors le mercure superflu s'écoule par en bas en laissant un vide par le haut, et le poids de celui qui reste dans l'intérieur devient juste égal à celui d'une colonne d'air atmosphérique qui aurait le même diamètre que celui de notre tuyau. Nous obtenons alors un nouvel instrument que nous nommons *baromètre*, destiné à faire connaître, un peu à l'avance, les variations de l'air (V) soufflant d'un des quatre points cardinaux (X). Cet instrument annonce aussi, par la hausse ou la baisse du mercure dans le tube que l'on gradue d'après l'expérience avec un style (Y), les tourbillons violents, les tempêtes ou les ouragans qui ouvrent sur leur passage toutes les soupapes (Z) à l'eau du ciel (les cataclismes) avec accompagnement de tonnerre et d'éclairs (Z).

Le mercure renfermé dans le baromètre se maintient en équilibre avec une colonne d'air d'environ 28 pouces de hauteur (76 centimètres). Si, au lieu de faire l'expérience avec du mercure on la tentait avec de l'eau, 13 fois et demie plus légère, la colonne resterait suspendue 13 fois et demie plus haut que le mercure, c'est-à-dire à 32 pieds d'élévation : telle est la cause qui empêche les pompes aspirantes d'élever l'eau au-dessus de ce chiffre et s'oppose à la formation du son dans un tuyau d'orgue qui dépasse cette longueur.

LE THERMOMÈTRE

Il nous est facile maintenant de construire un autre instrument en verre qui nous servira à connaître la quantité de calorique répandue dans l'atmosphère ou renfermée dans les corps de la nature, en nous basant sur la dilatation qu'il leur fait éprouver.

Nous soufflons une petite boule de verre (O) que nous soudons à l'extrémité du petit tube (U); comme l'air (V) s'opposerait maintenant à l'introduction du mercure (I), nous chauffons la boule; l'air dilaté s'échappe par l'extrémité restée ouverte et cette opération permet l'introduction du métal liquide. Nous soudons ensuite cette extrémité et nous obtenons le *thermomètre* (J) qu'il s'agit de graduer. Mais dans la nature il n'existe que deux températures opposées (U, G) constantes et toujours mises à la portée de l'homme, celles de la glace fondante et de l'eau bouillante. Nous enveloppons d'abord la boule avec de la glace et nous notons l'endroit où descend le mercure; nous la plongeons ensuite dans l'eau bouillante, nous marquons la dilatation et nous partageons ces deux points extrêmes en 100 parties égales; tel est le système du thermomètre centigrade.

On voit que l'on peut fabriquer de ces sortes d'instruments au moyen de toutes matières liquides; on arrive aussi à connaître leur densité en y laissant surnager l'instrument; son degré d'enfoncement, lorsque l'unité de comparaison est déterminée, donne les notions cherchées.

L'ÉMAIL

L'émail est également une substance vitreuse, en général opaque et coloriée par l'addition de métaux calcinés mélangés avec le sable, selon certaines doses.

Le plus simple des émaux s'obtient en alliant d'abord l'étain (J) avec le plomb (U) liquéfié dans la chaudière (G); la matière brûle ([H] s'oxyde) et devient solide ; pulvérisée avec le marteau (T) on la délaie dans un vase (U) rempli d'eau. Cette poussière qui s'est déposée est mêlée avec du sable siliceux (E) et des cendres lessivées (H). Puis on fait fondre le tout ensemble. Le produit de la fusion reçu dans un vase plein d'eau, est pulvérisé et refondu plusieurs fois, selon que l'on désire obtenir une plus grande pureté dans les émaux qui s'appliquent par la fusion sur les métaux, les poteries, etc. C'est surtout l'or, l'argent, le cuivre que l'on émaille.

On donne le nom de *poterie* aux vases faits avec des argiles façonnées et cuites. Les plus employées sont les creusets, écuelles, briques, tuiles, terrines, vases, amphores, etc., etc.

L'OPTIQUE

Nous nommons *lumière* la cause de la *vision*. La lumière se produit d'une infinité de manières; ses principales sources sont le frottement, la pression, le choc, l'électricité et les actions chimiques. Le soleil, la flamme, et tous les corps embrasés répandent de la lumière autour d'eux.

Ceux-ci sont lumineux par eux-mêmes et les autres corps en sont éclairés. La lumière pénètre à travers tous les gaz, la plupart des liquides, particulièrement l'eau, et beaucoup de corps solides parmi lesquels on distingue le *verre*; ces corps se nomment *diaphanes*, les autres s'appellent *opaques*.

Dans une matière transparente et de composition homogène, la transmission de la lumière se fait en ligne droite suivant l'impulsion donnée par le corps en combustion à ses molécules constitutives; cette ligne droite se nomme *rayon* lumineux.

La lumière étant un corps produit par une infinité de combustibles, possède une pesanteur relative, si on la compare à celle des corps d'où elle émane. C'est de là que dépend la différence de la puissance calorifique des atomes constitutifs des rayons, la variété de leurs couleurs et la rapidité de leurs courses. La lumière solaire, en pénétrant plus ou moins obliquement dans notre atmosphère, rencontre sur son passage une matière épaisse (un *milieu*) qui lui fait obstacle et la fait dévier de la ligne droite; cette première rupture du *rayon* s'appelle *réfraction*; ainsi, toutes les fois qu'il entrera dans un milieu plus dense que l'air ou qu'il en sortira, le rayon brisé se redressera, afin de suivre sa ligne de projection; chacun a pu juger de cet effet, lorsque l'on plonge obliquement un bâton dans l'eau, subtance transparente plus épaisse que l'air. Il en sera de même lorsqu'un rayon passera de l'air à travers le verre, etc.

Supposons que votre œil (U) soit placé à quelque distance et vis-à-vis du milieu d'un verre lenticulaire pour regarder Z, situé sur la même ligne. Les rayons visuels rencontreront, en suivant une direction parallèle, la surface convexe du verre. Comme cette matière est transparente et plus dense que l'air, ces rayons se réfracteront par en haut et par en bas, et poursuivront leur course en formant deux lignes évasées comme celle de V couché; lorsqu'ils sortiront du verre, ils éprouveront une nouvelle réfraction dans le même sens; cet élargissement de votre rayon visuel, opéré par la lentille, sera la cause pour laquelle cette lettre vous paraîtra grossie dans toutes ses dimensions et placée plus près de votre œil.

Les phénomènes observés au moyen des corps transparents qui réfractent simplement la lumière se trouvent expliqués par la loi suivante : Quand un rayon lumineux passe obliquement d'un milieu transparent dans un autre, il s'écarte de sa direction première et subit une réfraction ; si, par le point d'incidence où le rayon rencontre le second milieu, on conçoit une ligne perpendiculaire à la surface réfractante, le rayon, en se réfractant, s'approche de cette perpendiculaire, si le milieu où il entre est plus dense que celui qu'il quitte ; et, au contraire, s'il est plus rare, il s'en écartera.

Alors c'est pour obtenir cette obliquité qu'on est obligé de donner au verre la forme courbée, ou plus ou moins lenticulaire, car sans cela le rayon visuel passerait au travers n'éprouvant qu'une légère réfraction inappréciable, comme cela a lieu dans les verres à vitres.

Les diverses sortes de *lunettes, microscopes, télescopes*, etc., consistent en verres dont les faces sont des *portions de sphère*; quoique leurs formes soient très-variées, on peut les rapporter à deux espèces : les verres convexes et les verres concaves. On appelle : 1° *rayon de courbures* des verres, les demi-diamètres des sphères dont les verres sont les segments ; 2° *axe*, la droite qui joint les centres des deux sphères auxquelles appartiennent les surfaces du verre ; 3° *centre optique*, un certain point situé sur l'axe et dans l'intérieur du verre.

Quand on expose un verre *convexe* au soleil et qu'on reçoit sur sa surface polie la lumière qui se transmet à travers lui, cette lumière se resserre dans un certain espace dont l'étendue varie avec la grandeur de la surface ; si le verre est près de la lumière réfléchie et qu'on l'en éloigne peu à peu, l'espace lumineux devient de plus en plus petit ; on arrive à un point où la lumière occupe le moins d'espace possible ; au-delà elle diverge.

Ce point se nomme *foyer* et sa distance à la surface du verre la plus voisine, est la *distance focale*.

Si on retourne le verre, le même phénomène a lieu. Un verre convexe a donc deux foyers ; ils sont également éloignés des deux surfaces, si celles-ci ont le même rayon. Pour les verres dont les faces ne sont pas symétriques, ces distances sont différentes.

Si nous examinons les phénomènes analogues avec les verres *concaves*, en dirigeant un verre de cette espèce vers le soleil et en recueillant, sur une surface blanche la lumière transmise, on voit que la lumière diverge, comme si elle venait d'un point situé dans la concavité du verre. On nomme ce point le *foyer négatif* et son éloignement de la surface antérieure, la distance *focale négative* ; si l'on retourne le verre, la même chose arrive.

Les rayons lumineux, transmis au travers d'un verre concave, forment des images droites qui sont plus rapprochées et plus petites que les objets eux-mêmes ; la distance de l'objet n'apporte aucune autre modification au phénomène que de faire paraître l'image un peu plus loin du verre à mesure que l'objet recule davantage ; mais la limite extrême que peut atteindre l'image est le foyer antérieur où paraissent les objets quand ils sont à un grand éloignement.

On conçoit maintenant pourquoi les verres taillés ainsi peuvent aider la vue lorsqu'on les choisit de figure convenable. Les personnes dont la vue est défectueuse peuvent avoir l'œil conformé naturellement de deux manières : les rayons lumineux que le cristallin a fait dévier se réunissent un peu en arrière de la *rétine*, et il convient d'en accroître la convergence pour que l'objet se peigne sur la rétine elle-même ; dans le cas où les rayons se réunissent en avant de la rétine, il faut, au contraire, augmenter la divergence. Les premières vues sont dites *presbytes ;* elles aperçoivent très-bien les objets éloignés, mais ne peuvent voir nettement les corps rapprochés ; les verres convexes leurs sont nécessaires. Au contraire, les vues basses ou *myopes* ne distinguent nettement que ces derniers objets ; pour voir distinctement ceux qui, étant éloignés envoient des rayons à peu près parallèles, il leur faut des verres concaves qui accroissent la divergence plus que ne le fait leur organe visuel.

Ainsi, le même verre convexe peut rendre les rayons lumineux parallèles, divergents, convergents, selon que l'objet regardé est placé à son foyer, au-delà et en-deçà de celui-ci. C'est sur cette propriété que l'on combine la position des autres verres convexes, ou concaves, que l'on place à la suite dans le tuyau d'une lunette, en arrêtant l'image de l'objet qui se transmet, tantôt redressée, tantôt renversée, à travers ceux-ci sous un angle plus ou moins grand. Mais il arrive ici, comme en mécanique, que plus on gagne en grosseur, plus on perd en *champ*. C'est ainsi que l'on appelle l'étendue embrassée par l'objectif.

LA LUNETTE ALPHABÉTIQUE A DEUX VERRES

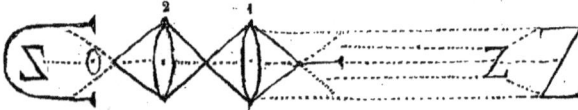

Nota. — On a placé ici les deux verres 0 et 0 pour aider à l'intelligence; mais, on peut s'en passer en supposant ces verres formés par les intervalles des lignes croisées. Alors les renversements et les redressements des images s'opèreraient aux points d'intersection des lignes qui sont les foyers des verres.

Les lettres U et V renversées à droite; X élargie, Y renversée à gauche, et Z nous représentent toute la théorie de la propagation et de la réfraction des rayons lumineux à travers les corps transparents plus ou moins denses.

Soit la lettre Z, l'objet très-éloigné et hors de la portée de l'œil, U. Les rayons solaires éclairant Z opposé à l'œil, U, se réfléchissent vers celui-ci dans une direction en ligne droite et parallèles entr'eux, comme l'indiquent les deux jambages horizontaux de cette lettre. D'abord, ils arrivent sur la surface de l'objectif Ô.

Ceux partant du milieu de Z dans la direction de l'axe des verres Ô Ô, indiqué par le jambage droit de Y couché, passent à travers Ô sans éprouver de réfraction; mais les autres sont reportés renversés par le croisement des rayons extrêmes de l'image de Z au foyer de X, sur le verre Ô; là, les rayons se réfractent de nouveau en passant à travers, et vont se recroiser à la prunelle de l'œil où est le foyer de V, pour aller enfin se peindre sur la rétine qui tapisse le fond de cet organe, et y apporte l'image renversée de Z sous un angle agrandi successivement par le passage des rayons extrêmes et deux fois réfractés de l'objet éloigné Z.

Si vous retournez la lunette en regardant par l'objectif, le contraire aura lieu; un objet très-rapproché paraîtra petit et éloigné.

Ainsi, l'emploi des verres plus ou moins nombreux dans une lunette n'a pour but que de faire croiser les rayons de manière à les apporter droits et sous un plus grand angle dans le fond de l'œil, mais plus l'objectif gagne en grosseur, plus il perd en champ. Si vous remplacez l'oculaire convexe ci-dessus, par un verre biconcave, les rayons lumineux, au lieu de converger tous ensemble vers la prunelle de l'œil, divergeront davantage et l'objet regardé ne sera vu qu'en partie, mais très-grossi. Enfin, en général, le grossissement est donné par le rapport des distances focales. Si le foyer de l'objectif a 1 mètre, et celui de l'oculaire 5 centimètres, la lunette grossit 20 fois, parceque $0^m,05$, sont contenus 20 fois dans $1^m,00$.

LES MIROIRS

RÉFLEXION DE LA LUMIÈRE

L'homme (A) peut aussi fabriquer pour se mirer ([B] les deux yeux) des *miroirs* de différentes formes analogues à celles des verres d'optique dont nous venons de parler et dont la théorie est la même, mais renversée. Il y en aura de concaves (C), de demi-sphériques (D), de plans (E) de différentes grandeurs et de différents poids (F). On les fabrique, soit avec des métaux fondus seuls ou alliés avec d'autres matières (G, H), soit avec du mercure que l'on joint à l'étain (I, J) appliqué sur ces grandes plaques de verres coulées sur la table, puis polies (K, L, M, N, O, P), dont nous avons parlé à l'article verre, soit encore sur nos verres grossissants ou non, dont nous avons composé notre lunette.

On peut employer à la réflexion des rayons tout corps dur et poli. Parmi les différentes formes qu'on peut donner aux miroirs, il n'en est que deux dont il soit important de parler, celles des miroirs plans et des miroirs sphériques.

Tous les phénomènes qui se produisent au moyen des miroirs reposent sur cette seule loi : l'angle du rayon de réflexion est égal à celui d'incidence.

Ainsi, lorsqu'un corps lumineux viendra éclairer la surface intérieure d'un miroir concave, les rayons convergeront en avant sur l'axe, selon l'angle d'incidence et viendront se réunir au foyer où ils apporteront une partie du calorique qu'ils contiennent (miroirs ardents).

Si le corps lumineux vient frapper la surface d'un miroir convexe, les rayons divergeront selon l'angle d'incidence, et la lumière et la chaleur reçues se dissiperont de tous côtés. Ici la théorie est contraire à celle des verres de lunettes concaves et convexes.

Les miroirs plans réfléchiront également les images des corps opposés, en raison des mêmes principes angulaires, M, N.

Tous les verres étamés produiront sur la vue les mêmes effets que les verres polis, (c'est-à-dire qu'ils grossiront ou rapetisseront les objets opposés, comme le faisaient ceux montés dans la lunette de U à Z).

Mais on peut aussi obtenir avec les miroirs plans (E), en combinant leurs foyers (G), un effet énormément plus grand (F) qu'on ne pourrait le produire avec des miroirs concaves (C) dont il est impossible d'allonger beaucoup le foyer, à cause de la dimension (Q) qu'il faudrait donner à un miroir de cette espèce.

Voici, en somme, la construction de ce grand miroir plan : il est composé de 360 petites glaces planes ([E, J] voir, page 14, la circonférence du cercle divisé en 360 parties par J) chacune de 4 pouces en carré (les quatre carrés de E fermé). Ces glaces étamées (J) sont arrangées dans un pareil nombre de compartiments d'un grand châssis de bois (H) ayant 8 pieds de toutes faces (64 pieds carrés) et constitué de manière à ce qu'on puisse le tourner de tous côtés, à gauche et à droite (K). On peut aussi donner à tous les morceaux de glaces (M) différentes directions (différents angles) et, par ce moyen, faire arriver la réflexion des rayons solaires en un même endroit ([N] comme on réunit les filets d'eau dans un même réservoir); alors tous ces rayons arrivant à la fois sur le même point (O), déterminent un tel tourbillon de calorique solaire, que leur densité en est doublée et redoublée (P, Q, R), et produisent des effets analogues (S, T) à ceux que l'on obtient avec les verres convexes montés dans la lunette, U, V, X, Y, Z.

Le foyer de ce miroir peut être porté à des distances différentes, en faisant prendre aux glaces différents degrés d'inclinaison (M); on peut par son moyen, volatiliser (K) les métaux liquéfiés (J, I); brûler le bois, comme le fait la chaudière, G, à des distances très-éloignées (F, E) et détruire tous les réceptacles (D C, les maisons, les vaisseaux, etc.), construits par les deux mains de l'homme (B, A).

Voilà le miroir construit par *Archimède* pour brûler les vaisseaux des Romains assiégeant Syracuse.

Nota. — L'Etymologie du nom *Archimède* vient du grec, *Arki-mêdomai*, bien machiner, bien combiner; qui est le *chef*, le *maître des ingénieurs*.

LA COMPOSITION ET LA DÉCOMPOSITION DE LA LUMIÈRE

La *lumière* est cette cause qui fait communiquer l'homme et les animaux avec les objets dont ils sont plus ou moins séparés. Réunie au *calorique*, la lumière est l'agent le plus puissant de la nature; elle nous vient du soleil d'abord, puis faiblement des étoiles qui ne sont que d'autres soleils très-éloignés de nous; la lune et les planètes ne sont que des espèces de miroirs sphériques qui réfléchisent plus ou moins les rayons solaires que ces corps reçoivent.

A ces sources de lumière naturelle, il faut ajouter celle que donnent les combustibles terrestres, le bois, l'huile, les gaz et autres phénomènes chimiques.

A l'exception du soleil actuel, aucun corps n'est lumineux par lui-même. On distingue les corps *opaques*, c'est-à-dire qui ne laissent pas passer la lumière à travers leurs molécules constitutives, comme le bois, la pierre, les métaux; et les corps *diaphanes* ou transparents, comme l'air, l'eau, le verre, etc., et les corps *translucides* comme le papier huilé, le verre dépoli, etc.

Nous avons déjà dit plus haut que la transmission de la lumière se fait en ligne droite dans des *milieux homogènes*; lorsqu'ils sont *hétérogènes*, sa marche dévie dans le sens d'une ligne courbe en passant d'un milieu dans un autre; ainsi la lumière du soleil, en plongeant dans notre atmosphère, se brise et nous fait voir cet astre dans un lieu où il n'est pas en réalité.

La vitesse de la lumière est due à la force de projection que reçoivent les atomes calorifiques par l'effet de la pression énorme opérée par la surface solaire sur son centre. Les matières métalliques superposées selon leur pesanteur relative par zônes concentriques en fusion, arrivent à l'état de sublimation vers la surface qu'elles traversent avec rapidité, et vont s'allumer, c'est-à-dire se *liquéfier* en se refroidissant dans l'espace, bien loin du foyer d'où elles émanent.

Ainsi les corps que nous appelons impondérables, attendu la faiblesse de nos moyens pour arriver à connaître leur poids, étant matériels, doivent avoir entre eux une pesanteur relative que nous retrouvons lorsqu'ils sont réunis en masse et gelés (refroidis), comme le fer, le cuivre, l'or, etc., qui ont formé les matières terrestres, décomposées peu à peu par les agents chimiques atmosphériques et autres.

Ainsi, les atomes lumineux acquerront, en raison de leurs poids, une rapidité de vitesse plus grande, et emporteront avec eux, dans leur contexture, une quantité de calorique relative qui leur permettra de parcourir, sans s'altérer, des espaces d'autant plus éloignés.

Les vives lumières, comparées à celles de la *lune*, reflétées par *Mars* et *Vénus*, nous disent déjà que les rayons solaires, en arrivant jusqu'à nous, ont perdu une partie notable de leurs attributs.

DISTANCE DE LA TERRE AU SOLEIL

VITESSE DE LA LUMIÈRE

L'alphabet va encore nous donner la vitesse de la transmission de la lumière solaire.

Le premier qui calcula cette vitesse, dit l'histoire moderne, fut Galilée; mais ses calculs ne furent pas exacts. Ceux de Rœmer, faits en 1675 et 1676, et parfaitement justes, nous apprennent que la lumière nous vient du soleil en 8 minutes 13 secondes; la distance de ce dernier à la terre étant de 33,670,000 lieues, sa vitesse est donc de 70,000 lieues par seconde.

Nota. — Nous entrons ici dans une autre série d'hiéroglyphes alphabétiques, celle des chiffres, qui indiquent le numéro des lettres selon l'ordre ordinaire. Nous en avons déjà fait l'application simple en parlant de la musique; nous les avons retrouvés un peu plus compliqués, en traitant de la vapeur, des métaux et de la puissance des leviers, mais ici, ils se compliquent encore un peu plus, pour finir *in extenso*, lorsque nous parlerons de la physique en général, et de l'histoire ancienne reculée jusqu'à Adam. Ces combinaisons de chiffres si ingénieuses, paraîtront étonnantes et mêmes absurdes au premier coup d'œil, mais lorsque l'on en a la clef et l'habitude, elles sont aussi faciles à lire que l'écriture ordinaire; en somme, ce ne sont que des espèces de *rébus* latins, semblables à ceux français, basés sur des signes invariables dans leurs significations, comme ceux des hiéroglyphes égyptiens. Nous allons en expliquer le mécanisme dans cette occasion par forme d'exemple :

Le calorique qui accompagne la lumière solaire est ici représentée par $\overset{7}{G}$, chaudière, marmite, fourneau, etc., centre d'un foyer, numéroté 7 dans la série alphabétique. Ce calorique, ou cette lumière, nous vient du soleil en 8 minutes 13 secondes. $\overset{8}{H}$ représente le combustible qu'on place dans la chaudière, G, afin de liquéfier les métaux comme nous l'avons fait pour le fer, etc. ; alors la distance de l'homme, $\overset{4}{A}$, qui est sur la terre, jusqu'à $\overset{8}{H}$, est de 8 lettres. (Nous venons de dire plus haut que les métaux à l'état de fusion et sources de la lumière, sont placés dans le centre du foyer solaire, G. La lettre H, comme nous le verrons en *Astronomie*, simule la division de l'heure en 60 minutes).

Ainsi la lettre H, nous représente bien la distance en temps (le laps de temps) qu'il faut à une molécule calorifique et lumineuse pour venir du foyer solaire à l'homme, 8 minutes.

Nous avons à ajouter 13 secondes à ces 8 minutes. Le nombre des secondes (subdivision de la minute H) nous est encore donné par l'addition des numéros de $\overset{7}{G}$ et $\overset{6}{F}$ (6 + 7 = 13); le rôle de F est de simuler les poids, les grandeurs, les distances, etc.; par la même raison que ci-dessus, il faut ajouter à la distance 8 minutes, H, la subdivision de la distance à l'homme, A, ou $\overset{7}{G} + \overset{6}{F}$, ou 13 secondes, ci 8 minutes 13 secondes.

La distance du soleil (G) à la terre, A, est de 33,670,000 lieues.

Nous venons de voir que la *distance* en *temps*, était exprimée par les trois lettres $\overset{6}{F}$, $\overset{7}{G}$, $\overset{8}{H}$; celle en *longueur* doit être rendue par les mêmes chiffres, dont la valeur est diminuée de moitié pour chacun, comme suit : 1° le chiffre 8 est formé de deux zéros superposés, et ceux-ci, ainsi séparés et sans chiffre significatif, n'ont aucune valeur numérique 00.

2° La moitié de 6, F, est 3, et la moitié de 7, G, est 3 et demi; ainsi, dans cette combinaison où le demi domine, la moitié de 8 sera de 4, ou 4 zéros.

Nous posons les chiffres diminués de moitié, de F et de G, 3, 3, plus ceux entiers des mêmes lettres, 6, 7, qui, par leur valeur relative, nous donnent la somme de 3,367, à laquelle nous ajoutons autant de zéros que l'indique la moitié de 8, H, ou 4, ci, 33,670,000, que nous séparons en tranches de trois chiffres, par une virgule, et nous avons exactement la distance du soleil à la terre, retrouvée par Rœmer.

La fraction négligée sur G (un demi) veut dire que cette mesure n'est pas tellement exacte qu'il ne puisse y avoir une erreur de quelque fraction de centaines de lieues sur une distance aussi prodigieuse.

Par conséquent, la vitesse de la lumière sera de 70,000 lieues par seconde, ou le chiffre 7 de G, foyer, multiplié par la source du calorique $\overset{8}{H}$, ou quatre zéros ajoutés à 7.

Ainsi l'on voit comment trois chiffres, différemment combinés, peuvent servir à l'énonciation exacte de mesures diverses.

COMPOSITION DE LA LUMIÈRE

La lumière blanche qui nous éclaire est formée de sept couleurs principales qui sont, le violet, l'indigo, le bleu, le vert, le jaune, l'orangé et le rouge. Ces couleurs rangées dans l'ordre de leur énonciation, reproduisent artificiellement les phénomènes naturels de l'arc-en-ciel, dans lequel on distingue particulièrement le rouge, le jaune et le bleu. Du mélange de ces couleurs naissent toutes celles présentées par la nature et les arts. Nous avons vu qu'un rayon lumineux blanc se réfractait suivant certaines lois, en passant dans des milieux hétérogènes; mais lorsque les sept couleurs qui composent ce rayon blanc sont séparées une à une, leur réfrangibilité varie, en raison de leur constitution particulière et provenant, soit du degré de calorique renfermé dans leurs molécules, soit de la pesanteur des métaux en fusion dans le soleil d'où ils émanent.

Pour constater ce fait, il suffit de recevoir un faisceau lumineux sur l'arête d'un prisme de verre poli; à l'instant même les couleurs se séparent et vont se ranger, côte à côte, selon l'ordre de leur réfrangibilité cité ci-dessus, et suivant par conséquent la somme de calorique et de lumière qu'ils contiennent, à commencer du rouge au violet.

Pour recomposer cette lumière ainsi divisée, il suffit de recevoir chacune des sept couleurs sur des miroirs plans et de les faire réfléchir sur un même point; l'image sera blanche. Il est évident alors que si, à dessein, on omet de faire réfléchir une couleur, la proportion étant rompue, on obtiendrait une lumière colorée quelconque, mais non blanche.

Si l'on omet :

1° Le rayon rouge, ⎫ les autres rayons donneront, par leur ⎧ un vert bleuâtre.
2° » orangé, ⎬ réunion, ... ⎨ un bleu pur.
3° » jaune, ⎭ ⎩ la couleur violette.

On dit alors, dans ce cas, que la couleur qui manque est celle complémentaire du blanc.

Si l'on mêle le rayon rouge avec le jaune, on fait de l'orangé.

 » le rayon bleu avec le jaune, » du vert.

 » le rayon bleu avec le rouge, » du violet ou de l'indigo, suivant qu'il y a plus ou moins de rouge mélangé relativement à une même quantité de bleu.

Ces mélanges nous conduisent naturellement à n'admettre que trois couleurs primitives : le rouge, le jaune et bleu, de même qu'il n'y a que trois figures géométriques principales : le triangle, le carré et le cercle; trois tons principaux : Ut, Ré, Mi; trois moteurs principaux : le levier, la pesanteur et le calorique.

La couleur n'existe pas dans les corps, ils ne font que de réfléchir à leur surface celles qui ne peuvent pénétrer dans leur contextures. Nous avons vu tout à l'heure que l'angle de réflexion d'un rayon lumineux était toujours égal à celui de son incidence. Cela est vrai lorsqu'ils sont réunis et qu'ils forment la lumière blanche, parce que les plus forts entraînent les plus faibles après eux; ainsi, par exemple, lorsqu'un rayon tombe sur une surface unie, très-polie, opaque et blanche, ils sont tous répercutés presque parallèlement, si l'on a égard à la grandeur du soleil, relativement à celle de cette surface. Ils viennent frapper le corps, en formant un filet continu, avec une rapidité telle que leurs molécules, successivement déplacées, contractent sur leurs axes un mouvement giratoire si violent qu'elles paraissent immobiles *(la polarisation)*.

Mais nous verrons, en *Physique*, que tous les corps terrestres proviennent de matières autrefois en fusion, et qu'en se refroidissant, ils se sont rassemblés, en général, en une masse composée de molécules ténues et cristallisées sous certaines formes géométriques plus ou moins définies. Ainsi, chacune de ces molécules est un prisme qui décompose les rayons de lumière propres à sa contexture, et en absorbant les uns il réfléchit les autres, circonstance qui donne un aspect coloré à sa surface.

Ainsi, la lumière solaire va frapper la surface d'un objet rouge; alors peu importe que l'objet soit tout entier composé d'une matière homogène, il suffit qu'on ait appliqué à l'extérieur une peinture composée de molécules qui repoussent cette téinte. Tous les autres rayons du prisme solaire pénètreront dans le corps où ils *s'éteindront*, en se divisant et ils y abandonneront leur calorique, tandis que les rayons rouges réfléchis, continueront à être lumineux en conservant le leur propre.

Ceci explique, pourquoi les habits noirs sont plus chauds que ceux d'une teinte blanche, et la raison pour laquelle l'eau, le verre, et les autres matières transparentes laissent passer, presqu'intacts, les rayons lumineux à travers leurs substances.

On rencontre quelquefois des corps composés de matières mixtes, sur la surface desquels les couleurs changent d'aspect, suivant l'angle visuel sous lequel on les regarde. Les molécules de ces corps sont composées d'une matière cristallisée sous deux formes différentes et accolées, soit par l'effet de la main de l'homme, soit par une cause naturelle; chacun d'eux réfléchit la couleur qui lui est propre, décomposée par un angle déterminé.

Lorsque la lumière réfléchie arrive de loin à notre œil, elle perd une partie de son calorique et s'éteint même, en traversant l'espace. Ainsi, l'ombre provient de la déperdition de la lumière.

Nous concluons de ce qui précède : 1° que le spectre solaire n'est qu'un assemblage de trois spectres qui seraient superposés, donnant naissance aux couleurs composées, le vert, le violet, etc., et qu'il ne peut y avoir que trois couleurs primitives; 2° que, lorsque la lumière est réfléchie par un corps, elle se propage dans l'atmosphère, en formant sur les molécules aériennes des ondes concentriques exactement semblables à celles à qui nous devons la propagation du son en tous sens; 3° qu'en conséquence, elle doit opérer sur le nerf optique de l'œil, des irritations plus ou moins fortes, en raison du nombre des vibrations produites par la multiplicité des ondes formées par les molécules plus ou moins rapides dans leur course, selon leur pesanteur et l'intensité de leur lumière propre; 4° que les rayons solaires n'arrivent pas tous lumineux jusqu'à nous, néanmoins qu'étant ainsi entraînés par la force de projection des autres, ils concourent à augmenter leur somme de calorique et font l'effet de la fumée qui précède la flamme ou qui la suit lorsqu'elle est éteinte. En effet, si l'on décompose un faisceau de rayons solaires par un prisme de sel gemme, et qu'on mesure le degré de chaleur propre aux diverses couleurs qui composent le spectre, on trouve que la température augmente du violet au rouge et continue à s'accroître dans l'espace obscur jusqu'à une distance du rouge à peu près égale à celle du jaune, après quoi il y a décroissance.

Comme les couleurs du spectre solaire émanent des métaux et que ceux-ci, par leurs vibrations, sont une des sources principales des sons, les auteurs ont formé une gamme diatonique des tons lumineux, semblable à celle des tons musicaux auxquels ils correspondent.

TABLEAU GÉNÉRAL DES CONCORDANCES NATURELLES DES CORPS

LEURS GAMMES SIMILAIRES

	A	TRIANGLE PRISME	E	CARRÉ CUBE PYRAMIDE	I	LIGNE DROITE	J	LIGNE MIXTE	O	CERCLE SPHÈRE	U	CYLINDRE	V	CÔNE
Lettres musicales.......		A		E		I		J		O		U		V	
Notes.................		Ut		Ré		Mi		Fa		Sol		La		Si	
Vibrations,...........		128		144		160		170		192		214		240	
Poids relatif des métaux		7		6		5		4		3		2		1	
Métaux		Étain		Fer		Cuivre		Argent		Plomb		Mercure		Or	
Planètes		Jupiter		Mars		Vénus		Lune		Saturne		Mercure		Soleil	
Noms des jours........		Jeudi		Mardi		Vendredi		Lundi		Samedi		Mercredi		Dimanche	
Nᵒˢ d'ordre des jours...		4		2		5		1		6		3		7	
Couleurs du spectre....		Violet		Indigo		Bleu		Vert		Jaune		Orangé		Rouge	

Donc, si l'on mêle le rayon rouge, Si, 240, avec le rayon jaune, Sol, 192, on a 432, dont la moitié est l'orangé, La, 216
» bleu, Mi, 160, » jaune, Sol, 192, » 352, » le vert, Fa, 176
» indigo, Ré, 144, » l'orangé, La, 214, » 358, » le vert clair, 179
» bleu, Mi, 160, » le violet, 128, » 288, » l'indigo, Ré, 144
» bleu, Mi, 160, » le rouge, Si, 240, » 400 + l'orangé, 54 + l'indigo, 36 +]
[le vert, 22 = 512, violet, Ut⁴]

Le violet, 512, est composé de toutes les couleurs du prisme; il est représenté par la base 128 Ut, reporté à sa quatrième octave; la moitié est 256, et la moitié de ce nombre est 128, violet. Telle est probablement, la cause de la couleur changeante violette appliquée sur la soie.

D'après ce tableau, la couleur rouge serait celle qui, produite par le maximum des vibrations de la gamme des teintes, causerait sur l'organe visuel l'irritation la plus forte, puis viendraient l'orangé, le jaune, etc., jusqu'au violet. Mais, comme il n'y a que trois couleurs principales, cette gamme, ramenée à celle des tons musicaux, commencerait par la base, rouge, jaune, bleu et les autres teintes ne seraient plus qu'un mélange de ces premières, doublées et renversées.

Ainsi, Ut, 128 parties de rouge mêlées à 112 de bleu, donnent 240, violet, Si.
Ré, 144 » jaune » 70 de rouge » 214 orangé, La.
Mi, 160 » bleu » 32 de rouge » 192 indigo, Sol.
Ré, 144 » jaune » 26 de bleu » 170 vert, Fa.

Immédiatement après le bleu foncé apparaît le noir, qui ne cause qu'une irritation presque insensible sur la rétine; et après le rouge ardent, l'œil éprouve une sensation désagréable et éblouissante qui force à baisser les paupières. Le rayon jaune possède le maximum de clarté, le rayon vert vient ensuite, le rayon violet est le dernier.

Il est facile de voir que la gamme des couleurs possède, comme celle des sons musicaux, des intervalles s'étendant presque à l'infini d'une nuance tranchée à l'autre voisine, et que sa teinte variera d'aspect dans la proportion du mélange ajouté ou diminué d'une des deux couleurs qui forment l'intervalle. Ainsi la gamme chromatique sera composée des sept couleurs du spectre solaire et de cinq demi-tons, ou douze demi-tons; celle-ci offre à l'œil des teintes assez tranchées, pour qu'on puisse leur assigner, dans les arts, des noms particuliers. On partage encore ces demi-tons en quarts de tons qui constituent l'échelle enharmonique du spectre, absolument semblable, quant aux intervalles, à celle des sons musicaux.

On obtient des couleurs de presque tous les corps de la nature, mais il ne faut pas croire que telle ou telle teinte soit la propriété exclusive de tel ou tel métal, ou de telle ou telle plante, car le calorique ou le recuit modifie singulièrement la disposition des prismes atomiques constitutifs des corps; quelquefois un seul degré de chaleur fait varier l'oxyde d'un métal, par exemple du bleu au rouge, au jaune, au brun, etc. De même, lorsqu'on brûle un métal dans l'air atmosphérique, sa teinte naturelle varie en raison de celle du gaz constitutif pour lequel il a le plus d'affinité et qui brûle avec lui, circonstance qui n'a pas lieu dans la composition des rayons solaires.

DÉCOUVERTE DU GAZ TIRÉ DE LA HOUILLE

Les fouilles pratiquées dans le sein de la terre nous avaient révélé depuis longtemps l'existence de gisements d'une matière noire, dure, brillante et très-combustible que nous reconnûmes provenir des détritus de forêts anciennes carbonisées. Entassées par couches plus ou moins épaisses et recouvertes par l'effet de quelque grand cataclysme de terrains arrachés aux flancs des montagnes voisines, ce fossile ligneux dut aussi grossir le nombre de nos expériences tentées sur les corps naturels.

Nous plaçâmes d'abord dans notre chaudière de fonte (G), parfaitement close et munie d'un appareil à peu près semblable à celui dont nous nous sommes servis pour distiller le mercure (J), une certaine quantité de cette substance nommée *houille* (H). Soumise alors à l'action d'une forte chaleur, les parties *volatiles* (K) s'échappent et sont reçues dans un tube placé dans le haut de l'appareil; après s'être introduites dans un autre tube transversal faisant corps avec le premier, elles se dépouillent peu à peu, par l'effet de la condensation, des matières grasses qu'elles entraînent *(le goudron)*; celles-ci s'écoulent par des ouvertures ménagées, et les parties gazeuses plus légères, après avoir traversé un appareil épuratoire, sont refoulées dans un récipient suspendu (U renversé) et plongeant dans une cuve d'eau qui s'oppose à leur sortie. Ce récipient est maintenu en équilibre par des contre-poids régulateurs de la pression voulue pour chasser le gaz (V) dans un tuyau principal prenant son origine sous le récipient. Celui-ci est raccordé à d'autres tuyaux d'un diamètre successivement moindre, au fur et à mesure qu'ils se dirigent en *tous sens* (S) vers les *quatre extrémités* (X) d'une localité qu'il s'agit d'éclairer au moyen de *becs* placés dans des *candélabres* (Y) fermés par des *vitres* (Z).

La force d'expansion de ce gaz est si grande que, s'il prenait feu dans un lieu où il se serait accumulé, elle est capable de renverser les murailles les plus solides et de soulever les toitures des habitations.

Réuni dans les couloirs de ces houillières, cet *air subtil*, quoique plus grossier que le premier, enflammé au contact d'une lumière imprudente, foudroie les travailleurs en détruisant leurs ouvrages.

La densité de la flamme jaune de l'un (*l'hydrogène protocarboné*) est égal à $\overset{5}{E}$, $\overset{6}{F}$, $\overset{7}{G}$ (0,567), et celle de l'autre *(hydrogène carboné)* est égal à $\overset{9}{I}$, $\overset{8}{H}$, $\overset{7}{G}$, $\overset{6}{F}$ (0,9876).

ALLIAGES DES MÉTAUX — LES STATUES — LES CLOCHES

Les métaux divers, tout comme les sons et les couleurs, peuvent se mélanger ensemble et produire un autre métal, quelquefois absolument différent de ses constituants. Ce phénomène multiplie singulièrement le nombre des sept principaux cités plus haut, qui peuvent se réduire à trois, suivant la chimie alphabétique et qui ont donné naissance à l'oxygène, l'hydrogène et l'azote.

Malheureusement, cette partie de la chimie n'est pas encore arrivée, de notre temps, à un état aussi avancé sous le rapport de ses applications, attendu que presque chaque jour on découvre un métal nouveau dont le séjour en s'oxydant dans le sein de la terre, a dû prodigieusement diminuer le rendement, depuis cinq ou six mille ans, époque où l'homme l'obtenait avec abondance à sa surface.

Tous les alliages sont solides, excepté les amalgames très-chargés de mercure. Ils sont, comme les métaux ordinaires, plus ou moins brillants, opaques, bons conducteurs du calorique et de l'électricité (Z).

Leur densité, ainsi que leur pesanteur est tantôt plus grande et tantôt plus petite que celle des métaux de la combinaison desquels ils résultent.

Tous les métaux peuvent s'allier, en certaines proportions, les uns avec les autres et même avec leurs *scories*. C'est ainsi que l'alphabet nomme les autres métaux et les métalloïdes. (Le bismuth, le zinc, l'arsenic, l'antimoine, etc., sont des scories séparatives concentriques, formées par les métaux principaux en fusion dans le sein de la terre.)

On ne peut pas non plus prévoir le degré de fusibilité d'un alliage, car il n'a plus aucune analogie avec celui de fusibilité des métaux qui le composent; les couleurs mêmes ne dépendent en aucune façon de celles propres aux métaux qui sont réunis. En général, les alliages ont moins de ténacité et de ductibilité que les métaux qui les constituent, mais ils sont plus durs, plus aigres, plus sonores et moins oxydables.

Quand un alliage naturel contient plusieurs métaux dont l'affinité pour l'air, F (l'oxygène), c'est-à-dire l'oxydabilité est très-différente, les arts mettent cette propriété à profit, pour les isoler les uns des autres ou pour changer leurs proportions. On sépare ainsi, en les exposant au feu, l'argent du plomb, l'étain du cuivre, etc. (J — O, A — I).

Comme les alliages ne s'opèrent que par la fusion, et qu'à la température nécessaire pour la produire, il est urgent de ménager la différente fusibilité des métaux en les garantissant, autant que possible, de l'action de l'air (V); on emploie alors différentes méthodes que l'expérience suggère, etc.

C'est ainsi, qu'au moyen des alliages du cuivre de l'étain et de l'argent (I, J, A), fondus et coulés dans des moules (L), on obtient différents objets d'art, et surtout des corps doués d'une si grande sonorité (les cloches) que leurs ondes s'étendent non-seulement dans le circuit d'une localité, mais qu'elles communiquent à l'air un tourbillon tel, que les vitres en sont ébranlées, effet identique à celui du tonnerre lointain grondant au sein d'une tempête (Z).

INVENTION DES TÉLÉGRAPHES

TÉLÉGRAPHE ÉLECTRIQUE

Loin de croire que les substances contenues dans le sein de la terre étaient transformées en métaux, les anciens savaient parfaitement, au contraire, que ceux-ci, en se décomposant au contact des agents chimiques de la nature, leur avaient donné naissance. Peu de métaux se trouvent à l'état pur; ils sont presque toujours combinés ou mélangés avec une foule de substances, variables en raison de la profondeur des zònes métalliques en fusion dans le sein de la terre, d'où ils sont sortis par l'effort des éruptions volcaniques primitives. Le métal le plus lourd entraînait avec lui une partie de ceux plus légers qui lui étaient superposés, et leur *combinaison*, ou leur *adhérence* s'effectuaient, pendant le trajet dans l'atmosphère, suivant le dégré de calorique propre à chacun d'eux. La majeure partie des métaux, en retombant sur la surface de la terre, s'y sont *refroidis* et *cristallisés;* d'autres, comme le mercure, y sont restés à l'*état liquide;* quelques-uns, doués d'un *calorique latent* plus considérable, y persistent à l'état *gazeux* ou *vaporeux;* enfin, les plus *subtils*, le *fluide magnétique et l'électricité* (assimilés aux substances *volatiles*), regardés comme les agents généraux de la nature, se laissent néanmoins dompter par le génie de l'homme qui les traite en vils esclaves et les transforme en bêtes de somme (M). En effet :

TÉLÉGRAPHES DIVERS

L'homme (A) possède des moyens nombreux pour communiquer ses pensées à son semblable. De près, si le langage parlé est le même, on a la *conversation* plus ou moins éloquente; si la langue est différente, on a recours aux *gestes* des yeux, des bras, des jambes, des mains et des doigts (B, C); on communique de la même manière avec les personnes privées des sens de *l'ouie* ou de la *vue*. Or, un ou deux de ces sens manquent de même aux individus très-éloignés de vous; il faut donc leur *parler de loin*. On a recours, dans ce cas, à la voix grossie et étendue (le porte-voix), aux *sons conventionnels* des instruments de musique bruyants et aux *reflets des lumières* variées, soit dans leurs couleurs ([E] miroir réflecteur, flammes, etc.), soit par leurs distances et leur intensité (feux allumés sur les hauteurs, fanaux, etc.)

Voilà, en général, la manière primitive employée par l'homme pour correspondre *de loin* avec son semblable. Mais, peu à peu, l'instruction pénètre dans les masses et marche avec la civilisation; on invente les *lettres* représentatives de la pensée rassemblées par *l'écriture;* les langages différents, selon les localités, sont ramenés à l'unité et réglés sur des bases fixes; on possède dès lors un *idiome* qui a son orthographe. Le génie des nations se développe, et l'on voit surgir les savants qui, dans leur avide curiosité de s'instruire encore, vont dépécer la nature, en fouillant jusque dans ses replis les plus cachés.

Ces ressources nouvelles, mises au profit de l'humanité, vont encore étendre plus loin ses relations. Les bras, les mains et les doigts (B) de l'homme vont se convertir en autant de *leviers* gigantesques qu'il saura faire mouvoir facilement en tous sens, au moyen d'un mécanisme réduit et placé sous sa main (le télégraphe aérien, à bras de levier). S'il a besoin de communiquer avec son semblable placé dans un lieu inaccessible, et fortifié (E) il recourra à l'*écriture,* confiée au papier attaché à la pierre de la fronde (C) ou fixé à la flèche s'échappant rapidement de l'arc (D).

Mais, si l'homme veut obtenir l'infini de la rapidité, il faut qu'il la cherche dans les mines des métaux et des minéraux de toutes sortes (E, F).

Malgré sa présence dans tous les phénomènes naturels, l'attention des hommes ne fut pas éveillée de bonne heure sur l'existence de l'électricité; on connaissait de tout temps ses effets, mais on n'entreprit pas de remonter à la cause. L'éclair sillonnait-il la nue, le tonnerre en grondant lançait-il la foudre incendiaire, le peuple terrifié se hâtait d'apaiser par des offrandes les Dieux en courroux. Un long temps s'écoula depuis le moment où l'on remarqua que l'ambre, le soufre et le verre, stimulés par le frottement, acquéraient la vertu d'attirer les corps légers, jusqu'à la construction de la première machine électrique. Cette invention, appliquée presque uniquement alors à quelques récréations de physique, fit néanmoins faire un pas immense à la science en révélant la présence des deux électricités contraires qu'on sut bientôt rendre captives en les renfermant dans des vases isolants.

En morale comme en physique, le raisonnement nous a conduit à l'adoption de *deux principes contraires* dont les luttes incessantes entretiennent l'harmonie des mondes. La couleur *blanche* est le produit de la réunion de toutes les nuances du spectre solaire, de même que la couleur *noire* constate leur absence; deux points d'une gamme allant de l'*affirmation à la négation*, ou de la *chaleur* la plus forte au *froid* le plus intense dans les intervalles desquels nous voyons apparaître et se développer graduellement la vie organique, détruite par les *deux extrêmes :* la *vie* et la *mort*, l'existence et le néant. Les atomes matériels constitutifs de ces deux principes, jadis éparpillés dans l'espace, sont pour nous l'image du chaos (voir *Genèse*, chap. I). Enfin, sous le souffle du Créateur, un grand mouvement s'opéra; de là survint la *lutte* dans laquelle les *atomes ignés* furent retenus captifs dans les mailles plus ou moins serrées formées par la réunion des *atomes réfrigérants* vainqueurs (lutte entre le bon et le mauvais génie). Cette première agglomération d'atomes d'essences différentes et de formes diverses, devint le noyau des molécules matérielles, dont le nombre, bientôt grossi par l'adjonction de leurs similaires *solidifiés*, composa les masses plus ou moins grandes de ces globes tournoyant dans l'immensité des cieux (passage de la matière ignée, successivement refroidie à l'état de nébuleuse, de comètes, de soleils et de planètes).

La surface de ces globes, de toutes parts pressées par une atmosphère réfrigérante, se condensera peu à peu, et prenant une consistance plus solide, exercera sur son centre une pression si violente que les matières ignées renfermées dans ses flancs seront refoulées en dehors en rompant leur enveloppe. Les plus *subtiles* alors constitueront des *rayons solaires;* les plus lourdes ramenées, sur la croûte extérieure qu'elles recouvriront, deviendront des membres *morts* détachés du grand tout. Ces débris refroidis, ainsi délivrés de l'étreinte générale, vont réagir sans cesse contre les mailles qui les enserrent et chercheront, en se dégageant, à reprendre leur liberté première.

Tous les corps, qu'ils soient restés à l'état subtil, aériforme (gazeux), liquide ou solide, sont constitués par une quantité plus ou moins grande de ces molécules; ils sont combinés selon la place qu'ils occupaient originairement, avant leur éruption, dans les zones terrestres concentriques. Si, par le frottement, la pression, les actions chimiques, la chaleur ou par toute autre cause, vous leur enlevez une partie de l'électricité logée dans leurs pores, on occasionne un vide qui tend à se combler aux dépens de celle contraire des corps voisins ou mis en contact avec eux. Dans le premier cas, la masse la plus pesante attirera à elle ou repoussera la plus légère.

Ainsi, chacun de ces deux fluides agit par *répulsion* sur lui-même, et par *attraction* sur le fluide contraire, ou les atomes réfrigérants se repoussant, ne peuvent que saisir et attirer à eux les atomes ignés qui se fuient.

Nous reconnaîtrons donc que les corps renferment de deux manières ces deux espèces de fluides, l'un *extrêmement mobile*, logé dans les pores des corps, et l'autre faisant partie *intégrante* de leur matière.

Quelle que soit la construction de la machine destinée à mettre en mouvement ou à décomposer les corps afin de mettre en liberté leur électricité constituante ou non, nous donnerons le nom de *igné* à l'extrémité de l'appareil où se rendra le courant des molécules prédominantes de ce nom (le pôle positif), et celui de *frigorifique* à l'extrémité opposée (pôle négatif). S'il s'agit de l'un des deux fluides *magnétiques*, l'un prendra la dénomination de *boréal* et l'autre d'*austral*, du nom de l'extrémité des aimants ou leur action est prépondérante.

Témoins de la rapidité avec laquelle l'une de ces électricités (l'autre communiquant avec le sol) tendait à s'équilibrer lorsqu'elle était conduite par un fil métallique isolé, nous songeâmes à la faire servir à la transmission des signes redisant la pensée de l'homme. On commença donc à correspondre au moyen de boussoles (aiguilles aimantées) au-dessus desquels on dirigeait un courant; on formait un tableau dans lequel il y avait autant d'aiguilles et de fils conducteurs qu'il y a de lettres dans l'alphabet.

Cette influence que les courants électriques exerçaient sur les aimants, en faisant dévier le pôle austral à gauche et le pôle boréal à droite, fit penser qu'en agissant sur les substances magnétiques à l'état naturel, les courants devaient séparer les deux fluides magnétiques. En effet, pour aimanter momentanément un barreau d'acier, il suffit de l'entourer dans toute sa longueur d'un fil de cuivre recouvert d'une matière isolante (la soie), afin de séparer les torsades les unes des autres.

L'action du courant se trouve ainsi multipliée lorsqu'on le fait passer dans le fil, et il suffit qu'il soit peu intense pour obtenir un fort degré d'aimantation.

Dès que l'on possède un moteur de ce genre, il ne reste plus qu'à construire des machines fondées sur le principe de l'attraction du barreau, aimanté temporairement sur un fer doux dont les mouvements alternatifs, mesurés par l'interruption plus ou moins fréquente du courant au point de départ, produiront, à l'arrivée, un frappement ou tout autre signe de convention désignant les lettres de l'alphabet.

On peut faire des *télégraphes* à cadran autour duquel on distribue les lettres alphabétiques correspondant à une aiguille articulée placée au centre; si l'on tourne l'aiguille au point de départ, l'électricité fera marcher celle de la station d'arrivée, où est établi un cadran semblable au premier. .

Si, au moyen d'une encre conductrice, l'on trace au départ, des caractères sur un papier isolant rendu lentement mobile, le courant dirigé, dans un style libre seulement lors de son passage sur l'écriture, fera former à l'arrivée des traits droits analogues aux contours des lettres, sur un papier semblablement mobile.

Si l'on combinait le système télégraphique à *cadran* avec celui à *frappement* dont le marteau serait converti en une étoile métallique comptant 25 rayons à l'extrémité desquels seraient placées en relief les lettres de l'alphabet, on pourrait écrire d'emblée sur un papier s'enroulant sur un cylindre; il suffirait, au point de départ, d'amener avec la main un des 25 rayons voulus vis-à-vis du cylindre sur lequel viendrait s'appuyer le marteau imprimant.

Cette invention, lorsqu'on sera à même, par l'abondance de la fabrication des fils métalliques, de l'étendre sur une vaste échelle, pourra non-seulement, comme nous sommes restreints à le faire, mettre en communication les divers services publics ou religieux d'une grande ville, mais s'étendre, en établissant des relais suffisants aux quatre coins d'un royaume et même faire le tour du globe avec une rapidité presque égale à celle de la pensée. Combien alors elle sera surpassée en vitesse, cette tendresse maternelle de la colombe, notre messagère employée jusqu'ici comme la plus prompte !

Nous terminons ici notre citation des machines et celle relative à diverses inventions tournées au profit de l'industrie humaine. Un jour viendra, où, grandissant à l'abri des tourmentes guerrières et des disputes religieuses, non moins funestes, et placées sous l'égide de gouvernants instruits, ces diverses connaissances, regardées aujourd'hui comme le dernier mot de la science, seront grandement dépassées. Alors tout en rectifiant nos erreurs, nos descendants nous sauront gré, peut-être, de leur avoir tracé la route débarrassée des ronces dont elle était encombrée. Quelque infimes qu'ils soient, nous avons pris à tâche de rendre ces éléments scientifiques durables, en les établissant et en les jalonnant, sous les formes données à nos lettres alphabétiques, dont la série correspond merveilleusement bien à celle suivie par l'intellect humain dans la combinaison et l'exécution de ses idées mécaniques, physiques et morales.

RÉCAPITULATION

Nous venons de décrire les éléments de sciences diverses appliquées à la construction de machines ingénieuses, constatant l'intelligence de l'homme successivement développée et perfectionnée à l'aide du travail de ses mains. Avant d'arriver à ce degré de hauteur, il fallut parfaire d'autres inventions préliminaires indispensables au résultat obtenu.

Nous avons d'abord créé les signes représentatifs de la pensée émise par la parole ; les *lettres* dont les formes ont été modelées sur le *tracé* des figures géométriques, avec lesquelles le rapport est si parfait que la *mesure* des lignes des premières donne rigoureusement *celle* des surfaces et des solidités des dernières en suivant le dégré de complication des corps.

Comme les mesures ne peuvent se transmettre graphiquement que par des signes conventionnels, afin de ramener nos enseignements à l'*unité*, nous avons choisi parmi nos lettres les caractères nécessaires à la représentation des dix premiers chiffres dont la combinaison suffit à l'énonciation des nombres.

Plus tard, nous avons modifié, en la rendant plus facile par l'adoption d'une unité invariable, devenue décimale, notre ancienne méthode de compter ; mais afin de distinguer les chiffres de leur forme originaire, nous avons écrit les lettres, adoptées pour ce nouveau système, dans un sens renversé du premier et toujours facile à retrouver.

Après avoir formulé les principes de l'arithmétique, nous avons trouvé la manière d'abréger ces calculs en rendant les nombres abstraits par leur application à des lettres alphabétiques d'une valeur indéterminée ; ces combinaisons, opérées au moyen de signes conventionnels, deviennent ainsi des types invariables d'un calcul réalisé. L'algèbre sera donc pour la haute science des mathématiciens et des astronomes ce que la numération simple est pour le commerçant et l'artisan.

Les éléments de statique, ajoutés à cette nomenclature de connaissances positives, rendent notre travail assez complet pour permettre à l'homme intelligent le raisonnement dans l'examen ou la construction des machines principales dont nous donnons l'esquisse basée sur les formes de nos lettres. On aura dès lors une idée générale de la manipulation des matières premières constituant les outillages et les opérations physiques dont s'enorgueillit à bon droit l'humanité.

Enfin, si les éléments musicaux occupent une large place dans notre livre, c'est que nous allons voir, qu'après avoir développé *l'entendement* par des créations applicables à des *choses matérielles*, il était nécessaire de planter des jalons nombreux sur une voie qui nous conduira insensiblement à des idées d'un ordre de plus en plus élevé, aboutissant aux *divinités* créatrices des mondes dont *l'harmonie* est simulée par la série et les *accords des sons* ; tel est *l'objet principal* de notre œuvre.

ÉCRITURE UNIVERSELLE SACRÉE

Les caractères de l'alphabet latin sont les résumés des hiéroglyphes (écritures sacrées) employés par les castes sacerdotales des Égyptiens et des peuples qui les précédèrent dans la voie de la civilisation. Ces 25 lettres combinées différemment, composent non-seulement notre système oral, mais elles formulent, en outre, un *alphabet idéographique*, capable de représenter aux yeux les objets naturels et les idées abstraites que l'on y a rattachées.

Nous allons enfin posséder une manière de nous faire comprendre de tous les affiliés et des néophytes, quel que soit le langage usité dans leur patrie.

INTRODUCTION

Il s'écoula bien des siècles depuis le moment où, réuni en société, l'homme découvrit le moyen de donner une forme déterminée à sa pensée, en la faisant passer, pour ainsi dire, dans le domaine du monde matériel. Les premières tentatives faites pour établir un lien de communication entre les formes et les idées durent nécessairement participer de l'imperfection de l'intelligence même de l'homme, qui ne pouvait arriver à son complet développement progressif que par la civilisation. On croyait dans l'antiquité que le langage et l'écriture étaient des dons faits par les dieux. On a voulu dire que la faculté que l'homme possède d'exprimer sa pensée par des articulations nombreuses et soumises à des lois variées, de la communiquer au moyen de certains signes de convention, est une faculté divine. Les langages humains et les lettres destinées à les figurer ne sont que la représentation plus ou moins fidèle des *sensations* que font éprouver les objets observés.

Il serait oiseux de reproduire les premiers tâtonnements de l'écriture; chacun sait que le tracé d'une tête d'animal désignait tel animal; que celui d'un œil, d'une bouche, désignait l'œil, la bouche; que deux jambes d'homme écartées, signifiaient la marche, l'action d'aller, le mouvement, etc.; cette manière d'écrire était *figurative*. Un cercle marquait le soleil, puis, par extension, on lui attribua les idées de lumière, de chaleur, de jour, d'année et de dieu ; ce signe devint ainsi *métaphorique et idéophonétique*. Ces signes ainsi combinés les uns avec les autres réveillaient des idées qu'il fallait réunir, pour en former des phrases qui en donnaient la traduction.

Mais les premiers caractères proprement dits durent nécessairement être ceux qui représentent les nombres I, II, III, IV, signalés par autant de lignes droites que l'on entre-croisa pour abréger les calculs. Ainsi, les cinq barres figurant le nombre 5, furent réduites à deux réunies par leurs extrémités inférieures, V, imitant le profil de la main fermée, moins le pouce et le petit doigt; puis on fit X indicatif de 10, les deux V réunis par leur sommet, ou les figures des deux mains ouvertes, moins les doigts extrêmes, puis XI, XII, XX, XXX, (11, 12, 20, 30), etc.

Or, pendant que *la main traçait* I, II, III, X, XX, *la bouche prononçait, un, deux, trois, vingt, trente*, etc. Il était donc déjà évident que l'on pouvait, à l'aide des traits droits ou courbes combinés, retracer de la même manière les mêmes articulations vocales : un, deux, trois. Mais il fallait décomposer un à un les éléments de la parole, séparer les voyelles des consonnes, les réduire à leurs plus simples expressions et les classer. Ce résultat, si simple en apparence, fut précédé d'une foule de tentatives plus ou moins imparfaites, jusqu'au moment où la haute science concentrée dans les colléges sacrés, enfanta cet alphabet merveilleux qui répandit la lumière sur le monde entier.

Une fois cette difficulté vaincue, chaque peuple voulut se créer un alphabet à sa manière, mais tout en conservant dans la forme des lettres nouvelles un tracé plus ou moins éloigné du primitif. De là cette multitude de caractères divers exhumés des monuments ruinés des peuples dont l'existence est inconnue. De même que quelques philosophes croient trouver dans les formes et les traits plus ou moins lourds, plus ou moins dégagés de l'écriture, des indices du caractère des personnes qui l'ont tracée, de même les écritures d'un peuple en général démontrent son caractère, ses habitudes, ses mœurs et ses croyances. Celle des Latins, basée sur les formes pures de la géométrie, annonce une époque où l'homme, adonné aux sciences positives, cherchait sa perfection dans l'étude des belles-lettres et des connaissances morales et naturelles.

L'alphabet latin dérive de l'écriture populaire des Égyptiens, qui passa chez les Phéniciens et fut apportée en Grèce par Cadmus. Les colonnies grecques l'emportèrent avec elles en Étrurie, d'où il se répandit dans toute l'Italie. On écrivait alors de gauche à droite aussi bien que de droite à gauche, et l'emploi de ces lettres dans les monuments remonte à près de deux mille ans avant notre ère. A l'arrivée des Romains dans les Gaules, l'alphabet grec y était en usage; il fut introduit dans ces pays par les affiliations sacerdotales qui s'étendaient déjà sur toute la surface de la terre, comme nous le démontrerons lorsque nous traiterons du culte des payens et de leurs descriptions géographiques.

Nous avons dit comment on était parvenu à décomposer les expressions vocales en signalant d'abord les 5 voyelles fondamentales et en réduisant les articulations au nombre de 20 consonnes; cet ensemble constitua l'alphabet. Mais si l'on voulait négliger l'orthographe et n'avoir égard qu'à la prononciation des mots, on peut encore diminuer de moitié ces signes de la parole par la suppression des lettres presque homophones et par la réunion des diphthongues, (ai=é, au=o et i=j et y).

En opérant la même décomposition sur les idées, nous sommes arrivés à obtenir une simplicité plus grande encore, puisque toutes sont basées sur une simple antithèse : *être* ou ne *pas être*; être en *mouvement* ou en *repos*, deux points extrêmes entre lesquels sont placées toutes les modifications idéales, exprimées par le langage dont les articulations sont peintes par des lettres primitivement choisies dans ce but. Cette première idée d'existence et de mouvement a été formulée en grec, d'abord par la voyelle E, initiale du premier verbe *eó*, être, aller, et dont le son est formé de celui des deux voyelles A I réunies; puis par les consonnes R (*ro*) et S, *erró*, *ró sóó*, aller, faire aller, etc. Ces lettres, ainsi devenues radicales d'un mot exprimant l'idée de mouvement, furent jointes à une ou plusieurs lettres initiales qui déterminèrent leur modification, comme en latin *eo*, *ro-eo*, *rou-eo*, *ruo*, par contraction : *ro*, *erro*, *curro*, *concurro*, *accurro*, aller, se précipiter, errer ça et là, courir, concourir, accourir.

En partant de ce principe, il devient facile de résumer les idées simples exprimant dans tout langage la même action, abstraction faite des synonymes successivement créés afin de la modifier.

Ainsi, chez les Egyptiens le dessin d'un homme entier, vu de profil et marchant à grands pas, désignait la marche, le mouvement, l'action d'aller, de voyager; pour abréger, on se contenta de figurer seulement les deux jambes. Chez nous, la lettre A devenant l'emblême de l'homme debout et en repos, il suffit de prolonger par le bas des jambages, sur la droite, les deux lignes appendices qui simuleront les pieds, et l'homme sera dit marchant en avant, se mouvant ou voyageant ; si, au contraire, on veut le faire fuir ou reculer, on n'a qu'à prolonger les appendices du côté gauche.

C'est d'après des procédés identiques et faciles à exécuter que nous avons établi notre système d'écriture hiéroglyphique *universelle*, espèce de *mnémonique* destinée à réveiller à *l'aspect d'une lettre* une idée simple correspondant plus ou moins directement à d'autres de même genre. Nous laissons ensuite à la sagacité du lecteur ou du copiste le soin de rétablir le sens voulu, au moyen des locutions usitées dans son langage.

Ainsi, toutes les expressions simples d'un glossaire peuvent être résumées dans les 25 lettres de cet alphabet dont chacune représentera le radical déterminatif d'une idée commune à tous les hommes. Cette méthode est destinée à remplacer celle des Égyptiens encombrée par l'abondance de ses types et exigeant avant tout une connaissance parfaite du dessin. Afin de mettre de l'ordre dans notre manière de procéder, nous suivrons la série des lettres alphabétiques, en ayant l'attention de placer auprès de chacune d'elles, non-seulement l'idée-mère qu'elle est destinée à représenter, mais encore une notable partie des mots presque synonymes qui en découlent. Par ce moyen, avec un peu d'habitude et de mémoire, l'initié et le néophyte pourront lire à livre ouvert dans nos mystères, et connaître le vrai sens des légendes sacrées de tous les temps, dont les titres sont représentés par les noms propres donnés aux divinités.

Nota. — Il est bon de prévenir le lecteur que les auteurs font entrer dans la composition de cette écriture hiéroglyphique les signes algébriques combinés avec le sens des lettres qu'ils traçaient au moyen de couleurs différenciées, afin de distinguer leurs acceptions multiples.

Comme nous ne pouvons employer une presse polychrome, nous avons pris le parti, afin de suivre leur méthode aussi exactement que possible, de retourner la position ordinaire des lettres.

Nous indiquerons ensuite, le cas échéant, les teintes, en plaçant leur noms entre parenthèses.

Il est rare qu'une même lettre représente plus de sept sens divers ; les sept couleurs du prisme suffisaient alors à la formation de cette écriture symbolique, dont l'emploi était réservé aux tracés légendaires des temples et à la correspondance particulière des affiliés. Telle est l'origine de ce système d'écriture nommée *rubrique*, du nom de la première couleur, et que nous retrouvons dans les anciennes chartes probablement revêtues d'autres acceptions.

Nous ne pouvons donner qu'un extrait de cette invention, assez étendu pourtant pour formuler la base sur laquelle on l'a fondée et nécessaire à l'intelligence des quelques légendes sacrées que nous avons traduites ci-après.

NOTIONS PRÉLIMINAIRES

Nous entrons dans un pays inconnu ; il faut d'abord s'orienter et connaître les quatre points cardinaux. Deux A fermés dont l'un renversé est placé sur l'autre simulent l'étoile *polaire*, ou le *nord* boréal ; N, la rosée abondante du matin, le côté où le soleil monte sur l'horizon figuré par la diagonale de cette lettre s'élevant dans le sens inverse de la marche des lettres de cette première partie de l'alphabet, l'*Orient* ou *est* : l'aurore ; O, l'image du soleil arrivé au plus haut point de sa course diurne, le *midi* ou *sud* ; Z le *couchant* ou *ouest* : le soir, formulé par la diagonale de ce caractère tracé dans le sens opposé de celui de N. Ainsi, les quatre points cardinaux sont figurés par les quatre lettres initiales et finales des deux parties de l'alphabet : A, N, O, Z.

SIGNES RETRAÇANT LES CINQ SENS

A fermé simule le sens principal, celui du *toucher*, excité par les aspérités des corps figurées par les angles aigus de cette lettre qui résume les actions des quatre autres sens. Les rayons lumineux *excitent* l'appareil de la *vue*; les ondes sonores, communiquées par l'air ambiant, *mettent en mouvement* les membranes de l'oreille, etc. E, e, ε, retrace par sa forme l'oreille de l'homme et détermine le sens de l'*ouïe*. I, lettre formée par *l'écoulement* du point qui la surmonte, est l'emblème des *liquides* renfermés dans des tuyaux; elle deviendra le symbole des *saveurs* et du *goût*, dont le siége est dans la *bouche* toujours *humide*. Cependant, ce sens est singulièrement modifié par la *cuisson* des aliments, par les condiments et les *sauces chaudes* simulées par J, caractère représentatif des *vapeurs* et de l'eau bouillante.

O simule l'ouverture des *narines* placées en dessous du nez figuré par la lettre N lettre (nasillarde) située au-dessus de O qui devient représentatif du sens de l'*odorat*. U, caractère déterminatif du sens de la *vue*, simule l'orbite et la cavité de l'œil.

Mais ce sens de la vue est singulièrement modifié par V, lettre semi-voyelle et représentant le foyer d'un verre convexe (voir article lunette, page 133) ou bien par l'air atmosphérique qui, par son interposition entre l'œil et les objets éloignés, les fait paraître différents de ce qu'ils sont vus de près.

En résumé, A représente le *toucher*; E, l'*ouïe*; I, le *goût;* O, l'*odorat*, et U, la *vue*.

SIGNES DES SEPT COULEURS PRINCIPALES

A simule la couleur *rouge*; E, celle *orangée*; I, le *jaune;* J, le *vert*; O, le *bleu*; U, *indigo*; V, *violet.*

Y, le *blanc*, réunion de toutes les couleurs; et — (moins) Y, le noir. Les couleurs composées sont désignées par les deux couleurs génératrices voisines, leurs nuances variant, du plus au moins par les signes algébriques *plus* et *moins* (+ et —); exemple: bleu foncé, U + O; violet foncé, A + O, etc.

SIGNES DES NOMS DES SEPT MÉTAUX

CLASSÉS D'APRÈS LEUR DENSITÉ RELATIVE

A, l'*or*; E, le *mercure*; I, le *plomb*; J, l'*argent*; O, le *cuivre*; U, le *fer*; V, l'*étain*; Y, le *platine*.

Les autres métaux, toujours rangés d'après l'ordre de leur pesanteur relative, sont placés dans la classe des métalloïdes et désignés par les mêmes lettres musicales, A, E, I, etc. diésées, comme le zinc, A*; bismuth, E*; antimoine, I*; arsenic, J*; soufre, O*; phosphore, U*; carbonne, V, etc.

SIGNES DU TEMPS — L'AGE

O désigne le soleil et sa course annuelle, avec un point placé dans le centre; $\overset{\text{10}}{\odot}$ dix ans; $\overset{\text{100}}{\odot}$, un siècle; de là les idées de lumière, jour, chaleur solaire, temps, durée, âge, époque, ère, date, etc.

Les noms des *mois* se marquent par les douze signes correspondants du zodiaque que l'on voit dans tous les almanachs. Le mois de mars, par exemple, est simulé par les cornes (V) du bélier qui ouvre le printemps et signale l'équinoxe de cette saison ; la balance (T) détermine le mois de septembre, annonce l'automne et son équinoxe, etc.

Les sept *jours* de la semaine sont désignés par les noms des sept planètes principales dont les *signes* abrégés se lisent également plus haut (voir le tableau page 126).

Le *jour*, o minuscule, est divisé en 12 *heures*; la *nuit* (c minuscule, la lune) divisée en autant de parties que l'on marque par les chiffres 1, 2, 3, etc. ; o^{12} veut dire *midi*, et o^{6}, 6 heures après-midi; c, *minuit*, et c^{6}, 6 heures du *matin*.

La *minute*, de même qu'en astronomie, se formule par une virgule (´) et la *seconde* par deux vigules (´´). Exemple: o^{12} 6´ 4´´, midi six minutes quatre secondes.

Les points de départ des dates des années s'empruntent à une figure symbolisant un fait remarquable : l'*ère* de la création de l'alphabet, sera marquée par A Z, ou A ω (o long des Grecs) ; celle de l'établissement du christianisme, par une *croix*. Exemple : l'an mil huit cent soixante-sept de l'ère chrétienne, le lundi, dix-neuf du mois de septembre, à trois heures, cinq minutes, quatre secondes de l'après-midi, s'écrira : + ⊙ 1867, c 19 T, o^{3} 5´ 4´´.

Le temps *présent* sera désigné par un O traversé par une ligne verticale, le *phi* majuscule des Grecs Φ : aujourd'hui; le temps *futur* et le passé, par les signes moins et plus : — Φ, le temps passé, le jour d'hier; +Φ, le jour futur, demain. De là les idées de jeunesse, de vieillesse plus ou moins avancées, par rapport à la date de la naissance.

ÉLÉMENTS DU DISCOURS

Afin de faciliter la traduction de nos textes, nous allons résumer les sens métaphoriques attribués à chaque lettre, et faire connaître les signes propres à simuler les liens nécessaires au discours : les prépositions, conjonctions, articles, cas, pronoms, adjectifs démonstratifs et relatifs, les genres, nombres, personnes et les temps des verbes.

1° Le nombre est une forme du nom qui fait connaître si l'on parle d'un ou de plusieurs objets ; ici, on le marque naturellement par les chiffres 1 et 2. Mais comme il serait inutile de marquer le singulier d'un mot employé seul, on se contente d'indiquer le pluriel *Les*, par le chiffre 2 placé en avant du nom : A, un homme ; 2 A, les hommes. (Ce chiffre 2 remplace la lettre S, indicative du pluriel en français.)

2° Le genre masculin aussi, *Le*, ne comporte point d'indication; le genre féminin, *La*, lorsqu'il n'est pas représenté par une lettre indicative, est formulé par un accent circonflexe placé au dessus du signe ou du caractère qui l'exige. *Le* bélier, ⋔, (B couché); ⋔̂, *la* brebis, ou ⋔ B.

3° Les conjonctions : et, puis, alors, or, pour, afin de, etc., sont indiquées par notre signe français abréviatif de et : ⅋.

4° d minuscule devient signe indicateur remplaçant l'index de la main montrant un objet ; il rend l'idée de montrer, indiquer, faire connaître : voici, voilà, vers, de ce côté, le, celui-ci, celui-là, tel, etc.

5° Comme, pour ainsi dire, il n'y a pas de cas en français, puisque l'accusatif, le vocatif et l'ablatif ne sont pas distingués, le nominatif, comme nous l'avons dit, ne recevra pas de signe particulier ; on marquera le *génitif* d'un nom par l'accent aigu placé au dessus et à droite : A, l'homme, de l'homme A', et le *datif*, par l'accent grâve placé à gauche : à l'homme À, à.

ADJECTIFS INDICATIFS, DÉMONSTRATIFS

Singulier

Nominatif

MASC... d : Le, lui, ce, cet, celui-ci, celui-là, un tel, tel, quel, qui, que, le même, toi, il, quoi.

FÉM.... $\hat{d}$: La, elle, cette, celle-là, telle, quelle, la même.

Génitif

MASC... $\acute{d}$: De, de lui, duquel, de qui, de ceci, de cela, du, de toi, de ce, de quoi, dont.

FÉM.... $\acute{\hat{d}}$: De la, de laquelle, de quelle, de celle-ci, de celle-là.

Datif

MASC... $\grave{d}$: A, au, à lui, à celui-ci, à celui-là, auquel, à toi, à ce, à quoi, à qui, y.

FÉM.... $\grave{\hat{d}}$: A elle, à celle, à celle-ci, à celle-là, à laquelle, à quelle, y.

Pluriel

Nomin.

MASC... $2d$: Les, eux, ils, ceux, ceux-ci, ceux-là, lesquels, tels, qui, ces.

FÉM.... $2\hat{d}$: Les, elles, celles, celles-ci, celles-là, lesquelles, telles, qui, ces.

Génitif

MASC... $2\acute{d}$: D'eux, des, de ceux, de ceux-ci, de ceux-là, de ces, desquels, de qui, dont.

FÉM.... $2\acute{\hat{d}}$: D'elles, des, de celles, de celles-ci, de celles-là, de ces, desquelles, de qui, dont.

Datif

MASC... $2\grave{d}$: Aux, à eux, à ceux, à ceux-ci, à ceux-là, auxquels, à qui, y.

FÉM.... $2\grave{\hat{d}}$: Aux, à elles, à celles, à celles-ci, à celles-là, auxquelles, à qui, y.

Les adjectifs interrogatifs : qui, que, quoi, lequel, sont désignés de la même manière que précédemment, mais ils sont terminés par un point d'interrogation (?)

Les nombres ordinaux et cardinaux se formulent indistinctement par les chiffres 1, 2, 3, etc., ou par les chiffres romains I, II, III, IV, etc.

Les mots *oui* et *non*, se marquent par les signes algébriques isolés + et —; aucun, nul, par —; plusieurs, +; tout, ++; abondance, +×+; chacun, quiconque, quelqu'un, d+1, (tout un, tout individu), l'autre — d (pas lui); l'un et l'autre, d+d (lui, plus lui); personne — A (aucun homme); une personne A, a, (un homme); seul, isolé 1 (un).

DU VERBE

Le verbe est un mot, une parole ordinaire qu'on revêt d'actions développées au moyen de désinences empruntées à un autre verbe unique *être*, nommé substantif, et qui détermine les personnes, les modes et les temps des affirmations de ce mot. Un grand nombre de mots substantifs peuvent recevoir la forme du verbe : amour, amitié, devient *aimer*; et aimer, c'est *être* aimant, *avoir* de l'amour pour... Ainsi, en français on est encore obligé d'avoir recours au second verbe auxiliaire *avoir*.

Le verbe est susceptible de recevoir quatre changements de formes désignés par les terminaisons, savoir : le mode, ou la forme que prend le verbe pour indiquer de quelle manière son affirmation est présentée; comme je *vais*, va, que j'*aille*, *aller*. 2° La *personne*, forme servant à indiquer si le sujet est de la première , de la deuxième ou de la troisième personne : *je* lis, *tu* lis, *il* lit ; 3° le *nombre* indique le rapport du verbe avec l'unité ou la pluralité : *je* chante, *tu* chantes, *nous* chantons, *ils* chantent ; 4° Le *temps*, l'époque où l'action se fait ; l'*indicatif* , Au temps présent : je *lis*, présentement ; l'*imparfait* , qui exprime l'action du verbe relative à une époque *passée* : je lisais. Le *parfait*, représentant un temps complètement *écoulé* : j'*ai lu*, je *voyageai*, j'*eus* lu. Le *plus-que-parfait*, exprimant une action complètement passée relativement à une autre également passée : j'*avais fini* quand *vous entrâtes*. Le *futur*, désignant l'action dans un temps à venir : je *lirai* demain. Le *futur* antérieur, exprimant l'action comme antérieure à une époque à venir : j'*aurai lu* demain. L'*impératif* présente une idée de volonté, de commandement. Le *subjonctif* présente cette idée d'une manière subordonnée et dépendante : je souhaite *que* vous *remplissiez* votre tâche. L'infinitif présente l'idée d'une manière vague, sans désignation : *marcher*. Enfin, le *participe présent*, qui est une espèce d'adjectif verbal exprimant une des actions du verbe : *je lis, je suis lisant*.

Ces notions seront suffisantes pour comprendre la manière qui a déterminé les désinences des verbes des Grecs et des Latins, ainsi que celle adoptée par les auteurs de l'écriture hiéroglyphique.

Nous avons déjà dit que l'expression verbale *être*, (*estre, astare,* e-*stare*), représente l'idée de vie, d'existence, qui se caractérise par l'action de se tenir debout, en équilibre, formulée chez les Latins par les lettres A, M, S. Nous savons que la lettre E (son formé de Ai) indique l'existence en général, dont l'action est rendue par la lettre R, marquant redoublement de mouvement ; elle désignera ici l'*infinitif* eR, *ere*, concurremment avec S, es : *esse* (en latin) : *être*. Enfin la lettre ò, (ômega des Grecs), la dernière de l'alphabet de ce peuple, a été choisie , par *antithèse*, pour désigner, comme M, le mot *moi, je* , *première* personne du verbe exprimant le n° 1, (Me, moi ; *ego, je*) ; les autres personnes étant formulées par les lettres numérales alphabétiques des Grecs R, S, T, marquant 100, 200, 300, moins les
zéros. La lettre R, l'unité, a été réservée pour être appliquée au temps de l'infinitif des verbes actifs. Nous allons donner un exemple de la composition et des désinences des deux verbes latins principaux à l'indicatif présent , le même raisonnement s'appliquant, par analogie, aux autres parties du verbe.

INDICATIF

RADICAL : *am* , *aim*

		Singulier	
Singulier	1re personne :	SuM, moi être, étant — je suis.	am-o, moi aimer, être aimant — j'aime (seul).
	2e »	ES, toi être — tu es.	am-aS, toi aimer (excepté moi) — tu aimes.
	3e »	eST, lui être — il est.	am-aT, lui aimer (excepté toi et moi) — il aime.
Pluriel	1re personne :	SuMuS, être moi et toi — nous sommes.	am-aMuS, moi et toi aimer — nous aimons.
	2e »	eSTiS, être toi et lui — vous êtes.	am-aTiS, toi et lui aimer — vous aimez.
	3e »	SuNT, être (N, *généralité*) tous, lui et eux — ils sont.	am-aNT, tous eux aimer — ils aiment.

Les voyelles qui accompagnent les terminaisons sont, en général, purement euphoniques; elles ne servent qu'à varier la forme des différentes conjugaisons *am-as*, *mon-es*, *leg-is*; il en est de même en français, des terminaisons et des verbes dont les infinitifs sont en *er, ire, oire,* etc.

Nous avons vu que la lettre N généralise ou résume, par les lignes qui la forment, toutes les figures géométriques de la première série alphabétique ; ici, à la troisième personne du pluriel des verbes, elle marque le même sens de généralité.

Ces lettres finales et leur valeur chiffrée correspondant à *moi, je, toi, il, nous, vous, ils,* sont conservées dans la facture des autres temps du verbe dont les désinences phoniques sont variées par des voyelles ou des particules choisies pour désigner les époques des actions, ou modes. Ainsi, l'imparfait, qui marque un temps passé : *j'étais, eram,* se décompose en : R, être ; a privatif ; M, moi ; ou moi, pas être maintenant, moi être autrefois, ou *j'étais.* De même : *amabam, j'aimais* ; am-aimer ; AB privatif ; M, moi, ou moi aimer autrefois, *j'aimais.*

Les auteurs de l'écriture hiéroglyphique ont adopté un système de conjugaison à peu près semblable à celui-ci, mais beaucoup plus abrégé par l'emploi des six voyelles a, e, i, o, u, v, pour marquer les six temps principaux. Tout en adoptant la lettre R pour signe de l'existence à l'infinitif, ils n'ont pas suivi la méthode grecque et latine par laquelle on partage un temps en deux parties marquant le singulier et le pluriel au moyen des lettres chiffrées et combinées. Le temps au lieu d'être divisé en trois personnes, en comporte six désignées par la série numérale 1 à 6. Ainsi, je suis, tu es, il est, nous sommes, vous êtes, ils sont, s'écrit : a, a, a, a, a, a, les chiffres 1, 2, 3, etc., remplaçant les pronoms moi, je, toi, tu, il, nous, vous, etc., placés au-dessus et un peu sur la droite de la lettre a, radicale de l'action d'être au *présent.* Ainsi, lorsqu'une lettre symbolique représentera un mot substantif susceptible de prendre la forme du verbe, il suffit de placer après elle les signes démonstratifs de ces modes toujours reconnus par ces désinences dont nous donnons le tableau.

PRÉSENT	IMPARFAIT	PARFAIT
Je suis............a [1]	J'étais..............e [1]	J'ai été (je fus)........i [1]
Tu es...............a [2]	Tu étais.............e [2]	Tu as été............i [2]
Il est.............a [3]	Il était.............e [3]	Il a été.............i [3]
Nous sommes........a [4]	Nous étions..........e [4]	Nous avons été.......i [4]
Vous êtes..........a [5]	Vous étiez...........e [5]	Vous avez été........i [5]
Ils sont...........a [6]	Ils étaient..........e [6]	Ils ont été..........i [6]

FUTUR	PLUS-QUE-PARFAIT	FUTUR PASSÉ
Je serai............o [1]	J'avais été..........u [1]	J'aurai été..........v [1]
Tu seras............o [2]	Tu avais été.........u [2]	Tu auras été.........v [2]
Il sera.............o [3]	Il avait été.........u [3]	Il aura été..........v [3]
Nous serons.........o [4]	Nous avions été......u [4]	Nous aurons été......v [4]
Vous serez..........o [5]	Vous aviez été.......u [5]	Vous aurez été.......v [5]
Ils seront..........o [6]	Ils avaient été......u [6]	Ils auront été.......v [6]

L'impératif marquant commandement, désir, s'écrit comme l'indicatif différencié par un point d'exclamation (!) placé après le mot. Les autres temps du subjonctif, correspondant à ceux de l'indicatif, sont distingués de ceux-ci par un point d'interrogation remplaçant l'optatif *que* : que je sois a? que je fusse e? que j'ai été i? que j'eusse été u ? l'infinitif est formulé par *re* souligné, le participe présent *a* souligné, *étant;* le participe passé *e* souligné, *ayant été.*

Ainsi les désinences, les modes et les temps de tous les verbes actifs ou passifs représentés par une lettre seront traduits par ceux du verbe *être*, réuni comme plus haut, avec les acceptions variées du verbe *avoir.*

PRONOMS PERSONNELS

Me, moi: m̊; *de moi:* m̋; *à moi:* m̏.

Nous: n̊; *de nous:* n̋; *à nous:* n̏.

Vous: v̊; *de vous:* v̋; *à vous:* v̏.

Soi: s̊; *de soi:* s̋; *à soi:* s̏.

Mon, ton, son se traduisent par : *à moi, à toi, à lui.*

Notre, votre, leur, par : *à nous, à vous, à eux.*

Mien, tien, sien, à moi, par : *à toi, à lui.*

LETTRES RADICALES MÉTAPHORIQUES

A, première lettre de l'alphabet, résume les idées de primauté en général, de maître, chef; elle marque l'unité dans le système numéral : principe, commencement, tête, extrémité supérieure, début, primò.

Å, surmonté d'un petit a majuscule (ou peint en rouge), désigne un être divin supérieur aux autres, un des douze grands dieux du paganisme; l'Eternel, Dieu chez les Hébreux. Ce petit a remplace le *pschent*, coiffure des divinités et des rois des Égyptiens. Ce même signe simule les *toniques* des différentes gammes théogoniques dans la notation alphabétique.

Ȧ, surmonté d'un point (ou peint en jaune), désigne l'homme fait à l'image de Dieu, Å, et supérieur aux autres animaux.

Ȧ fermé et surmonté d'un point désigne un espace circonscrit émettant l'idée de famille, domestique, esclave, faisant partie de la maison du maître.

À, surmonté de l'accent grâve (ou peint en orangé), indique un homme supérieur aux autres, un empereur, un roi. À, ainsi fermé, émet les idées de cour, de courtisan, ministres, agents du roi.

Â, surmonté d'un accent circonflexe désigne la femme de l'homme et le genre féminin.

Ä, surmonté de deux points, ou tréma, désigne le mot père; précédé du chiffre 2 Ä, grand-père, aïeul. Â, mère.

Le signe algébrique $\sqrt{\ }$, employé pour indiquer l'extraction d'une racine marque les descendants, les fils et petits-fils, la postérité; et retourné $\overline{\sqrt{\ }}$, les ascendants, les aïeux. On s'en sert également lorsqu'il s'agit d'extraire la racine d'un mot ou son étymologie. $\overline{A}\sqrt{\ }$, oncle; $\overline{B}\sqrt{\ }$, tante; $\sqrt{\overline{A}}$, fils; $\sqrt{\overline{B}}$, fille. Ce signe émet les idées de créer, engendrer, produire, faire, donner l'être à, inventer, construire, bâtir.

A, traversé par une perpendiculaire, simule la taille, la stature de l'homme qui comporte sept fois la hauteur de la tête. (Voir la grande figure.)

A fermé, signifie face, surface, figure, forme, corps, plan. A fermé ayant un jambage perpendiculaire, profil, vue de côté.

a minuscule, surmonté d'un petit A majuscule, désigne les demi-dieux, les anges supérieurs, les géants, les héros faisant partie de la famille des Dieux.

à, surmonté de l'accent grâve indique les princes, grands, nobles, les parents du roi.

ä, surmonté d'un tréma, marque les pères nobles, les sénateurs, les présidents des comices, les hommes revêtus d'une haute fonction publique laïque.

ȧ, surmonté d'un point, désigne la petite noblesse, la bourgeoisie, et remplace les particules aujourd'hui usitées de, le, monsieur.

a, dénote la basse classe, les artisans, le peuple.

Deux A majuscules fermés et entrelacés en sens inverse, simulent l'image d'une étoile qui réveille les idées d'étoile, ciel, firmament, demeure des Dieux et des justes; de constellations, des décorations honorifiques. Ce signe (peint en rouge) désigne l'étoile polaire et prend les acceptions de phare céleste, guide, pilote, conducteur, de drapeau, signe de ralliement, d'astronomie.

Peint en bleu, il devient, comme l'image de la lune, l'emblème de la nuit, des ténèbres, de l'obscurité, des songes, des rêves, hallucinations, illusions et du sommeil; de là les expressions verbales obscurcir, songer, rêver, dormir.

A accolé à B, par le jambage droit, Ꜳ, désigne une femme légitime, et par le jambage gauche, Ꜳ, une concubine.

Les deux jambages inférieurs de l'A, /\, après avoir séparé le triangle supérieur, signifie la terre, lors de la création, et les deux jambages reliés par la barre transversale, ⌂, indiquent la terre après la création.

Nous allons obtenir une foule de locutions de la lettre A divisée en deux parties par sa barre transversale et séparées l'une de l'autre, afin d'éviter la confusion.

A. Ce signe nous représente les jambes écartées de l'homme, A, debout et au repos. Cette lettre possède au bas de ses deux jambages de petites lignes horizontales ou appendices dont le prolongement nous a servi tout à l'heure à fermer cette lettre. En prolongeant ces deux appendices légèrement sur la droite et en supprimant la partie supérieure de A, nous simulons deux pieds d'un homme, ⌐ , marchant dans cette direction qui sera dite *en avant;* en les prolongeant dans le sens contraire, ⌐ , nous aurons l'acception opposée : aller *en arrière,* fuir, après; l'idée de la locomotion, du mouvement, d'aller, de marcher en avant ou en arrière, nous est donnée par ce premier signe dont la valeur sera doublée et triplée par l'adjonction des chiffres 2 ou 3 placés à la droite de son extrémité supérieure : ⌐² signifiera courir, trotter; ⌐³ courir vite, galoper.

La marche des quadrupèdes représentés par M et celle des gros oiseaux domestiques, par N, sera formulée de la même manière : M conduire des bêtes de somme, les faire marcher devant soi, les chasser, pousser, mener, poursuivre.

En ne prolongeant qu'un de ces appendices sur la gauche : ⌐, on obtient l'idée de *boiter,* marcher à cloche-pied. Le prolongement du côté droit : ⌐ désigne l'action d'errer, se tromper, commettre une faute, un péché.

En prolongeant les deux appendices dans l'intérieur du même signe radical : ⌐ on obtient l'idée d'assemblée, de réunion, tas, monceau, foule; réunir, accourir, arriver ensemble.

Les appendices prolongés à l'extérieur de chaque côté : ⌐ donnent l'idée de séparer, faire aller l'un à gauche, l'autre à droite; désunir, disjoindre, partager; choisir, élire; éloigner, distancer.

Ces appendices simulant des pieds, donnent l'idée de pied, unité de longueur, degrés, pas, pas géométriques, mètres, distance, éloignement, lointain, longueur.

Une petite ligne perpendiculaire élevée au-dessus de la barre transversale de ce signe, nous donne les acceptions de en haut, sur, au-dessus ; élever, croître, grandir, surgir de, pousser de, sortir de, germer.

Ce signe formulée par une ligne tracée dans un sens contraire à celui ci-dessus, offre l'idée de bas, en bas, dessous, en dessous, sous, fond, profond, abîme, descente.

Une perpendiculaire traversant la barre de ce signe, désigne le milieu, partager par le milieu ; part, portion, division, partie, chapitre, article, articuler.

Lorsque la perpendiculaire est prolongée par le bas et dépasse la lon-gueur des jambages, ce signe marque l'acception de creux ; trou, bas-fond, cavité, puits, action de creuser, enfoncer dans, planter, percer, trouer, blesser, entrer dans, pénétrer.

La barre transversale prolongée sur la droite, simule le bras ou la main droite ; à droite, le côté droit du corps, une côte ; tendre la main droite à, secou-rir, bénir ; aider, protéger.

La barre prolongée sur la gauche désigne le bras ou la main gauche ; à gauche, côté gauche, action de maudire, repousser, bannir, mépriser, aban-donner.

En prolongeant la barre à gauche et à droite, on a l'acception : étendre les mains, les bras ; idées de dominer sur, être maître de, subjuguer, vaincre, être le plus fort, puissant, vaillant, autorité.

Les prolongements extrêmes de la barre horizontale, brisés et relevés vers le haut, simulent les bras élevés vers le ciel ; idées d'implorer des secours, de faire des signes de détresse, prier, invoquer, adorer.

Le même signe, avec les lignes dirigées vers la terre, simule les bras abaissés, idées de découragement, confusion, honte, respect, crainte, soumission, s'avouer vaincu.

Ce signe fermé marque le repos, station, arrêt, campement, halte, sé-jour ; tente, vie sédentaire, maison. Précédé du signe +, village ; du signe X, ville ; idée de civilisation, de famille.

Ce signe renversé, les jambages en l'air, désigne l'idée de culbute, renver-sement, ruine, destruction, mort.

Les deux appendices prolongés en dehors, idée de regimber, résister à, se révolter, désobéir.

Le même signe fermé offre l'image d'un autel, synonyme des expres-sions sacrifier, immoler, offrir des victimes à Dieu ; être pieux, honorer les divini-tés ; surmonté du chiffre 100, il signifie hécatombe, sacrifice de 100 ou de plusieurs animaux *.

B. Cette lettre, par ses deux panses, simule les parties doubles que développe la nature dans l'organisation d'abord unique des êtres ; les deux mamelles, les deux cornes des animaux, les deux mains, etc. Comme elle est la deuxième de l'alphabet, elle a quelquefois la valeur numérale de ce chiffre. Elle indique les fentes, ruptures, ouvertures.

B. Comme cette lettre rend l'image des mamelles, elle devient le radical déter-

---

* On retrouve tous ces signes, mis à leurs places, dans le dessin de la grande figure.

minatif des femelles, lorsqu'elle est jointe au caractère désignant leur espèce ; M. B, la femelle d'un grand quadrupède ; N B, la femelle d'un grand oiseau aquatique.

Ꭺ̆, déesse ; Ꭺ̆, reine, impératrice, etc. ; Ꭺꞵ, femme mariée, couple, accouplement ; ꞵA, concubine, A — B, veuf ; B — A, veuve.

A + B, polygamie ; B X B, réunion de femmes. A X ꞮB, multiplication d'enfants, population. b minuscule, fille, vierge, jeune femelle.

ꞵB, deux B adossés, grossesse, femme enceinte, portée.

BꞱ, deux B affrontés, enfantement, naissance, couches.

ꟺ (B couché) désigne les cornes recourbées du bélier vu de face ; ce signe donne les idées de front, effronterie, hardiesse, opposition, face, devant ; bélier, mouton, ꟺ B, femelle du mouton, brebis : ꟺ X ꟺ, troupeau de moutons.

ꟺ (B couché et retourné), simule les cornes recourbées du taureau, bœuf. ꟺ B, la vache ; ꟺ b, génisse.

ꟺꟺ (B couché, ayant les panses traversées par deux diagonales) simule les directions branchues des cornes du cerf, du daim.

ꟺ Le même signe retourné simule les cornes du bouc, de la chèvre.

ꟺ Une perpendiculaire, élevée sur le milieu de B couché, désigne le rhinocéros et sa corne.

C. Cette lettre représente par sa forme les objets amincis, flexibles et élastiques, les fils, brins de laine, crins, fibres, filaments, poils, cheveux ; ficelle, corde, filets, lien ; les écorces, peaux et feuilles poreuses ; la fronde.

C (peint en rouge) représente les doigts de l'homme et ceux crochus des animaux, les griffes, épines et tout ce qui peut saisir, prendre, retenir, lier, attacher ; se saisir de, prendre, voler, accrocher.

C (peint en jaune), simule le profil d'une main ouverte à demi et dans la position voulue pour recevoir une chose offerte ; de là les idées de recevoir, demander, mendier, être pauvre, privé de ; accepter, percevoir, acheter, accaparer.

Ꞓ doublé dans son contour indique la lune et ses phases ; le mois, la semaine, l'année lunaire, le lundi, d'où les expressions de lunatique, fantasque, capricieux.

C (orangé), simulant les doigts d'une main à demi-fermée, comporte l'idée d'une pincée, peu ; pincer, prendre du bout des doigts, jouer de la harpe, gratter, racler, tâter, toucher légèrement.

C (vert) prend les acceptions de dos, derrière, convexe en dehors, concave en dedans.

Ɔ retourné marque l'action de tourner le dos à, mépriser, refuser, se dédire, nier, ne pas répondre.

Ꙅ renversé simule une voûte, un dôme, une arche, un pont, un chemin couvert.

ᴗ couché sur le dos, est l'image d'un récipient ; cassolette, écuelle, etc., ustensiles.

D simule un *arc* tendu par une corde attachée à ses deux extrémités. Cette lettre est comme C, l'image d'une ancienne arme de projection ; elle résume les idées de lancer, jeter rapidement, de vol rapide comme la flèche, d'archers, soldats, combattants ; D X D, armée d'archers.

D (peint en rouge) représente la main droite retenant encore un objet que l'on donne : de là les idées de donner, céder à, se dessaisir de, vendre, transmettre à, léguer.

Ꟈ couché sur son diamètre simule la moitié d'une sphère, un espace circonscrit et partagé. De là les acceptions de partage d'un domaine, d'un héritage, d'un royaume ; division de la terre.

ℂ retourné rend l'action de refuser de donner, être impitoyable, avare, sordide, crasseux.

D émet l'idée de ventre, panse, saillie, bosse, devant.

ℂ couché sur sa panse est l'image d'un ustensile clos, armoire, buffet, coffre, bagage, malle.

Δ, le triangle, forme du D des Grecs, est donné par la partie supérieure de A, séparée de ses jambages inférieurs; il signifie le ciel, séjour de Dieu. Ce triangle, partagé en deux parties égales par une perdendiculaire abaissée du sommet, signifie cieux.

d minuscule, signe d'indication, de direction; désigner, montrer, nommer, apprendre à, instruire de, faire connaître; faire savoir l'idée, la pensée; exprimer, donner l'acception d'un mot; article *le*, pronom *celui-ci*, etc.

E. Cette lettre représente, par l'entre-croisement de ses petites lignes médianes, les fentes en croix, pratiquées à une serrure dont F simule la clef. Elle formule les idées de renfermer, mettre sous clef, serrer, incarcérer; être secret, discret.

E fermé représente un espace circonscrit entre quatre lignes droites, et dont l'intérieur est divisé en quatre carrés. Cette lettre résume les idées de surfaces cadastrales, arpentage, frontière d'un pays dont on peut mesurer l'étendue; de cartes géographiques, astronomiques, de plans géodésiques.

E fermé et retourné désigne encore, par ses lignes entre-croisées formant ses quatre petits carrés intérieurs, les fils ou la trame composant un tissu quelconque; de là les idées de toile, de tentes, manteaux, vêtements, enveloppes, abri; papier (on écrivait autrefois sur de la toile préparée), et, par extension, écaille des poissons, des tortues, tuiles, couvertures.

⊞ renversé émet les idées de carrières de pierres, de sable, cailloux, minerais divers, et par extension, de murailles, rempart, tour crénelée, prison; et quelquefois maison en pierre, couverte en tuiles.

e minuscule, image de l'oreille; ouïe, entendement, sens, jugement; écouter, obéir, entendre, comprendre.

F, lettre complémentaire de E. Elle simule, par ses petites lignes médianes entre-croisées, les reliefs pratiqués à la clef coïncidant aux fentes de la serrure E, afin de l'ouvrir. Elle émet les idées contraires à celles de cette dernière; elle signifie ouvrir, révéler, rendre libre, affranchir, mettre dehors, payer, absoudre, délivrer, éventer.

F fermée devient l'emblème de l'unité de pondération; elle représente ainsi les idées de blocs, de masse, de densité, capacité, épaisseur, grosseur, longueur, largeur, variées au moyen des signes + et —, marquant l'augmentation ou la diminution.

f minuscule désigne les poids légers, les petites grandeurs, les faibles distances, etc.

ꟻ retourné, lettre presque homophone de V, désigne l'air subtil (oxygène) propre à la respiration et à la combustion; le zéphir, l'haleine, le soupir, le souffle, la vie, l'âme.

G simule, par sa forme, la circonférence du cercle qui, développée, est mise en rapport avec son diamètre représenté par la barre médiane de ce caractère. Cette lettre donnera les idées de rapport, de relation, de proportion.

G (peint en rouge) est l'image d'une marmite, chaudière, four, lampe, ou de tout autre récipient capable de résister à l'action du feu. Cette lettre simule un foyer et résume les idées de feu, flamme, lumière, chaleur; exprimant l'action de brûler, flamber, éclairer, faire fondre, calciner, réduire en cendres, d'où les expressions : alcali, potasse, chaux.

ℭ retourné désigne l'œsophage et l'estomac des animaux où se cuisent les aliments absorbés; idée de digestion, coction; de santé; graisse et des corps gras, huile, suif propres à la nourriture et à l'éclairage au moyen des lampes ou des chandelles.

g minuscule rend l'image de l'appareil d'un alambic, distillation, dissolution, évaporation. De là les idées de subtil, fin, raffiné, pur, limpide, clair, net, brillant.

H. Cette lettre simule une large aspiration ou exclamation de voix; elle est le type des grandes interjections causées par la douleur, le chagrin: ah! la joie; le rire : ih, ih! la surprise eh, eh! l'admiration, oh! le mépris, les huées : uh! qui s'écrivent telles quelles.

h minuscule indique le bâillement, l'ennui, le besoin de sommeil, la fatigue, la faim, le désir, la convoitise, l'envie.

H (peint en rouge). Ce caractère a la forme d'une mesure servant à cuber le bois de chauffage, et résume ainsi l'idée de toute espèce de combustible et, par extension, les passions qui font monter la rougeur à la figure; d'où les expressions : être rouge de colère, enflammé d'amour, d'ardeur, être plein de feu, rouge de honte. Il résume les idées des couleurs, peinture des lettres commençant par le rouge; nuance, mélange, différence.

⊨ couchée désigne par ses lignes droites également espacées, un chemin, une rue, une route, idée de cheminer, voyager, parcourir, communiquer; de suivre droit son chemin, bien se conduire, être probe, honnête, vertueux, franc, acceptions de passage, porte, issue, voie.

d minuscule retourné, indique un petit chemin, un sentier.

: : deux ou quatre points, signifient les grains de sable, la poussière, la poudre.

Ï, ligne droite composée de l'*écoulement* du point qui surmonte cette lettre; elle simule les gouttes d'eau de pluie, ou d'un liquide quelconque; la pluie, pleuvoir; mouiller, arroser.

Ï (rouge), les filets d'eau renfermée dans des tubes; les veines et le sang; la sève des végétaux.

Ï (jaune) désigne les liqueurs fermentées; les sucs divers excitant agréablement le sens du goût; vins, cidres, bières.

Ï (orangé), les métaux en fusion, le mercure.

Ï (vert), les fleurs et leurs pollen (les étamines); le sexe mâle des insectes.

H + I, le plaisir de boire une liqueur fermentée, ivresse, s'enivrer, perdre la raison.

ɪ renversé signifie faire écouler un liquide, vider, épancher, répandre, verser, mettre à sec, dessécher.

i minuscule désigne la rosée, les brumes, l'humidité, la boue, les terrains glissants.

J̇, lettre complémentaire de İ. Cette lettre représente, par sa forme et le point qui la surmonte, un jet de vapeur d'eau censée renfermée dans sa partie inférieure contournée simulant un appendice de la chaudière G, dont elle a l'articulation vocale (G, J̇); elle est encore comme İ, l'image des tuyaux contournés contenant un liquide chaud: les entrailles, le chyle, le sang, les graisses, le suif et tous les corps gras propres à l'éclairage. Ce caractère, de même que G, désigne les lampes, les chandelles, torches, flambeaux, et comporte les expressions verbales de éclairer, luire, briller, illuminer.

J̇ (vert) désigne les fleurs et leur genre femelle (le pistil); le sexe féminin des insectes.

ɾ renversé désigne la castration des animaux, le bœuf, le cheval, le mouton, etc.; caractère mixte.

j minuscule rend les idées de nuées, brouillards, brume ; temps sombre, obscur, ténébreux ; au figuré: mélancolique, morne, taciturne, rêveur, chagrin, méchant.

K. Cette lettre offre, par sa forme, l'image d'un végétal avec sa tige s'élevant perpendiculairement, tandis que les branches et les racines, simulées par les deux diagonales partant de son milieu, l'une monte et s'étend dans l'air, l'autre s'enfonce sous le sol. Elle est le radical des expressions : arbre, bois, forêt, hallier, buisson.

k minuscule désigne les plantes, herbes, mousses ; la végétation inférieure.

Ʞ retourné marque les bois de charpente assemblés ou non, les baraques ou maisons construites en bois.

K O, les roues de voitures, les chars, voitures, chariot, bagage, train, équipage d'armée.

Ʞ culbuté dénote les bois désciés, façonnés, les gros meubles, les planches, lambris, lattes.

Ʞ couché est l'image des oiseaux, les ailes étendues, qui, en général, habitent les bois, font leurs nids sur les arbres et s'élèvent dans l'air.

ʞ minuscule couché désigne les insectes ailés, papillon, mouche, hanneton, etc.

Â Ʞ, l'aigle, le roi des oiseaux; Ʞ C, le coq ; Ĉ C, la poule (C qui gratte avec ses griffes); Ʞ Y, le pigeon, oiseau au plumage blanc; Ĉ Y, la colombe; Ʞ —Y, le corbeau au plumage noir; Ʞ suivi de deux A fermés et croisés l'un sur l'autre (l'étoile du soir) signifie l'oiseau de nuit, le hibou.

K Ì, les arbres dont les fruits sont agréables au goût, bons, les arbres fruitiers; K I O, le pommier dont le fruit est rond et bon au goût; K I Ô, la pomme ; KIO peint en orangé), l'oranger; K I Ô, l'orange; K—I, fruit désagréable au goût, amer, acide, mauvais.

L. Cette lettre a la forme et la signification de l'équerre, au propre et au figuré. On dit : cela est fait à l'équerre, cela cadre bien, pour signifier: cela est bien. Elle devient ainsi le type de la perfection, beauté, bonté; du bien modelé, fait au moule, soigné; de là les expressions: bien, très-bien, bon; modèle, exemple, soin.

L (rouge), par ses deux branches égales en longueur et se coupant à angle droit, ce caractère émet les idées de pareil, égal, identique, conforme, ni bien ni mal angle, anguleux, angle droit, carré, carrément, équarrir..

Γ culbuté rend la signification de levier, force; soulever, ôter, enlever, soulager, alléger.

˩ retourné signifie: mal, mauvais, méchant, le contraire de bien.

M. Cette lettre, par le tracé de ses quatre jambages, devient le radical déterminatif des grands quadrupèdes dont elle simule la marche.

Ɯ couché sur la droite, par l'angle intérieur formé par l'intersection de ses diagonales, offre l'image d'une mâchoire ou gueule ouverte, emblème de la voracité bestiale. Ce signe résume les idées de dévorer, manger, mordre, mâcher, broyer avec les dents.

Ɯ couchée sur la gauche rend les acceptions contraires de celles ci-dessus.

M fermée par en bas signifie animal domestique, dont les membres ne sont pas libres, bête de somme.

m minuscule désigne les quadrupèdes de l'ordre inférieur.

M D, le quadrupède qui va comme la flèche, le cheval; M N, le quadrupède au long nez, l'éléphant.

M B, celui qui a deux bosses, le dromadaire; M P, celui qui n'a qu'une bosse, le chameau ; M e, celui qui a de longues oreilles, l'âne; M D O Ɯ, l'avoine dont on nourrit spécialement le cheval.

M n, le quadupède qui se distingue par son odorat, le chien; m n k, celui qui hante les forêts, le renard.

M c, le tigre, qui a de longues griffes; m c, le chat; À M C, le lion, le roi des animaux quadrupèdes.

M N, montagnes à l'horizon.

NN. Cette lettre doublée simule, par ses lignes anguleuses et en zig-zag, les rides de l'eau courante des ruisseaux et des rivières : ∿∿ (signe emprunté aux Égyptiens).

N désigne les poissons d'eau douce, distingués par les signes de leur espèce: N ⋝, le poisson le plus vorace, le brochet; Nk, celui qui suce l'herbe, la carpe; Ns, le poisson serpent, l'anguille; N c, celui qui a des barbillons, le barbeau; N D, celui qui saute en détendant son corps comme un arc, la truite.

N ⋈, les oiseaux aquatiques; N ⋈ S, le cygne dont le long cou simule un serpent; n ⋈ s, l'oie.

N U, les poissons de mer; N U ⋝ le requin; N U J, les souffleurs qui lancent un jet d'eau; À N U, la baleine, le roi des poissons.

U N, les poissons de mer qui remontent les rivières; UNS, la lamproie.

n minuscule, les poissons, les animaux et les oiseaux aquatiques inférieurs; n + v, petit animal qui vit dans l'eau et dans l'air, amphibie, la grenouille, le crapaud.

N, fermée par deux barres horizontales, a les acceptions de écluse, barrage, chaussée, digue, canal, vannes de moulin; grand réservoir d'eau, bassin, action de nager, émerger, naviguer.

N, fermée par une seule barre horizontale supérieure, désigne l'idée de inondation, déluge, cataclysme, grande mare d'eau, lac, étang; action de noyer, submerger, couvrir d'eau, baigner, faire naufrage.

N désigne l'écoulement qui a lieu par le nez, la morve et, par extension, le nez.

O, lettre dont le son vocal est formé de celui des deux voyelles A et U réunies, au o. Comme elle est la première de la 2ᵐᵉ série alphabétique, par sa forme ronde elle simule, comme A, la tête et les idées de primauté dans l'ordre sacré; elle est l'emblème du cercle et du disque du soleil, elle reçoit les acceptions de monde et d'éternité, d'années, saisons, jours, heures.

O désigne la hiérarchie sacerdotale distinguée au moyen des mêmes signes employés pour les degrés de la monarchie; Ô, le grand-prêtre ou pontife; Ò, le 2ᵉ pontife (aujourd'hui un cardinal); Ò, un évêque; O, le prêtre.

Ö, surmonté de deux points, indique un personnage remarquable par sa piété et ses bonnes œuvres, un père de l'église, un saint.

Ó, avec l'accent aigu dénote un homme mal famé, un scélérat, un grand criminel, un ange déchu.

O, de forme ovale, signifie l'œuf et toutes les graines, idées de reproduction perpétuelle, tant des animaux que des végétaux; semailles, semis, pepins, noyaux, baies.

A O ⋈ nourriture spéciale de l'homme, le blé, les céréales; A O N ⋈, blé aquatique, le riz.

OO, doublé, émet l'acception des narines, siége de l'odorat; le flair, les odeurs; O + O, bonne odeur; O — O, mauvaise odeur.

P, lettre presque similaire de B, ne présente qu'une panse placée à l'extrémité de de son jambage perpendiculaire; elle simule le bras étendu de l'homme terminé par la main ou le poing; elle résume ainsi les idées de travail, d'outillage et de main-d'œuvre, comme suit :

P est l'image d'un manche terminé par un outil; une masse, pioche, marteau, hâche, massue et désigne les artisans en général, les travailleurs; les actions de faire, travailler, s'occuper, avoir un métier, fabriquer.

ꟼ retourné émet les idées d'oisiveté, de cessation de travail, de chômage, de paresse, d'amusement, de repos.

P (rouge) est l'image d'une épée munie de sa poignée; sabre avec sa garde, poignard, couteau et tous les instruments tranchants à lame; deux P croisés ou opposés, Pꟼ, désignent un combat, l'état de guerre; deux P dos à dos, ꟼP, l'accord, l'amitié, la paix.

p minuscule désigne un faible travail manuel, un métier doux, peu fatiguant, un petit outil, un canif, etc.

ᴅ, minuscule, couché sur la gauche est l'image d'un cadavre étendu par terre; idée de corruption, décomposition.

ᴅ minuscule couché sur la droite émet l'idée de péril, danger de mort.

ᴛ couché sur la droite et retourné la panse en bas signifie tomber, choir la face contre terre, chute, disgrâce, malheur, faute envers Dieu, mauvais succès.

P K, un ouvrier qui travaille les gros bois, charpentier; pk, un menuisier; P E, qui travaille le fer, le forgeron; PA, orfèvre; Pᴅ, embaumer; P Q, tanneur.

Q, caractère qui représente la croupe d'une bête de somme. Il indique, par son appendice, la reproduction des animaux, et les forces multipliées des machines.

Q (rouge) représente les peaux tannées des animaux, les cuirs desséchés, embaumés, empaillés.

Q (jaune) résume les idées de derrière, postérieur, dernier, fin, bout, but, extrémité, finir, accomplir, parfaire.

Q, (bleu) rend les acceptions de borborygme, flatuosités, vibrations naturelles des membranes, pet.

Q, (vert) rend l'idée de croupe, fesse; punition, correction; fouetter, battre de verges, corriger, châtier; croupe des montages.

Q (violet) indique les roues de la charrue et son soc; idée de labourer, cultiver, creuser des sillons, des fossés.

Ò, retourné désigne les changements de sexe au moyen des habits; déguisement, bacchanales, folies.

R, lettre complémentaire de Q, marquant redoublement; elle simule les frémissements, oscillations, vibrations, tremblements, roulements, trépignements.

R (rouge) est l'image du pendant de la charrue; elle rend les idées de herse, rateau aux dents multiples, de pointe aiguë; unir, aplanir la terre, combler les sillons, les creux, râcler, buriner, tracer, rayer, écrire.

S, image du serpent et lettre radicale déterminative des reptiles et des sifflements aigus (Z).

S (rouge). Ce caractère simule, par ses contours, les choses sinueuses, les ambages, la ruse.

S. Comme cette lettre est formé de deux C réunis par les extrémités, elle prend les acceptions de crochet, ancre, hameçon, harpon; rencontre, combat singulier, opposition, accent ouvert.

SS. Deux S réunies simulent les anneaux d'une chaîne; suite, liaison, union, mariage; duel; pluriel dans les verbes; accouplement, paire.

Ƨ retournée simulant les pas d'une vis ou ligne en spirale, émet les idées de presser, fouler, écraser, aplatir, opprimer, exprimer; les idées de vendange, vin, cep contourné de la vigne; raisin.

S note le son La bémol ou le Sol dièse.

T. Cette lettre figure, par sa forme, les fléaux en équilibre d'une balance, un niveau d'eau ; elle émet les idées d'égalité, justice, équité, droit, loi, tribunal, juge et les préposés à l'exécution des lois. Elle est synonyme des expressions : ordre, tranquillité publique, harmonie dans les choses ; balancer, hésiter, craindre.

T (rouge) simule un marteau à main, à deux branches, propre à tailler les pierres ; de là, les idées de tailler, dégrossir, dresser, unir, mettre d'aplomb, bâtir, fonder, édifier, broyer, casser, battre, forger, frapper, morceler.

T U, frapper ou ébranler un corps sonore, faire de la musique, émettre des sons, jouer d'un instrument, chanter.

T U S, chanter ensemble ; symphonie, harmonie, chœur, orchestre.

T (jaune) représente le tact, le toucher, l'instinct. Cette lettre résume les idées de toucher, de tangente, d'être très-voisin de, tenir à, dépendre de.

⊣ couché sur la droite, signifie incliner ; pencher pour, avoir de la préférence, choisir, élire, aimer mieux, vouloir, aimer en général.

⊢ couché sur la gauche émet les acceptions contraires ; ne pas vouloir de, détester, refuser, rebiffer, haïr.

⊥ culbuté représente les dénis de justice, la mauvaise foi, l'injuste, la prévarication, la tyrannie.

U. Cette lettre est l'image profilée d'un vase sonore ; elle rend les acceptions de son, diapason, tuyau d'orgue, et simule tous les instruments de musique à vent ; elle représente la note La et la forme du fer à cheval.

U (rouge) simule un récipient d'eau de pluie, les versants, les gorges des montagnes d'où découlent les ruisseaux, les rivières et les fleuves qui forment les lacs et les mers. Cette lettre émet ainsi les idées de mers, d'eau salée, acidité, aigreur, amertume.

⊐ couché sur la droite, est l'image de la cavité osseuse de l'œil ; de là les acceptions de vue, regard, perception des objets, étendue des lieux, paysages, tableaux, dessins.

⊐ id. (jaune), simule les larmes, l'affliction, le deuil ; pleurer, se désoler, déplorer, gémir.

⊏ couché sur la gauche, devient l'emblème de la cécité, aveuglement, erreur, obscurcissement de la raison ; action de se cacher aux yeux, de fuir les regards, de détourner la vue.

U fermé désigne la plénitude ; le comble, la satiété.

∩ culbuté, le vide, le néant, rien.

u minuscule rend les acceptions de lac, étang, mer intérieure.

V, lettre complémentaire de U, désigne, comme nous l'avons dit, le vent, l'air en général, mais principalement celui aigu, vif, piquant et froid du nord.

V (bleu) simulera donc le froid, l'eau glacée, gelée, grêle, neige, givre, l'hiver, la condensation des vapeurs, la dureté des corps et leur densité ; de là les idées d'engourdissement, de manque de vigueur, stérilité, compacité, solidité.

◁ couché sur la droite, signifie : souffler, gonfler d'air ; respirer, aspirer, vivre ; idées de poumons, pistons.

▷ couché à gauche, désigne le plus lourd des gaz aériformes, le *carbone*, qui, combiné avec F (oxygène), devient l'*acide* carbonique impropre à la respiration, à la vie : synonyme d'asphyxie, mort.

Λ culbuté désigne le calme de l'air ; beau temps, bonheur, tranquillité, calme, vide.

Λ minuscule retourné simule le coin et tous les objets ou instruments tranchants et piquants : lance, trait, dents des scies, ciseaux ; de là les idées de force, puissance, violence, contrainte, blessures, piqûres.

W (deux V réunis), tempête, ouragan, orage, grande persécution, grand malheur, calamité.

X, lettre indiquant, par sa forme, les quatre points cardinaux, résumant les idées d'étendue, partout, en tout lieu; avis que l'on doit publier, afficher; renommée, bruit public, réputation, signaux, faire connaître, avertir, prévenir.

X (rouge) simule les rayons du cercle, des roues, l'ensemble des charpentes, les quatre membres et le squelette des animaux, les grands leviers; jambes de force, appui, étai, soutien, les bras du télégraphe aérien, le sapin; et au figuré : protecteur, tuteur, soutien.

X (jaune) simule un chevalet, un cheval, une selle.

x minuscule : les rumeurs, murmures, bruits sourds; la médisance, calomnie, cancans.

Y (voir la grande figure). Cette lettre, par l'ouverture formée par les deux diagonales placées au dessus de son jambage vertical, simule la bouche, le gosier de l'homme et son appareil vocal divisé chromatiquement par la nature. Elle émettra ainsi les idées de parler, dire, prononcer, discourir, chanter; verbe, langage, langue, idiome; parole, assurance, promesse, mot, nom, phrase; bouche, bouchée, embouchure, œsophage, gorge, gosier.

Y fermé désigne un phare, candelabre, lanterne; la lumière, les connaissances répandues par l'invention de l'alphabet; le chêne.

⅄ culbuté, détermine les idées de couvercle, éteignoir, étouffoir; d'ignorance, d'obscurité, abrutissement; action d'éteindre le feu, calmer les passions, les émeutes.

Y (jaune) est l'image d'un style, espèce de plume rigide avec laquelle on écrivait autrefois sur des tablettes enduites de cire. En retournant cette lettre, ⅄, nous aurons la forme d'une plume dont le bec écarté simule la fente, pratiquée afin de permettre à l'encre de s'écouler. Ce caractère devient ainsi le radical des expressions: lettre, écriture, lecture; Belles-Lettres, sciences, arts, littérature; idée, pensée.

Y (rouge) désigne le silence, l'action d'être muet, baillonné, défense de parler de.

Y (bleu) simule l'appareil d'un moulin conique; un touret, un tour; action de tourner, forer, percer, graver sur la pierre, sur les métaux.

⊀ couché sur la droite simule une bouche ouverte dans l'action de manger; manger, boire, mâcher, avoir appétit, appéter, être à table (les anciens mangeaient étant couchés), faire bonne chère; avaler, absorber, ingurgiter, engloutir; être bien portant, gras; ⊀ N, boire de l'eau; ⊀ S, boire du vin.

⊁ couché sur la gauche émet les idées de vomissement, nausée, dégoût, de maladie, de garder le lit, être maigre, sans appétit.

Z représente, par ses lignes en zig-zag, les sillons aigus de la foudre. Cette lettre est l'emblème du tonnerre, de l'éclair, des grandes tempêtes épouvantables; elle rend l'idée de terreur, effroi, peur, épouvante, et celle d'électricité, fluide magnétique, aimant.

Z (rouge) a la forme d'un rabot, d'où raboter, unir, polir, limer, user, retrancher, frotter.

Z (jaune) simule le profil d'un soufflet à demi gonflé par le vent et les soupapes qui le mettent en jeu; de là, les acceptions souffler pour activer le feu, allumer, exciter la discorde, lancer en soufflant, respirer avec effort. Souffler un rôle, etc.

Z fermé rend l'idée de fenêtres, vitres, volets, verre à vitres et autres; émail, transparence.

Ẑ surmonté d'un accent circonflexe désigne les femelles des gros oiseaux aquatiques, le mâle étant représenté debout par sa similaire N; de là, les idées de couver, être accroupi, assis, courbé, à genoux.

' z minuscule, résumant les mesures des lettres de la deuxième partie de l'alphabet, prend l'acception de résumé, total, ensemble, précis.

En terminant ainsi leur alphabet par les trois caractères X, Y, Z, dont les énonciations ne peuvent avoir lieu qu'au moyen de la coopération des sons vocaux attachés à différentes lettres, les auteurs ont voulu joindre ici l'exemple au précepte. Ils nous avertissent donc (X) que les lettres, en général, après avoir réveillé par leurs formes matérielles les idées métaphoriques y affectées, celles-ci doivent être combinées ensemble de manière à former des phrases dont l'enchaînement produit le discours, ou la narration. Nous allons donner la première leçon de cette écriture hiéroglyphique offerte par les lettres composées X, Y, Z.

X, *avis au public*

X s'appelle ics ou iks.

I, l'écoulement du point, ou des gouttes d'un liquide coloré, forme la ligne droite.

K, plusieurs lignes droites combinées, composent un tout, un corps, de même que les branches et les racines réunies au tronc, composent un arbre.

C, ces lignes droites, en les courbant, forment des portions de cercles.

S, ces courbes isolées ou réunies, combinées avec les lignes droites, figurent également un tout dont la forme et la marche, une fois déterminées, deviendra un *signe* ou lettre représentative (X) d'un son vocal, de même que le serpent irrité (S) a été pris pour signe représentatif du mouvement et des sons aigus émis par ce reptile.

Y, *tracé et composition des lettres*

Y s'appelle igrec (k, q).

Y, un son de voix se représente au moyen d'un style pointu formant un bec d'oiseau (bifurqué, fendu en deux)

I, afin de faciliter l'écoulement du liquide qu'il contient et nécessaire au tracé des lettres

G, qui comporteront dans leurs dimensions celles qui existent entre le rapport de la circonférence du cercle (O) et son diamètre (I) : 1 : 3 :: 7 : x. Ainsi la longueur de la circonférence d'une lettre étant 21, celle de la ligne droite sera 7. Cet exemple est donné par la forme de la lettre G portant le n° 7 de la série alphabétique.

G, de plus, les liquides (I) servant à tracer les lettres seront au nombre de 7 (les 7 couleurs du prisme solaire, produites par des matières calcinées dans la chaudière G, 7 sortes d'encre).

R. Ces lettres ou signes multipliés selon le besoin seront sillonnées (tracées, écrites) sur

E, un tissu (toile, papier) ou sur

C, K, k, Q, une écorce d'arbre (C K), ou sur la large feuille d'une plante (c k), ou sur le cuir tanné d'un animal, vélin, parchemin (Q).

Z, *résumé des lettres, le mot*

Z s'appelle sed ou set.

S, la réunion deux à deux de ces lettres parlantes (qui représentent un son vocal) tracées sur

E, le papier (consonne et voyelle : s e).

d indique l'idée, fait connaître la pensée exprimée par

T, indiquant ce morcellement, cette articulation vocale qui est un *mot*, un *nom*.

Au commencement de ce livre, nous avons constitué les lettres alphabétiques au moyen des formes géométriques différemment combinées. Chacun de ces signes ayant reçu un son vocal particulier, on a pu, par leur réunion, composer des mots, expressions des idées qui, rassemblées, donnent les phrases rattachées les unes aux autres par les particules du discours et les actions du verbe. Ce système a pris la qualification de lecture et d'écriture et fut mis à la portée de tous.

Ces mêmes caractères, décomposés ou disposés de différentes manières, nous ont servi à construire un autre système d'écriture spécialement réservé à l'usage du sanctuaire et dont nous donnons ci-devant les éléments développés, puis employés par la *muse hébraïque* au narré d'une théogonie nouvelle dont le fondement a reçu le nom de *Genèse*, origine, naissance, génération. Cette œuvre a été écrite originairement en langue grecque, et les expressions employées dans le texte sont toutes différentes, en général, de celles sur lesquelles sont basés les mots à double sens, homonymes ou homophones, qui cachent la pensée de l'auteur sous le voile de l'allégorie.

Dans tout le cours de cet ouvrage immense et merveilleux appelé *Bible*, ou le livre des livres, il y a quatre sens divers cachés sous le même narré et les mêmes expressions : le sens matériel redisant une description naturelle, physique ou morale ; le sens grammatical, élément du langage ; le sens musical, base de la théogonie ; et le sens astronomique exactement calqué sur celui formulé par les légendes anciennes des Grecs et des Égyptiens.

L'auteur, dans le premier chapitre commence par signaler la forme des caractères hiéroglyphiques donnés plus haut et pose les éléments et les règles de ce nouveau langage mystique dont les développements successifs concordent avec la création du monde. Ainsi, les incohérences d'idées, remarquées par les critiques, vont disparaître, pour faire place à la logique la plus exacte et digne de la plus grande admiration pour une œuvre si compliquée et qui paraissait au-dessus de la portée de l'esprit humain.

Nous regrettons que le défaut de quelques signes d'impression convenables ne nous permette pas de traduire trait pour trait ce premier chapitre de la Genèse selon sa forme originaire, à l'aide de caractères hiéroglyphiques. Mais le néophyte intelligent pourra transcrire lui-même ce texte, puisqu'il ne s'agit que de la répétition des caractères donnés dans notre récapitulation. Ainsi le premier verset : « Au commencement Dieu créa les cieux et la terre », s'écrit de cette manière : 1º Å Ä i³ ⟁ & ⌂. L'idée de père représentée par Å prend l'acception verbale de créer, produire, donner l'être à ; l'action de créer est ici portée au parfait, *il créa*, formulée, comme nous l'avons dit dans l'exposé succinct de la méthode donnée ci-dessus, par la voyelle i³ , ou placée à la troisième personne du parfait du verbe créer ; ainsi de suite.

Nous allons suivre, mot à mot, l'auteur dans son introduction grammaticale, chef-d'œuvre de *Mnémonique*, méthode à l'aide de laquelle les idées les plus abstraites concernant la théologie, la grammaire, la musique et l'astronomie se réveillent les unes par les autres à la vue de signes se prêtant un concours mutuel.

CHAPITRE PREMIER

Verset 1ᵉʳ. — Au commencement, Dieu créa le ciel et la terre. Voilà le sens matériel.

Maintenant voici le 1ᵉʳ sens allégorique : La lettre A placée la *première* de la série alphabétique donne l'idée du numéro 1, ligne droite empruntée à la ligne perpendiculaire, partageant l'A en deux parties égales (voir la grande figure) et simulant la voyelle I.

Dieu, être *suprême* figuré par Å surmonté d'un petit ∧ majuscule (à la place du *pschent* égyptien).

L'idée de *Ciel* est donnée par le petit triangle *supérieur* de A , △, signe emblématique de *Dieu* chez les Egyptiens. En partageant ce triangle par une perpendiculaire abaissée de son sommet sur la base, on a deux triangles égaux qui donnent le pluriel de Ciel, Cieux, ▲, ou parties *supérieures*, situées *en haut, au-dessus de*.

Terre, figurée par la partie inférieure de A dont on enlève le triangle supérieur; il ne reste que les deux jambages isolés et inférieurs de cette lettre ∧.

V. 2. — Et la terre était sans forme et vide et les ténèbres étaient sur la face de l'abîme et l'esprit de Dieu était porté au-dessus des eaux.

Les deux jambages isolés de A qui représentent ainsi la terre, ne donnent l'idée que du vide, puisqu'il faut au moins trois lignes qui se coupent pour renfermer un espace d'une forme quelconque.

Les *ténèbres :* comme il n'y a pas ici de forme, de corps capable de réfléchir les rayons lumineux, il n'existe qu'un *vide* figuré par la couleur *noire* (ténèbres) apparaissant sur ce signe vu de face et sans fond, non relié par d'autres lignes; *abîme*, sans fond, sans bout (*ab*, priv. *imus*, fond).

Et l'esprit de Dieu était porté au-dessus des eaux.

Et la lettre V qui signifie souffle, *esprit*, a la même forme, redressée, que celle de A, Dieu, et cette lettre V est au-*dessus* de U (plus loin et à côté de U), lettre emblématique des mers, réceptacles des *eaux*, des pluies.

V. 3. — Et Dieu dit : Que la lumière soit, et la lumière fut.

Et les jambages de A, Dieu, étant semblables à ceux de V qui simulera l'air, le vent, le souffle, l'esprit (*spiritus*), ceux-ci sont encore semblables à ceux de Y qui simule une bouche ouverte, recevant la signification de *parler*, *dire*. (Å Y i³, Dieu *dit*, la parole de Dieu).

Que la lumière soit; la lettre Y fermée sera encore représentative d'un phare, d'une *lumière*.

V. 4. — Et Dieu vit que la lumière était bonne, et Dieu sépara la lumière d'avec les ténèbres.

Et la lettre V (semblable à Å, Dieu) est souvent écrite pour U, emblème de l'œil et de la vue. (Å V i³, Dieu vit). Était bonne; bon, bien, qualification rendue par L qui, redressée sur sa pointe, a la forme de V. Et Dieu sépara la lumière d'avec les ténèbres : et en tirant une barre séparative au-dessus de Y pour lui faire prendre l'acception de phare *lumière*, on a l'image d'un triangle semblable à celui par lequel on désigne le mot *ciel*, séjour de Dieu. Et cette barre séparative fait que le tracé de la partie supérieure de Y, fermée, ne simule plus le vide ou les *ténèbres*.

V. 5. — Et Dieu nomma la lumière jour et les ténèbres nuit : ainsi fut le soir, ainsi fut le matin; ce fut le premier jour.

Ainsi la lettre Y, étant le résumé de la réflexion de tous les rayons du prisme, désignera la lumière blanche du *jour*; + Y, blanc; et avec le signe —, la négation de la lumière, ou la couleur noire; — Y, les ténèbres. La même idée de ténèbres, obscurité, se rend par ⅄ renversé.

Ainsi fut le soir et le matin ; de même, la lettre N, offrant deux angles formés par une diagonale, représentera l'Orient, le *matin*, et sa similaire Z, l'occident ou le *soir*.

Ce fut là notre premier travail concernant les lettres alphabétiques et leurs attributs, que nous récapitulons. A, △ (D grec), V, U, Y, N, Z, plus le signe ⅃ (partie inférieure de A, signifiant la terre, auquel nous ajoutons la barre transversale).

V. 6. — Puis Dieu dit : « Qu'il y ait une étendue entre les eaux et qu'elle sépare les eaux d'avec les eaux. »

Allusion aux intervalles formés par les lettres alphabétiques offrant deux séries distinctes : La première, de A, Dieu, à N; emblème des *eaux* des pluies; et la deuxième commençant à O, et finissant à Z, série dans laquelle se trouve placée la lettre U, emblème des *eaux* des mers.

V. 8. — Et Dieu nomma l'étendue : *cieux.*

Les deux parties de l'alphabet étant ainsi séparées et superposées, celle *supérieure,* s'appellera *ciel* et l'*inférieure terre.* (Il en sera de même pour les notes de la gamme partagée en deux parties superposées.)

V. 9 et 10. — Puis Dieu dit : « Que les eaux qui sont au-dessous des cieux soient rassemblées en un lieu et que le sec paraisse, et le sec fut nommé terre et l'amas des eaux, mers. »

Allusion à la lettre N, emblème des eaux retenues des rivières que nous avons fait couler dans la deuxième série de l'alphabet, sur les aubes de la roue hydraulique O (page 125), et qui sont censées s'écouler toutes dans U, figurant le réservoir commun, la *mer.* Alors la série inférieure ainsi *desséchée,* s'appellera la *terre,* (desséché, c'est-à-dire que de O à U, il n'y a point de lettres dont les formes soient ouvertes, ouvrent la bouche.)

V. 11. — Que la terre pousse son jet, *germinat (gero,* produire; *emineo,* s'élever, croître en hauteur).

Savoir : de l'herbe portant semence et des arbres fruitiers, portant leur espèce, et qu'ils aient leur semence en eux-mêmes sur la terre.

En rapprochant les deux extrémités supérieures des jambages de la moitié inférieure de A dont on a formé le signe de la *terre,* et en les arrêtant au milieu de la barre transversale, on a la forme du ⋈, emblème des plantes et des arbres, ou de la végétation en général (K redressé). De plus, le signe terre, surmonté d'une petite ligne verticale, signifie jet d'une plante.

V. 14. — Qu'il y ait des luminaires dans l'étendue des cieux pour séparer la nuit d'avec le jour et qui servent de signes et pour les saisons et pour les mois, et pour les jours et pour les années.

La lettre O simule le soleil, le jour ; o majuscule, avec un point central, l'année; o minuscule, les jours. ⊙ doublé dans son contour est l'image de la lune et de la nuit (voir page 157).

V. 16. — Dieu fit aussi les étoiles. Deux A fermés, dont l'un est renversé, superposés donnent l'image d'une étoile ✡ et l'idée de la nuit.

V. 20. — Que les eaux produisent en toute abondance des animaux qui se meuvent et qui aient vie, et que les oiseaux volent sur la terre vers l'étendue des cieux.

L'eau des rivières est représentée par deux N ou MN accolés. La lettre M, par ses quatre jambages, simule la marche des quadrupèdes, et ses deux diagonales qui ont la forme d'un V, le souffle, indiquent ici la vie. Il en est de même pour la lettre K couchée, ⋈, qui rend l'image d'un oiseau dont les ailes sont déployées, et dont les diagonales sont semblables à celles de V.

V. 21. — Dieu créa les grands poissons.

La même lettre N représente les poissons et les grands oiseaux aquatiques.

V. 24. — Que la terre produise les animaux domestiques, les reptiles et les bêtes de la terre, selon leur espèce.

Les domestiques sont distingués par la lettre A fermée; en tirant une barre à la partie inférieure de M, on ferme cette lettre qui devient représentative des animaux privés dont on captive ainsi les membres par un lien. De plus, les deux diagonales de M simulent un V, comme celles de la terre qui crée ce signe.

Et les reptiles. Ici l'auteur remplace l'S, emblème des reptiles, par la lettre similaire Z, *s e,* à cause des angles aigus de cette lettre offrant de l'analogie avec le tracé de A, la terre.

V. 26. — Puis Dieu dit : « Faisons l'homme à notre image, selon notre ressemblance et qu'il domine sur tous les animaux, et il le créa mâle et femelle. »

L'homme est représenté par A, et Dieu par A surmonté d'un autre ᴀ. Voilà le signe de l'homme absolument pareil à celui de Dieu qui n'a qu'un sexe, tandis que la race humaine en comporte deux. Ici la lettre A nue, c'est-à-dire non surmontée d'un signe distinctif, laisse le sexe indécis, est *mâle* et *femelle*. La lettre A, l'homme, placée en tête des lettres alphabétiques, domine ainsi les autres subséquentes, parmi lesquelles sont celles choisies pour représenter les animaux.

V. 28. — Et Dieu les bénit et leur dit : « Croissez et multipliez et remplissez la terre et l'assujettissez et dominez sur toutes les bêtes. »

Allusion aux signes algébriques : plus, moins, multiplié par, etc. ($+, -\times, \sqrt{}$) que l'auteur va introduire dans sa narration. Remplissez la terre et l'assujettissez : La forme supérieure de A, comble la lacune offerte par le signe *terre* figuré par la partie inférieure de cette lettre, par l'addition du triangle qui lui est superposé.

V. 29. — « Je vous ai donné toute herbe portant semence et tout arbre portant son fruit, ce qui vous sera pour *nourriture*, ainsi qu'aux animaux.

L'auteur veut dire que toutes les lettres choisies pour simuler l'homme et les animaux sont faites de manière à présenter par l'intervalle de leurs lignes, une ouverture simulant une bouche ouverte ; de là, les acceptions de manger, boire ; idée de la métamorphose nécessaire des êtres se dévorant les uns les autres.

CHAPITRE II

V. 1. — Les cieux donc et la terre furent achevés et toute leur armée.

C'est-à-dire qu'à l'aide des lignes posées *diagonalement*, on a formé des lettres qui seront représentatives des idées cieux, terre, Dieu, homme, esprit, animal, etc., etc. comme A, V, M, N, K, L (L dressée), Z.

V. 2. — Et Dieu eut achevé l'œuvre qu'il avait faite, et il se reposa le septième jour de toute l'œuvre qu'il avait faite.

Et après avoir épuisé toutes les lettres de l'alphabet formées avec des diagonales comme A, celle-ci n'est composée, en définitive, que par des lignes semblables à la lettre I, placée à un intervalle de sept lettres, à partir de O (O, n, m, l, k, j, I), et *posée* perpendiculairement sur sa base (à plomb, au repos. [Voir la grande figure où A s'appuie, se repose sur I, ligne vertical qui partage cette lettre en deux parties égales]).

V. 3. — Et Dieu bénit le septième jour et il le sanctifia, parce qu'en ce jour-là, il s'était reposée de toute l'œuvre qu'il avait créée pour être faite.

Et l'accentuation O, emblème du jour, *est bonne*, parce qu'elle est formée de l'union de A, Dieu, avec U (au), éloigné de sept lettres de O représentative *des saints*. Cette voyelle est le point de partage de l'alphabet en deux parties, elle marque encore ici un *repos*, un temps d'arrêt ; dans ce cas, elle se trouve placée immédiatement *au-dessous* de A, Dieu, qui *repose* sur elle ; de plus, elle désigne le soleil, notant le dimanche, septième jour de la semaine, consacré au repos (voir le tableau page 126).

V. 4. — Telles sont les origines des cieux et de la terre.

C'est donc la lettre I, différemment posée, qui forme originairement les lettres simulant le ciel et la terre.

V. 5. — Et toutes les plantes des champs, avant qu'il y en eût en terre, et toutes les herbes, avant qu'elles eussent poussé, car l'éternel Dieu ne faisait point pleuvoir sur la terre, et il n'y avait point d'homme pour la cultiver.

Cette lettre I forme aussi le K, emblème de la végétation, dont le jet est simulé par le signe de la terre (partie inférieure de A), surmonté d'une petite ligne perpendiculaire placée au milieu de la barre transversale $\stackrel{\perp}{\triangle}$. Dans ce cas, la ligne I est dépourvue de son point qui figure la goutte d'eau dont l'écoulement dénote la pluie, et ce même point surmonte l'A, afin de distinguer l'homme des autres significations émises par cette lettre ; en supprimant le point, l'homme n'existe pas.

V. 6. — Et aucune vapeur ne montait de la terre qui arrosât toute sa surface.

Il en est de même du *point* qui surmonte la lettre J, emblème de la vapeur d'eau qui, condensée au haut de l'atmosphère, forme les nuées et les pluies. Le point supprimé enlève à cette lettre l'idée de jet de vapeur.

V. 7. — Or, l'Eternel Dieu avait formé l'homme de la *poudre.* (poussière), de la terre, et il avait soufflé sur sa face une respiration de vie.

Ce qui distingue l'homme est un point placé sur A, puis deux points Ä, lorsque ce signe prend la qualification de *père.* Or, la poussière est aussi désignée par deux ou quatre points placés à côté les uns des autres, assemblés par deux, de même que le signe algébrique signifiant comme (::) dont la moitié donne le tréma (··), placé sur A. De plus, comme l'auteur l'a déjà dit, les jambages de la lettre A sont semblables à ceux de V signifiant souffle, esprit, vie.

V. 8. — L'*Éternel* Dieu avait aussi planté un jardin d'abondance (Adên), du côté de l'Orient et y avait mis l'homme qu'il avait formé.

Et *toujours* avec les mêmes diagonales de A, Dieu, on a formé la lettre K majuscule et minuscule, radicale des arbres et des plantes, et placés aux environs de N, simulant l'Orient; cette première partie de l'alphabet comprend la lettre A, emblème de l'homme.

V. 9. — Et Dieu avait fait *germer* de la terre tout arbre désirable à la vue et bon à manger, et l'arbre de la vie au milieu du jardin, et l'arbre de la connaissance du bien et du mal (du bon et du mauvais).

Ici l'auteur signale la lettre I dont la ligne perpendiculaire nous a servi pour simuler le jet de la végétation surgissant du signe de la terre. Le point qui surmonte cette lettre la met en vue et la distingue des autres ; elle est encore radicale du sens du goût dont le siége est dans la bouche, qui sait connaître les *bons* et les *mauvais* aliments (doux ou amers). Cette lettre I est encore radicale des *étamines* des fleurs, de l'organe mâle des insectes, etc., image de la *vie* perpétuée par l'union des sexes.

V. 10. — Et un fleuve sortait du jardin et de là il se divisait en quatre fleuves (branches).

Et la lettre N, la dernière de la première série alphabétique (qui sort) est représentative des eaux des rivières et des fleuves, et elle désigne encore un des *quatre* points cardinaux (l'orient).

V. 11. — Le nom de ce premier fleuve est *Pison;* c'est celui qui coule autour de tout le pays de *Havila,* où se trouve l'or.

Et la lettre N désignera l'*arrosement,* le *débordement* des fleuves : (*pisôn,* venant de *pinô,* verbe grec; d'où *pisos,* lieu arrosé; prairies, lieu sujet aux inondations). Le profil de la lettre N est tourné en sens contraire de la marche des autres lettres et regarde le point de départ A; alors le fleuve qu'elle représente est censé couler de ce côté où se trouve *avila,* inversion d'*alfa,* nom grec de la lettre A, emblème de l'or. (A, *lopha-ô, lophia,* cime; qui occupe la cime, le sommet de l'alphabet.) De plus, la lettre A désigne le nord (l'étoile polaire formée de deux A entrelacés).

V. 12. — Et l'or de ce pays est bon ; c'est là aussi que se trouve l'arbre nommé *bdellion* et la pierre d'*onyx.*

Et l'or désigné dans cette première série alphabétique (pays, étendue) est représenté par la lettre A, emblème de Dieu et de l'homme (bon) ; on y trouve aussi la lettre L, signifiant bien, bon, et la lettre K, radicale de tous les arbres, noirs ou blancs, odoriférants ou non (le bdellion est un arbre noir et odoriférant), et la lettre E, radicale des pierres de toutes espèces, noires ou blanches (l'onyx est une pierre blanche comme l'albâtre).

V. 13. — Le nom du second fleuve est *Gehon,* c'est celui qui coule autour du pays de *Cus.*

De N on va à la lettre O, dont nous nous sommes servis pour simuler une *meule* de moulin (*ge*, particule affirmative; *on-os*, meule de moulin, voir page 115).

La lettre O vient immédiatement après N simulant les sources des ruisseaux, rivières (*qus-is*, source qui jaillit de terre). Cette lettre O désigne le *midi*, le sud marquant l'instant de la plus grande ardeur du soleil qui fait *suer* (*sudo*, suer, dégoutter).

V. 14. — Le nom du troisième fleuve est *Idekel* ou le *Tigre*, il coule vers l'orient de l'*Assyrie*.

De N on va à Z, emblème des tempêtes (*id-os*, air chaud et étouffant aux approches d'une tempête; *qel-uô*, tousser, expectorer avec grand bruit, imitation du bruissement de l'air et du roulement d'un tonnerre lointain; expression rendue également par le mot *Tigris*, tigre, animal dont la *voix rauque* simule le bruissement des eaux nuageuses avant la chute de la grêle).

La lettre Z, semblable à N marquant l'orient, simule l'*occident* (*assô*, fuir avec précipitation; *ôurai*, heures du jour).

V. 14. — Le quatrième fleuve est l'*Euphrate* (*eu*, bien, *phrastos*, son facile à émettre, ou l'interjection A, la première et la plus facile; nous avons dit plus haut, vers. 11, que cette lettre marquait le premier des points cardinaux).

V. 15. — Dieu prit donc l'homme et le plaça dans le jardin d'abondance pour le garder et le travailler.

A se trouve ainsi posé à la tête des lettres et concourra avec elles à la formation des mots, dans la première série alphabétique où l'on voit les lettres I, K, emblèmes des fleurs et de la végétation (jardin).

V. 16. — Puis Dieu commanda à l'homme, disant : «Tu mangeras librement de tout arbre du jardin.

L'auteur veut dire que la lettre A simulant une bouche ouverte par l'écartement de ses jambages, peut se joindre, pour former un mot, à toutes les lettres de cette première partie de l'alphabet, de A à N.

V. 17. — «Toutefois, pour ce qui est de l'arbre de la connaissance du bien et du mal, tu n'en mangeras point, car au jour que tu en mangeras tu mourras de mort.»

Toutefois, pour ce qui est de la lettre I, siège du bon et du mauvais goût, tu ne t'allieras pas avec elle, car du moment que cela arriverait, tu perdras le son particulier affecté au signe A.

V. 18. — Or, Dieu avait dit: «Il n'est pas bon que l'homme soit seul, je lui ferai une aide semblable à lui.»

Or, il n'est pas bien que l'A ne reçoive qu'*un* son vocal, il faut faire en sorte qu'on puisse le varier dans les langages, au moyen d'un signe *auxiliaire*.

V. 19. — Car l'Éternel Dieu avait formé de la terre toutes les bêtes des champs et tous les oiseaux des cieux, puis il les avait fait venir vers *Adam*, afin qu'il vît comment il les nommerait et que le nom qu'Adam donnerait à tout animal vivant fût son nom.

L'auteur commence par formuler des mots désignant les animaux et le premier homme, A. (Nous verrons, en parlant du texte astronomique, l'étymologie de ce nom Adam.)

V. 20. — Et Adam donna des noms à tous les animaux domestiques et aux autres, mais il ne se trouvait point d'aide pour Adam qui fut semblable à lui.

Les noms de ces animaux sont M (em) simulant les quadrupèdes; K (ka) renversé désignant les oiseaux; N (en) désignant les poissons, etc.; mais le son A ne variait pas, faute d'un signe auxiliaire qui le fît changer.

V. 21. — Dieu fit tomber un profond sommeil sur Adam et il s'endormit, et il prit une de ses côtes et resserra la chair à sa place.

Nous avons dit que deux A fermés et enlacés donnaient l'image d'une étoile, emblème de la nuit et du sommeil. Or, ces A ainsi enlacés forment deux triangles

✡ parce que la barre médiane de l'A se trouve confondue avec un côté d'un de ces triangles ; or, si l'on détache l'un ou l'autre des tracés angulaires, formant les côtés gauche ou droit de l'étoile, on aura exactement les formes d'un Z, lettre mise ici à la place de S, phonique similaire et souvent employée pour la première. (Cette lettre Z ou S était l'accent circonflexe des anciens Grecs.)

V. 22. — Et l'Éternel Dieu forma une femme de la côte qu'il avait prise d'Adam et la fit venir vers Adam.

Et ce côté du triangle étant ôté, forme un accent ou Z, qui détermine le genre féminin en général ; en plaçant ce signe sur l'A, il désignera une femme.

Nota. — On trouve encore l'accent circonflexe mis à la place de S.

V. 23. — Alors Adam dit : « A cette fois, celle-ci est l'os de mes os et la chair de ma chair. On la nommera *hommesse*, car elle a été prise de l'homme. »

En effet, ces lignes qui forment Z sont les pièces principales de la *charpente* de A, puisqu'elles proviennent du tracé de deux A entrelacés : l'un désignant l'homme et l'autre la femme.

V. 24. — C'est pourquoi l'homme laissera son père et sa mère et se joindra à sa femme et seront une même chair.

C'est ainsi que Å, avec un point, désignant l'homme, sera distingué de Ä, surmonté de deux points, désignant le mot *père*, et de Â, surmonté de deux points et de l'accent circonflexe, signifiant *mère*, et lorsque deux A devront être réunis dans l'énonciation, l'A qui les remplace prendra l'accent circonflexe ; exemple : AAron ; Âron.

V. 25. — Or, Adam et sa femme étaient tous deux nus et ils n'en rougissaient pas.

Les deux sexes étant ainsi distingués, il n'est pas besoin que les lettres A soient couvertes, *peintes en rouge*. (On distingue les diverses acceptions des lettres par les teintes et en employant d'abord la couleur rouge.)

CHAPITRE III.

V. 1. — Or, le serpent était le plus fin de tous les animaux que l'Éternel avait faits, et il dit à la femme : « Quoi ! Dieu a-t-il dit : Vous ne mangerez point de tout arbre du jardin ? »

Nous avons dit que les anciens Grecs remplaçaient l'accent circonflexe par la lettre S, emblème des reptiles dont le serpent est le principal. Cette lettre sinueuse émet l'idée de ruse, de *finesse*, et comme elle est maintenant placée au-dessus de Å, simulant la femme, l'auteur établit entre les deux signes ce colloque allégorique et artificieux : Est-il vrai que l'A ne peut s'allier à aucune lettre de cette partie de l'alphabet ?

V. 2. — Et la femme répondit au serpent : « Nous mangerons du fruit des arbres du jardin ;

V. 3. — « Mais quant au fruit de l'arbre qui est au milieu du jardin, Dieu a dit : Vous n'en mangerez point, et vous ne le toucherez point de peur que vous ne mouriez. »

Et Å répondit : Nous nous allierons avec toutes les lettres de cette série, excepté avec celle I, de peur de perdre notre son vocal A.

V. 4. — Le serpent dit : « Vous ne mourrez nullement. »

Alors l'S dit : Vous ne perdrez pas votre son vocal A.

V. 5. — Mais Dieu sait qu'au jour que vous en mangerez, vos yeux seront ouverts et vous serez, comme *des Dieux*, connaissant le bien et le mal.

Mais l'Å surmonté d'un petit A, Dieu, sait bien, puisque ce nom est désigné par *deux A*, que vous vous allierez avec le son I ; *l'œil* de la lettre e que cette alliance formera, rendra un son *ouvert* (e ouvert), et vous émettrez alors le même son attribué à deux A réunis, identique à celui rendu par l'union de A avec I, emblème du bon et du mauvais goût (a et i fait ai, è, ê ou é ; et deux A [aa] prennent le même son ê, éta grec [η, H ; et æ = i]).

V. 6. — La femme donc voyant que le fruit de l'arbre était bon à manger et qu'il était agréable à la vue, et que cet arbre était désirable pour donner de la science, en prit du fruit et en mangea, et en donna aussi à son mari qui était avec elle et il en mangea.

La femme donc, Å, voyant que cette alliance avec İ, pouvait enrichir l'alphabet d'un son vocal, s'allia ainsi que À, l'homme, avec cette lettre (AI).

V. 7. — Et les yeux de tous deux furent ouverts et ils connurent qu'ils étaient nus, et ils cousirent ensemble des feuilles de figuier et ils s'en firent une ceinture.

Et les A étant ainsi devenus un *e* dont le son est ouvert (ai = ê, è ouvert), n'eurent pas besoin d'être signalés par un signe recouvert d'une couleur (nu), car le son *mou* (*sucon*, figue, mollesse), qu'ils rendirent, fut entouré d'une parenthèse figurée par la forme de deux C affrontés. (La lettre C représente l'idée feuille. On place entre parenthèses un mot, ou une phrase étrangère à la narration principale dont ils ne font que de corroborer le sens ; le son ê, ai, n'est pas marqué par un signe spécial dans l'alphabet latin, on le met donc ici entre parenthèses.)

V. 8. — Alors ils entendirent du côté du vent, après midi, la voix de Dieu qui se promenait dans le jardin ; et Adam et sa femme se cachèrent de devant la face de l'Éternel, parmi les arbres du jardin.

Alors ils entendirent le son rendu par la lettre Y (i), emblème de la voix, et octave du son Ut, A, fondamental de la gamme (Dieu, A). Cette lettre est située dans la seconde série alphabétique commençant par O désignant le point cardinal *midi* ou sud, et placée aux environs de V, simulant le vent. La distance de A, Ut, à Y, Ut octave, est représentée par l'action de se promener donnée à cette lettre par l'extension, du côté droit, des deux appendices de ses jambages (voir le signe à la page 155).

Le son mixte ê, étant ainsi établi et mis entre parenthèses (caché), les lettres reprennent leurs places et leurs acceptions ordinaires.

V. 14. — Alors Dieu dit au serpent : « Puisque tu as *séduit* la femme, tu seras *maudit* entre tous les animaux ; tu marcheras sur ton ventre et tu mangeras la poussière tous les jours de ta vie.

Alors A, Dieu, dit à S : Puisque tu as quitté ta place dans la série des lettres pour *suivre* la lettre Å, désignant ainsi le genre féminin, tu seras placée au-dessus de cette lettre, sur ton ventre (S couchée remplace l'accent circonflexe), et au-dessus des deux points (du tréma) qui donnent à A l'acception de mère (voir le signe mère). Deux points signifient *poussière*, et comme la lettre S n'est pas fermée, ses deux lacunes simulent des bouches, action de manger. L'expression *maudire* désigne la *mauvaise accentuation* (ê), produite par la présence de la lettre S au-dessus de l'e ouvert, et celle des deux points mis au-dessus de A, qui donnent à cette lettre le son de *ai*.

V. 15. — « Et je mettrai de l'inimitié entre toi et la femme, entre ta postérité et la sienne. Cette postérité t'écrasera la tête et tu la blesseras au talon. »

Et dans les deux séries alphabétiques, je placerai la lettre E formée du son ai (ai = é) directement au-dessus de S, elle te sera donc *opposée* et s'appuiera sur la partie supérieure de ton tracé, et comme cette partie supérieure ouverte simule une bouche de serpent, le talon, le bas de la lettre E se posera sur ton dard qui cause des blessures. (Souvent la partie supérieure de S représente une tête de serpent montrant son dard.)

V. 16. — Et il dit à la femme : « J'augmenterai beaucoup ton travail et ta grossesse et tu enfanteras en travail les enfants ; ton mari dominera sur toi. »

Et il dit à l'A femelle : Je me servirai encore du signe de tes deux jambages, augmenté, prolongé, pour désigner la *postérité* en général (le signe algébrique √ formé d'un V ou A renversé dont le jambage droit est brisé et prolongé); et l'A, désignant le *père*, ou les *ascendants*, sera prolongé *avant toi*, du côté gauche (le signe contraire ‾V̸).

V. 17 et 18. — Puis il dit à Adam : Puisque tu as mangé de l'arbre défendu, la terre sera *maudite* à cause de toi, tu en mangeras en travail tous les jours de ta vie et elle te produira des épines et des chardons; tu mangeras l'herbe.

Le signe désignant la terre ne recevra *point de dénomination* à cause de l'A dont il ne prend que la partie inférieure. Les signes subséquents entés sur le signe *terre*, sont des barres tracées de différents côtés et simulant des pointes éparses çà et là comme les *épines* des *chardons*; et ces barres s'étendent entre les deux jambages ouverts de l'A simulant une bouche, action de manger, et une de ces lignes désigne le jet herbeux des plantes (voir les signes, p. 156).

V. 19. — « Tu mangeras le pain à la sueur de ton front, jusqu'à ce que tu retournes en la terre d'où tu as été pris, car tu es poussière et tu retourneras en poussière. »

Le petit point, ou *pain* (bloc) qui surmonte la face de la lettre Á, ainsi représentative de l'homme, a la même forme que celui de J̇, emblème des vapeurs et des *sueurs*, et cette lettre A restera telle, jusqu'à ce que l'on prenne sa partie inférieure pour signifier la terre, et ce dernier signe lui-même sert à former l'A, qui peut être surmonté d'un ou de deux points (point, emblème de poudre, poussière).

V. 20. — Et Adam appela sa femme *Ève*, parce qu'elle a été la mère de tous les vivants.

Et la lettre Â, surmontée de l'accent circonflexe et de deux points, signifie *mère* en général, et prend le son de *ai*, *ê* (*Æva; æ, pha-ô*, dire, prononcer ê).

V. 21. — Et Dieu fit à Adam et à sa femme Ève des robes de peaux et les en revêtit.

Et cette lettre È, emblème du tissu des écorces et des *peaux*, fut enveloppée par deux parenthèses.

V. 22. — Et Dieu dit : « Voici, l'homme est devenu comme l'un de nous, sachant le bien et le mal, mais maintenant il faut prendre garde qu'il n'avance sa main et ne prenne aussi de l'arbre de vie, et qu'il n'en mange et ne vive à toujours. »

L'idée de Dieu étant représentée par deux Â superposés, l'auteur fait dire à Dieu : *l'un de nous;* voilà A, signifiant homme, pareil à l'un de ces A, désignant Dieu. Tous deux réunis à I, emblème du bon et du mauvais goût, émettent le son *ai*, *ê* (êta grec); mais, maintenant ce son *ai* peut émettre encore le son de E fermé, lettre placée dans l'alphabet grec à *main droite* du premier de ces caractères. Le cas échéant, comme le son *ê* fermé est noté dans l'alphabet latin, il faut prendre garde de confondre ê avec é, que l'on ne peut distraire, et devient *éternel*.

V. 23. — Et Dieu le fit sortir du jardin, pour labourer la terre, de laquelle il avait été pris.

Et le son de la lettre grecque *êta* fut exclu de l'alphabet latin et remplacée par la lettre H, qui est une sorte d'A aspiré, ouvert des deux bouts, et dont la partie inférieure imite la herse et le signe *terre*.

V. 24. — Ainsi, il chassa l'homme et il logea des *chérubins* vers l'orient du jardin, avec une lame d'épée de feu et qui se tournaient çà et là pour garder le chemin de l'arbre de vie.

Ainsi le son *Ai* fut banni de l'alphabet; et en allant du côté de N, l'orient, *tout près de* I, arbre de vie, se trouve H, formée de *deux lignes perpendiculaires* (sentinelle avec sa lance), lettre marquée en rouge (rubens), et emblématique du calorique et du feu. (H a la forme de l'êta majuscule grec, et cette lettre est l'image des *chemins*, routes ; des grandes émotions de joie, *qair-ó*, *bin-eó*, homophones du mot chérubin, *être rouge* de plaisir, de joie, couleur du feu).

Nota. — Nous venons de voir les règles grammaticales relatives aux lettres grecques dont le son est en êta, comme êta, zêta ; voici dans le chapitre suivant : bêta, delta, thêta.

CHAPITRE IV

V. 1. — Or, Adam connut Ève, sa femme, et elle conçut (devint enceinte), et enfanta *Caïn;* et elle dit : « J'ai acquis un homme par l'Éternel. »

Deux A entre-lacés et couchés sur la gauche &, n'ont qu'une même barre médiane. Cette barre devient ainsi le jambage verticale de la lettre K, dont les deux diagonales sont simulées par les deux jambages intérieurs de ces deux A ainsi entrelacés. *(Ka*, *ain*-os, parole, mot, lettre qui se prononce *ka* et qui transmet la même articulation de *voix* aux lettres *contournées* C et Q, lorsqu'elles sont jointes à A, emblème de l'homme et de Dieu [*ca* = *ka* et *qa*]).

V. 2. — Elle *enfanta encore Abel*, son frère ; et Abel fut berger et Caïn laboureur.

Ces deux grossesses successives, ou la forme *contournée* de ces *deux* C, donne naissance à Q (deux C affrontés), et à B (deux C accolés à une perpendiculaire). Cette dernière lettre qui suit A, se prononcera Bê, cri de la brebis *(bé, la*-ô, parler, dire). Ainsi B (couché) deviendra représentatif du bélier, du mouton, de la brebis, et Q sera l'emblème de la charrue, du labourage (bêta, nom grec de la lettre B).

V. 3. — Or, il arriva au bout de quelque temps que Caïn offrit à l'Éternel en oblation des fruits de la terre.

Or, il arrive qu'en couchant K fermé sur son jambage, on obtient la similitude du signe *Autel*, formulé par les deux jambages inférieurs de A fermé culbuté (voir ce signe, p. 156). Le mot autel réveille l'idée d'offrir à Dieu, faire des sacrifices en son honneur, etc., et K est l'emblème des arbres fruitiers.

V. 4. — Et qu'Abel aussi offrit les premiers-nés de son troupeau et de leurs graisses ; et l'Éternel eut égard à Abel et à son oblation.

Et B couché sur son jambage, figurant les agneaux, les moutons, etc., *s'offre* placé ainsi au regard de A, Dieu, et les deux panses de B désignent les bosses, les gonflements de la peau, opérés par l'embonpoint, la graisse.

V. 5. — Mais Dieu n'eut point égard à Caïn, ni à son oblation, et Caïn fut irrité et son visage abattu.

Mais ni K, ni C (Caïn) ne sont *tournés en regard* de A, Dieu, n'offrent leur face à A ; au contraire, ces lettres lui tournent le dos, expression qui sera rendue par C, dont la face est abattue, est nulle, et qui est dressé comme un serpent irrité, simulé par S formé de deux C réunis par leurs extrémités opposées.

V. 6. — Et l'Éternel dit à Caïn : « Pourquoi es-tu en colère, et pourquoi ton visage est-il abattu ?

V. 7. — Si tu fais bien, ne sera-t-il pas reçu ? Mais si tu fais mal, la peine du péché est à la porte. Or, ses désirs se rapporteront à toi, et il sera sous ta puissance. »

Mais laissons la lettre C et revenons à K. Ses deux diagonales peuvent, par leurs intersections, former l'angle droit comme les jambages de L, emblème de *bien*, *très-bien* ; lettre placée à la *porte*, *tout près* de K. Mais si l'on *désire* écarter davantage les diagonales de ce dernier caractère, on obtient, sans le rendre méconnaissable, l'angle *obtus*, plus grand que l'angle *droit* de L, placé après K.

V. 8. — Et Caïn parla à Abel, son frère, et comme ils étaient aux champs, Caïn s'éleva contre Abel et le tua.

En retournant le C, on a l'image d'une bouche placée contre B; ces deux lettres sont ainsi vues de *champ*, de profil, opposées l'une à l'autre, emblèmes des contradictions, des disputes, des combats. En rapprochant C dressé et retourné contre le jambage de B, on obtient l'image de la lettre D, qui détruit, en la surpassant, celle de B. *(Kain-ò, surpasser, tuer, homophone de Caïn).*

V. 9. — Et l'Éternel dit à Caïn : « Où est ton frère Abel ? » et il lui répondit : « Je ne sais ; suis-je le gardien de mon frère, moi ? »

Et A dit à C : Quelle est la lettre formée dans l'intérieur de B par l'adjonction de C sur le jambage de B. C répondit : Je ne puis le savoir ; puisque je tourne le dos à B (C vient après B), je ne puis le regarder : c'est la lettre minuscule g, γ, *gamma* des Grecs, mise à la place du C, dans l'alphabet de ce peuple : *alpha, bêta, gamma, delta ;* a, b, g, d. Le *g* est initial de *ga-ò, ego,* moi ; *gà,* terre, et le tracé du jambage transversal du medium surmonté des deux panses de B confondues en partie, dans la rotondité du D, décrit en effet la forme du *gamma* minuscule ◗ ; le G majuscule est marqué par L culbutée Γ, lettre à laquelle on a comparé, dans le verset ci-dessus, la forme du K, similaire du son C, Caïn.

V. 10. — Et Dieu dit : « Qu'as-tu fait ? la voix du sang de ton frère crie de la terre jusqu'à moi.

Cette lettre G, γ, minuscule, ainsi faite, tourne son ouverture, sa bouche (organe de la parole), du côté de A qui, joint à G, signifie *terre (ga),* et cette lettre G est l'emblème de la chaudière dans laquelle on calcine les substances minérales propres à composer les couleurs différentes appliquées aux lettres, et dont la première est la teinte *rouge,* emblème du *sang.*

V. 11. — « Maintenant donc, tu seras maudit, même par la terre qui a ouvert la bouche pour recevoir de ta main le sang de ton frère.

Voilà donc le g ainsi joint à la voyelle A, *ga,* signifiant terre, qui reçoit encore une mauvaise accentuation, puisqu'on doit dire guê (γη, la terre), parce que l'*a* doit se prononcer é, è ouvert.

V. 12. — « Quand tu laboureras la terre, elle ne te rendra plus son fruit ; tu seras aussi vagabond et fugitif sur la terre. »

La lettre Q, emblème du labourage, sera mise à la place de cu ou ku, mais ne comportera pas l'emblème des *fruits* des arbres de K, cette métaphore étant réservée à O. Et toi-même, maintenant devenu D (*thêta,* se prononçant comme le *th* anglais), ta prononciation ne pourra s'émettre qu'au moyen de lettres éparpillées dans l'alphabet. (Cette lettre *thêta* se confond souvent avec le delta dans l'écriture).

V. 13. — Et Caïn dit à l'Éternel : « Ma peine est plus grande que je ne puis porter.

Et la lettre *thêta* est représentée par un O traversé par une petite barre horizontale, qui n'est pas *portée* par les bords de ce caractère.

V. 14. — « Voici, tu m'as chassé aujourd'hui de dessus cette terre, et je serai caché de devant ta face, et je serai vagabond et fugitif sur la terre ; et il arrivera que quiconque me rencontrera me tuera. »

Voici la lettre Θ ; je serai donc exclu de l'alphabet des Latins, et je ne serai plus mis à ma place dans la première série présidée par A ; afin d'écrire l'accentuation de ma lettre, il faudra recourir à l'emploi de caractères épars dans l'alphabet ; mais quiconque aura à se servir de moi, se passera de mon signe.

V. 15. — Et Dieu lui dit : « Quiconque tuera Caïn sera puni sept fois au double, » et l'Éternel mit une marque sur Caïn, afin que quiconque le trouverait, ne le tuât point.

Et A lui dit : Quiconque voudra se passer de formuler la lettre Θ, sera obligé d'employer les lettres *th,* ces deux lettres étant chacune éloignées de sept lettres, à compter de N, mais cette lettre est conservée dans le tableau de numération, et marquée d'un *accent* aigu, elle vaut 9.

V. 16. — Alors Caïn sortit de devant la face de l'Éternel et habita au pays de *Nod,* vers l'orient du jardin.

Alors le D sortit de l'alphabet pour aller prendre place en tête du recueil des chants.

La lettre *𝒟* renversée devient la clef de Sol (page 62), et le mot *Nôde* est composé de N, signifiant rassemblement, recueil ; *ôdê*, chant, musique.

Nota. — L'auteur suspend ici, momentanément, ses éléments grammaticaux, pour aborder les principes *musicaux* qui vont compléter, en partie, les récits métaphoriques décrits ci-dessus.

V. 17. — Puis Caïn connut sa femme qui conçut et enfanta *Hénoc*, et il bâtit une ville qu'il appela *Hénoc*, du nom de son fils.

Puisque D, par sa superposition sur B, nous a fourni la forme d'un *gamma*, nous donnerons le nom de cette lettre au *recueil* des sons que nous appellerons *gamme* (G, *amma*, lien, union) et le premier son enfanté (après Ut, A, Dieu), est Ré, représenté par la voyelle E, initiale du nom *Énoc* (dont l'étymologie est du domaine de l'astronomie, ainsi que ceux qui suivent. [*Enoq-os*, lien]). Et cette lettre E, Ré, devient la tonique, la base fondamentale, de cette grande réunion (ville) des sons, que l'on nommera *gamme de Ré*, E.

Nota. — La lettre *h*, placée dans les noms propres, est simplement *euphonique*, est nulle.

V. 18. — Puis *Hirad* naquit à *Hénoc*, et Hirad engendra *MéhuJaël* qui engendra *Mathusaël*, qui engendra *Lamec*.

Puis après vient Mi, représenté par I, lettre initiale du nom Irad ; puis Fa, J ; puis l'octave représenté par Y (Mathusala), et à côté Si (Lamec).

V. 19. — Et *Lamec* prit deux femmes ; le nom de l'une est *Hada*, et le nom de l'autre, *Silla*.

Et le son Si, haussé ou baissé d'un demi-ton, peut prendre deux notations ; l'une bonne (*Ada*, douce, agréable, bonne), Si bémol ; l'autre mauvaise, si dièse. (*Si*, *illô*, qui regarde de travers, méchant).

V. 20. — Et Ada enfanta *Jabel*, qui fut père de ceux qui demeurent dans les tentes, et des pasteurs.

Après le dernier son Si, l'auteur va désigner les sept lettres alphabétiques qui vont servir de clefs pour distinguer le ton des sept gammes, que l'on peut formuler en prenant successivement chaque son pour fondamental. Jabel ou Abel est la lettre B, clef du ton Mi (voir page 61). Le B est l'emblème des moutons, brebis et de leurs gardiens.

V. 21. — Le nom de son frère fut *Jubal*, qui fut père de tous ceux qui touchent du violon, de la harpe et le clavier des orgues.

Jubal ou *Iubel*, est *Caïn*, frère d'Abel (*Iu-Abel*, qui fut méchant pour Abel), représentatif de la lettre C, emblème des doigts des mains avec lesquels on pince les cordes musicales et frappe les touches de l'orgue (voir C, lettre hiéroglyphique, page 157). La lettre C désigne le ton de Fa.

V. 22. — Et *Silla* enfanta *Tub-al-caïn*, qui forgeait toutes sortes d'instruments d'airain et de fer ; et la sœur de Tubalcaïn fut *Nahama*.

Et après le dernier son Si, il reste à désigner la dernière clef G, représentative du dernier ton Ut.

Le mot Tubalcaïn, décomposé, vient des mots grecs : *tup-ô*, frapper, forger, devenir un type ; *alea*, chaleur ; *qain-ô*, ouvrir la bouche. C'est-à-dire que la lettre G, non fermée, est l'emblème, le type, des grandes fournaises dans lesquelles on fond les métaux. Ce mot Tubalcaïn donne l'idée de la chaleur étouffante qui règne dans ces sortes d'usines.

Et après la lettre G, simulée par Tubalcaïn, nous allons procéder à la réunion des sons de la gamme : N, signifiant résumé ; *ama*, ensemble, gamme.

V. 23. — Mais Lamec dit à Ada et à Silla, ses femmes: « Femmes de Lamec, entendez ma voix, écoutez ma parole : Je tuerai un homme, si je suis blessé ; et même un jeune homme, si je suis meurtri (noirci).

Et le son Si dit à Si *bémol* et à Si *dièse :* Écoutez bien le son affecté à la notation Si. En montant la gamme, je figure un ton, de La à Si ; et en descendant de Ut à Si, je ne suis plus qu'un demi-ton. Or, dans ce cas, si l'on vient à me diéser (à me blesser), je deviens Si dièze, c'est-à-dire, que je *supprime* la notation du *ton Ut* (homme, A, Ut), et même l'Ut à l'octave de A (jeune homme). En effet Si* = Ut octave, Y, emblème de la jeunesse et de la santé.

V. 24. — « Car si Caïn est vengé sept fois au double, Lamec le sera soixante-dix-sept fois » (77).

Nous venons de donner, au verset 15, l'explication de cette première métaphore s'appliquant à Caïn. Quant à la seconde, l'auteur nous dit qu'il faut chercher la solution de cette énigme dans la combinaison des chiffres formant le nombre 77. Alors nous dirons : 7 plus 7 font 14, et 7 multiplié par 7 produit 49. En additionnant les deux résultats, 14 + 49 = 63 ; ces derniers chiffres (6 et 3) additionnés donnent 9. Nous allons voir que ce chiffre 9 va jouer le rôle principal dans les calculs subséquents d'après lesquels l'auteur a établi la concordance entre les nombres redisant les années de la vie des patriarches et ceux désignant les vibrations constitutives des sons correspondant à chacun d'eux (voir le 2e tableau ci-après, p. 184, résumant les âges des douze patriarches, colonne 9, au nom Lamec qui vécut 777 ans.)

V. 25. — Et Adam connut encore sa femme qui enfanta un fils et l'appela *Seth* ; car Dieu, dit-elle, m'a donné un autre fils au lieu d'Abel que Caïn a tué.

Et le son Ut, désigné maintenant par la lettre A, initiale du nom *Adam*, engendre, par sa résonnance harmonique, le son Mi (tierce majeure) représenté par *Seth* (nom dont l'étymologie sera donnée à l'article *Astronomie*). C'est le 2e son engendré, comme B, *Abel*, était la 2e lettre après A, Dieu.

V. 26. — Et un fils naquit aussi à Seth et il l'appela *Énos ;* alors on commença à appeler du nom de l'Éternel.

Et le son Mi, Seth, engendre (à sa quinte) le son Si (Énos) ; puis, à partir de Si, on recommence *l'appellation* des notes de la gamme par Ut, Dieu, lettre symbolique et fondamentale de ce *ton* perpétuel.

CHAPITRE V

Jusqu'ici, l'auteur n'a fait que donner une esquisse rapide des principes alphabétiques amplement détaillés dans le cours de son œuvre, et que nous avons rassemblés dans la première partie de ce livre.

Dans le chapitre 4, il vient de poser quelques éléments musicaux qu'il va successivement compléter en les formulant par diverses allégories ingénieuses que nous avons dévoilées et décrites dans nos différents articles touchant la musique et sa notation profane et sacrée. Nous allons immédiatement voir le traité de la composition première des sons classés suivant le nombre des vibrations diatoniquement émises par chacun d'eux. Le tableau qui en sera formé recevra des points nombreux d'un contrôle réciproque offert par les lettres formant les noms propres des hommes mis en scène, et par les chiffres qui leur sont invariablement affectés, et par la combinaison de l'accord des sons revêtus d'une accentuation numérale.

Chaque nom propre est donc composé de lettres chiffrées selon la valeur affectée à celles formant le tableau numéral des Romains (voir page 89) ; I vaut 1 ; V, 5 X, 10 ; L, 50, et ainsi de suite pour chaque lettre de l'alphabet qui prend la valeur du chiffre qui la surmonte. Cette nomenclature offre pour quelques lettres répétées deux fois dans la série, deux valeurs différentes. On peut prendre à volonté celle qui convient au sens du nom de la légende, et abstraction faite des zéros qui suivent le chiffre positif qui seul est compté. L'auteur de la légende hébraïque, au surplus, a suivi le même système employé par les anciens, quant à l'emploi facultatif de la valeur du zéro final, 10, multiplié par lui-même ou retranchée, selon le besoin; afin qu'il soit plus facile de suivre et de contrôler ses calculs, nous allons répéter ici l'indication de ce tableau numéral romain, abstraction faite de la série des lettres.

A, répété deux fois, a la valeur de 7 et celle de 200, c'est-à-dire 2, puisqu'on supprime ici les zéros.

B, 6 et 3; C, 1 et 4; D, 5, 9; E, 8, 5; F, 7, 4; G, 6, 3; H, 1, 2; I, 1, 2; J, 3; K, 4; L, 5; M, 1; N, 9; O, 8; P, 7; Q, 6; R, 1; S, 5; T, 8; U, 4; V, 5; X, 1; Y, 9; Z, 8. Ainsi 9 lettres seulement, a, b, c, d, e, f, g, h, i, sont revêtues d'une valeur double.

A l'aide de ces lettres, chiffrées et additionnées selon leur valeur isolée, nous allons connaître le sens musical des sept premiers descendants d'Adam et d'Ève.

TABLEAU MUSICAL SIMPLE DES SEPT PREMIERS PATRIARCHES

2 5 2 1   71857
Adam, total 10 × 10 = 100. Aieva, (Ève), total 28; ensemble 128 nombre des
[vibrations de Ut¹ fondamental.

2 8 5 1
Sedh = 16 × 10 = 160, vibrations du Mi.

5 9 8 2
Enos = 24 × 10 = 240, Si.

1 2 1 9 2 9
Cainan = 24 × 10 = 240, dont la moitié est 170 vibrations, Fa.

1 7 5 7   5 1 5 5
Mala = 20 × 10 = 200, Liel = 16, total 216, La.

4 2   1 8   1 8 9
Ia   = 3; Ié = 9, total 12; Red = 18 × 10 = 180 plus 12 = 192, Sol.

5 9 1 8 6
Enioq = 29 × 10 = 290, dont la moitié est 145, Ré. (On doit dire Énioq. voir ce nom à l'article *Astronomie*.)

—

Nous arrivons au dénombrement de la postérité d'Adam (suivre sur le tableau ci-après) qui vécut 130 ans avant d'engendrer un fils qu'il nomma *Seth*. Si nous avons égard à la filiation musicale, *Ut* engendre *Mi* tierce majeur; en supprimant le zéro de 130 ans, nous avons 13, nombre composé des deux chiffres 1 et 3 qui, additionnés l'un à l'autre, donnent 4 (1 + 3 = 4) que nous notons 4

Et les jours d'*Adam* après qu'il eut engendré *Seth*, furent 800 ans; supprimons les deux zéros, il reste 8, ci 8

Tout le temps donc qu'*Adam* vécut fut 930, puis il mourut; supprimant le zéro il reste 93, deux chiffres qui, additionnés, donnent 12 (9 + 3 = 12), total égal aux chiffres notés plus haut, 8 + 4 = 12, ci 12

Ces deux derniers chiffres additionnés font 3 (1 + 2 = 3). Ce chiffre 3 sera donc la valeur numérale attachée *immuablement* au nom Adam, ou Ut, et servira à réveiller dans la mémoire et le nom de l'homme et le son Ut ou A, qui lui correspond dans la notation alphabétique (colonne 12).

2° *Seth* aussi vécut 105 ans avant d'engendrer *Énos*; supprimons le zéro, nous aurons 15, deux chiffres qui, additionnés, donnent 6 (5 + 1 = 6).

Après qu'il eut engendré *Énos*, il vécut 807 ans; le zéro supprimé = 87 qui, additionnés, font 15 (8 + 7 = 15).

Tout le temps donc que *Seth* vécut fut 912 ans qui, additionnés, donnent 12. Mais ici la concordance n'existe pas entre les sommes additionnées et placées ci-dessus entre parenthèses 6 et 15 donnant 21, et le nombre 12 résumant l'âge de *Seth;* afin de faire arriver ce dernier à 21, il faut ajouter le chiffre 9 à 12, total 21 de part et d'autre. Si nous additionnons les deux chiffres formant le nombre 21, nous aurons 3, chiffre indicateur du son Mi.

Avant d'aller plus loin, il est nécessaire de noter ici l'arrivée dans ces légendes du *chiffre* 9 (signalé au nom de Lamec, chap. 4, vers. 24), dont l'emploi est le *nœud* principal des calculs musicaux comme nous allons le voir tout à l'heure.

3° *Énos* ayant vécu 90 ans engendra *Caïnan;* le zéro supprimé donne 9.

Il vécut encore, après, 815 ans qui, additionnés, font 14.

Énos vécut donc en tout 905 ans, dont l'addition est 14, en supprimant le zéro.

Ici, comme plus haut, pour *Seth*, la concordance n'est pas juste; 14 et 9 font 23 et le total de l'âge n'est que de 14, auquel il faut ajouter *le même chiffre* 9, afin d'arriver à l'égalité.

Le nombre 14 additionné nous donne 5 qui sera le numéro affecté au son Si.

4° *Caïnan* vécut 70 ans avant d'engendrer *Malaliel;* le zéro supprimé = 7.

Puis après, il vécut encore 840 ans; le zéro supprimé donne 84 qui, additionnés, = 12.

Caïnan vécut donc 910 ans, le zéro supprimé est 91, additionnés = 10.

Même inexactitude que plus haut; 12 et 7 font 19; il faut encore ici *ajouter* 9 à 10, afin de rétablir la concordance. Le chiffre 10 deviendra indicateur de la note Fa.

5° *Malaliel* vécut 65 ans avant d'engendrer *Jared*; cette somme additionnés = 11.

Il vécut, après, 830 ans; le zéro supprimé, cette somme est réduite à 83 qui, additionnés, = 11.

Malaliel vécut donc en tout 895 ans, qui additionnés, donnent 22, total égal aux deux âges ci-dessus additionnés 11 et 11 = 22. Ces deux derniers chiffres additionnés donnent 4, chiffre indicateur du son La.

Il serait inutile, maintenant, de pousser plus loin ces explications. On a vu qu'il suffit d'ajouter toujours le n° 9 au total d'un âge qui ne s'accorderait pas avec les totaux partiels des âges relatant le *chiffre additionné* de la *procréation* et celui marquant l'*intervalle* de la *mort*, mais il est nécessaire de faire connaître la base des calculs adoptés par l'auteur, afin de formuler l'âge des patriarches avant et après leur génération. Il part toujours du chiffre 9, soit en ajoutant ses compléments, soit en les soustrayant. Ainsi, nous lisons dans le tableau ci-après qu'Adam vécut 130 ans avant sa génération et 800 ans après avoir procréé. En supprimant un zéro dans ces nombres, il reste 13 et 80. A 9, pour arriver à 13, il faut ajouter 4, chiffre donné par l'addition de 1 et 3 qui forment le nombre 13 inscrit à la 4ᵉ colonne du grand tableau sur la page 181. Pour l'âge après la procréation, 80, il a dit : 8 × 9 = 72; pour arriver à 80, il faut ajouter 8, chiffre inscrit à la 6ᵉ colonne. En procédant de même pour tous les patriarches, nous formerons le petit tableau préparatoire que voici :

	AGES AVANT LA GÉNÉRATION		AGES APRÈS LA GÉNÉRATION	
		4ᵉ col.		6ᵉ col.
Adam,	13 — 9 =.................... 4.	80;	8 × 9 = 72, pour aller à 80 =	8
Seth,	15 — 9 =.................... 6.	87;	8 × 9 = 72 » 87 =	15
Énos,	90; 9 × 9 = 81 pour aller à 90 = 9.	815;	89 × 9 = 801 » 815 =	14
Caïnan,	70; 7 × 9 = 63 » 70 = 7.	84;	8 × 9 = 72 » 84 =	12
Malaliel,	65; 6 × 9 = 54 » 65 = 11.	83;	8 × 9 = 72 » 83 =	11
Jared,	162; 17 × 9 = 153 » 162 = 9.	80;	8 × 9 = 72 » 80 =	8
Hénioc,	65; 6 × 9 = 54 » 65 = 11.	30;	3 × 9 = 27 » 30 =	3

Ces préliminaires posés, nous allons former un tableau général et explicatif de la méthode employée par les Hébreux, afin de faire servir les chiffres marquant les âges de leurs patriarches, à la formation de tous les accords musicaux redisant eux-mêmes le nombre de vibrations constitutives de chaque son fondamental choisi à volonté.

GAMME DIATONIQUE OU NATURELLE

Voir Ch. V et XI de la Genèse

NOMS DES PREMIERS Patriarches	Notes correspondant au nom de chacun d'eux	Ages avant leur génération	Addition des chiffres redisant ces ages	Ages depuis leur génération	Addition des chiffres de ces ages	Additions des additions partielles	Total des ages	Additions des chiffres de ces ages	Complément de ces ages au moyen du chiffre 9	Totaux et concordances des additions partielles	Additions des chiffres de ces totaux partiels	ACCORDS parfaits indiqués par la valeur numérale des notes de ce tableau, n° 12, et dont les sons chiffrés forment, par leur addition, les multiplicandes de 9, propres à faire connaître le nombre des vibrations des notes de la gamme	Multiplicandes de 9	Multiplié par 9	Nombre des vibrat. consécutives des sons d'après les multiples de 9	Nombre des vibrations des sons d'après la théorie	Vibrations en plus	Vibrations et moins
Adam......A	Ut	130	4	800	8	12	930	$12\ldots\ldots$	12		3	Ut, Mi, Sol.....	$14 \times 9 =$	126	128	»	2
Seth.........I	Mi	105	6	807	15	21	912	$12 + 9 =$	21		3	Fa, La, Ut.....	$18 \times 9 =$	162	160	2	»
Énos........V	Si	90	9	815	14	23	905	$14 + 9 =$	23		5	Sol, Si, Ré, Fa..	$27 \times 9 =$	243	240	3	»
Caïnan.....J	Fa	70	7	840	12	19	910	$10 + 9 =$	19		10	Ré, Fa, La....	$19 \times 9 =$	171	170	1	»
Malaliel.....U	La	65	11	830	11	22	895	$22\ldots\ldots$	22		4	Si, Ré, Fa, La..	$24 \times 9 =$	216	214	2	»
Jared......O	Sol	162	9	800	8	17	962	$17\ldots\ldots$	17		5	Fa, La, Ut, Mi.	$21 \times 9 =$	189	192	»	3
Hénioc.....E	Ré	65	11	300	3	14	365	$14\ldots\ldots$	14		5	Mi, Sol, Si.....	$16 \times 9 =$	144	144	»	»
TOTAUX { avec les zéros		687	57	5192	71	128	5879	$101 + 27 =$	128		38	....	$139 \times 9 =$	1251	1248	8	5
{ sans les zéros		336	...	1088	...	...	3413										

Dans le tableau que nous venons de tracer, la première colonne renferme les noms propres; la 2°, les notes correspondant à ces noms; la 3° contient les âges des patriarches avant leur génération; dans la 4° figure l'addition des chiffres redisant ces âges, abstraction faite des zéros; la 5° relate les années écoulées depuis la génération de l'enfant jusqu'à la mort du père; la 6° colonne renferme les additions des chiffres relatant ces âges, abstraction faite des zéros; la 7° contient les additions des chiffres additionnés redisant les deux époques avant et après la génération. On lit dans la 8° le total entier de l'âge auquel est arrivé le patriarche, selon la Bible. La 9° renferme les additions des chiffres de ces derniers âges, puis le chiffre 9 qu'il faut ajouter, afin d'arriver à la concordance des additions partielles, lorsqu'elle fait défaut; enfin la 12ᵉ colonne donne l'addition des totaux de ces derniers âges, chiffre qui devient indicateur du *son* auquel il correspond.

Voici la manière de se servir des chiffres de cette dernière colonne n° 12. Le premier accord musical, comme nous l'avons appris, donné par la filiation naturelle des sons à partir de Ut, est *Ut, Mi, Sol*. Nous regardons dans la colonne n° 12 les chiffres correspondant aux notes (n° 2) de cet accord que nous écrivons au-dessus de chacune de ces notes (n° 13). Nous voyons Ut correspondre à 3, Mi à 3 et Sol à 8; nous additionnons ces chiffres qui nous donnent 14 (n° 14) que nous multiplions par 9 (n° 15) = 126 (n° 16), nombre des vibrations constituant l'Ut fondamental de l'accord, moins 2 vibrations (n° 17). Nous notons cette différence à la 19ᵉ colonne.

L'accord chiffré Ré, Fa, La, correspondant à *Caïnan*, nous donne de même les vibrations du Fa: $\overset{4}{\text{Ré}}, \overset{10}{\text{Fa}}, \overset{5}{\text{La}} = 19 \times 9 = 171$, au lieu de 170, vibrations; nous notons également cette différence d'une vibration dans la colonne n° 18.

Enfin, il est facile de voir maintenant que chaque accord chiffré, qu'on peut varier à volonté, donne un nombre qui, multiplié par 9, fait connaître celui des vibrations voulues pour former un son de la gamme.

L'auteur a voulu employer le chiffre 9 à la place du 8, sur lequel les anciens ont basé leurs calculs musicaux. En effet, l'accord $\overset{3}{\text{Mi}}, \overset{8}{\text{Sol}}, \overset{5}{\text{Si}}$, additionné par exemple, donne $16 \times 8 = 128$, Ut.

L'accord $\overset{10}{\text{Fa}}, \overset{5}{\text{La}}, \overset{3}{\text{Ut}}, = 18 \times 8 = 144$, Ré; tout comme l'accord, $\overset{3}{\text{Mi}}, \overset{8}{\text{Sol}}, \overset{5}{\text{Si}}$, $= 16 \times 9 = 144$, Ré.

Mais l'auteur a su distribuer son tableau de manière qu'on peut compenser facilement les erreurs de 2 ou 3 vibrations, en plus ou en moins, que l'on remarque aux colonnes 18 et 19.

La colonne n° 4, relate l'addition des chiffres redisant les premiers âges des patriarches; de 4 à 6, âges d'Adam et de Seth, la différence est 2 qu'il faut ajouter à 126, Ut, Adam = 128, nombre des vibrations voulues par la théorie (colonne 17).

De 6 à 9, âges de Seth et d'Énos, la différence est 3 à retrancher de 243, âge d'Énos = 240, Si.

De 11 à 12, âges de Malaliel et de Caïnan, différence 1, à ôter de 171 = 170, Fa.

De Malaliel 11, à Jared 9, différence 2 à ôter de 216, La = 214, La.

Maintenant, si nous additionnons les totaux du tableau dans lesquels on fait abstraction des zéros, nous allons retrouver exactement le nombre des vibrations constituant les gammes entières diatonique et chromatique; 1,088, total de la 5ᵉ colonne redisant les âges depuis la génération, ajouté à 128, total de la 7ᵉ colonne, plus 27 (10ᵉ colonne) plus 5 (19ᵉ colonne) ensemble 1,248, total des vibrations des sons de la gamme chromatique (voir le tableau page 74).

3,413, total de la colonne des âges de la mort (8ᵉ colonne), ajoutés aux totaux 1,088 et 336 (5ᵉ et 3ᵉ colonne), ensemble 1,424, donnent 4,837 (3,413 + 1,424 = 4,837), dont la moitié est 2,418, desquels il faut soustraire le chiffre 8 (18ᵉ colonne), total 2,410, égal au nombre des vibrations formant la gamme chromatique y compris l'octave 256.

Si nous prenons les totaux des colonnes tels qu'ils sont, les zéros compris, le total de la 11ᵉ colonne nous donne de suite 128, nombre des vibrations constituant l'Ut fondamental de ce système musical.

La 8ᵉ colonne résumant l'âge des patriarches, 5,879, auxquels on ajoute 27 (10ᵉ colonne), produit des trois chiffres 9, total 5,906, qui partagés en deux parties par la virgule, égalent 5000 plus 906; cette dernière somme est égale au total des vibrations formant les cinq sons diésés de la gamme chromatique (voir le tableau, p. 74). L'autre somme, 5,000 divisée par 4, nous donne 1,250, total des vibrations de la gamme diatonique, qui, ajouté à 906, égale 2,156, plus l'octave 256 de Ut, 128, écrite ci-dessus, total 2,412, nombre des vibrations constituant la gamme chromatique (le son La étant émis par 216 vibrations).

Ces calculs simples, faciles à comprendre et rapidement esquissés, suffiront pour faire remarquer la difficulté que l'auteur a surmontée, ainsi qu'à mettre en évidence la haute portée intellectuelle qui a présidé aux combinaisons extraordinaires de chiffres par lesquels sont relatées toutes exigences musicales données, soit en détail, soit sommairement.

—

Nous nous reportons de suite au chapitre 11, verset 10 de la Genèse dans lequel l'auteur continue à donner les générations chiffrées des patriarches subséquents résumant les 13 sons de la gamme chromatique placés en descendant selon l'ordre déterminé par le nombre des vibrations qui les constituent.

Ce second tableau, construit *d'après les mêmes principes* que celui renfermant les noms des 7 premiers patriarches, commence par *Abraham*, nom qui devient représentatif de la base fondamentale Ut, et finit à *Mathusalé* (chap. 5, vers. 25) le plus âgé, c'est-à-dire désignant l'Ut octave, son rendu par les vibrations les plus nombreuses.

—

Le tableau ci-dessous a été calculé de manière à remplir un double but. Les âges des patriarches, avant et après leur génération, redisent d'abord les vibrations constitutives des douze sons chromatiques; de plus, ces mêmes chiffres, pris en détail, puis réunis, résument les mesures des figures géométriques successives (voir p. 84). Afin d'éviter des longueurs inutiles, nous ne donnerons qu'un exemple de la manière suivie par l'auteur qui sait employer à propos tous les chiffres correspondant au nom d'un des patriarches, servant ainsi aux deux fins proposées. Mathusalé, Ut^2, vécut 969 ans. Ce nombre est représentatif du carré de 7, 49, redit par les chiffres des 5e et 8e colonnes, 16 + 33 = 49. En même temps, le cube de 7, 343, est par l'âge de ce patriarche, 969, relaté de cette manière : Si à 969 on ajoute les sommes 16, 17 et 33, écrites dans les 5e, 7e et 8e colonnes au nom de ce patriarche, on a 1,035 dont il faut ôter 6, écrit à la 13e colonne; cela fait, il reste 1,029 dont le tiers est 343, cube de 7.

Abraham vécut 175 ans. De cette somme, contrairement à ce qui précède, il faut soustraire les sommes 1, 12 et 13, donnant 26 et inscrites aux mêmes colonnes 5, 7 et 8. La soustraction opérée, le reste est 149 dont il faut ôter 4 (13e colonne), après quoi il reste 153, mesure commune de la surface de la sphère et du cylindre. Voilà ce qui a fait dire aux anciens rabbins que le patriarche Abraham avait enseigné l'astronomie et l'arithmétique aux Égyptiens.

TABLEAU ·des Ages des treize Patriarches appliqués à la Théorie musicale des Sons

NOMS DES PATRIARCHES	Lettres musicales correspondantes	Notation ancienne	Ages avant leur génération	Addition des chiffres de ces âges	Ages depuis leur génération	Addition des chiffres de ces âges	Addition de ces additions partielles	Total des âges	Addition des chiffres de ces âges	Complément de ces âges par le chiffre 9	Totaux et concordance des additions partielles	Addition des chiffres de ces totaux partiels	ACCORDS PARFAITS CHIFFRÉS — Dont la somme indique les multiplicandes de 9, propres à déterminer le nombre des vibrations des treize sons de la gamme chromatique	TOTAUX donnés par l'addition des notes chiffrées qui, multipliées par 9, produisent le nombre des vibrations propres à la constitution de chaque son de la gamme correspondant au nom d'un patriarche	Nombre des vibrations constitutives des notes d'après la théorie musicale	Vibrations en plus	Vibrations en moins
Mathusalé...	Y	Ut²	187	16	782	17	33	969	24+	9 =	33	6	Ut, Mi, Sol, Si, Ré, Fa, La.	28 × 9 = 252	256	»	4
Lamek......	V	Si	182	11	595	19	30	777	21+	9 =	30	3	Si, Ré, Fa, La, Ut, Mi.....	27 × 9 = 243	240	3	»
Noé........	L	La*	600	6	350	8	14	950	14		14	5	Fa, La, Ut, Mi, Sol, Si....	26 × 9 = 234	230	4	»
Sem.......	U	La	100	1	500	5	6	600	6		6	6	Mi, Sol, Si, Ré, Fa, La....	24 × 9 = 216	214	2	»
Arfaxad....	S	Sol*	35	8	303	6	14	338	14		14	5	Fa, La, Ut, Mi, Sol.......	23 × 9 = 207	204	3	»
Sâlé........	O	Sol	30	3	403	7	10	433	10		10	1	Ré, Fa, La, Ut.......	21 × 9 = 189	192	»	3
Heber......	F	Fa*	34	7	430	7	14	464	14		14	5	Fa, La, Ut, Mi........	20 × 9 = 180	180	»	»
Phaleg.....	J	Fa	30	3	209	11	14	239	14		14	5	Sol, Si, Ré, Fa, La........	19 × 9 = 171	170	1	»
Ren........	I	Mi	32	5	207	9	14	239	14		14	5	Si, Ré, Fa, La........	18 × 9 = 162	160	2	»
Sarug......	R	Ré*	30	3	200	2	5	230	5		5	5	Fa, La, Ut.........	17 × 9 = 153	154	»	1
Nachor.....	E	Ré	29	11	119	1?	22	148	13+	9 =	22	4	Ut, Mi, Sol, Ut..........	16 × 9 = 144	144	»	»
Tharé......	T	Ut*	70	7	205	7	14	275	14		14	5	Ré, Fa, La..............	15 × 9 = 135	138	»	3
Abraham....	A	Ut	100	1	75	12	13	175	13		13	4	Ut, Mi, Sol, Ut..........	14 × 9 = 126	128	»	2
TOTAUX...			1459	82	4378	121	203	5837	176+	27 =	203	59	....	 2412	2410	15	13

Les totaux de ce tableau nous fournissent, par leurs différentes combinaisons, un grand nombre de renseignements que nous avons déjà donnés au chapitre concernant la musique. De plus, nous y retrouvons, comme dans le tableau des sept premiers patriarches, le nombre des vibrations voulues pour constituer les totaux des gammes diatonique et chromatique comme suit :

Si du total 5,837 redisant les âges des treize patriarches (colonne n° 9), on retranche le total 4,378 (colonne n° 6) de leurs âges depuis leur génération, on a 1,459, dont il faut encore retrancher le total des âges additionnés 203 (colonne 8), il reste 1,256, dont il faut encore ôter 8, nombre des sons diatoniques déjà exprimé dans le premier tableau, où figure Adam (colonne 18). Alors on obtient 1,248 total des vibrations de la gamme diatonique.

Si de 5,837 (9e colonne) on ôte 1,459 (4e colonne) il reste 4,378, dont la moitié est 2,189 dont il faut retrancher 27, complément par 9 (11e colonne), on a 2,162, dont il faut encore soustraire le même chiffre 8, nombre des sons de l'octave diatonique; il revient 2,154, total des vibrations constituant les douze sons de la gamme chromatique. C'est ainsi que les totaux viennent donner la preuve des calculs détaillés dans la confection de ces tableaux.

Sans avoir recours à la *sirène*, l'auteur est parvenu à calquer sur le nombre des années redisant les âges des patriarches celui des vibrations propres à la constitution de chaque son de la gamme correspondant au nom d'un de ses personnages. Nous avons vu au moyen de quelle voie détournée il a su faire adroitement concourir les accords parfaits à la combinaison de ses chiffres réduits jusqu'à leur dernière analyse, et formuler ses tableaux en y maintenant le double sens exigé par le programme qui lui était tracé. Voilà donc signalé et établi notre ancien système de notation musicale procédant par notes naturelles, puis diésées et bémolisées comme nous l'avons décrit ci-dessus dans notre livre (page 41). Mais nous avons dit aussi que le sacré collège, mécontent de cette méthode difficile et vicieuse, prit la résolution de la remplacer par une autre plus simple et plus naturelle, basée sur les sons vocaux affectés aux voyelles et semi-voyelles de l'alphabet latin. L'auteur de la bible reçoit donc l'ordre de procéder à cette réforme, que nous avons décrite pages 78 et suivantes, auxquelles il faut se reporter si l'on veut avoir l'intelligence complète des métaphores renfermées dans la description du déluge universel, *second sujet de mnémonique* contenu dans le chapitre 6 de la Genèse.

Il est bon de prévenir encore le néophyte : 1° que les toniques des gammes, c'est-à-dire que les sons par lesquels une gamme commence, continuent à être déifiés et personnifiés ; 2° que lorsque l'alphabet est partagé en deux parties, de A à N et de O à Z, la partie supérieure, superposée, reçoit l'acception de *ciel* et l'inférieure celle de *terre*. Ces dénominations s'étendent de même aux caractères de ces parties respectives, choisis pour désigner les sons de la gamme, en remplacement des appellations Ut, Ut dièse, Ré, Ré dièse; Ré bémol, etc., qu'il sagit de détruire, ainsi que les autres signes musicaux ; 3° que le bémol est désigné par l'expression féminine *femme, fille* et les *petits enfants*, assimilés au même sexe; 4° que les expressions *bête de somme*, *animal*, *oiseau*, *reptile*, s'appliquent aux lettres composant les appellations musicales, mais différenciées selon le genre et la place qu'elles occupent dans l'alphabet; 5° que les mots suivants : *jour*, *mois*, *année*, désignent : *jour*, l'intervalle d'une lettre ou d'un son à l'autre, suivant l'ordre de la série ; *mois*, la série entière des lettres de la première ou de la deuxième partie alphabétique ou de la gamme ; *an*, *année*, l'alphabet ou la gamme entière; 6° que les métaphores sont cachées sous des mots grecs *homophones*, c'est-à-dire faisant entendre la même vocalisation, mais exprimant un sens différent, comme *ud-os* qui veut dire *eau*, est confondu avec son homophone *ud-ô*, chanter, chant, son musical ; *udês*, poète, chanteur.

Comme il s'agit d'un *Déluge*, d'un débordement d'eau de pluie, l'auteur a choisi le nom *Noé* appliqué à son personnage principal, parce que la lettre N, initiale de ce mot, est l'emblème des réservoirs des eaux des pluies, et que les deux voyelles suivantes, décomposées et développées d'après les prescriptions des chapitres précédents, doivent représenter tous les sons de la gamme diatonique qu'il est question de formuler : *n o u v a e i j*, Sol, La, Si, Ut, Ré, Mi, Fa. (O, ainsi que U et V, se prononçait *ou*.)

Afin de compléter le chapitre 5, nous reprenons le verset 25, ainsi conçu :

V. 25. — Ainsi *Hénoc* chemina avec Dieu et il ne reparut plus parce que Dieu le prit.

Ainsi, le son *Ré*, représenté par *Hénoc*, fait partie de la gamme diatonique dont la tonique est *Ut*, Dieu ; et comme il est placé le dernier de cette gamme, il ne paraîtra plus dans celle qui suit commençant par *Mathusalé*.

V. 26, 27, 28, 29. — Mathusalé engendra Lamec, et celui-ci engendra un fils qu'il appela *Noé*, en disant : « Celui-ci nous soulagera de notre œuvre et du travail de nos mains sur la terre que l'Éternel a maudite. »

Lamec correspond à la note Si, et la note qui suit en descendant la gamme (voir le 2ᵉ tableau) est La, son désigné par Noé. Alors cette appellation *La* placée à main gauche de celle *Si*, sera le *La dièse* ou *Si bémol*, deux notes placées dans la série inférieure de la gamme (terre), dont les dénominations sont mauvaises, maintenant que l'on va prendre les voyelles comme représentatives des sons dont le premier est Ut, formulé par A, emblème de Dieu. En effet, dans la notation ancienne, si l'on écrit *La dièse* on *soulage*, on *n'énonce pas l'appellation Si bémol*, qui est le même son.

V. 32. — Et Noé, âgé de 500 ans, engendra *Sem, Cham*, et *Japhet*.

Et après U, lettre représentative de l'appellation La, Noé, occupant le 5ᵉ rang dans la série inférieure de l'alphabet en commençant par Z (et dont on a fait La dièse), vient Sol, O (Sem) ; V, Si (Kam), et Y, Ut² (Japhet), trois notes placées dans la même série.

Ces trois noms, calqués sur leurs homophones astronomiques, désignent les lettres de l'alphabet distinguées en consonnes et en voyelles : *Sem, Sem-a*, signifiant *lettre* alphabétique ; *Kam, Kammù-ô*, faire *silence*, être *muet* allusion aux consonnes *qui n'ont pas de son* par elles-mêmes et ne produisent que des articulations vocales. Japhet, *ia*, cri, voix, interjection, et *phat-os*, mot, parole, allusion aux *voyelles* qui représentent les interjections de voix, les *sons vocaux* ; de plus, cette lettre, dans son énonciation, renferme le son I, et est représentative de l'Ut² octave de A, Ut *(ia)*.

CHAPITRE VI.

V. 1. — Or, il arriva que quand les hommes eurent commencé à se multiplier sur la terre et qu'ils eurent engendré des filles,

Or, il arrive que les tons *entiers* (hommes) *Sol, La* (cités aux versets précédents) placés dans la série inférieure de la gamme (terre), sont bémolisés (filles).

V. 2. — Les fils de Dieu voyant que les filles des hommes étaient belles, en prirent pour leurs femmes, de toutes celles qu'ils choisirent.

Les lettres A, emblème de Dieu, qui forment les appellations *LA* (La, La dièse, La bémol), voyant que les tons bémolisés étaient notés par des L, emblème *du beau*, s'allièrent avec elles, il en fut de même pour la note soL (Sol bémol).

V. 3. — Et l'Éternel dit : « Mon esprit ne contestera point à toujours avec les hommes ; car aussi ne sont-ils que chair ; leurs jours seront de six-vingts ans. »

Et A, Dieu, Ut, dit : la lettre V, Si, emblème du vent, du souffle *(spiritus)*, ne sera pas toujours considérée comme étant un *ton entier* (de *La* à Si), car elle deviendra un demi-ton (de Ut à Si) pareil, à un de ceux des douze sons de la gamme chromatique (6 × 20 = 120, moins le zéro, 12).

V. 4. — En ce temps-là, il y avait des géants sur la terre et cela après que les fils de Dieu se furent joints avec les filles des hommes et qu'elles leur eurent donné des enfants ; ce sont ces puissants hommes qui de tout temps ont été des gens de renom.

Dans cette série *inférieure* de la gamme (terre), et cela après les notes La bémol, La, La dièse, qui contiennent la lettre A emblème de Dieu, et même après la note Si qui suit, il y a la lettre Y, représentative de la note à l'octave de Ut, qui est le son le *plus élevé* de la gamme de ce ton ; la lettre X, emblème de la *grande renommée*, et O désignant les hommes *signalés* par leur vertus ou leurs crimes.

V. 5 et 6. — Et l'Éternel, voyant que la malice des hommes était très-grande sur la terre et que toute l'imagination des pensées de leur cœur n'était que mal en tout temps, se repentit d'avoir fait l'homme sur la terre et il en eut un grand déplaisir dans son cœur.

Et l'auteur (Ut tonique, A) de cette mauvaise notation, mécontent de son invention vicieuse se repentit d'avoir représenté les tons entiers par les dénominations Sol, La, Si, Ut³, etc ; méthode de notation difficile par elle-même.

V. 7. — Et l'Éternel dit : « J'exterminerai de dessus la terre les hommes que j'ai créés, depuis les hommes jusqu'au bétail, jusqu'à tout ce qui rampe, même jusqu'aux oiseaux des cieux, car je me repens de les avoir faits.

Et Ut tonique, étant représenté par A, dit : je ferai disparaître de la notation des sons ces appellations des tons entiers que j'ai faites depuis Y, emblème de la parole de l'*homme* (Ut²) jusqu'à Mi (M, emblème du bétail), jusqu'à Si (S, emblème des reptiles), et même jusqu'à Fa (F ou V, emblème de l'air, élément des oiseaux).

V. 8. — Mais Noé trouva grâce devant l'Éternel.

Mais la voyelle A, emblématique de Dieu, faisant partie de l'appellation LA, note représentative de Noé, sera conservée dans la nouvelle notation, ainsi que la voyelle U placée *en avant* du mot Ut, son fondamental de la gamme, remplacé par A, l'Éternel, et U deviendra représentatif du son La, Noé.

V. 9. — Ce sont ici les générations de Noé : Noé fut un homme juste et plein d'intégrité en son temps, marchant avec Dieu.

Le son La est un ton *plein*, *entier* et fondamental du *ton naturel mineur*, tout comme Ut est tonique du *ton majeur* ; de plus, la voyelle U, La, Noé, fait partie de l'appellation Ut, Dieu, ainsi que A de La.

V. 10. — Et Noé eut trois fils, *Sem*, *Kam* et *Japhet*.

Tel est le sens *littéral* que l'on doit attribuer aux mots de génération de Noé formulés par *Sem*, *Kam*, et *Japhet* (voir chap. 5, vers. 32).

V. 11 et 12. — Et la terre était corrompue devant Dieu et remplie d'injustice. Dieu donc regarda la terre et voici, elle était corrompue ; car toute chair avait corrompu sa voie sur la terre.

Et les dénominations des sons de la partie *inférieure* (terre) de la gamme, aussi bien que les dénominations supérieures placées au-devant de Ut tonique A, Dieu, étaient vicieuses et pleines de distinctions inexactes, car on avait pris des lettres dans la partie supérieure aussi bien que dans l'inférieure, pour former les notes, comme Ré, Sol, Si. Cette marche ne convient pas, il faut détruire, réformer ce système musical.

V. 14. — Et Dieu dit à Noé : « Fais-moi une arche de *bois de Gopher ;* tu feras l'arche par loges et tu l'enduiras de bitume par dedans et par dehors.

Et la tonique A, Dieu, dit à U, La : Fais pour moi, A, Ut, un tableau dans le genre de H, emblème *du bois* que l'on *porte* dans le G, emblème des fourneaux *(Go,* nom de la lettre G ; *phero, fero,* porter dans.) — On sait que H est représentive du combustible, du bois qui sert à chauffer la chaudière G. — Tu diviseras ce tableau par cases destinées à recevoir, au-dedans comme au-dehors, les *couleurs à l'huile* distinctives des lettres musicales. (La lettre G est encore l'emblème des corps gras et des huiles de goudron et autres).

« Et tu feras ainsi : la longueur de l'arche sera de 300 *coudées* ; sa largeur de 50 coudées et sa hauteur de 30 coudées.

Ces dimensions, additionnées donnent 11 (3 + 5 + 3 = 11, en supprimant les zéros). La dimension de chacune de ces 11 cases devra être prise sur la barre dia-métrale, *coudée* de la lettre ⊖ (*go*, voir page 13).

V. 16. — « Tu donneras du jour à l'arche ; tu feras son comble d'une coudée de hauteur ; tu mettras la porte de l'arche à son côté, et tu la feras avec un bas étage, un second et un troisième.

Tu *commenceras* ton tableau par la lettre O, emblème du *jour*, dont la dimension sera celle de la barre *coudée* de G, 7 ; et tu le *termineras* par la dernière lettre de cette série alphabétique, Z, emblème des portes, des soupapes, etc. Et le tableau aura *trois cases* superposées destinées à recevoir les *trois formes* des lettres formulant *trois octaves* successives (voir page 79).

(Ainsi l'arche est maintenant simulée par les onze lettres de la deuxième série alphabétique.)

V. 17. — « Et voici, je ferai venir un déluge d'eau sur la terre pour détruire toute chair qui a esprit de vie en soi sous les cieux ; et tout ce qui est sur la terre expirera.

Et voici : je ferai venir une abondance de sons *(udo, udos,* de lettres représentatives des sons) dans la partie de cette série alphabétique *inférieure* pour détruire toutes les anciennes dénominations musicales, à commencer par la note Si, que nous repré-senterons par V, emblème du souffle (esprit), lettre qui, renversée, simule l'asphyxie, le manque de respiration, de vie.

V. 18. — « Mais j'établirai mon alliance avec toi et tu entreras dans l'arche, toi, tes fils, ta femme et les femmes de tes fils avec toi.

Mais puisque je suis allié avec ton ancienne dénomination *LA*, tu entreras en-suite dans le tableau, toi L (signifiant *La**), les *trois* sons Sol, Sol* et *La*, et encore ces notes *bémolisées*, Si♭, Sol♭, La♭, sons représentés par les lettres O, S, U, L.

V̇. 19. — « Et tout ce qui a vie d'entre toute chair, tu en feras entrer deux dans l'arche, pour les conserver en vie avec toi, savoir le mâle et la femelle.

Et pour ce qui est des autres *mots* représentatifs des sons suivant l'ancienne no-tation, qui pourront subsister d'après notre méthode, tu les conserveras et chaque lettre de ce mot désignera l'une *le ton entier* et l'autre le même son *bémolisé* ou *dièsé* (mâle et femelle).

V. 20. — « Des oiseaux selon leur espèce, des bêtes et de tous les animaux qui rampent.

Cette mesure sera générale, quelles que soient les lettres qui s'y trouveront com-prises, soit qu'elles représentent les oiseaux, les quadrupèdes ou les reptiles, etc.

V. 21. — « Prends aussi avec toi de toute nourriture qu'on mange, afin qu'elle serve pour ta nourriture et celle des animaux. »

Prends aussi avec toi la lettre Y, emblème de toute espèce de *nourriture*, attendu qu'elle simule l'action de manger.

V. 22. — Et Noé fit toutes les choses que Dieu lui avait commandées, et il les fit ainsi (voir les tableaux, pages 78 et 79).

CHAPITRE VII

V. 1. — Et l'Éternel dit à Noé : « Entre, toi et toute ta maison, dans l'arche, car je t'ai vu juste devant moi en ce temps.

Et A, Dieu, dit à U, Noé : Commence d'abord ton tableau par la lettre O (ou), Sol, car la lettre U que l'on prononçait *ou*, était *initiale* du mot *Ut* remplacé par A, Dieu, dans cette gamme.

V. 2. — « Tu prendras de toutes les bêtes *nettes*, sept de chaque espèce, le mâle et la femelle : mais des bêtes qui ne sont pas nettes, un couple, le mâle et la femelle.

Tu prendras parmi toutes les formes des lettres sept de chaque espèce ; c'est-à-dire que pour noter les sept sons : Sol, O ; Sol*, S ; La, U ; La*, L ; Si, V ; Ut², Y ; et Ut*², Y*, T ; à trois octaves différentes, il faut à chacun de ces sept sons trois sortes de lettres de même espèce. Les bêtes nettes sont les lettres *voyelles* au son *clair* et *invariable* et les bêtes *non nettes* désignent les consonnes qui marqueront les sons des premières, diésés ou bémolisés (mâle et femelle):

V. 3. — « Tu prendras aussi des oiseaux des cieux, sept de chaque espèce, le mâle et la femelle, afin d'en conserver la race sur la terre.

Allusion à la lettre K renversée ⋈ , emblème des oiseaux ; les diagonales de cette lettre ainsi posée imitent celles du V placé dans la série inférieure alphabétique (terre), et faisant partie des sept lettres énoncées ci-dessus.

V. 4. — « Car dans sept jours je ferai pleuvoir sur toute la terre, pendant quarante jours et quarante nuits, et j'exterminerai de dessus la terre toute chose qui subsiste et que j'ai faite. »

Car au septième intervalle des lettres, à partir de O, en remontant, on rencontre la voyelle I, représentative du son Mi, lettre qui, renversée, est emblématique de l'eau des pluies (des sons), que nous allons faire descendre dans la partie inférieure (terre), ainsi que les autres sons J, E, A, ensemble quatre, commençant par A, emblème des nuits (simulées par deux A entrelacés, offrant l'image d'une étoile). Ces quatre sons (40, en supprimant le zéro = 4), iront se réunir aux quatre autres, O, U, V, Y, commençant par O, emblème du jour, et les appellations La, Lab, La*, dans lesquelles il entre un A, Dieu, seront détruites.

V. 6. — Et Noé était âgé de 600 ans, quand le déluge des eaux vint sur la terre.

Et le son La était la *sixième* note de l'ancienne gamme commençant par Ut, lorsque cette abondance des *sons* de la partie supérieure de cette gamme, descendit dans la partie *inférieure*, afin de compléter la gamme de Sol.

V. 7. — Noé entra donc dans l'arche, ses fils, sa femme, etc.

V. 10. — Et il arriva qu'au septième jour les eaux du déluge furent sur la terre (répétition de ce que ci-dessus).

V. 11. — Et l'an 600 de la vie de Noé, au second mois, au 17e jour du mois, en ce jour-là toutes les fontaines du grand abîme furent rompues, et les bondes des cieux furent ouvertes.

Et le son La, U, étant placé au 6e *rang* des sons de la gamme diatonique et dans la 2e *série* alphabétique, où nous passons *deux* intervalles (deux lettres V et X); nous comptons 17 lettres à partir de X ; nous tombons sur N, emblème des réservoirs des eaux des pluies, des digues des rivières, des vannes et des *bondes* des moulins qui conduisent *l'eau* sur la roue O placée en dessous dans la 2e série (terre [voir page 115]). C'est par ces bondes que les sons (les eaux) du dessus se précipitent, allégoriquement parlant, pour arriver dans la 2e série de l'alphabet et la submerger.

V. 12. — Et la pluie tomba sur la terre pendant 40 jours et 40 nuits.

En supprimant le zéro, on a 4, et c'est ainsi que l'auteur figure la réunion des 4 sons supérieurs de la 1re série de la gamme aux 4 autres placés dans la série inférieure.

V. 13. — Et en ce même jour-là, Noé, Sem, Kam et Japhet, etc., entrèrent dans l'arche, et l'Éternel ferma l'arche sur lui.

En ce même intervalle, O, commence la gamme de Sol, Sol*, La, La*, etc., que nous avons laissée à Y, octave de Ut, Dieu, qui *termine* cette partie (ferme la porte).

V. 17. — Et le déluge se répandit pendant quarante jours sur la terre et les eaux crurent et élevèrent l'arche, et elle fut élevée au-dessus de la terre.

Et les 4 lettres représentatives des sons de la 1re partie étant disséminées dans la partie inférieure de l'alphabet, augmenteront le nombre des lettres de celle-ci; et cette partie de la gamme qui se trouve dans cette série : Sol, Sol*, La, etc., fut placée en tête, *plus haut* que les autres lettres qu'elle dépasse encore en hauteur, attendu que l'on donne la forme majuscule à ces lettres musicales (voir page 76).

V. 18. — Et les eaux se renforcèrent et s'accrurent fort sur la terre, et l'arche flottait au-dessus des eaux.

Et les lettres majuscules représentatives des sons de la 1re série de la gamme, A, E, I, J, étant successivement mises à leur rang dans la 2e série inférieure commençant par O, sol, augmentent de plus en plus le nombre des sons de celle-ci qui se trouve placée en.tête, *élevée* au-dessus des autres *sons*.

V. 19. — Et les eaux se renforcèrent *prodigieusement* sur la terre, et toutes les plus hautes montagnes qui étaient sous tous les cieux, furent couvertes.

Et les sons de cette gamme étant marqués par des lettres majuscules, elles dépassent, par léurs grandes dimensions, les formes des autres lettres minuscules parmi lesquelles est la lettre Q, emblème des montagnes et de leurs *croupes*.

V. 20. — Les eaux s'élevèrent de quinze coudées plus haut, ainsi les montagnes furent couvertes.

La dimension des lettres majuscules a été appliquée tout à l'heure à la lettre O, n° 15 de la série alphabétique mesurée à l'aide de la barre diamétrale *coudée* du G (voir verset 16). Ainsi elles dépassent en hauteur la lettre q minuscule, emblème des montagnes.

V. 21. — Et toute chair qui se mouvait sur la terre expira, tant des oiseaux que du bétail, des bêtes et de tous les reptiles qui se traînent sur la terre, et tous les hommes.

Et c'est en s'y prenant de cette manière allégorique que l'auteur fait disparaître de sa notation alphabétique toutes les autres lettres formant_les anciennes appellations musicales, que ces lettres soient représentatives des oiseaux, des quadrupèdes ou des reptiles, et même celles portant une lettre indicative de l'homme, A (comme La, Fa).

V. 22. — Toutes les choses qui étaient sur le sec et qui avaient respiration de vie en leurs narines, moururent.

Et toutes les lettres de cette seconde série alphabétique ne *furent pas employées* à la notation, excepté O, emblème des *narines;* U renversé, emblème de l'acception *vider, épuiser, dessécher;* V, emblème *du vent,* du souffle, de la respiration, *de la vie.*

V. 23. — Noé demeura de reste et ce qui était avec lui dans l'arche.

C'est ainsi que les voyelles développées composant le nom Noé, formulent et notent la gamme de Sol commençant par O, que l'on prononçait *ou* ainsi que U, en faisant résonner conjointement ces deux lettres marquant le *sol* et le *la.*

N o u v a e i j, Sol, La, Si, Ut, Ré, Mi, Fa. (o = ou; v = ou; ae = i; ai = é; i = j.)

V. 24. — Et les eaux se maintinrent sur la terre pendant 150 jours.

C'est en agissant ainsi que l'auteur dit que les sons de la 1re série se maintiennent dans celle inférieure commençant par O, Sol, n° 15 de la série alphabétique (en supprimant le zéro).

CHAPITRE VIII

V. 1. — Or Dieu *se souvint* de Noé et de toutes les bêtes et de tous les animaux qui étaient avec lui dans l'arche. Et Dieu fit passer un vent sur la terre et les eaux s'arrêtèrent.

Or, les gammes dont A, Dieu, et U ou O, Noé, sont les toniques, ne représentant ici que des exemples de *mnémonique* (mémoire, se resouvenir), ainsi que les autres lettres renfermées dans le tableau ci-dessus, réveillent des idées d'animaux, et sont terminées par V, Si, emblème du vent et le dernier son de la gamme.

V. 2. — Car les sources de l'abîme et les bondes des cieux avaient été fermées, et la pluie des cieux avait été retenue.

Car nous allons remettre les lettres musicales à leur place, dans leurs séries, dont l'une finit par Z, emblème des grands cataclysmes, l'autre par N, emblème des bondes des écluses et située dans la partie supérieure; et nous allons redresser la lettre I, qui ne signifiera plus ainsi la chute continuelle des pluies.

V. 3. — Et les eaux se retiraient de plus en plus de dessus la terre, et au bout de 150 jours elles diminuèrent.

Et les sons vont se retirer successivement de la série alphabétique inférieure, et nous allons les compter à partir de O qui est au bout de cette série et qui porte le nº 15 (le zéro supprimé).

V. 4. — Et au 17ᵉ jour du 7ᵉ mois l'arche s'arrêta sur les montagnes d'*Ararat.*

Et à partir de O, on compte 17 lettres (de O à Z, 11, puis de N à I, 6 = 17) ; on arrive à I, Mi, qui est encore la 7ᵉ lettre à partir de O, en remontant la série. Alors les sons renfermés dans le tableau (l'arche) vont s'arrêter sur ces deux lettres I, J, qui dépassent en *hauteur* (montagnes) les autres par les points placés au-dessus d'elles. L'auteur veut dire qu'il va formuler une nouvelle gamme qui aura pour fondamentale la lettre I Mi, Fa, etc. ; il nomme ces lettres *Ararat,* parce que ce mot décomposé rend la signification *affirmative* appliquée à la lettre I. (*ara,* particule affirmative ; *rât-os,* qui doit être dit, mot. Cette lettre entre effectivement dans la composition de presque tous les mots des langues diverses marquant affirmation : *Naï, ita, si, ja, yes,* etc., oui.)

V. 5. — Et les eaux allaient en diminuant de plus en plus jusqu'au 10ᵉ mois, et au premier jour du 10ᵉ mois les sommets des montagnes se montrèrent.

Et pour former cette gamme de Mi, Fa, il faut retirer successivement les notes placées dans la partie inférieure de l'alphabet, en commençant par O sol, qui est la 10ᵉ lettre en remontant, à partir de I, et la 1ʳᵉ de cette série où sont situées les autres notes majuscules U, V et Y, dont les dimensions dépassent les autres lettres minuscules.

V. 6. — Puis il arriva qu'au bout de 40 jours, Noé ouvrit la fenêtre qu'il avait faite à l'arche.

Puis il arriva qu'au bout de la série inférieure alphabétique où sont ces *quatre* notes, se trouve la lettre Z, emblème des fenêtres et de la porte, que nous avons allégoriquement figurée dans notre tableau, et que nous allons ouvrir.

V. 7. — Et il lâcha un corbeau qui sortit, allant et venant, jusqu'à ce que les eaux séchassent sur la terre.

Et l'auteur fait sortir de cette série la lettre X, dont les jambages *vont deci delà ;* cette lettre est l'emblème *des annonces, des avis ;* le corbeau, oiseau au plumage *noir,* annonce par ses migrations annuelles, l'approche de l'hiver et des temps sombres et pluvieux, et la lettre X est placée près de V, emblème *du vent* qui *dessèche.*

V. 8. — Il lâcha aussi d'*avec soi* une colombe, pour voir si les eaux étaient diminuées sur la terre.

Et il fit sortir aussi la lettre Y qui fait partie de la gamme de *sol,* Noé, puisque ce caractère a le même son vocal que I et J qui la terminent (d'avec soi). La colombe est un oiseau dont le plumage est généralement *blanc* et la lettre Y est l'emblème de la couleur blanche ; de plus, la partie supérieure de ce caractère simule le *bec* fendu d'une plume à écrire et le style des anciens. La colombe ou le pigeon était chargé de porter les missives rapides, tout comme la lettre X est l'expression non moins prompte des signes télégraphiques aériens (voir pages 142, 144).

V. 9. — Mais le pigeon ne trouvant pas sur quoi asseoir la plante de son pied retourna à lui dans l'arche, car les eaux étaient sur toute la terre, et Noé, avançant sa main, le reprit et le retira à soi dans l'arche.

Mais la lettre Y Ut³, ne trouvant pas à placer la pointe de son jambage, c'est-à-dire le son qu'elle représente dans cette série des sons formant la gamme de Mi, I, revint prendre sa place, mais il reste encore des notes dans la partie inférieure de l'alphabet, et O, Sol, Noé, remit ce caractère à main droite à la partie extrême de sa gamme.

V. 10. — Et quand il eut attendu encore sept autres jours, il lâcha encore le pigeon hors de l'arche.

Et à partir de Y, en comptant sept lettres, on rencontre la voyelle E, Ré, et Noé renvoie encore son messager ailé.

V. 11. — Et sur le soir, le pigeon revint à lui; et voici : il avait dans son *bec* une feuille d'*olivier* qu'il avait arrachée, et Noé connut que les eaux s'étaient encore retirées de dessus la terre.

Et la lettre Y située près de Z, emblème *du soir*, du couchant, revint à sa place; elle avait dans son bec, c'est-à-dire c'est avec son *bec* que l'on trace les lettres sur la *feuille* de papier dont la lettre E est l'emblème, et ce caractère est initial du mot grec *Elaias* signifiant *olivier*, huile d'olive, ou huile en général, liquide qui sert à former les couleurs diverses propres à tracer les lettres et à les rendre inaltérables, et Noé connut que le son E, Ré, était de moins dans la série inférieure alphabétique.

V. 12. — Et il attendit encore sept autres jours et il lâcha le pigeon qui ne revint plus.

Et à partir de Y, en comptant sept lettres, on arrive à J, Fa, son *vocal* près duquel Y prend sa place dans la gamme de Sol.

V. 13. — Et il arriva que l'an 601 de l'âge de Noé, au 1er jour du premier mois, les eaux se séchèrent de dessus la terre, et Noé ôtant la couverture de l'arche, regarda et voici, la surface de la terre se séchait.

Et il arrive que les lettres O et U *(ou)*, simulant le son La, Noé, sont placées : U, emblème de la vue, au 7e intervalle (601 additionnés, moins le zéro = 7) à partir de O, 1re lettre de cette série (couverture), et en ôtant aussi ce son double *initial* du tableau, la partie inférieure alphabétique se trouve encore dépourvue de ces deux sons *(se sèche)*.

V. 14. — Et au 27e jour du 2e mois la terre fut desséchée.

Et à partir de Y (Ut²), 2e lettre de la 2e série alphabétique, en commençant par Z, si l'on compte 27 lettres, on arrive à A, Ut; que l'on prend (les 25 lettres de l'alphabet plus Y, Z = 27). De cette manière il ne reste plus de lettres représentatives des sons de la gamme diatonique dans la partie inférieure de l'alphabet *(la terre est desséchée)*.

V. 15. — Alors Dieu dit à Noé : « Sors de l'arche, toi, ta femme, tes fils et les femmes de tes fils, les animaux, etc. »

Alors A, Ut, dit à U, Noé, ôte du tableau la gamme diatonique et chromatique de Sol, dont la tonique est *ou* (O et U), ainsi que toutes les lettres représentatives de ces sons, avec lesquels nous noterons désormais la musique.

V. 18. — Noé donc sortit de l'arche, avec ses fils, sa femme, toutes les bêtes, etc.

V. 20· — Et Noé bâtit un autel à l'Éternel, et prit de toute bête nette et offrit des holocaustes sur l'autel.

Et avec les jambages de N on peut construire le signe qui représente un autel composé des deux jambages inférieurs de A fermé (Dieu) et culbuté. Ce signe indique également les holocaustes figurés ici par les voyelles musicales de la gamme de Sol dans laquelle la lettre O est *placée en avant* de A, ut, Dieu.

V. 21. — Et l'Éternel flaira une *odeur* qui l'apaisa, et dit en son cœur : « Je ne maudirai plus la terre à l'occasion des hommes : car l'imagination du cœur des hommes est mauvaise dès leur jeunesse, et je ne détruirai plus tout ce qui vit comme j'ai fait.

Et A, Dieu, n'étant plus tonique de cette gamme commençant par O, emblème de l'odorat, dit, depuis la place médiane (cœur) qu'il occupe dans cette gamme : maintenant les sons placés dans la 2e série alphabétique n'auront plus de mauvaises dénominations (maudits); car, depuis leur invention première, les appellations musicales des sons chromatiques étaient mauvaises; et je ne détruirai plus ce qui est né ce que je viens de faire.

V. 22. — « Car, tant que la terre durera, les semailles et les moissons, le froid et le chaud, l'été et l'hiver, le jour et la nuit ne cesseront point.

Car, dans cette série inférieure alphabétique, on trouve la lettre O, emblème des semences de toutes espèces ; S, emblème de la faucille qui détermine l'idée des moissons ; V, désignant *Borée*, la bise aiguë, *froide*, qui règne en hiver ; O avec un point au centre signifiant le soleil, et la chaleur de l'été ; o minuscule, simulant le jour, et Z, le soir, l'occident, la cessation du jour.

C'est ainsi, qu'en joignant l'exemple au précepte, l'auteur de ce narré émouvant du déluge sait mener de front des enseignements divers relatifs à la notation musicale ancienne et nouvelle. Tout en indiquant, pas à pas, les différentes métaphores appliquées aux lettres de l'alphabet, il formule son écriture hiéroglyphique universelle, sous le voile de laquelle il a su cacher les théories des sciences et des arts, que nous avons relatées dans le courant de notre livre.

Nous retrouvons déjà ici une grande partie de la méthode de la notation alphabétique qui se complète dans les chapitres suivants, et dont nous ne pouvons offrir, vu l'extension du texte original, que quelques indications sommaires. Si nous avons traduit mot à mot les chapitres précédents, c'est que nous voulions donner aux néophytes une idée générale de la manière de procéder du narrateur et les mettre au courant de son style imagé dans lequel chaque mot devient une métaphore.

Voilà donc les trois gammes diatoniques et chromatiques Ut, Mi, Sol, formées et notées au moyen des voyelles, des semi-voyelles et des cinq consonnes marquant les sons diésés, comme nous les avons décrites aux pages 78 et 79. L'auteur, afin de donner l'étendue voulue à sa notation, a d'abord formulé trois gammes successives distinguées par les trois formes d'une même lettre, majuscule, minuscule et cursive ; puis, dans son chapitre 9, il dit que l'on peut remplacer cette manière par *trois encres* de différentes couleurs, *rouges*, *jaunes* et *bleus* (celles de l'arc-en-ciel), avec lesquelles on distinguerait les lettres entrant dans ces trois gammes. Ainsi, la gamme de Ut à Si, à l'aigu serait écrite avec l'encre rouge ; celle du médium avec la jaune, et la basse avec l'encre bleue.

V. 14. — « Et quand il arrivera que j'aurai couvert de nuées la terre, l'arc-en-ciel paraîtra dans la nuée.

C'est-à-dire : Et quand il arrivera qu'on doit superposer ces trois sortes de lettres ou ces trois gammes à l'aigu l'une de l'autre ; celle supérieure, qui est censée *ombrager* les autres (nuée), sera écrite en rouge ; la 2ᵉ en jaune, et la 3ᵉ en bleu ; semblablement aux couleurs de l'arc-en-ciel.

V. 15. — « Et je me souviendrai de l'alliance que j'ai faite avec vous, » etc.

Et c'est encore un moyen de *mnémonique* que *j'allie* à mon système, dont vous faites partie. *

---

* Comme l'étendue bornée de notre livre ne nous permet pas de traduire une partie notable de l'*Exode*, nous profitons de cette occasion pour apprendre aux néophytes que l'auteur consacre une partie de cette division de son œuvre à la simplification de la notation alphabétique décrite ci-dessus. Sans entrer dans les détails, nous dirons de suite qu'au chapitre 25, il forme un tableau dans lequel il supprime d'emblée une partie de la notation alphabétique en procédant comme suit. Il conserve les trois formes des lettres majuscules, minuscules et cursives afin de formuler l'étendue des trois gammes successives portée ordinaire des instruments. Puis il remplace les lettres musicales a, t, e, r, i, etc. désignant Ut, Ut*, Ré, Ré* Mi, etc., écrites au-dessus des paroles d'un chant, par les lettres mêmes redisant ce chant mais différenciées, et par leurs formes et par des couleurs qui déterminent ici la notation. Ainsi les 12 sons chromatiques sont représentés par 12 couleurs assez tranchées pour ne pas être confondues par l'œil, comme ci-après :

Ut	Ut*	Ré	Ré*	Mi	Fa	Fa*	Sol	Sol*	La
rouge,	rouge-clair,	orangé,	orangé-clair,	jaune,	vert,	vert-clair,	bleu,	bleu-clair,	indigo,

La*	Si,	Ut.
indigo-clair,	violet,	noir.

En outre, l'auteur emploie la couleur d'or, d'argent et de bronze qu'il applique au son Ut fondamental (or), Ut octave (argent) et à Mi (bronze), supplément de distinction qui lui permet l'usage de

V. 20. — Et Noé, qui était laboureur, *commença* à planter la vigne.

Et Noé désignant les sons O, Sol, et U, La *(ou)*, ceux-ci se trouvent placés dans la série alphabétique où l'on trouve les lettres Q et R , emblèmes du labourage ; puis vient la lettre S, représentative du *cep tortillé* de la vigne et de la *vis* des pressoirs *à vin ;* l'auteur *commence* à traiter un autre sujet.

V. 21. — Il but du vin et fut enivré, et se découvrit couché au milieu de sa tente.

La lettre U simule un vase et détermine l'action de boire, et T couché, la rupture de l'équilibre du corps, image de l'ivresse, et U se trouve ainsi placé entre T et V.

Alors cette lettre se *dépouille* de sa prononciation *vicieuse* OU, pour prendre simplement celle U, qui lui convient. Voilà la lettre O *(Sem)* enlevée, mais l'auteur la reprend pour simuler le verre *oculaire* de la lunette alphabétique expliquée page 133, avec laquelle on *découvre* les objets placés hors de la portée de *l'œil nu*, U *couché* sur la droite.

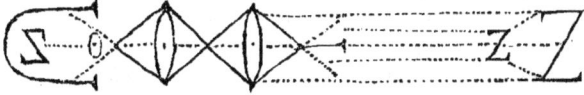

V. 22. — Et Kam, père de Canaan, ayant vu la *nudité* de son père , l'annonça à ses frères qui étaient dehors.

Et V (couché sur la droite , *Kam*), ainsi placé regarde l'oculaire O (voir la gravure ci-dessus), emblème des *semences* de toute espèce renfermées dans leurs *enveloppes rondes*. Viennent après : X, emblème des *annonces* (Kanaan, fils de Kam), et Y, emblème de la *parole* (Japhet), ainsi que de la lumière artificielle qui rend nette la vision des objets ; cette lettre, couchée sur la gauche, figurera ainsi *l'objectif ;* la lettre Z reste *en dehors* et simule l'objet regardé.

V. 23. — Alors Sem et Japhet prirent un manteau qu'ils mirent sur leurs deux épaules et marchant *en arrière,* ils couvrirent la nudité de leur père, de sorte qu'ils ne la virent point.

Alors on enveloppe les deux verres, l'oculaire et l'objectif (Sem et Japhet) , dans un tissu roulé en forme de tuyau (manteau) qui maintient les extrémités supérieures (épaules) des contours de ces verres ; et en les faisant marcher *en arrière,* ils apportent à leurs foyers l'image *renversée* de l'objet regardé, qui n'est perçu que par la rétine de l'œil, U.

V. 24. — Et Noé, réveillé de son vin, sut ce que le *plus petit* de ses fils lui avait fait.

Et Noé, U *redressé*, qui est encore l'emblème des *timbres des réveils*, se trouve, comme auparavant, placé près de V, emblème de l'air qui *propage* le son ; et ce V est le *plus petit* d'entre eux, puisqu'il ne représente que le demi-ton Si ; comme il est le *plus petit* des verres de la lunette (l'oculaire).

V. 25. — C'est pourquoi il dit : « Maudit soit Kanaan, fils de Kam ; il sera serviteur des serviteurs de ses frères. »

---

couleurs plus tranchées simulées par les teintes diverses offertes par celles des douze pierres précieuses dont il orne son sanctuaire (son tableau sacré).

Ainsi, lorsque les lettres formant une ou plusieurs syllabes d'un mot ne comportent qu'une seule notation, *Ut*, par exemple, elles seront toutes écrites en rouge ; si ces lettres étaient détachées dans le chant et exigeaient deux ou trois notations différentes, leurs teintes seraient variées en conséquence. Il faut donc douze espèces d'encres, mais on doit faire observer que lorsqu'un ton est donné, il est rare de sortir des 7 teintes propres à sa gamme diatonique, sauf pour quelques notes accidentelles. Alors, dans l'exemple de la notation alphabétique que nous avons donné page 80, toute la notation par lettres écrites au-dessus de ce chant, disparaîtrait, en ne laissant subsister que les accents déterminant la valeur des notes qui seraient remplacées par des teintes voulues données aux lettres mêmes redisant cette partie du chœur de la *Dame Blanche.* L'auteur nous donne un autre exemple de cette notation, dans un hymne chanté par sa sœur après le passage de la *Mer-Rouge* (chapitre 15.)

C'est pourquoi U dit : la lettre X *(Kanaan, qan*-ein, ouvrir la bouche ; *anô,* de tous côtés ; image de la forme de X, ouverte de tous côtés ; fils de Kam , V ; qui vient après V) a reçu une *mauvaise dénomination*, puisqu'on ne peut l'énoncer qu'en employant les autres lettres de l'alphabet, et elle occupe *une mauvaise* place dans l'intérieur de la lunette, puisque ses jambages ne font que simuler la direction suivie par les rayons visuels réfractés par les deux verres placés avant et après elle.

V. 26. — Il dit aussi : « Béni soit l'Éternel, Dieu de *Sem*, et que *Kanaan* leur soit fait serviteur.

Il dit aussi : Il faut qu'il soit bien fait, *bien poli*, le verre *oculaire* O *(Sem*, placé en dessous de A, Dieu, et emblème de la finesse du *tact)*, afin que le tracé des jambages de X puisse lui *servir.*

V. 27. — Que Dieu dilate *(dilatet)* Japhet et qu'il loge dans les tabernacles de Sem ; et que Kanaan leur soit fait serviteur.

Lorsque le poli est bien donné aux verres *bombés* logés dans les *tubes de l'oculaire*, ceux-ci déterminent une *dilatation*, un grossissement de l'objet regardé, quand son image est placée à leurs foyers, représentés par l'intersection des jambages de X (Kanaan).

Nota. — La traduction de cette théorie de l'optique est donnée aux pages 129, 131, 132, 133.

V. 28. — Et Noé vécut après le déluge 350 ans.

Et comme Noé *ou*, U, La, est représentatif de la fondamentale de la gamme *diatonique* de La ou de Sol, cette note est la 8e de cette gamme, en comptant depuis son octave. (350, en supprimant le zéro $=$ 35, qui additionnés donnent 8.)

V. 29. — Tout le temps donc que Noé vécut fut 950 ans, puis il mourut.

950 moins le zéro $=$ 95 qui additionnés $=$ 14. Et le nom Noé, que nous avons placé dans notre gamme *chromatique*, représente le La*, qui est le 14e *son* en redescendant après Si, à partir d'Abraham, *moins* l'octave, représentée par Mathusalé.

CHAPITRE X

Après l'adoption de 13 lettres de l'alphabet, choisies pour la notation des sons de la gamme chromatique, il fallait trouver des signes qui en marquassent la durée. Il était conséquent alors de prendre d'abord les accents grammaticaux connus et de leur donner une valeur relative analogue à celle appliquée aux signes de l'ancienne notation abolie : ronde, blanche, noire, croche, etc., correspondant encore à celle des silences désignés sous le nom de pause, demi-pause, soupir, demi-soupir, etc. Aussi, l'auteur, dans le commencement de son chapitre 5, va formuler cette nomenclature cachée sous des noms propres, que nous allons décomposer par forme d'exemple à l'usage de nos néophytes.

V. 1. — Ce sont ici les générations des enfants de Noé : Sem, Kam et Japhet, auxquels naquirent des enfants après le déluge.

On sait que les fils de Noé désignent les lettres divisées en voyelles et en consonnes ; voici donc la création des accents qui vont les surmonter, afin de modifier et leur *vocalisation*, et la *durée* de leur énonciation, lorsqu'ils seront placés au-dessus des lettres musicales choisies dans la période du déluge métaphorique détaillée ci-dessus.

V. 2. — Les enfants de Japhet sont *Gomer, Magog, Tubal, Tieras, Javan, Magog, Madaï* et *Mosekh.*

Ces accents, destinés aux sept voyelles musicales diatoniques, rangés selon leur ordre, sont :

1º *Gomer*, dont l'étymologie est G, *Go*, nom ancien du G des Cophtes (voir page 13), et *mer*-os, signifiant division ; allusion à la *barre* diamétrale qui *partage* cette lettre en deux parties égales (la même lettre indiquée par le bois de *Gofer* destiné à la construction de l'arche). Elle est prise pour exprimer la valeur de la *longue*, ou la *ronde* et la *pause* (voir page 80).

2° *Tubal ; tup*-os, signe grammatical; *al*-ê, *alu*-ô, aller de çà et de là. Allusion à la forme de *l'accent circonflexe*, formé de deux virgules affrontées et dirigées chacune en sens inverse de l'autre. Cet accent remplace la valeur de la *blanche*, ou celle de la *demi-pause*.

3° *Tieras ; ti*-ô, honorer, respecter; *ieras*-omai, exercer des fonctions sacrées. Allusion à l'accent *grâve*, revêtu chez les Hébreux du titre de *roi*, de *grand-prêtre*. Ce signe représente la valeur de la *noire* ou le *soupir* (voir le *Dictionnaire de Trévoux*, au mot *accent*).

4° *Javan; ia, ié,* interjection de voix aiguë; *phan*-os, *phain*-ô, faire connaître. Allusion à l'accent *aigu*, qui rehausse le son d'une voyelle (é), signe représentant la valeur de la *croche* ou du *démi-soupir*.

5° *Magog ; ma*, particule privative ; *agog*-ê, marche. Signe qui arrête la marche d'une phrase ; le *point* remplaçant la valeur de la *double-croche* ou du *quart de soupir*.

6° *Madaï ; ma*, particule augmentative ; *dai*-ô, séparer. Allusion aux deux points ou tréma, placé sur une voyelle pour avertir qu'elle doit être prononcée *séparément*, et qu'elle ne doit pas faire corps avec les autres lettres voisines. Ce signe remplace la valeur de la *triple-croche*, ou du *démi-quart de soupir*.

7° *Mosekh; mous*-oò, moduler, rythmer, cadencer; *eq*-eò, émettre un son. Allusion au signe bref, ou la *brève* employée avec la *longue* par les Latins afin de marquer le temps bref donné aux syllabes entrant dans un *vers scandé*. Ce signe a la valeur de la *quadruple-croche*, ou des trois-quarts de soupir.

V. 3. — Et les enfants de *Gomer* sont : *Askenas, Riphat* et *Togarma.*

Et les signes correspondants aux valeurs relatives décrites ci-dessus, sont :

1° *Askenas; askênes (a*, priv., *skênê*, abri). Signe qui ne sert pas d'abri, c'est-à-dire qui ne se place pas au-dessus des lettres, ne les abrite pas. Allusion aux signes employés dans un chant mesuré pour marquer les silences, comme pause, demi-pause, soupir, et qui s'écrivent *entre* les lettres musicales ou les notes.

2° *Riphat ; riph*-ê, impétuosité, marche vive ; *at*-eò, réprimer, arrêter, modérer. Allusion à la virgule servant à modérer l'allure de la lecture, et à mesurer les temps d'un chant noté.

3° *Togarma ; to-ge*, lui, le, lui-même ; *arma*, conducteur, cocher ; ce modérateur est remplacé ordinairement par le *chef d'orchestre lui-même*, qui marque les temps ou la mesure avec sa baguette (*virgula*).

V. 4. — Et les enfants de *Javan* furent : *Ellisa, Tharsis, Kuthim* et *Dodanim.*

1° *Ellisa; aell*-a, vent, simulé par V ; *isa*, semblablement. La lettre V, renversée à gauche ou à droite, est prise dans la notation alphabétique pour marquer le soupir et le demi-soupir.

2° *Tarsis ; tars*-os, treillis, claie, chose enlacée ; *is*-os, semblable à. Allusion à la forme des signes représentant les quart, demi-quart et trois-quarts de soupirs simulant les bâtons d'un *treillis* rompu.

3° *Keuthim ; Keuth*-os, demeure souterraine. Allusion à l'accolade, ou signe de liaison des notes placée *en dessous* des lettres musicales (sous terre), au lieu de figurer une portion de cercle en dessus, comme dans l'ancienne notation.

4° *Dodanim; tode, touto de*, marquant répétition d'une chose ; *anim*-aò, faire venir en haut. Allusion au signe de *renvoi* figuré par quatre points que l'on place à la fin d'une période musicale, pour indiquer qu'il faut la recommencer de nouveau; revenir au commencement.

V. 5. — C'est de ceux-là que sont descendus ceux qui partagèrent entre eux les *îles* des nations, par leurs terres, chacun selon sa langue, selon leurs familles, entre leurs nations.

Ce sont ces signes qui *isolent* les notes ou les réunissent pour former un chant, chacun selon la valeur de son accent propre et selon le genre de nomenclature auquel ils appartiennent, lorsqu'ils sont réunis entre eux (accents grammaticaux ou musicaux).

Ainsi est construite la nouvelle nomenclature musicale alphabétique dont nous avons fait l'application page 80.

—

L'auteur consacre une partie du chapitre 11 à l'explication de la formation de son tableau des sons chromatiques figurés par les noms des 13 patriarches, que nous avons donnée sommairement ci-dessus. Enfin, nous traduisons encore le chapitre 49 dela Genèse ayant trait à la famille de *Jacob*, composée de 12 fils, les 12 *sons chromatiques* représentés cette fois par les *longueurs* relatives des cordes sonores correspondant à chaque son émis, et mesurés au moyen du *mètre* et de ses fractions. C'est du livre des *Nombres* que nous avons extrait notre *système décimal* décrit pages 85 et suivantes, et que l'auteur développe dans le chapitre 1er, dont nous donnons ci-dessous un des tableaux, chiffré d'après ce système de numération. Mais auparavant il a jugé à propos de jalonner son récit en l'appuyant sur les *formes* des lettres alphabétiques, selon leur série, méthode que nous avons suivie lors de la description des différents objets d'art donnée dans le courant de notre livre. Ce chapitre 49 est une espèce de récapitulation des sens métaphoriques attachés aux lettres et décrits depuis le commencement de la Genèse : aussi, nous engageons les néophytes à suivre attentivement cette traduction, afin de se fortifier dans cette manière symbolique de l'écriture biblique qui va se compliquant au fur et à mesure de sa marche.

CHAPITRE XLIX

V. 1. — Et *Jacob* appela ses fils et dit : « Assemblez-vous et je vous déclarerai ce qui doit vous arriver aux derniers jours.

(*Jacob*, dont l'étymologie est : *Iaq*-ò, émettre un son fort, aigu; *up*-o, en dessous, en bas, mot représentatif de la *basse* fondamentale de la gamme de Mi, I).

Et Jacob donna des noms propres aux douze sons chromatiques qui, réunis selon leur ordre, composent cette gamme, et il déclare que le récit qui suit est d'abord renfermé dans les lettres formant la 2e série alphabétique (les derniers jours).

V. 2. — « Assemblez-vous et écoutez *Israël*, votre père.

Assemblez-vous, dit cette basse, et écoutez le sifflement du vent tempêtueux d'une forte ondée que mon nom représente. *Israël*, I, emblème de la pluie ; *sur*-ò, siffler, balayer en tournoyant ; *aell*-a, tempête ; c'est-à-dire que le nom Israël simule la même basse fondamentale Mi, I, représentée par Jacob, la pluie chassée par un grand vent.

V. 3. — « *Ruben*, tu es mon premier-né, ma force et le commencement de ma vigueur, ou de ma douleur, grand en dignité, et le plus grand en commandement.

Ruben, représenté par O, première lettre de cette série alphabétique par laquelle Jacob *commence* l'énumération des sons.

Le mot grec *ia*, initial du mot *ia-cob*, est une exclamation de *douleur* et signifie aussi *force*. De plus, la lettre O, emblème des semences, est le signe de la vigueur des animaux mâles ; elle simule encore une roue hydraulique, la première des forces motrices ; elle désigne les hommes rendus éminents par leurs vertus, les *saints*, et elle est placée à *la tête* de la série qu'elle commande ainsi.

V. 4. — « Tu t'es débordé comme l'eau, tu ne grandiras pas, car tu es monté sur la couche de ton père et tu as souillé son lit.

Tu reçois l'eau débordée de N, emblème des écluses ; tu representes la circonfé-rence du cercle qui ne peut croître puisqu'elle reste en relation avec son diamètre qui la forme, et tu es monté de la terre jusque dans mon nom, toi O, qui représentes en-core les hommes souillés par leurs crimes, ainsi qu'une prononciation vicieuse. (Ja-cob se prononçait *Jacoub*; o = ou).

V. 5. — *Siméon* et *Lévy* sont frères, instruments de violence avec leurs vases.

Siméon et Lévy sont représentés par les deux lettres P et Q, qui, dans leurs formes minuscules, deviennent semblables : p, q. Le caractère P est l'emblème des armes tranchantes résumées par la forme d'une épée munie de sa *garde*, et Q re-présente, par son appendice, le soc et le coutre de la charrue qui fend le sein de la terre. *(Vas*, instrument de guerre et de labourage.)

V. 6. — « Que mon âme n'entre point dans leurs conseils secrets ; que ma gloire ne soit point jointe à leur assemblée ; car ils ont tué les gens en leur colère et ils ont enlevé des bœufs pour leur plaisir.

Il serait à souhaiter que la lettre O, qui est au milieu de mon nom Jacob, ne se prononçât pas *ou*, comme V, emblème du souffle, de l'âme, c'est un conseil particu-lier que je donne ; ni que l'A, emblème de la gloire (l'étoile), joint à U ne pût se pro-noncer *au*, comme O ; car les consonnes ont une énonciation fixée, comme P, qui simule les armes blanches et la fureur belliqueuse qui tuent les gens, et Q, qui représente la croupe d'un *bœuf* munie de son appendice figurant le sexe mâle des quadrupèdes et leurs *voluptés brutales.*

V. 7. — « Que leur colère soit maudite, car elle a été violente ; et leur fureur, car elle a été rude ; je les diviserai en Jacob et les disperserai en Israël.

Ces lettres P et Q seront représentatives, chacune dans son espèce, je ne dirai pas de la colère, ni de la fureur, mais de la *furie*, tant ces emportements sont véhéments. Ces lettres seront réparties dans mon nom *Jacob*, mal écrit, car il faudrait, selon l'étymologie, remplacer le *c* par un χ (*qi* grec) et le *b* par un *p*; et ces lettres ser-viront à jalonner les noms des enfants d'Israël.

V. 8. — « *Judas*, quant à toi, tes frères te loueront ; ta main sera sur le cou de tes ennemis ; les fils de ton père se prosterneront devant toi.

Quant à toi, représenté par R, tes frères t'estimeront heureux d'avoir un appen-dice qui t'a rendu représentatif du redoublement des vibrations qui constituent les sons de la gamme. A ta *main droite* est placé le *cou* de la tête baissée de la lettre sinueuse S simulant l'attitude d'un serpent irrité, emblème de l'inimitié, et ce carac-tère, qui représente un des fils de ton père, a l'air de se *courber* devant toi.

V. 9. — « Judas est un jeune lion ; mon fils, tu es revenu de déchirer ta proie ; il s'est reposé et s'est couché comme un lion qui est en sa force et comme un vieux lion ; qui le réveillera ?

La lettre 𝓡 (R cursive) est semblable au signe astronomique qui désigne, par abréviation, la constellation du lion. Elle est encore l'emblème des pointes aiguës de la herse qui déchire les flancs de la terre, sa proie. Cet appendice contourné, ainsi au repos, tel qu'un lion couché et dans toute sa force, qui osera *le faire vibrer?* Allusion à la bombarde, aux orgues à anches libres (voir page 59).

V. 10. — « Le sceptre ne sera point ôté de Judas, et le commandement ne sera pas éloigné de sa jambe jusqu'à ce que le *scillo* vienne ; et c'est à lui qu'appartient l'as-semblée des peuples.

Judas, Ut dièse, tiendra la première place dans la gamme de ce tableau et le jam-bage de R qui le représente, sera le bâton de commandant, jusqu'à ce qu'elle soit complétée par celui qui est désigné ici par la mauvaise notation du *Si* dièse, c'est-à-dire *Ut (Si,* 7e son de la gamme, *illô*, regarder de travers, être méchant, mauvais); car c'est à ce son *Ut* qu'il appartient de présider cette gamme.

Nota. — Voir ci-dessous le tableau dans lequel la tonique *Ut* ne figure pas, puis vient Ut* (Judas).

V. 11. — « Il attache à la vigne son ânon et le petit de son ânesse à un fort bon cep ; il lavera son vêtement dans le vin et son manteau dans le sang des raisins.

L'appendice de R a la forme du chiffre 2 cursif (le mot Grec *onos*, âne, signifie aussi le n° 1, l'âne et l'ânon font 2) et cet appendice est l'emblème des vibrations retentissantes simulées par la voix de l'âne, et il joint la lettre S qui suit, emblème des liens, des chaînes et du cep tortillé de la vigne qui produit le raisin dont on fait le vin, dont l'abus cause l'ivresse ; de là les nausées et les *vomissements* qui *souillent les vêtements* de l'homme ivre-mort.

V. 12. — « Il a les yeux vermeils de vin et ses dents blanches de lait.

Le vin lui sort, en quelque sorte, par les yeux, tandis que sa bouche mâche une écume blanche comme du lait.

V. 13. — « *Zabulon* se logera au port des mers et il sera au port des navires et ses côtes s'étendront vers Sidon.

Zabulon est représenté par T ; cette lettre simule, par sa forme, l'ancre des navires que l'on jette dans les ports de mer ou qui est attachée aux flancs des navires. Sa barre horizontale montre la direction de V, Si, emblème du vent qui *fait mouvoir* les vaisseaux (*Sidon*, *Si*, V, vent ; *don*-eô, agiter).

V. 14. — « *Issacar* est un âne gros et fort qui se tient couché entre les barres des étables.

Issacar, X, a la ressemblance d'un gros et fort *chevalet*. Cette lettre simule les barres transversales et séparatives des cases des étables et des écuries où couche le bétail (page 69).

V. 15. — Il a vu que le repos était bon et que le pays était fertile, il baissera son épaule pour porter et s'assujétira à payer les tributs.

Cette lettre X représente encore la *stabilité* des bons assemblages des charpentes ; elle simule aussi les *étais* qui soutiennent les branches d'arbres pliant sous la charges des fruits et les barrières établies au-devant des bureaux où l'on perçoit un tribut.

V. 16. — « *Dan* jugera son peuple aussi bien que les autres tribus d'Israël.

Dan est représenté par le son V, *Si*, qui sera fondamental d'une gamme, tout comme les autres sons formulant les tribus d'Israël.

V. 17. — « Dan sera un serpent sur le chemin, un *céraste* dans le sentier, mordant les paturons du cheval afin que celui qui le monte tombe à la renverse.

La lettre V représente les cornes du serpent *céraste* ; les jambages ouverts de cette lettre, couchée sur la gauche, simulent une bouche qui est censée mordre le bas de U, image d'un fer à *cheval* ; elle est encore placée en dessous de H majuscule qui, *culbutée*, désigne un grand chemin, et h minuscule un sentier (page 159).

V. 18. — « O Dieu, j'ai attendu ton salut.

Oh ! les diagonales de V étant semblables à celles de A, Dieu, il ne manque à cette lettre qu'une barre transversale médiane pour la préserver dans ses écarts. (Voir, page 34, description du compas libre et avec arrêt.)

V. 19. — Quant à *Gad*, Z, il sera entouré d'une armature opposée en avant et lui-même, ainsi entouré deviendra armature en arrière.

Allusion aux *assemblages* des paires de disques métalliques ronds et inversement superposés d'une pile électrique, terminée à ses deux pôles opposés par des fils conducteurs des deux électricités différentes décomposées par cette machine représentée par la lettre Z, emblème de l'électricité (voir page 164).

V. 20. — « Le pain qui viendra d'*Ascer* sera excellent et même il fournira les délices royales.

Le pain fait avec la farine du moulin représenté par Y (voir page 115) sera d'autant meilleur que ce pain, ou bloc, est figuré par le point qui surmonte la lettre I emblème du goût dont le siège principal est dans le *palais* (mot confondu avec *palais* séjour des rois).

V. 21. — « *Nephtali* est un cerf lâché, et il se distingue par la facilité de sa parole.

Celui-ci est représenté par B, lettre qui, couchée et les panses traversées par deux diagonales, simule les cornes du cerf, celles du bélier, du bœuf, etc. Le son *bé, ba* (bêta), émis par cette consonne, est le premier de l'alphabet et le plus facile à émettre (voir pages 67 et 68).

V. 22. — « *Joseph* est un rameau fertile près d'une *fontaine* et ses branches se sont étendues jusqu'à la muraille.

Joseph est représenté par C, emblème des ramilles et des objets flexibles et élastiques. Le contour *doublé* de cette lettre a formé les panses de B (page 6), emblème des *mamelles* et des parties sexuelles de *la femme* (page 156), et le même contour, appliqué sur le jambage de B, a déterminé la forme du D (page 6), placé près de E, lettre représentant les murailles d'une ville, etc. (page 158).

V. 23. — « On lui a donné beaucoup de déplaisir, car on a tiré contre lui, et les archers ont été ses ennemis.

La situation de C n'est pas agréable pour lui, car on l'a placé en regard de D, image de *l'arc* simulant les *archers*, dont cette lettre devient comme le but, le tir à blanc remplaçant l'ennemi, et D, retourné, signifie hostile à...

V. 24. — « Mais son arc est demeuré en sa force, et ses bras et ses mains ont été renforcés par la main du puissant de Jacob qui l'a aussi fait être le pasteur et la pierre d'Israël.

Mais sa forme *arquée* continue à être représentative de la force musculaire des bras, des mains et des griffes des animaux comme avant que Dieu ne l'ait accolée au jambage de B et ne l'ait rendue ainsi emblématique des brebis et de *leur pasteur*, ainsi qu'à celui de D, voisin de E représentant les *pierres* brutes ou précieuses ; l'une de celles-ci est le symbole de *Joseph* qui sera la *perle* des enfants d'Israël et de Jacob. (L'auteur rappelle ici la métaphore de la mort d'Abel tué par Caïn, voir plus haut chap. 4, verset 8, et veut dire encore que l'on trouve dans le nom de *Jacob* les lettres c et b.)

V. 25. — « Tout cela est advenu du Dieu fort, ton père qui t'aidera et du Tout-Puissant qui te comblera des bénédictions des cieux *en haut*, des bénédictions de l'abîme en bas, des bénédictions de la mamelle et de la vulve.

Le contour de la lettre C n'a pu former B et D qu'au moyen d'un jambage droit semblable à celui de I, Mi tonique représentée par le nom Jacob, *père* de Joseph, ou pareil à un de ceux de la lettre A, Dieu. Ce dernier caractère, par le prolongement de ses lignes par côtés, par en haut, par en bas, etc., nous a fourni un grand nombre d'acceptions métaphoriques, notamment celle de *bénir*, donnée par l'extension *de la barre médiane* qui *s'étendrait* sur B, emblème des *mamelles* et du *sexe* féminin.

V. 26. — « Les bénédictions de ton père ont surpassé les bénédictions de ceux qui m'ont engendré quand on remontait jusqu'au bout des collines éternelles ; elles seront sur la tête de Joseph et sur le sommet de celui qui est Nazaréen entre ses frères.

Et la longueur du jambage de I, Mi (Jacob), surpasse celle que l'on a donnée à la barre médiane transversale de A dont le prolongement émet l'idée de bénédiction, et même les jambages des autres lettres sont plus longs qu'elle dans cette série alphabétique s'étendant de A à M et N, emblèmes des *monts* et des *collines* qui bornent l'horizon ; cette barre formera la *tête* du D fait avec la courbe de C (Joseph), et on la mettra encore *au-dessus* de N pour fermer cette lettre qui se distingue des autres par le son *nasal* qu'elle émet (voir page 69).

V. 27. — « *Benjamin* est un loup qui déchirera ; au matin il dévorera la proie et sur le soir il divisera les dépouilles (le butin). »

Benjamin est représenté par la lettre F, emblème des *unités* de longueur et des *vastes capacités* assimilées, dans le langage commun, à l'estomac d'un *loup*, jamais rempli, insatiable de carnage.

Cette lettre est située dans la série supérieure de l'alphabet terminée par N, symbole du soleil levant, *du matin*, et sa similaire vocale, V, simulant les coins, les instruments tranchants, les ciseaux, couteaux, qui servent à *découper les hardes*, etc., est placée dans la série inférieure terminée par Z, symbole du soleil couchant, *du soir* (page 148).

V. 28. — Ce sont là les 12 tribus d'israël, et c'est ce que leur dit leur père en les bénissant, et il bénit chacun d'eux de la bénédiction qui lui était propre.

Voilà quel est le sens donné aux 12 *tribus* d'Israël qui forment les 12 *sons* de la gamme chromatique, et on les a jalonnés ici par des *lettres* revêtues chacune du *sens métaphorique* qui leur est propre.

V. 29. — Et il leur fit aussi ce commandement et leur dit : « Je m'en vais être recueilli vers mon peuple, enterrez-moi avec mes pères dans la caverne qui est au champ d'*Héphron Héthien*.

Et la tonique I, Mi, qui *commande* cette gamme, a le même son vocal que Y emblème de la *parole*; alors le son I est ici transporté à Y, octave de Ut, A, qui, surmonté de deux points, prend la signification de *père, grand-père*, etc. Ce son *extrême* I, ainsi reporté dans la deuxième série de l'alphabet (en terre, enterré) à Y, fait ressortir les acceptions de cette lettre qui, culbutée, simule un *éteignoir* émettant l'idée d'obscurité intellectuelle, ignorance, ténèbres épaisses, comme celles d'une *cave*, *d'une caverne (Héphron*, *e* privatif; *phron*-is, connaissance, esprit) et qui, reredressée, est encore l'emblème des lumières, des sciences, qui ouvrent l'intelligence. (*Etien, Eti*, encore, aussi ; *Enn*-oos, connaissance, science, lumières).

V. 30. — « Enterrez-moi dans la caverne qui est au champ de *Macpella* qui est vis-à-vis *Mambru*, au pays de *Kanaan*, laquelle *Abraham* acheta de *l'Héthien Héphron*, avec le champ pour le posséder comme lieu de sépulture.

Dans cette partie inférieure de l'alphabet (terre) figure la lettre Y (caverne), et la lettre *vue de champ*, de profil, U, image d'un grand vase (Mac-pella, *Mak*-os, grand ; *pella*, vase) qui est vis-à-vis T, emblème du niveau d'eau (*ma-embru*; *ma*, privatif; *embru*-ô, faire couler l'eau).

Dans la série des lettres où se trouve X *(Kanaan)*, cette lettre Y est représentative du son Ut² représenté par Abraham dans le tableau ci-dessus; elle est l'emblème de l'or et de l'argent qui sert à acheter (v. page 126) et elle est le *dernier* signe du son vocal I, et le *dernier* son de la gamme de Ut, A, par lequel on simule ici la *dernière heure* de la vie.

V. 31. — « C'est là qu'on a enterré *Abraham* avec *Sara* sa femme, *Isaac* et *Rebecca* sa femme, c'est là que j'ai enterré *Lea*.

Cette même note Y a été représentée par *Abraham* et *Isaac*, et ce son bémolisé ou diésé (Ut^b , Ut*) a simulé les femmes de ces trois personnages.

V. 32. — « On a acquis des Hétiens le champ et la caverne qui y est. »

On donne ici à la série entière des lettres de cette 2e partie de l'alphabet le nom de peuple *hétien*, attendu que la lettre Y, vue de champ, profilée, y joue le rôle principal.

V. 33. — Et quand Jacob eut achevé de donner ses ordres à ses fils, il retira ses pieds au lit et expira, ainsi il fut recueilli vers ses peuples.

Si l'on retire, *ôte*, les deux jambages ou les deux pieds de la lettre Y culbutée, il ne reste plus qu'une perpendiculaire semblable à celle de la lettre I représentative du personnage Jacob dont le rôle finit à Y, troisième et dernier signe alphabétique des sons vocaux I (i, j, y) ainsi rassemblés; de plus, Y couché à droite est l'emblème d'un lit (les anciens mangeaient couchés sur un lit.)

Ce narré montre jusqu'à l'évidence qu'il faudrait autant de renvois aux différentes parties de notre livre qu'il y a de mots dans le texte. Nous avons pris le parti, faute d'espace, de ne noter que les passages principaux.

CHAPITRE XXVII DU LÉVITIQUE

Dans son chapitre 27, du Lévitique l'auteur prépare les éléments de son livre des Nombres relatifs à l'examen des différents systèmes de numération comparés entre eux. Il commence ici par donner les principes du calcul décimal appliqué au mètre, unité linéaire au moyen de laquelle il mesure la longueur des cordes sonores ou des tuyaux d'orgue composant la gamme chromatique figurée dans notre grande planche, et détaillée dans le tableau page 74 que nous avons construit d'après ces données. Attendu la longueur du texte, nous ne ferons que traduire un extrait du sens de sa narration.

V. 1. — L'Éternel parla aussi à *Moïse*, disant: « Parle aux enfants d'Israël et dis-leur : Quand quelqu'un aura fait quelque vœu important, les personnes seront à l'Éternel selon l'estimation que tu en feras.

Comme celui de *Noé*, le nom *Moïse* a trois sens. Celui matériel : *Moïsa*, signifiant muse, poète, dénomination appliquée, à juste titre, au narrateur de ce poëme biblique. La lettre M, initiale de ce nom, est emblématique des grands quadrupèdes, à la tête desquels, dans nos pays, est le bœuf, le taureau astronomique, animal aux cornes redoutables dont on orne le front de ce vénérable personnage (page 69). Cette lettre est placée dans l'alphabet entre L, représentative du *beau,* du *bon*, et N, simulant l'eau des *rivières* et des fleuves, circonstances sur lesquelles sont basés les récits du 1er chapitre de l'*Exode*. Ce mot musical *Moïse*, décomposé, nous donne la même gamme diatonique que celle formulée par *Noé*; M o u v a e i j; Sol, La, Si, Ut, Ré, Mi, Fa; ici, le J, Fa, prend le son de S, et la lettre M est l'image d'une chaîne d'arpenteur (page 38).

Voici donc *Moïse* qui reçoit mission de l'*Éternel*, toujours figuré par la fondamentale Ut, A (128), de s'adresser aux 12 sons chromatiques de la gamme d'Israël, et leur dit : Quand une corde sonore se sera *dévouée* à faire partie d'une gamme dans laquelle *Ut* (Dieu) sera fondamental, voici le nombre des vibrations qu'elle doit rendre et la longueur de la corde qu'elle doit avoir et que tu leur donneras.

V. 2. — Or, l'estimation que tu feras d'un mâle depuis l'âge de 20 ans et au-dessus, jusqu'à l'âge de 60 ans et au-dessus sera du prix de 50 *sicles* d'argent, selon le sicle du sanctuaire, le sicle est de 20 *oboles*.

Or, les calculs que tu vas faire de ces sons se trouvent compris entre les sons Ut¹ et Ut² dont les longueurs des cordes s'étendent depuis 2 mètres et au-dessus, jusqu'à 6 mètres et au-dessus, et la valeur de cette unité, soit monétaire, soit linéaire, sera 5 multiplié par 2 = 10, ou 50 × 20 = 1,000, c'est-à-dire procédant de 10 en 10, ou par ses sous-multiples 5, méthode que nous avons appelée système de numération *décimale ;* la première application de cette mesure sera faite aux deux Ut, fondamental et octave, représentés par A et Y, emblèmes de l'or et de l'argent dont on fabrique la monnaie. Tel est le sens appliqué aux chiffres dont nous allons former le tableau suivant pour l'usage des initiés aux choses saintes (sanctuaire).

Enfin, l'auteur dans les versets 4, 5, 6, 7, poursuit son calcul dans lequel il fait entrer toutes les notes de la gamme chromatique figurées par les estimations d'hommes virils, femmes, enfants, filles et vieillards et ainsi converties en oboles; les hommes vaudront 1,000 oboles; femmes, 600; garçons, 400; filles, 200; enfants mâles, 100; enfants femelles, 60; vieillard 300; et vieilles femmes 200, total, 2,860. Cette somme, divisée par 10, en supprimant le zéro, nous donne déjà exactement le nombre des *pieds métriques*, 286, formant les totaux des longueurs des 13 cordes de notre instrument A et de leurs différences relatives successives consignées dans notre tableau, page 74, aux cinq dernières colonnes dont les totaux s'élèvent à 95ᵐ 65, qui, multipliés par 3 = 286, 95. *

---

* Nous profitons de cette circonstance pour rectifier quelques erreurs commises lors de l'impression

Maintenant, en divisant par 10 le nombre le plus faible, 60, et les autres par 100, c'est-à-dire en supprimant les zéros, et en additionnant ces chiffres significatifs, moins le titre, on a 24 qui, multipliés par 100, en ajoutant deux zéros = 2,400, auxquels il faut ajouter le titre ou le premier nombre, 1,000, divisé par 100, il reste 10; 2,400 plus 10 = 2,410, total des vibrations composant tous les sons de la gamme chromatique, l'octave comprise. Ainsi, ce même petit tableau est fait de manière à nous donner, à la fois, les longueur relatives des cordes et le nombre des vibrations qu'elles émettent. De plus, ces *huit* estimations d'hommes, de femmes, d'enfants, etc., échelonnées suivant la numération décimale de 1 mois à 5 ans; de 5 à 15, 20, 30, 40, 50; 60, nous annoncent la longueur du mètre déduite de la dix millionnième partie de la mesure du méridien terrestre formulée par *huit* chiffres, ou l'unité suivie de 7 zéros: 10,000,000 (voir page 86).

L'auteur consacre la fin de ce chapitre à l'explication de la conversion de l'ancien système de numération *duodécimale* en celle *décimale* dont la différence est d'un *cinquième*; versets 13, 15, 16, 27 et 31. En additionnant les deux chiffres significatifs 5 et 2, pris ici comme type monétaire, abstraction faite de leur dénomination *fictive* 5 *sicles*, 20 *oboles*, on a le chiffre sacré 7 qui indique dans le tableau suivant la longueur *métrique* de la corde sonore de la basse *Ut* composée de 128 vibrations, unité comparative de celle des 12 sons chromatiques subséquents.

LES NOMBRES. — CHAPITRE Ier

V. 1. — L'Éternel parla à Moïse dans le désert de *Sinaï*, dans le tabernacle d'assignation, au premier jour du second mois, la seconde année après qu'ils furent sortis du pays d'Égypte, disant:

L'auteur nous avertit qu'ici c'est *toujours* la même base Ut A, (l'Eternel), qui doit être tonique d'un nouveau tableau (tabernacle) des *sons* chromatiques *(Sinaï, sun,* ensemble, réuni; *aï,* exclamation de voix, sons vocaux) commençant par O (Sol), voyelle initiale du nom Moïse; que les cases de ce tableau sont encore vides (déserts) et prêtes à recevoir l'inscription des notes dans les places qui leur seront assignées (assignation) à partir de O (Sol) première lettre de la 2e série de la gamme notée de la seconde manière après celle *tirée* de l'ancienne méthode de notation usitée par les Égyptiens. C'est-à-dire qu'on emploiera ici la notation purement alphabétique a, e, i, j, o, u, etc., voyelles *extraites* des anciennes dénominations Ut, Ré, Mi, Fa, usitées chez les Égyptiens.

V. 2. — « Faites le compte de toute l'assemblée des enfants d'Israël, selon leurs familles, selon les maisons de leurs pères, en les comptant nom par nom, savoir, tous les mâles chacun par tête.

Vous allez figurer par des chiffres, tous les sons de la gamme chromatique dont la voyelle I, Mi (Israël), était tout à l'heure fondamentale; vous ferez correspondre ces chiffres à chaque *nom propre* représentatif d'un de ces sons qui sera encore distingué par la longueur de sa corde redite par les nombres fractionnaires de l'u-

de ce tableau compliqué et qu'il est urgent de signaler, puisqu'il sert de base à un grand nombre de calculs énoncés dans le chapitre suivant. D'abord plusieurs totaux ont été omis. Dans la première colonne, écrire le chiffre 13 redisant le nombre des sons; 3e colonne, total $^{79}/_{72}$; 4e colonne, $^{646}/_{637}$; 6e colonne, le premier total est 353, au lieu de 533; 12e colonne, le total omis est 65ᵐ 60; 13e colonne, total 23ᵐ 60'; 14e colonne, total 2ᵐ 95'; 15e colonne, total 1ᵐ 30, et 16e colonne, total 0ᵐ 20. De plus, dans la 15e colonne, il y a deux interversions de chiffres; au premier chiffre il faut 0,05 au lieu de 0,50 et de même au 6e chiffre 0,05. On a omis d'écrire deux nombres à la dernière colonne; la différence entre 0,05 et 0,10 de la 11e colonne est 0,05 qu'il faut écrire vis à vis la lacune dans la colonne 16; et de même entre 0,05 et 0,15. D'ailleurs, ces erreurs et omissions sont faciles à rectifier.

nité (les maisons de leurs pères); par celle relative rapportée au mètre, et par le
nombre de ses vibrations constituantes (familles); c'est-à-dire qu'on va faire entrer
dans ce tableau toute espèce de nombre concernant les sons de la gamme rapportés
au nom propre qui les représente.

V. 3. — « Depuis l'âge de 20 ans et au-dessus, tous ceux qui peuvent aller à la
guerre, vous les compterez par leurs bandes.

Vous commencerez par les sons inférieurs de la gamme dont la longueur des
cordes est de 2 mètres et au-dessus, ou ceux qui comportent le chiffre 2 dans le
nombre de leurs vibrations constituantes, comme de Ut² à Sol (256, 230, 240, 214,
204); tous ces sons, placés dans la 2ᵉ série, sont *opposés* à ceux de la première
(guerre, opposition); toutes ces indications chiffrées formeront une série continue,
une *bande*.

V. 4. — « Il y aura avec vous un homme de chaque tribu, savoir: le chef de la
maison de ses pères.

Vous placerez après le nom de chaque tribu la note représentative du son correspondant qui précèdera immédiatement (chef) la colonne indicative des nombres
fractionnaires redisant les longueurs relatives des cordes.

V. 5 « Ce sont ici les noms de ces hommes qui vous assisteront: pour la tribu de
Ruben, Elisur, fils de *Scédur.*

Voici les noms des sons qui vous aideront : pour l'ensemble des renseignements
musicaux correspondant au nom *Ruben*: *Eli-sur (Eli-*os, soleil ; *sur-*ô, émettre un son
flûté) c'est-à-dire la voyelle ronde O, emblème du soleil et représentative du son
Sol (en latin, Sol, soleil), fils de *Scedur (sqe-*ô, avoir, tenir; *thur-a,* porte), c'est-à-dire
que la note *Sol,* O, est la lettre initiale, *la porte* de la 2ᵉ série alphabétique, ou de la
gamme. Puis l'auteur, dans les 10 versets suivants personnifie ainsi les autres lettres
musicales représentatives de la gamme chromatique.

V. 21. — « Ceux de la tribu de Ruben qui furent comptés furent 46,500.

Et le nombre de mètres, décimètres et centimètres formant la longueur de la corde
sonore émettant le son Sol, O, représenté par le nom *Ruben,* fut 4ᵐ 65 (en supprimant les zéros et en divisant ce nombre par 100, chiffre conforme à celui de notre
tableau analogue, page 74, colonne 12).

Après avoir posé ces préliminaires indicateurs, l'auteur va remplir les cases en
blanc des 16 colonnes tracées dans son tableau général des sons dont celui-ci n'est
qu'un abrégé. Mais il annonce (v. 2, chap. 3) qu'il commencera par *Judas* dont la
tribu doit occuper *droit le levant* (le commencement), et dont la *compagnie* est désignée pour *partir la première* (v. 9). En effet, ce nom représentatif de Ut*, Judas,
(*i,* exclamation de voix aiguë, diésée; *udês, udo,* chanter) correspond à la corde la
plus longue (6ᵐ 45) après celle de 7ᵐ de la basse fondamentale *Ut,* A, absente de ce tableau. L'auteur a jugé à propos de ne pas la faire figurer en tête, parce qu'il y a deux
sortes d'unités linéaires comparatives des cordes sonores. La première est d'une longueur non déterminée dont les divisions sont représentées par les nombres fractionnaires relatifs à l'étendue des cordes accordées d'après celle donnée à la basse (voir
p. 45) l'autre unité est représentée par le nombre décimal 7, soit 7ᵐ; 0ᵐ 7; 0ᵐ 07,
etc. (page 74). L'auteur emploie celle-ci dans son tableau, sans l'énoncer en tête.
Bien plus, afin de mieux dépister la curiosité des profanes, au lieu de donner les longueurs exactes des cordes d'après ce calcul facile qui consiste à multiplier par l'unité
7 le numérateur du nombre fractionnaire correspondant à chaque note et de diviser
le produit par le dénominateur, il se contente de poser *juste* le chiffre indicateur des
mètres, en altérant ensuite, en plus ou en moins, le nombre des décimètres et des
centimètres. Ces erreurs, commises à dessein, lui donnent l'occasion d'allonger
son récit métaphorique dans le courant duquel il se plaît à rectifier de telles irré-
gularités.

Ainsi, on commence par faire faire le dénombrement de la tribu de *Judas,* c'est-à-dire à écrire le nombre de mètres, de décimètres et de centimètres que comporte la longueur de la corde du son rendant l'*Ut dièse*, seconde note en descendant la gamme, après Ut, émis par 128 vibrations, et dont la longueur de la corde est 7 mètres, et l'auteur écrit 74,600, ou 7^m 46, au lieu de 6^m 45. Il commet de suite une erreur de 1^m 01 en plus. Il fait d'abord entrer dans ce compte le chiffre 1 signalant l'unité de longueur abstraite qui devrait être placée dans la colonne supérieure de Ut, A, fondamentale absente; plus, 0^m 01, expression décimale la plus faible rappelant l'autre unité décimale 7^m à laquelle se rapportent les calculs subséquents. Nous tracerons, en conséquence, deux colonnes supplémentaires destinées à recevoir ces quantités décimales en plus ou en moins, afin de faciliter le travail des néophytes, en signalant ces différences rectifiées plus loin, après le classement des Lévites. C'est par ce nom que l'auteur désigne les *nombres fractionnaires* et leurs intervalles inscrits dans les trois premières colonnes du tableau général donné page 74.

TABLEAU DU DÉNOMBREMENT DES TRIBUS D'ISRAEL

LES NOMBRES, CHAP. Ier

NOMS DES DOUZE TRIBUS D'ISRAEL	NOTES Alphabétiques	NOTES Anciennes	NOMBRE DE CHAQUE TRIBU	LONGUEURS MÉTRIQUES des Cordes correspondantes	LONGUEURS des Cordes d'après la THÉORIE musicale	LONGUEURS DÉCIMALES en PLUS	LONGUEURS DÉCIMALES en MOINS
	A	Ut		(1, 00)	(7, 00)		
Judas	T	Ut*	74, 600	7, 46	6, 45	1, 01	»
Dan	E	Ré	62, 700	6, 27	6, 20	0, 07	»
Siméon	R	Ré*	59, 300	5, 93	5, 85	0, 08	»
Zabulon	I	Mi	57, 400	5, 74	5, 60	0, 14	»
Isachar	J	Fa	54, 400	5, 44	5, 25	0, 19	»
Nephtali	F	Fa*	53, 400	5, 34	5, 00	0, 34	»
Ruben	O	Sol	46, 500	4, 65	4, 65	»	»
Gad	S	Sol*	45, 650	4, 565	4, 35	0, 215	»
Azer	U	La	41, 500	4, 15	4, 20	0, 05	»
Éphraïm (Joseph)	L	La*	40, 500	4, 05	3, 90	0, 15	»
Benjamin	V	Si	35, 400	3, 54	3, 70	»	0, 16
Manassé	a	Ut²	32, 200	3, 22	3, 50	»	0, 28
TOTAUX . . .	13	. . . . . .	603, 550	60, 355	58, 65	2, 245	0, 44

Ainsi, en supprimant les zéros et en divisant chaque nombre d'une tribu par 100 (en transposant la virgule séparative de deux chiffres sur la gauche, page 95), on obtient le nombre de mètres, décimètres, centimètres et millimètres redisant les longueurs successives des cordes sonores montées sur la lettre A de notre grande figure, placée en tête de ce livre, et résumées dans le tableau général, page 74. — *La Bible*, version revue par *J.-F. Ostervald*, Paris 1840.

EXPLICATION DES LÉGENDES

DES ANCIENS DIEUX DU PAGANISME

Ces dieux *ancêtres*, c'est-à-dire appelés *Payens*, *Gentils (pa*, abréviation de *papa*, *pater*, père, aïeul; *gens*, *gentiles*, famille, père de la famille), après avoir reçu pendant des milliers de siècles l'encens des mortels, durent céder à de plus jeunes cette place suprême ravie par eux à d'autres plus anciens *(cani*, vieux; *pagani*, *g = c)*. Cette longue chaîne divine, semblable à celle du ciel étoilé qu'elle représente, se perd dans la nuit des temps; mais, quoique souvent fracturée, les anneaux qui la composent, fondus dans le même moule, révèlent une essence identique, même dans un lambeau restant, quelque minime qu'il soit. Nous n'avons plus ici, pour nous conduire, un code complet et bien coordonné; nous serons réduits à recueillir çà et là, dans les récits des poètes anciens, quelques parcelles légendaires qui nous suffiront cependant pour rétablir la concordance des faits mystérieux jadis formulant des dogmes vénérés et tracés en lettres sacrées sur les parois des temples.

SATURNE

La première des choses qu'on dût *diviniser* fut naturellement le *temps* personnifié sous le nom de *Saturne*, *père des dieux*; fils du *Ciel* et de *Vesta* (V, emblème de l'air; *sta-ò*, être partout; *phaisté)*, ou de ce grand *souffle*, principe du *calorique vital* répandu dans l'*immensité des cieux.* *Jupiter*, *Neptune* et *Pluton* sont ses fils, sa sœur est *Réa*, qu'il épousa, et *Titan*, son frère aîné. Cette famille nous représente de suite les éléments principaux de la création; l'*air* (Jupiter), *l'eau* (Néptune), le *le feu* (Pluton) et *la terre* (Rea, inversion de *era*, la terre) dominés par l'étendue, *Titan (Ti*, augmentatif *Tan*-umi, s'étendre au loin, au dessus de. L'étendue, figurée par la lettre T qui, placée dans notre grande figure, étend ses bras sur tout le système y renfermé, en devenant tangente au cercle simulant *le monde; voir la figure*). L'étymologie du nom du père de la nature vient compléter cette série; *Saturne: Sat-es*, qui concerne l'année, mesure du temps (mot grec formé de S, simulant la ligne tortueuse suivie par le soleil sur l'écliptique tracé sur une mappemonde; *et-os*, année, pendant sa course annuelle), et *ouran-os*, le Ciel; c'est-à-dire que le mot *Saturne* signifie la course annuelle du soleil dans le ciel, résumant l'*année*, mesure du temps. Mais l'année astronomique, comme nous le verrons tout à l'heure, commence par le signe du *bélier*, appelé *ars*, *arnos;* ainsi *Sat-os*, *Arn-os*, rend encore le même nom *Saturne* qu'on prononçait *Satourne*, ou désignant l'année commençant par le *bélier*. La lettre S est aussi l'emblème de la faucille, de la *faux*, un des attributs de ce Dieu représenté sous l'aspect d'un vieillard *courbé* sous le poids des ans.

De plus, afin de compléter le sens astronomique de cette divinité, les lettres formant le mot *ouranos*, abstraction faite de la terminaison *os*, chiffrées d'après la valeur du tableau alphabétique numéral des Grecs, placé à la fin de tous les lexiques complets de cette langue, les zéros non comptés, donnent le nombre des degrés (180) mesurant la moitié visible de la sphère divisée en 360° (voir page 23) $o\ u\overset{7}{\ }r\overset{4}{\ }a\overset{1}{\ }n\overset{1}{\ }\text{-}os\overset{5}{\ }$, total 18 qui $\times$ 10 $=$ 180; l'autre partie du mot, $\overset{2}{S}\ \overset{1}{a}\ \overset{3}{t}$, chiffré de la même manière, donne 6 qui $\times$ 10 $=$ 60, dont la moitié est 30, nombre des degrés d'une constellation parcourus par le soleil pendant un mois (30 $\times$ 12 $=$ 360). Telles ont été les raisons pour lesquelles on a donné au Dieu du temps le nom *Saturne*.

L'autre sens de la légende est musical et se rapporte à la notation des sons et à la constitution des gammes différenciées par leurs toniques.

Titan, frère aîné de Saturne, céda son droit d'aînesse à celui-ci, à condition qu'il n'élèverait jamais d'enfants mâles, afin que l'empire du monde retournât aux siens.

V. 1. Le *Géant Titan* représente ici le son fondamental placé en tête de la gamme *Ut* formulé par A majuscule ; il cède cette place supérieure à Saturne à condition que celui-ci ne notera pas deux gammes successives, puisqu'en le faisant, on aurait le son de *Ut octave*, ce qui constituerait une nouvelle gamme munie d'une autre fondamentale.

V. 2. — Saturne le promit, et sachant d'ailleurs qu'un de ses fils le détrônerait comme il avait détrôné son père, il prit le parti de les dévorer aussitôt que leur mère Réa (la note Si) s'en serait délivrée.

Saturne, devenu A, *Ut*, le promit, et sachant qu'une de ses harmoniques engendrée par sa résonnance serait prise pour fondamentale d'une autre gamme, il prit le parti de *l'absorber* par sa manière de noter les sons.

V. 3. — Mais sa femme trouva le moyen de les soustraire à la mort en les remplaçant par une pierre que le père dévorait.

Mais par le moyen de la notation Si* (enfant de Réa, Si) on arrive à formuler le même son que Ut², octave de *Ut*, Saturne, A, dont les jambages écartés simulent une *bouche* ouverte, semblable à celle de Y, Ut². Cette lettre, couchée sur la droite, est l'emblème de l'action de manger transférée à A représentatif du tact, et de la première des 12 *pierres* précieuses (l'agate) simulant la gamme des sons. De plus, le son *Ré*, imitant l'énonciation *Réa* (Rhée), est représenté par E, emblème des pierres et des cailloux, et Ré bémol est encore le même son que Ut*.

Les deux noms qui nous ont été transmis de cette *pierre* confirment par leurs étymologies la véracité de notre traduction: Les Grecs l'appellent *Baitulos*, venant de *Bath*-us, fond, bout, extrémité ; *ul*-ao, crier fort émettre un son aigu ; allusion à la note *Si dièse*, la dernière à l'aigu de la gammme de *Ut*. Les Hébreux nomment cette pierre *abadir*, mot qui a la même étymologie grecque : *a*, particule augmentative ; *bath*-us, fond, bout ; *ir*-eò, crier fort ; plus tard, on revêtit d'une attribution divine ce Si* ou Ut² représenté par Y.

V. 4. — Titan, averti de cette supercherie, se mit à la tête de ses enfants, fit la guerre à Saturne et l'ayant pris, le retint en prison jusqu'à ce que Jupiter, devenu grand, vînt le délivrer.

Titan, devenu maintenant fondamental de la gamme de *Ré*, E, averti de l'emploi de cette *notation vicieuse*, formule sa gamme en se servant de la notation procédant également par dièse. Alors il arrive, qu'afin de maintenir la distance des deux demi-tons diatoniques, dans ce ton, il faut diéser le Fa et l'Ut. Voilà le son Ut, déplacé et dépourvu de sa prérogative de tonique, à la merci de Titan, Ré, représenté par E, emblème *des prisons*. Mais si l'on veut prendre successivement chaque son diatonique pour fondamental, on arrive à Fa, J, initial du nom Jupiter ; cette note, employée comme *basse* de cette gamme notée, est censée délivrer Ut qui se trouve restitué dans son *intonation* ordinaire (voir ces notations page 77).

V. 5. — Saturne se *souvenant* qu'un de ses fils devait le faire descendre du trône, travailla à se défaire de Jupiter qui, l'ayant chassé de son royaume, l'obligea de se retirer en Italie où Janus le reçut et où il porta le siècle d'or.

En passant à un autre sujet de *mnémonique*, nous savons que Saturne, A réuni à la lettre I, qu'à la rigueur on pourrait prendre pour initiale du mot Jupiter, émet le son *è*, mais que cela ne peut avoir lieu avec la lettre J ; aussi, ce son *è (êta)*, en usage dans l'alphabet grec, fut chassé de celui des Latins (Italiens) qui la reçurent, mais convertie en l'énonciation *Ji*, lettre initiale du mot *Janus*. Le caractère A, placé en tête de l'alphabet, est l'emblème de l'or.

V. 6. — Il donna aux habitánts de ce pays des lois et des préceptes de morale qui les civilisèrent, il leur apprit à cultiver la terre et les jardins et leur fit connaître la monnaie métallique.

C'est alors que l'on travailla à rectifier et à coordonner les lettres de l'alphabet latin jusqu'alors laissées, pour ainsi dire, dans un état de barbarie, puisque les savants de ce pays étaient obligés de se servir des caractères grecs; on y introduisit l'usage de la lettre Q, symbole *du labourage* et du *jardinage*, ainsi que celui de l'oméga formulé par un O simple dont la forme circulaire est celle que l'on donna aux *monnaies* métalliques, sur lesquelles on grava la *tête* d'un homme dont la lettre O est encore l'emblème.

V. 7. — Ce Dieu, pour échapper à la poursuite de Jupiter (J), se réfugia en *Arcadie* et y porta également l'âge d'or (voir la forme géométrique du J dans la grande figure).

C'est encore de la partie inférieure contournée du J que l'on fit la lettre *arquée* C remplaçant le kappa du même alphabet commençant par A simulant l'*or*.

Ainsi, cette légende sacrée, livrée aux profanes, est *absurde* en partie, mais lorsque l'on sait lever le voile qui la couvre, on voit qu'elle renferme des préceptes de haute science qui se relient entre eux d'une manière merveilleuse, bien qu'elle soit morcelée.

JUPITER

Ce nom *Jupiter, Jov-is,* nous indique, par l'assemblage hétérogène des notes musicales qui le composent, un changement dans les dogmes religieux tenant le milieu entre des croyances usées et une rénovation timide. On voit là une concession faite aux masses encore attachées à certains rites d'un culte qu'il s'agissait de modifier.

Jupiter, qu'on devait écrire, conformément au *radical* donné par le *génitif, Jovis,*

Mi Fa Sol La Si - Ut - Ré
I J O U V - Yt - er.

Ce mot renferme dans sa contexture un nombre d'enseignements trop grand pour les passer sous silence. 1° La semi-voyelle J qui venait d'être introduite dans l'alphabet latin à la place du *éta* grec, se prononçait comme I fortement accentué; 2° la voyelle O prenait le son de *ou* comme nous l'avons déjà vu; 3° les consonnes V et F, inconnues dans l'alphabet grec, remplacent le caractère *phi* (φ) de ce peuple; 4° la lettre Y, également inconnue, reçoit l'énonciation du son vocal I, mais devra remplacer la voyelle U dans les mots latins qui viendront du grec et qui renferment cette lettre : *etumologia* devra s'écrire *etymologia*, et *Yt*, syllabe contenue dans le nom de Juph-*yt*-er, se prononcera *Ut*; 5° la lettre R, placée dans le corps d'un mot était intervertie dans la prononciation, comme encore aujourd'hui chez les Allemands : *pater* se prononçait *patre; frater, fartre,* il en est de même pour la finale du mot Jupiter qui émet le son *er* inversion de *re*, ou le son Ré. Ainsi on devrait écrire et prononcer *Jouphutre,* au lieu de *Juphitre,* mais en supprimant dans ce dernier mot la lettre *h*, euphonique du caractère *phi*, on a le mot Jupiter qui est resté dans la langue latine. Voilà déjà expliqué le sens grammatical de ce mot.

On connaît de suite le sens musical rendu par l'énonciation du nom de ce Dieu; d'après l'explication que nous venons de donner, les voyelles musicales I J o u v, correspondent aux sons *Mi, Fa, Sol, La, Si,* partie de la gamme de *Mi*, I, complétée par deux notes de l'ancien système *Ut* et *Ré* écrites en toutes lettres et correspondant aux deux premières divinités des Égyptiens: *Tho* (inversion de *Ut, out*) et *Rhé* (Ré). Jupiter sera donc représentatif de la tonique de la gamme de *Mi*, I, qui remplacera celle A, *Ut*, formulée par Saturne détrôné par son fils. De là surgit une nouvelle théogonie suivie d'un dogme différent.

Mais la lettre J, devenue initiale de *Jupiter*, est représentative du son *Fa* qui, restant tonique de cette gamme, remplacera en Italie le culte du vieux *Janus* (J) portier de l'année, représenté avec deux clefs à la main ; la lettre F, initiale du mot *Fa*, J, est l'image d'une clef servant à ouvrir l'année qui commence à fermer celle qui finit (Januarius). De plus, les lettres formant le radical I o u v (phi), chiffrées d'après le tableau numéral des Grecs et additionnées, donnent 17 qui $\times$ 10 $=$ 170, nombre des vibrations constitutives du son Fa.

Le sens *physique* ou *scientifique* du mot radical Jov-is est représenté par la lettre finale *phi*, F phonique similaire de V, emblème de l'*air vital* (l'oxygène), de l'*air asphyxiant* (le carbone, l'acide carbonique, l'azote) et de l'*air* formant la *pluie* (l'hydrogène), les gaz aériformes répandus dans l'atmosphère ou la constituant et symbolisés par *Jupiter*.

—

LÉGENDES

V. 1. — *Rhée* ayant soustrait *Jupiter* à la voracité de son père, donna son enfant à élever aux *Corybantes* qui, par des sortes de rhythmes bruyants, empêchaient ses cris de parvenir aux oreilles de son père.

La notation Si* ayant été formulée par Y, Ut², à l'octave de Ut¹, cette lettre fut placée à l'extrémité de l'alphabet loin de A, Ut¹, et entre X et Z dont l'énonciation, ainsi que celle de Y ne peut avoir lieu qu'au moyen des *accentuations vocales* empruntées aux autres caractères.

V. 2. — Ils l'emportèrent en Crète.

Ce que suit est une pure *fiction* (les Crétois passaient pour des menteurs).

V. 3. — L'enfant y fut allaité par la *chèvre Amalthée*.

La lettre Y, remplaçant l'Ut à l'octave, redevient pareille à la fondamentale A, Ut, placée près de B, emblème des mamelles, et cette lettre, renversée, simule les *cornes du bouc* ou de la *chèvre* (voir la figure, p. 157). En grec, le mot *mélôté* signifie peau de chèvre; chèvre, *mêlon*.

V. 4. — Jupiter devenu grand, après avoir livré les batailles relatées à l'article *Saturne*, s'empara du trône de son père et se vit maître du ciel, de la terre et du tonnerre.

Jupiter, devenu, dans le principe, représentatif de la 2ᵉ gamme de Ut octave, se voit maître des deux séries *supérieure et inférieure* de l'alphabet, depuis A jusqu'à Z, emblème du *tonnerre*.

V. 5. — Ce fut après qu'il épousa *Junon*, sa sœur, et qu'il partagea la succession de son père avec ses frères.

Ce fut après que l'alphabet fut constitué que l'on plaça à *côté l'une de l'autre* les lettres I et J alors *semblables* dans leurs émissions de voix; la lettre I occupant le nᵒ 9 de la série, et J, le nᵒ 10 *Junon, Junonis*. J : *un-us*, un; plus *non-us*, neuf $=$ 10.

V. 6. — *Neptune* eut l'empire des eaux des mers (N, lettre emblématique des eaux, des rivières et des fleuves; *pot-o*, boire ; *un-o* réunir; c'est-à-dire la *mer* est la réunion des eaux potables amenées par les fleuves).

V. 7. — *Pluton* eut en partage les lieux bas, marécageux *(inferi)* voisinage mortel pour l'homme.

P, couché, simule un cadavre; *lut-um*, eau boueuse, marécageuse *(luo)*; *un-o*, réunir ; lieux bas, enfoncés dans terre dans lesquels se réunissent les eaux limoneuses et infectes des pluies. Toutes ces divinités étant d'origine romaine, trouvent leurs étymologies dans la langue latine.

V. 8. — Ces divinités, réunies aux autres, tentèrent de se révolter contre lui, mais il les défit et les força *de se sauver en Égypte* où elles se cachèrent sous diverses formes d'animaux.

Toutes les lettres initiales des noms de ces divinités voulaient entrer dans la notation des sons de la gamme, mais comme le choix était fait, on les laissa dans l'ancienne notation usitée parmi les Égyptiens; et une partie de ces lettres sont encore emblématiques de quelques animaux: B, simule le bœuf; K, les oiseaux; S, les serpents, etc.

V. 9. — Les *Titans* mêmes, entassant montagnes sur montagnes, voulurent escalader le ciel, mais Jupiter les foudroya et les écrasa sous ces mêmes montagnes.

Ces *géants* simulent les lettres musicales *majuscules* placées dans la seconde série de l'alphabet (la terre) qui veulent devenir toniques d'une gamme à la place de celle de A, représentée par Jupiter; mais celui-ci, maître de l'alphabet depuis A à Z, emblème de *la foudre*, reste dans la série supérieure et les écrase de son poids.

V. 10. — Après cette victoire, ce Dieu ne songea plus qu'à s'abandonner à ses plaisirs et eut une grande quantité de concubines; il se métamorphosait de toutes les manières pour les tromper: 1° ne pouvant, sous la *figure humaine*, séduire *Europe*, fille d'*Agenor*, il se métamorphosa *en taureau*; et cette princesse séduite par les gentillesses de cet animal, s'étant mise *sur son dos*, il prit la fuite, l'enleva ainsi et passa la *mer* à la nage.

Nous savons que la lettre A représente l'homme; B, la femme, et que B, accolé au jambage gauche de l'A, désigne une concubine. Voilà le fondement de ce récit métaphorique. A, Dieu, Jupiter, portant sur son jambage un B, emblème du taureau, ou du bœuf, est censé métamorphosé sous la forme de cet animal dont le dos est simulé par le jambage même de A incliné de 45 dégrés; *pente* que l'on donne aux talus des terrains, afin qu'ils se tiennent en place, selon l'indication du mot grec *Europe: eu*, bien, bonne; *ropê*, pente, déclivité; pente donnée selon les prescriptions de l'art démontrées par la mesure du triangle A renfermé dans le carré E (v. page 9). Ainsi figuré, ce signe est ᘓA emporté *en dehors* de l'alphabet (la mer).

V. 11. — Ce Dieu se métamorphosa en *Satyre* pour forcer *Antiope*.

Satyre, demi-dieu de la fable, moitié *homme* moitié *bouc*. Cette allusion est la même que celle ci-dessus.

A désigne l'homme; B, le bouc; cette lettre, couchée sur le jambage gauche de A, simule le *Satyre*.

L'étymologie du nom *Anti-ope*, énonce la lettre B : *Anti*, en avant; *opa-ia (obba)*, panses d'un vase; allusion aux deux panses saillantes de ce caractère imitant celles d'un vase.

V. 12. — Il se change en pluie d'or pour séduire *Danaé* enfermée par son père dans une tour d'airain.

Allusion grammaticale se rapportant à la voyelle A, emblème *de l'or*, jointe à E, emblème des murailles, des *tours* et représentative du *cuivre*. L'union de ces deux lettres forme le son I voyelle, emblème de la *pluie* (œ = i).

V. 13. — Il prit la figure d'un *cygne* pour tromper *Léda* qui accoucha de deux œufs d'où sortirent Hélène et Clytemnestre.

Seconde allusion grammaticale ayant trait à la jonction de A représentant le cygne, *le roi* des oiseaux aquatiques, avec I, qui donne lieu au son *ê, è* (éta grec) non adopté dans l'alphabet latin et que l'on place, pour mémoire, entre deux *parenthèses* signe, simulant par son tracé () le profil d'un œuf. Ce son ê, è ou *e ouvert*, entre dans la formation des noms HelÈne et ClytemnÈstre (voir la Genèse, page 173).

V. 14. — Il prit la figure de *Diane* pour tromper *Calisto*.

Deux A, entrelacés et couchés, offrent, par leurs barres médianes communes et par leurs jambages intérieurs, la forme du K, son similaire de C simulant la *Lune* ou *Diane* (K, *ka;* L, très-bien; *istaô*, être posé comme; *Kalisto* ou forme qui imite celle de la lettre K. Voir la même métamorphose décrite dans la Genèse, page 175).

V. 15. — Enfin, il se métamorphosa en *aigle* pour enlever *Ganymède* et le porta au ciel où il se fit verser du nectar par lui à la place d'*Hébé*.

Enfin, A, représentant encore le *roi* des oiseaux, *l'aigle*, joint à la voyelle U, rend le son O (au) et cette lettre U, dans les mots latins qui viennent du grec, est remplacée par Y, emblème des *festins joyeux* redits par le mot *Ganymède : ganu*-mai, se divertir à table; *med*-u, avec le vin; *meduo*, verser à boire du vin, office d'un échanson. La lettre Y, octave de *Ut*, A, remplace ce son placé dans la première série (ciel).

On représentait Jupiter la foudre à la main, c'est-à-dire par les deux lettres extrêmes de l'alphabet A et Z, emblème de la foudre. Il était porté par un aigle ; A est placé au-dessus de O, lorsque l'alphabet est divisé en deux séries; A et U émettent le son O, métamorphose de l'aigle, comme nous venons de le voir. Les Égyptiens le nommaient *Jupiter Ammon* et l'adoraient sous la figure d'un *bélier; Ammon*, inversion de *Amn*-os, signifiant agneau, mouton, la première des constellations représentée par A, lettre initiale de ce mot *(Amon*-os).

Enfin la légende d'*Inachus*, fille d'*Inachus*, métamorphosée en *vache*, cache encore un sens grammatical ayant trait à l'union de la voyelle I, fondamentale de la gamme représentative du nom Jupiter, avec O *(i-o)*, et signale le changement opéré dans la prononciation de certaines lettres dans les divers dialectes des Grecs et des autres peuples de l'antiquité.

V. 1. — *Io*, ou *Isis*, était fille d'*Inachus*. Les étymologies de ces noms propres signalent le son aigu de la voyelle I, alliée à O. *Isis; I, siz*-ô, siffler, rendre un son aigu. *Inachus; I, en-aq*-eô, rendre un son fort, perçant.

V. 2. — Jupiter métamorphosa *Io* en *vache* pour la soustraire à la *jalousie* de Junon, sa femme, allusion à la prononciation du mot *io* qui se changeait en *iou* et pouvait s'écrire *iov*, en employant le V à la place de U, circonstance qui faisait énoncer le radical entier du mot Jupiter au génitif, *Iouv*-is, moins la terminaison *is*. Mais le V final, chez certains peuples, se change en B, emblème du bœuf et de la *vache*, et celui-ci en P, comme dans *Jup-it-er*. Le J initial de Junon ne figurant pas dans cet assemblage de lettres, on a simulé, par ce fait, le *dépit* de cette déesse et sa *jalousie* contre *Io*.

V. 3. — Junon la lui demanda ainsi métamorphosée et la donna à garder à *Argus* qui avait *cent yeux*. Argus (*arcuo*-ô) est figuré ici par la lettre *arquée* U, emblème des *yeux*, de la *vue* placée près de V dans le mot *iouv*, et cette lettre, retournée, signifiait 100 dans le tableau numéral hiéroglyphique des Égyptiens.

V. 4. — *Mercure endormit* ce vigilant gardien au son de sa *musique* et le *tua* par *ordre* de Jupiter. La lettre Y *remplace* (tue) l'U dans les mots latins tirés du grec; comme elle est représentative de la couleur *blanche* de l'argent, monnayé ou non (*argur*-ion), elle symbolise *Mercure* (*mercor*, faire le commerce). Y, Ut², est l'octave de A, Ut¹, *Jupiter*, basse fondamentale de l'*harmonie*, et deux A entrelacés forment l'image d'une *étoile*, emblème du *sommeil*. De plus, Y simule la parole, l'éloquence, l'écriture et les Belles-Lettres, attributs de ce dieu.

V. 5. — Alors Junon envoya un *taon* qui *piquait* continuellement *Io*, et qui la fit *errer* partout. On plaça sur l'*I*, initial de *Io*, un accent *aigu* qui a la forme d'un J, lettre initiale de Junon ; dès lors, ce mot *Ió* devient semblable à un des temps du verbe *ei-mi*, signifiant aller çà et là, errer, (*ió*).

V. 6. — En passant près de son père *Inachus*, elle *écrivit* avec son *pied* son nom sur le *sable*, afin de se faire reconnaître; mais au moment où celui-ci allait se saisir d'elle le taon la piqua si vivement qu'elle se jeta dans la mer. Allusion au point (sable, poussière) que l'on plaça sur le jambage de l'I et à l'accent circonflexe posé sur l'o (omega) de *Ió*. Ce surcroît d'accentuation repousse la lettre o (omicron) à la fin de l'alphabet grec sans arrêter ce son sur l'U (ou), emblème de la mer.

V. 7. — Elle passa à la nage toute la *Méditerranée* et arriva en *Égypte* où Jupiter lui rendit sa *première forme*. Cette lettre O *traverse* donc toute la série *inférieure* de l'alphabet (terre) sans s'arrêter pour se joindre au son U (mer), lettre placée au *milieu* de cette série (méditerranée), et cette voyelle U est remplacée par Y dans le mot Égypte, comme s'il venait du grec (*aiguptos*). La lettre Ω (ômega, o long), n'ayant pas été reçue dans l'alphabet des Latins, ce peuple, chez qui le mot Jupiter prit naissance, prononça *io*, véritable forme et accentuation de ce nom propre.

PRÉCIS D'ASTRONOMIE

Ainsi, la mythologie n'est pas, comme on l'a dit jusqu'à présent, un tissu d'imaginations bizarres, un amas confus de faits invraisemblables, sans chronologie, sans ordre et digne de mépris. Ces récits traités de fabuleux, chantés par les plus grands poëtes de l'antiquité, décrivent au contraire une des époques les plus belles de l'humanité. Nous allons le prouver une fois de plus, en retraçant rapidement les images sous lesquelles les anciens nous ont transmis leurs connaissances astronomiques.

Nous supposons un observateur placé, pendant une nuit sereine, sur un lieu élevé et cherchant à se rendre compte des objets qui l'entourent. Pour lui, l'univers se présente sous la forme d'une immense calotte sphérique au centre de la base de laquelle il se trouve intérieurement placé. Il est au milieu d'un vaste cercle sur lequel le ciel semble s'appuyer. Sur le pourtour de cet horizon où ses regards s'arrêtent il voit se lever des étoiles qui, après avoir décrit dans leurs courses des courbes de plus en plus grandes, disparaissent en dessous; puis il en remarque d'autres qui, persistant à rester visibles, tournent autour de l'une d'elles immobile et placée presqu'au-dessus de sa tête. Bientôt, il étend son observation à toute la voûte céleste; il voit quelques rares étoiles se déplacer et rétrograder par rapport à celles qui conservent toujours entre elles une relation de position constante.

Notre observateur voudra donc apprécier pour tous les instants, les positions relatives des astres, déterminer rigoureusement la place de ceux qui, conservant leur distances entre eux, peuvent, sous le nom d'*étoiles fixes*, lui servir de repères; il voudra de même connaître la marche anormale du petit nombre de ceux dont la position varie et qu'il appellera *planètes*; pour arriver à ce but il faut nécessairement entreprendre de les compter.

Afin de mettre de l'ordre dans son énumération, l'idée lui viendra de noter d'abord successivement les étoiles les plus brillantes qui deviendront les chefs des groupes formés de celles les plus rapprochées; il les enveloppera ensuite dans des contours offrant, non pas exactement l'image de tel ou tel objet connu, mais donnant par les numéros des lettres qui composeront le nom de cet objet, le nombre d'étoiles renfermées dans ce contour. En agissant ainsi, le travail se trouvera simplifié et l'on n'aura plus qu'à énoncer l'étoile principale pour connaître le nombre de celles inférieures en éclat, qui composent le groupe que l'on appelle *constellation* ou réunion d'astres.

Mais afin de retrouver immédiatement ces constellations éparses dans l'étendue des cieux, par analogie avec la méthode connue servant à fixer la position des lieux terrestres, il faudra de même désigner la place qu'elles occupent dans le firmament. Conséquent alors dans son système adopté, notre observateur aura recours à un surnom homophone de l'appellation donnée à un groupe dont les lettres chiffrées rediront encore, par leur somme, le nombre des degrés de longitude et de latitude (d'ascension droite et de déclinaison) voulus et notés sur une sphère artificielle qu'il construira à cet effet.

Ainsi, après avoir pris naturellement pour point de départ l'étoile la plus voisine du pôle qu'il renfermera dans une constellation de forme quelconque, il parcourra en suivant une ligne ellipsoïde, tous les cercles horaires descendant jusqu'à l'horizon pour remonter de la même manière jusqu'au pôle opposé. Ensuite, afin de donner un sens physique ou religieux à sa nomenclature astronomique, il affectera à chaque groupe successif un nom tel, qu'en les reliant entre eux, ils puissent former des phrases dont l'ensemble redira une légende qui deviendra la base d'un *enseignement*. En supposant le *sens religieux*, chaque constellation peut devenir une divinité particulière formant un anneau de cette chaîne céleste toujours facilement reconnaissable *pour les initiés*. Mais nous avons vu qu'en suivant le progrès incessant de l'intelligence des peuples, les dogmes se modifient et que les divinités, sucessivement voilées, représentent une morale plus sévère, plus épurée et plus décente; c'est au sculpteur qu'il appartient alors de faire respirer le marbre sous les plis du manteau qui recouvre son unique statue.

Les anciens avaient partagé les 1,024 étoiles visibles à l'œil nu en 48 constellations; on en compte 12 dans la bande zodiacale, 21 dans la partie septentrionale de la sphère céleste et 15 dans la méridionale.

PREMIÈRE CONSTELLATION

LA PETITE OURSE

L'étoile la plus rapprochée du pôle nord vers lequel se tourne l'aiguille de la boussole, fut comprise dans un groupe composé de 7 de ces astres, afin de rappeler le *nombre sacré* 7 qui nous a donné le rapport entre le diamètre et la circonférence du cercle divisé en 360 degrés, mesure des grands cercles de la sphère céleste dont nous allons parler. On enveloppera ces 7 étoiles sous la forme esquissée d'un *ours* nommé en grec *a r k t-os*, mot dont les lettres chiffrées donnent ensemble le nombre 7 redisant celui des étoiles de cette constellation. Ici, par antithèse, le pôle éloigné aujourd'hui de 1° 38″ de l'étoile qui le représente, est formulé par l'extrémité *caudale* de *l'ours blanc*, animal *grimpeur* et choisi en conséquence pour occuper *cette place élevée* correspondant à la région *glacée et couverte de neige* du pôle de la terre, habitable seulement par lui et ceux de sa race.

L'étoile polaire est située dans le ciel au 87°° d'ascension droite et au 8° de déclinaison. L'ours se nomme aussi en grec *ark-*os, dont le mot homophone est *arq-*os signifiant *chef*, allusion à la première des positions et la plus élevée occupée par l'ours. Les lettres chiffrées et réunies de ce mot donnent 8, indiquant les degrés de déclinaison de l'étoile du bout de la queue; ce chiffre réuni à 7, donné par le mot *arctos*, et pris ensemble selon leur valeur relative, produisent 87 nombre des degrés voulus pour désigner l'ascension droite et déterminer la place exacte de cet astre.

Nous avons déjà dit que ce pôle était représenté par A, emblème de l'or, etc.; ici, selon l'habitude, on a jalonné les constellations au moyen des lettres alphabétiques et le premier des signes est désigné par B, emblème du *sexe féminin*, circonstance qui a déterminé la dénomination de *l'ours femelle*; puis on a dit *la petite ourse*, afin de distinguer cette constellation polaire de celle similaire voisine nommée la *grande ourse*, ou le chariot dont nous parlerons tout à l'heure.

DEUXIÈME CONSTELLATION

LE DRAGON

La seconde constellation, le *Dragon*, *d r a k ô n* est composée de 21 étoiles données par l'addition des lettres chiffrées de ce nom. Elle est représentée, sur les sphères célestes, par les contours d'une sorte de grand serpent volant qui rappelle, par sa forme, celle d'un énorme *saurien* anté-diluvien. Le corps sinueux de cet animal embrasse l'axe de l'ecliptique éloigné aujourd'hui de 23° 27″ de l'axe du pôle céleste. Ce signe est représenté par D, lettre emblématique de *l'arc* et du *soldat* placé en sentinelle au haut du pôle qu'il garde. Le dragon dont l'homophone est *traqón* signifiant lieu âpre, raboteux, rude; cette expression peint l'état désolé des lieux terrestres placés dans la zone glaciale correspondant à ce pôle.

Les divers sens métaphoriques attachés aux lettres B et D représentant les signes de l'ours et du dragon, ont provoqué plusieurs récits légendaires parmi lesquels on distingue : 1° l'expédition de Jason, chef des Argonautes *armés* pour aller à la conquête de la toison d'or (B désignant le bélier et sa toison; A, le pôle, étant l'emblème de l'or, et D, de l'homme armé). 2° Hercule tue le *dragon gardien* de l'entrée du *jardin de sHespérides* au milieu duquel était un arbre qui avait produit une *pomme d'or* dont il s'empara (fiction basée sur les mots homophones grecs *mélon* signifiant *brebis, mouton* et *pomme*, et représentés par B désignant aussi la femme).

La constellation du Dragon, par cela même qu'elle marque le pôle de l'écliptique retraçant l'orbite annuel de *la terre*, joue un grand rôle dans les légendes sacrées anciennes où elle représente le *génie* du *mal* et des *ténèbres*, sans cesse opposé au *génie* du *bien* (le soleil).

TROISIÈME CONSTELLATION
CÉPHÉE

Céphée (Kaphé), fils de Phénix et père d'Andromède. Ce mot *Céphée*, ou *Céphas*, a pour étymologie *kaphé-ô, kaph-os, kapu-ò*, signifiant souffler, venter, le vent en général. Ce signe est placé sur la gauche du Dragon, son voisin, et il correspond à la même zone glaciale terrestre. Ce personnage joue ici le rôle d'*Éole* et de *Borée*, dieux des vents opposés. Il fait allusion aux deux points extrêmes de la terre couverts de *glaces* éternelles au contact desquelles les gaz aériformes viennent se condenser et déterminent ainsi ces doubles courants atmosphériques et sous-marins partant des régions chaudes de l'équateur pour venir s'équilibrer aux pôles, et réciproquement.

Ce mouvement alternatif et continuel donne naissance aux nuées que le vent promène sur la surface de la terre qu'elles arrosent et fécondent. Le développement de la végétation donne alors au sol l'aspect d'un vaste jardin, *Kêpos*, homophone de *Kapuo*, motif de la fiction du *Jardin des Hespérides*, placé dans cette partie élevée de la *sphère (speira-eidos)*.

Céphée était fils de Phénix; *phœnix* signifiant couleur *rouge* de pourpre; allusion à la figure rouge et boursoufflée d'un homme soufflant à pleins poumons dans l'embouchure d'un instrument à vent, simulacre de la face de Borée soulevant les tempêtes.

Cette constellation est représentée par F, similaire de V, emblème du vent et des gaz aériformes.

QUATRIÈME CONSTELLATION
CASSIOPÉE

Cassiopée, femme de *Céphée* et mère d'*Andromède*. Le nom de cette constellation est composé de deux mots : *qasis*, signifiant privation, et *siôpé*, silence; dernière allusion à la zone céleste dans laquelle est placé ce signe correspondant aux régions glacées du pôle terrestre, où la nature est plongée dans le *silence* le plus profond et *dénuée* de toute végétation nécessaire à l'existence.

La légende rapporte que cette reine eut la vanité de se croire plus belle que les 50 filles de *Nérée* qui prièrent *Neptune* de les venger de cet affront. Ce Dieu envoya un *monstre* qui fit des ravages épouvantables dans les états de Céphée. Ce roi ayant consulté l'oracle, on apprit que les malheurs ne finiraient qu'en exposant *Andromède* sur un *rocher* pour être dévorée par ce monstre. Mais *Persée*, avec la tête de *Méduse*, et monté sur le cheval *Pégase*, changea le monstre en *pierre*, délivra Andromède et obtint que Cassiopée serait placée parmi les astres.

Cette fiction est fondée sur les mots *qasis* ayant pour homophones *kasis* signifiant *sœur*, et *kazo* être beau ; *opopê*, vue, aspect *(ops, opos)*, allusion aux 50 constellations (y compris le soleil et la lune) représentées sur la sphère céleste et figurées par les 50 *filles de Nérée*. Comme Cassiopée est placée près du pôle, cette constellation est plus *en vue* et se croit *plus belle* que celles placées en *dessous* d'elle.

Le monstre marin, prêt à dévorer Andromède et situé près d'elle, est le *poisson* austral qui a pris sur la sphère, avec le temps, la place du *bélier*, autrefois le premier des signes du zodiaque et représenté par la lettre A, emblème de la première des pierres précieuses représentatives de la gamme des sons. Cette allusion est la même que celle de la *pierre* dévorée par Saturne. Le nom Andromède commence par un A, appelé par les Grecs *alpha* dont l'étymologie est : A, *lopha-ô*, *loph-os*, signifiant éminence, cime d'un *rocher*; allusion à la forme pointue de cette lettre et à la première place qu'elle occupe dans l'alphabet. Persée, Méduse et Pégase sont des constellations voisines qui viennent prêter leurs noms à la composition du récit.

Les lettres chiffrées composant ce signe donnent la distance des 23 degrés ½ du pôle de l'écliptique à celui de la sphère céleste. K a s s i o p = 23, plus la terminaison e = 50 (23, 50).

Si de la seconde syllabe de ce mot, *siop*, dont les lettres additionnées font 18, on retranche 5, somme des lettres de *Kas*, première syllabe, on a 13, nombre des étoiles composant cette constellation.

L'étoile principale de cette constellation, placée sur le sein ou la *poitrine* de Cassiopée, se nomme *Séder*; mot composé de *se-ô*, agiter, remuer, et *dera*, *mamelon*, cime ronde d'une montagne; allusion aux mouvements *des mamelles* causés par la respiration.

Ce signe est représenté par la lettre C, emblème des *liens* qui retiennent attachés au rocher les membres d'Andromède.

CINQUIÈME CONSTELLATION

PERSÉE

Venant à la suite de Cassiopée, cette constellation est représentée sous la forme d'un *guerrier* dont la figure est tournée en sens inverse de celle des signes dont nous venons de parler. Les étoiles caractérisant le casque sont situées, cette fois, un peu en dehors du cercle polaire, et celles dessinant les jambes descendent jusqu'au 3e cercle parallèle à l'équateur céleste (au 30e degré). Une des mains du guerrier tient un coutelas levé dont l'extrémité est marquée par une étoile, et de l'autre, il agite la tête de *Méduse* garnie de serpents irrités. Persée sera la première des constellations placées en dehors du cercle polaire et correspondant à cette *zône terrestre* qui s'étend depuis la mer glaciale jusqu'au 30e degré de latitude désignant les climats tempérés. Dès lors la nature va changer *de face* et l'homme ou les animaux vont passer de la pénurie la plus grande à l'abondance fastueuse et même au superflu.

Ces richesses en végétation sont redites par le nom de *Persée*, *perseia*, abondance de vivres en tout genre, et même superflu. Ce jeune guerrier menaçant de son glaive les frimas du pôle, agite la tête de l'une des trois Gorgones, *Méduse*. Ce mot vient de *médusê* signifiant ivrognesse *(medu, vin ; médus-ô, verser à boire du vin)*, allusion aux climats tempérés propres à la culture de la vigne et des arbres à fruits fermentescibles. Les cheveux en désordre de cette furie sont simulés par des serpents irrités, image frappante des désordres provoqués par l'abus des liqueurs fortes, et rappelant l'état de prostration et la cruauté d'un homme ivre, par la position d'*Andromède* dont les membres sont enchaînés au dur rocher *(andros, mêthusos, homme ivre)*.

Nous retrouvons dans la légende des *Gorgones* le souvenir de la composition de la lunette alphabétique donnée page 133 et déjà rappelée par l'auteur de la Genèse, page 194.

V. 1. — Les *Gorgones* étaient filles de *Phorcus*, dieu *marin*, et de *Ceto*.

Le mot *Gorgone, gorgon-eion*, signifie *masque*, représentation ordinairement *outrée, terrible*, de la figure humaine. Cette métaphore a trait au sens grammatical de la légende et s'applique aux *trois* lettres de l'alphabet X Y Z qui sont des lettres *masquées*, c'est-à-dire qui *empruntent* leurs appellations aux autres lettres de l'alphabet; ces lettres viennent après U et V; *Phorcus* a pour étymologie *phork*-is, signifiant *qui n'a qu'un œil*. Le sens de la vue est rendu par U qui, renversé, simule l'œil unique au moyen duquel on regarde dans une lunette; *Ceto*, nom de la mère, vient de *kétos* signifiant poisson de mer; U est l'emblème de la mer et les queues des deux gros poissons dessinés sur la sphère céleste sont réunies par un V.

V. 2. — Elles étaient trois, savoir : *Méduse, Euryale* et *Stenyo*.

Ces trois lettres sont emblématiques : Y simule des festins *enivrants (Médus*-ô, verser à boire abondamment du vin); X, un *chevalet*, ou le cheval à la course rapide, ou les bras allongés du télégraphe aérien (page 142); *Eur*-us, au loin, au large; *iall*-ô, courir vite; Z désigne les grandes tempêtes, les ouragans dévastateurs *(Sten*-ô, faire gémir, déplorer; *vó*, pleuvoir; cataclysme déplorable).

V. 3. — On attribuait à Méduse le pouvoir de changer en pierre ceux qui la regardaient.

La lettre Y, Ut², est l'octave de Ut fondamental, A, représentant la première des *pierres* précieuses assimilée à la gamme des sons par leurs nuances diverses.

V. 4. — Elles n'avaient qu'un seul œil dont elles se servaient tour à tour.

Ces lettres, lorsqu'elles représentent les verres de la lunette ou leurs foyers, sont subordonnées à la lettre U qui seule simule l'orbite de l'œil.

V. 5. — Elles portaient sur leur tête des couleuvres en guise de cheveux.

La lettre Z, placée à leur tête, est similaire phonique de S, emblème des serpents; nous avons vu, dans la Genèse, que Z est mis à la place de S, afin de simuler l'accent circonflexe des Grecs.

V. 6. — Elles avaient de grandes ailes et pour dents des défenses de sangliers.

Allusion à la lettre X représentant les *ailes* des moulins à vent (page 116); la lettre V est emblématique de l'air exprimé par une *aile* d'oiseau, et elle simule le coin ou la *dent* résumant toute espèce de corps tranchants ou pointus.

V. 7. — Elles avaient des griffes de lion aux pieds et aux mains.

Toutes ces lettres U V X Y Z qui composent la lunette alphabétique ont des jambages droits comme ceux de la lettre L, initiale du mot *lion*, et ces jambages sont terminés, *en haut* et *en bas*, par de petites barres, leurs appendices imitant des *crochets*, des griffes.

V. 8. — Comme elles désolaient la campagne en y exerçant leur cruauté, *Persée* les tua et coupa la tête de Méduse qui fut attachée à *l'égide* de Jupiter pour la rendre plus terrible.

Comme ces lettres X Y Z ne peuvent s'énoncer qu'au moyen des autres lettres éparses dans l'alphabet, *Persée*, représenté par P, emblème du glaive porté par le soldat *meurtrier*, est censé le tuer;* en *tranchant* la partie supérieure de (Y Méduse), il reste les deux jambages de cette lettre formant un angle droit dont la mesure est la moitié de ceux du triangle A, emblème de Jupiter (les trois angles d'un triangle équivalent à deux angles droits, page 5). De plus, Y est l'octave de A, Ut¹, qui a au-

---

*C'est-à-dire que, dans le cas qui suit, la lettre P, initiale et représentative du mot Persée placée après I dans le mot *ippos (ippo-créné*, fontaine de Pégase) *ne fait pas traduire* cette lettre I par un Y (Méduse), comme cela arriverait dans le mot *hypocrite*, par exemple, venant de *upocrités, upós*.

devant de lui (égide) la lettre B, représentative de la *chèvre* dont on prend ici la *peau* pour fabriquer *l'égide* de Jupiter.

V. 9. — Du sang répandu de la tête coupée de Méduse naquit le cheval *Pégase* qui, d'un coup de son *pied* contre terre, fit naître la fontaine d'*Hippocrène*.

La partie supérieure en forme de V de Y que nous venons de couper simule une bouche ouverte et détermine l'action de boire du vin, *couleur du sang;* deux V de cette espèce, opposés par leurs sommets, forment un X, déterminant l'idée cheval, chevalet, et Z est représentatif des fluides électrique et magnétique sortes de corps *gazeux* exprimés par le mot *Pégase (pêgê,* origine, principe; *aas-ô,* souffler, souffle, air, gaz).

La vitesse de ce cheval ailé est encore assimilée à la légèreté des *esprits volatils* des liqueurs alcooliques *tirées du vin* plus grossiers que les précédents et simulés par V, emblème du vent *(spiritus,* esprit). Enfin, V est placé près de U, lettre située dans la partie inférieure de l'alphabet (terre) et dont la forme est celle d'un *fer* attaché au *pied* d'un cheval; en outre, U représente la *mer,* formée par l'affluence des *fontaines,* des rivières et des fleuves. *Pégase* est donc une expression métaphorique de la pensée transmise, rapide comme le vent, au moyen des télégraphes aériens (X) ou électriques, Z (voir page 142).

V. 10. — L'hippocrène *(ippos-krênê,* fontaine du cheval) est cette *source* sacrée à laquelle les *poëtes* viennent se désaltérer.

T et U réunis, représentent les vibrations des sons musicaux, bases du *rhythme* des chants poétiques, et la forme *sinueuse* de S, qui suit, redit la verve vagabonde et souvent *obscure* des poëtes.

L'étoile placée à l'extrémité du coutelas du guerrier Persée se nomme *Almak (alê,* action d'aller çà et là; *mak-*omai, combattre) et celle de la tête sanglante de *Méduse* s'appelle *(algol; alg-os,* douleur, *ul-aô,* crier fort; mots redisant l'expression de douleur peinte sur cette figure).

SIXIÈME CONSTELLATION

LE CHEVREAU ET LE COCHER

Ces deux signes sont aujourd'hui réunis; ils font allusion, par les étymologies de leurs noms, à la fertilité des climats terrestres placés sous ce point céleste correspondant à la saison du printemps ouverte par Persée. Le chevreau: *eriphos (eri,* particule augmentative, *phu-ô* produire, pousser en abondance). La mère de ce chevreau est la *chèvre Amaltée* représentée par B; elle *allaita* Jupiter qui, par reconnaissance, la plaça dans le ciel et donna une de ses *cornes* aux *nymphes* qui avaient eu soin de son *enfance,* on l'appela la *corne d'abondance.*

Nous savons que B, placé au-devant de A (Jupiter), est l'emblème des mamelles et des cornes de la brebis, de la chèvre, etc. Cette corne *d'abondance* fait allusion à la saison *printanière;* les nymphes *(numphe-uo,* marier) désignent les lettres X et Z au milieu desquelles est placé Y, Ut², représentant *Jupiter enfant* et dont les noms ne peuvent s'émettre qu'en *mariant* plusieurs lettres de l'alphabet.

Le cocher *(amaxeus),* retracé armé de son fouet, fait face au grand chariot *(amaxa)* dont il est censé *stimuler les trois chevaux* ralentissant leur marche à cette époque voisine du solstice d'été auquel cette constellation correspond. On appelle le cocher *erictonius (eri,* particule augmentative; *coton-oô, on-oô* blâmer, injurier), allusion à la grossièreté des charretiers dont l'habitude est d'accabler d'injures leurs chevaux paresseux. On nomme encore l'étoile principale de ce signe *alatod (alêt-*euô errer çà et là; *od-os,* chemin, route; autre allusion au solstice d'été, époque de l'année ou le soleil semble s'arrêter dans sa marche, et hésiter sur la route à parcourir).

SEPTIÈME CONSTELLATION

LE CHARIOT OU LA GRANDE OURSE

Cette constellation est composée d'un grand nombre d'étoiles (35 ou 56), parmi lesquelles on en remarque sept des plus brillantes situées aux environs du pôle nord. Quatre de celles-ci, disposées en forme de quadrilatère allongé, simulent, par leur écartement à peu près égal, les quatre roues d'un chariot qui serait traîné par trois chevaux figurés par trois autres étoiles, placées l'une devant l'autre sur une ligne droite légèrement brisée. Cette dénomination du *chariot*, donnée à sept étoiles de ce signe, les plus rapprochées du pôle, annonce le dégel des mers dans cette partie de la zône terrestre correspondante (juillet, août) et le retour de la vie et des voyages suspendus dans ces contrées par la présence des neiges et des glaces. Ce même nom *chariot* fait encore allusion aux moissons enlevées et chargées sur les *chars* rustiques du laboureur, à cette même époque de l'année, dans les pays tempérés correspondant à la partie inférieure de cette constellation.

On donne aussi à cette constellation le nom de *Grande-Ourse*, attendu la similitude de la disposition de ses sept étoiles les plus brillantes avec celles du signe de l'Ourse polaire, beaucoup plus petite et correspondant à cette zône terrestre glaciale hantée seulement par les *ours blancs*, tandis que l'autre répond à des climats déjà plus tempérés permettant le développement des grandes forêts, demeure des *ours bruns*. De plus, le *nom* de cet animal fait allusion à l'âpreté des climats du nord et à la rudesse des langages et des mœurs des habitants de ces contrées peu policés à cette époque.

HUITIÈME CONSTELLATION

LA CHEVELURE DE BÉRÉNICE

Le nom de cette reine d'Égypte, donné, dit-on, par flatterie à cette constellation redit néanmoins la position de ce signe sur la ligne de l'équinoxe d'automne faisant face à celle du bélier marquant l'équinoxe du printemps (*ber*, bélier, *ber-bex*, *ver-vex*; *enik*-os, semblable à). Cette époque de l'année correspond à la maturité des fruits suspendus aux *cimes* des arbres qu'ils *recouvrent* en simulant ainsi une espèce de *chevelure* touffue.

NEUVIÈME CONSTELLATION

LE BOUVIER

La saison de l'automne est arrivée et les récoltes enlevées. Le *Bouvier* (*zeugitès*) remet les bœufs sous le joug et retourne les sillons auxquels il confie une nouvelle semence, espoir de l'année future.

Comme cette constellation est placée près de celle du *Chariot*, les bœufs ou les *taureaux* servant au labourage sont simulés par les *sept* étoiles de ce dernier signe latinisé : *ept-a taureion* dont on a fait *septem-trion-es*, désignant le *septentrion* ou le pôle nord, direction de ces étoiles.

L'étoile principale du Bouvier, placée proche de la queue de la Grande-Ours se nomme *arcture* (*arkt*-os, ours; *oura* queue).

DIXIÈME CONSTELLATION

LA COURONNE BORÉALE

Cette constellation annonce le *couronnement* de l'œuvre du laboureur accomplie pendant ces trois saisons dont elle marque le terme, *koroné*. Les Égyptiens se sont servis de l'homophone *koron-is*, signifiant vaisseau recourbé par les bouts ; image sur laquelle ils ont placé, dans leurs sphères célestes, la figure des quatre saisons de l'année voguant sur ces barques. Ce même mot, pris dans le sens de l'homophone *korun-ê*, massue, a déterminé quelques épisodes de la légende d'*Hercule*, constellation qui suit, représentant un homme grand, fort et plein de courage *(koron-os*, fier, fort), armé d'une massue.

Le mot couronne est rendu en grec par *stephan-os*, confondu avec l'homophone *stephan-ê*, laurier, arbre dont on a placé une branche dans la main gauche d'Hercule en signe de ses victoires.

On appelle *Alphecca* l'étoile la plus brillante de la couronne ; *alph-ê*, honneur, distinction que l'on place sur la tête (alpha) ; *ekh-ao*, briller comme la flamme ; allusion aux couronnes d'or dont la tête des triomphateurs était ornée.

ONZIÈME CONSTELLATION

HERCULE

Enfin nous voyons apparaître la constellation nommée par les Grecs *Éraclès* dont les Latins ont fait *Hercule*. On représente ce héros sous la forme d'un homme vigoureux brandissant une massue d'une main et tenant de l'autre une branche de laurier, symbole de ses exploits. Ce mot vient de *aira*, maillet, massue, *klaiz-ô*, s'illustrer par ; cette étymologie redit les douze travaux imposés à Hercule par son frère *Ewrystée* espérant le faire mourir dans l'accomplissement de cette tâche. Mais ce héros sortit couvert de gloire de ces entreprises qui ne sont ici que le narré des travaux annuels de la campagne correspondant aux 12 constellations du zodiaque et aux autres signes de la sphère qui les accompagnent.

Les étoiles renfermées dans le dessin de la main d'Hercule munie du rameau d'olivier, sont situées sous la ligne du solstice d'hiver ; cette main semble ouvrir la dernière saison et annoncer au cultivateur la jouissance en *paix* du fruit de ses durs labeurs. Mais ce temps de repos de la nature ne trouvera pas inactif l'homme des champs appelé à détruire en partie les animaux malfaisants, nuisibles à la culture, qui viendront tour à tour alimenter sa table par la chasse qu'il leur fait.

Voici donc la *flèche* qui percera l'oiseau suspendu au haut des airs (les constellations de l'Aigle, du Cygne et de la Flèche) ; la chasse à courre (le Grand et le Petit Cheval, le Grand et le Petit Chien) ; la pêche dans les rivières et dans la mer même (les Poissons, le Dauphin, la Baleine) apportera le contingent de leurs chairs savoureuses à ses festins du soir égayés par des chants bachiques (la Lyre, Andromède, Méduse).

Tel est, en général, le canevas *astronomique* sur lequel l'auteur de la Genèse a tissé le *second sens* caché sous le texte de la légende de ses premiers chapitres. Il commence par tracer un planisphère terrestre et céleste correspondants dont les dessins sont copiés sur la sphère des Grecs et des Égyptiens qu'il s'applique à corriger. Comme ces explications nécessitent des connaissances astronomiques que les bornes de notre livre ne peuvent comporter, nous ne donnerons que la traduction rapide des éléments de cette branche de la science, exposés dans ses premiers chapitres dont le *texte* original se lit ci-dessus et auquel il faut se reporter si l'on veut suivre le *mot-à-mot* de l'explication.

SENS ASTRONOMIQUE DU TEXTE DE LA GENÈSE

LA SPHÈRE ARMILLAIRE. — LE ZODIAQUE RECTANGULAIRE DE DENDERAH

Maintenant, le mot métaphorique *Dieu* représenté tout à l'heure par A, première lettre de l'alphabet, simulant la basse fondamentale de la gamme de *Ut*, est remplacé par un des sens emblématiques attribués à Y, octave de Ut, et désignant *la science* en général, *le génie* de l'homme.

SENS ASTRONOMIQUE DE LA GENÈSE

CHAPITRE PREMIER

V. 1. — La première *idée scientifique* de l'astronomie fut formulée par le tracé des cieux et de la terre.

V. 2. — Mais on ignorait, à cette époque, la vraie forme de la terre que l'on supposait placée sur le vide, et l'on croyait que des ténèbres éternelles régnaient en dessous de sa face correspondant à un abîme, et que l'air ou les cieux s'appuyaient sur les eaux mouvantes qui bornent l'horizon terrestre.

V. 3. — Mais la *science* dit qu'il fallait porter la lumière dans ce chaos, et la lumière se fit.

V. 4. — La *science* prouva par ses raisonnements et ses calculs que cette lumière était bonne, car elle partagea la terre en deux parties, correspondant, celle du dessus au jour, et celle du dessous, à la nuit.

V. 5. — Ainsi, il fera jour dans la partie éclairée par le soleil et la nuit régnera sur l'autre partie; de là les alternatives insensibles et successives du soir et du matin s'étendant sur tout le périmètre de notre *premier cercle*, représenté par O signifiant *jour (le méridien)*.

V. 6. — Puis, la science dit qu'il fallait simuler une ligne *horizontale*, étendue en largeur, qui séparera les eaux *fluides* d'avec les eaux *glacées* des pôles.

V. 7. — On construisit donc cette ligne circulaire qui sépara les eaux qui sont au-dessous de l'horizon *astronomique* d'avec celles qui sont au-dessus.

V. 8. — Et l'on nomma *cieux* toute cette grande étendue qui semble s'appuyer sur cette ligne horizontale dont le centre correspond au pôle boréal simulant le *jour* et à l'autre opposé signifiant la *nuit*, le pôle *austral*; ce fut le second cercle *(l'horizon équatorial)*.

V. 9. — Ainsi les eaux rassemblées en-dessous de cette voûte céleste formeront les *mers*, et ce qui en émerge fut *les continents*, ou *les îles*, *le sec*.

V. 10. — Et on nomma le sec *terre* et l'amas d'eau *mers*, divisions auxquelles on donna de bonnes désignations, afin de les distinguer.

V. 11. On retraça encore sur ces sortes de cartes géographiques les vallées et les plaines *verdoyantes* et *les forêts*, peintes selon les essences d'arbres, fruitiers ou non, propres aux climats selon leur espèce. Ce travail s'étendit entre les deux pôles, et ces circonscriptions furent marquées par des cercles parallèles à l'équateur *(les cercles polaires* décrits par le mouvement des pôles de l'écliptique).

V. 14. — On traça encore des lignes indicatives de la marche des astres qui illuminent l'étendue des cieux, en dessus et en dessous de l'équateur, afin de désigner le jour et la nuit; elles serviront aussi de signes pour les saisons, pour les jours et pour les années.

V. 15, 16, 17, 18, 19. — Ces astres sont : le plus grand le *soleil*, qui donne la lumière du jour; le moindre, la *lune*, flambeau des nuits, et les étoiles. C'est là le 4ᵉ cercle *(l'écliptique)*.

V. 20. — La *bande zodiacale* était simulée par un *fleuve* chez les Égyptiens. On y voyait des barques portant des personnages coiffés de la figure d'animaux de toutes sortes et principalement d'oiseaux symbolisant les constellations.

V. 21. — Après, on y peignit seulement des poissons, des animaux, et des oiseaux semblables à ceux des Égyptiens.

V. 22. — On les dessina en entier, de manière à leur donner la taille voulue, et on les multiplia suffisamment pour remplir exactement la même place que celle occupée par les figures tracées sur le fleuve des Égyptiens. Voilà le cinquième cercle *(le cercle zodiacal.)*

V. 24, 25. — Tous ces dessins d'animaux sauvages, domestiques ou de reptiles étant décrits sur la carte,

V. 26. — On y traça le représentant de la race humaine et on lui donna la première place, de sorte qu'il paraît dominer sur tous les autres animaux peints à la suite.

V. 27. — Son image était celle d'un jeune homme imberbe, détourné de manière à dissimuler son sexe ; elle fut placée en tête de toutes les représentations *multiples* des animaux, oiseaux, reptiles, arbres, etc., dessinées dans les intervalles des bandes du zodiaque. Ce sera le 6ᵉ cercle *(les deux tropiques)*.

CHAPITRE II

V. 1. — Voilà la construction des cartes, celle des sphères *armillaires* et terrestres achevée.

V. 2. — Il reste à ajouter un 7ᵉ cercle sur lequel tout le système doit se repose r (les *colures* imaginés pour maintenir les cercles de la sphère et utilisés pour marquer les lignes du solstice d'hiver et d'été, et celles des deux équinoxes.)

V. 3. Ce nombre sacré 7, désignant le 7ᵉ jour de la semaine, dimanche, fut sanctifié, consacré spécialement au culte de la divinité et destiné à figurer le jour du *repos*.

V. 4. — Tel fut encore, dans l'origine, le tracé des cieux et de la terre, lorsque la science vint recomposer cette carte de la terre et des cieux.

V. 5. — On simulait les zônes occupées par les différentes espèces de végétation, *grande* ou *petite*, par de simples traits. Car ces dessins n'étaient que *profilés*, peu *chargés d'encre* (I renversé, pas pleuvoir sur la terre), et on n'y voyait pas l'image de l'homme, ni aucune des choses qui ont rapport à la culture des terres.

V. 6. — Et ces dessins, tracés sur toute la surface de la terre, n'étaient pas ombrés (non obscurcis par des nuées).

V. 7. — Lorsque la science s'avisa d'y placer l'image de l'homme, elle fut faite au *pointillé* (poussière) et on lui donna des positions dans lesquelles respirait le souffle de la vie et l'âme des passions diverses.

V. 8. — La science avait aussi construit une représentation du ciel, de forme rectangulaire et plane dont les bords, semblables à la *clôture d'un jardin*, étaient formés par la stature d'un homme placé à l'orient ; à droite (voir dans l'*Origine de tous les Cultes*, de *Dupuis*, la gravure du *zodiaque rectangulaire de Denderah)*.

V. 9. — On avait tracé sur cette carte plusieurs lignes droites simulant les arbres *(les axes)* des différents cercles de la sphère céleste dont le principal placé au milieu indique les deux points des équinoxes du printemps et de l'automne, emblème de la vie et de la mort d'une partie des végétaux et des insectes (le bien et le mal).

V. 10. — Et en dehors de ce rectangle, le corps de l'homme qui l'entourait de trois côtés (par ses bras étendus sur le haut et par ses jambes recourbées par en bas) était figuré par une série de traits en zigzags se correspondant par leurs angles et décrivant ainsi l'eau courante d'un fleuve (NN) divisé en quatre zônes longitudinales (voir le nom de ces zônes dans l'explication du 1ᵉʳ texte).

V. 15. La science prit donc l'image de l'homme qu'elle plaça dans ce dessin qu'il entoure en partie de ses membres qui le protégent de toute atteinte extérieure, ainsi que les ustensiles de labourage qui y sont représentés.

V. 16. — Puis, la science d'alors voulut que cette représentation humaine ne fût pas prolongée jusqu'à la rencontre de la ligne équinoxiale, car du moment où elle y toucherait, cette représentation serait la zône zodiacale, et deviendrait inutile (mourrait).

V. 18. — Mais la science avait dit : Il n'est pas bon qu'il n'y ait que la moitié du ciel représenté par un tracé rectangulaire soutenu par l'image de l'homme, il faut en faire une autre semblable à la première (les constellations orientales et occidentales).

V. 19, 20. — Nous avons déjà dit plus haut que cette carte contenait les dessins de toutes sortes d'animaux terrestres, bêtes de somme, oiseaux, etc. On les avait donc placés tout le long du corps d'Adam, à partir de la tête duquel on doit commencer à les appeler par leurs noms selon la série ; mais on ne voit point encore là l'image humaine qui doit faire le pendant à celle d'Adam.

V. 21. — Et cette image de l'homme, placée ainsi au rang des étoiles simulées par deux A entrelacés, emblème du *sommeil*, étant dédoublée par un calque, on obtient un dessin identique au premier et qui se trouve placé *à côté* dans un sens opposé (voir la gravure).

V. 22. — C'est en procédant ainsi que la science forma une autre représentation humaine, exactement pareille à la première, à côté de laquelle on la plaça.

V. 23. — Alors Adam dit : A cette fois, cette image a été prise de ma substance, puisqu'elle a été produite par l'encre de mon tracé.

V. 24 — C'est pourquoi ces deux dessins sont tellement pareils qu'ils semblent n'avoir exigé qu'un même tracé, car, superposés, leurs traits se confondraient.

V. 25. — Ces deux figures représentant l'homme et la femme ne sont couverts d'aucun vêtement et ne montrent pas leur nudité puisque leurs corps sont simulé par une bande en zigzags, emblème de l'eau.

CHAPITRE III

V. 1. — Or, le tracé du serpent est le *plus fin*, le plus petit, de tous ceux des animaux représentés sur ce zodiaque. (Il est figuré dressé sur sa queue qui s'appuie sur une fleur placée au milieu du dernier et du plus petit des bateaux, le plus voisin de la grande figure de gauche. Tout près de la bouche de chacune de celles-ci, sont deux petites boucles simulant le fruit des deux arbres [axes] qui les supportent et indiquant leur prolongement dans ce sens. Cette circonstance à suggéré à l'auteur l'idée de la tentation de la femme amenée, tant par la vue attrayante de cette pomme, mise à la portée de sa bouche, que par le discours métaphorique et fallacieux du serpent). Quoi ! dit cet animal, la science a-t-elle dit : Vous ne *toucherez* à aucun des arbres de ce jardin ?

V. 2, 3. — La femme répondit : Nous toucherons à tous les arbres (axes) excepté à celui qui est au milieu (la ligne des équinoxes), de peur que notre tracé soit *supprimé*, devienne inutile.

V. 4, 5. — Le serpent répondit : Vous ne serez pas supprimés ; mais la science sait que, lorsque vous y toucherez, les traits en zigzags qui forment votre corps s'ouvriront en s'allongeant (vos yeux seront ouverts ; allusion à la lettre V ou U, emblème de la vue, dont la série accolée forme ces zigzags) et vous serez comme les 12 grands dieux du zodiaque qui passent successivement par la ligne des équinoxes, emblèmes du printemps et de l'automne (du bien et du mal).

V. 6. — La femme voyant donc que cet arbre était utile à la science y toucha et y fit *toucher* son mari.

V. 7. — Et les angles des zigzags formant les corps de tous deux *furent ouverts* en s'allongeant, et ils connurent qu'ils *étaient nus*, puisque les lignes qui restaient à la place des zigzags n'avaient plus la signification emblématique de l'eau, et ne figuraient qu'une série de lignes *molles* (figue) et *contournées* (ceinture) sans caractère distinctif.

V. 8. — Alors on remarque, au bas de la colonne sud *(du côté du vent)*, de ce zodiaque, un disque solaire d'où s'échappe une série conique de petits triangles emboîtés les uns dans les autres et allant en s'évasant à partir de leur sortie du disque ; ils simulent les rayons *d'un jour naissant.* Au milieu de ceux-ci, on voit une tête d'homme coiffé d'un chapeau dont les rebords, par leurs côtés représentent deux oreilles saillantes et ornées d'une petite chaîne. Tel était *l'emblème de la science* placée dans ce rectangle dont il ne fait partie *qu'accidentellement.* C'est près de cette tête, vue *de face*, que l'on retrouve maintenant les *deux premières* représentations de *l'homme* et de *la femme* qui *lui tournent le dos* (se cachent). Ces deux personnages, debout dans la première barque, *sont nus.* L'homme qui tient *une bêche*, instrument *de labour*, *précède* la femme (Ève) dont les mains portent deux petites urnes d'où s'échappe un filet d'eau simulé par les mêmes lignes en zigzags tracées sur le corps de la grande figure extérieure. L'image du petit serpent dont nous venons de parler est située au-dessous de cette barque dans le compartiment inférieur adjacent. Le colloque et la réprimande de Dieu qui suivent se rapportent à la distribution de ces mêmes signes à travers le zodiaque où l'on voit le serpent *qui rampe*, enfermé dans un cadre, et *qui suit* une femme dont il est ainsi *séparé.* D'autres représentations d'hommes et de femmes sont tracées au-dessus de lui et semblent l'*écraser* du poids de leurs corps ; tous ces dessins humains *remplissant différentes fonctions*, sont *très-multipliés* dans ce zodiaque.

Dans le haut et près de la tête de ce premier homme est une large pancarte couverte de signes hiéroglyphiques annonçant le retour du printemps, emblème de la chaleur (qui provoque la *sueur*) et fait surgir la végétation *(l'herbe des champs).* Tous ces desseins sont tracés au *pointillé (poussière)* et devront être faits de la même manière dans la description des cartes suivantes.

V. 20. — Et *Adam* appela sa femme *Ève*, parce qu'elle est la première représentation féminine qui figure sur ce zodiaque (*aphé*, poussière, tracé fait au pointillé).

V. 21. — Et la science mit à la place des grandes figures extérieures (Adam et Ève) des constellations renfermées dans les contours des *peaux d'animaux* (le Bélier, le Lion, le Taureau, etc.)

V. 22. — Et la science dit : Voilà de quelle manière l'homme est entré dans les constellations du zodiaque, comme l'un des 12 grands dieux composant autrefois cette zone. Mais maintenant il faut bien se garder de faire étendre ses mains, placées au-dessus du rectangle, jusqu'à l'axe des pôles célestes, de peur qu'ils ne deviennent ainsi le tracé du méridien et ne vivent à toujours (cercle qui mesure la durée du jour).

V. 23. — Et l'on a ôté sa représentation en dehors du zodiaque pour la replacer avec un instrument de labour dans le compartiment d'où elle avait été prise.

V. 24. — Et l'homme fut banni du pourtour du zodiaque et logé près de deux autres figurines armées de lances et dont les têtes sont tournées de ci et de là ; elles semblent par leurs gestes lui interdire la marche dans le chemin tracé dans cette section du zodiaque ouverte par le *scarabée*, emblème de la vie, placé au bas de la ligne du méridien (des solstices).

Nota. — Le zodiaque de Denderah a été transporté d'Égypte à Paris en 1822. L'auteur de la Genèse en donne ici une copie narrée comme étant un monument de la science sacrée et astronomique des plus anciens. On aura, par cette traduction, la mesure de la difficulté vaincue lorsqu'il s'agit de mener de front, *sur un même texte*, la description sommaire des éléments de sciences diverses. Malgré cela, Moïse passe en revue, dans les chapitres suivants, non-seulement le zodiaque *circulaire* de Denderah, mais encore les tracés successifs des systèmes astronomiques des Indiens, des Égyptiens et des Grecs, refondus dans le zodiaque actuel amplement détaillé dans sa narration du déluge.

—

L'étymologie des noms des personnages bibliques, mis en scène ici, redit les mêmes dénominations appliquées aux constellations successivement parcourues dans le narré de cet épisode.

Adam; adam-aô, être invincible; qualification donnée à *Hercule, l'homme* victorieux.

Seth; seth-ô, cribler, crible; allusion faite d'abord à la *couronne boréale,* semblable à un crible par sa forme ronde; puis ce mot, pris dans son acception métaphorique, signifie *décréter, décider,* être jugé digne de *commander;* prérogatives *royales.*

Enos; enos-ô, eno-ô, joindre, unir à, joindre les bœufs au joug; même sens que *zugo-ô, zugotés,* nom appliqué au *Bouvier.*

Kainan; kain-ein kainia, victoire sanglante, vaincre, tuer; allusion à la chevelure des vaincus tués et *scalpés* par les vainqueurs; même sens donné par la *chevelure de Bérénice.*

Malaléel; méla, pommes; *ulai-os, ulé,* verger, jardin couvert d'arbres; *ula-ô,* aboyer après; qui aboie pour les pommes du verger; allusion au chien *Cerbère* remplacé par le *dragon* préposé à la garde des pommes du jardin des Hespérides.

Jared; ia, ié, cri de dérision; *rheda,* chariot rustique; allusion à la marche lente de cette constellation nommée le *chariot.*

Hénioc; énioq-eô, conduire un char; nom du *cocher* placé près du chariot (ou *énoq-os,* qui conduit).

Mathusala. Mot redisant la propriété que la tête de *Méduse* avait de changer en *pierre* ceux qui la regardaient; *méthusé, Meduse; la-as,* pierre.

Lamek, inversion de *Almak,* nom de l'étoile placée à l'extrémité du glaive de *Persée; lém-a,* fermeté de courage; *mak-omai,* combattre; allusion à la vertu guerrière de cette constellation.

Après avoir relaté, dans son récit métaphorique, les constellations de l'hémisphère boréal, l'auteur le termine par la description des douze signes du zodiaque simulés par les noms des douze tribus dont nous avons donné le tableau musical et correspondant aux douze grands dieux des Grecs et des Égyptiens. Les dénominations appliquées, dans le principe, à ces douze signes astronomiques et les légendes construites sur ces textes, ont trait à la marche des saisons et décrivent les travaux champêtres correspondant à ces diverses situations du soleil pendant sa course annuelle sur l'écliptique. Nous avons gardé, sous le titre de *calendrier,* ces notions voilées sous les images qui représentent ces signes dont le sens fut, par ignorance, détourné de sa véritable acception. Conservée dans les archives du sanctuaire, la science de l'étymologie des mots ne fut jamais dévoilée et nul ne connaît *à fond* l'origine des *locutions* employées dans les idiômes divers, sortant néanmoins de la *même souche.*

Enfin, à partir d'Hercule, simulé par Adam, le premier homme, la suite des constellations formule une espèce de *table* relatant les états successifs parcourus par la race humaine, depuis l'époque de la vie sauvage jusqu'à la splendeur de la civilisation la plus grande.

1° Nous prenons l'homme primitif (Hercule) n'ayant pour abriter ses membres que la dépouille d'une des bêtes féroces au milieu desquelles il vit. Le voilà errant à travers les sombres forêts dont la terre était en partie couverte, ne possédant pour toute défense qu'un bâton noueux, débris des tempêtes, ramassé sur le sol infesté d'animaux vénimeux (le Serpent, le Serpentaire).

2° A cette époque les influences frigorifiques des glaces polaires s'étendaient trop au loin sur les terres incultes pour y permettre le développement de la race hu.

maine privée par la nature de la chaude fourrure des ours régnant alors en maîtres dans cette partie supérieure du globe (la Petite et la Grande-Ourse, le Dragon, le Chien Cerbère, le Loup).

3° Ainsi, repoussé par les frimas du pôle dans les pays plus tempérés, ne vivant que de fruits et de la chair de quelques animaux inférieurs surpris pendant leur sommeil, l'homme, pressé par la nécessité, inventa enfin l'arc et la fronde. Ces premiers engins vinrent remplacer avec avantage la projection du bâton tournoyant et la pierre lancée par le bras vigoureux. Dès lors l'oiseau au vol audacieux (l'Aigle) et celui qui trouvait son refuge au milieu des marais impraticables (le Cygne) formeront ses premiers festins égayés par les refrains d'une poésie naïve (la Lyre).

4° Bientôt, après avoir vaincu les habitants de l'air, la fronde, convertie en lazzo, jointe à l'hameçon et au piége retinrent vivants les animaux de la terre et des eaux dont les chairs plus substantielles, surchargèrent sa table abondamment pourvue cette fois (le Bélier, la Chèvre, le Taureau, les Poissons, le Dauphin, la Baleine).

5° Voici le moment arrivé où l'homme, assuré de sa subsistance du lendemain, peut se réunir à son semblable dont la présence centuple les forces agissant en commun. A la recherche des gras pâturages, il commence à tracer l'itinéraire de cette première vie nomade, nécessitée par la multiplication croissante de ses troupeaux, sa conquête, qu'il traîne à sa suite (le Chien, Sagittaire, Satyre, Centaure ; l'âge des pasteurs).

6° La famille humaine, dès lors, s'en va grandissant et bientôt le lait et la chair des troupeaux deviennent insuffisants à calmer la faim de la multitude; il faut se diviser. Une partie de la tribu s'éloignera des climats brûlants des tropiques et dirigera sa marche vers les lieux tempérés plus plantureux. L'air vif de ces contrées, plus rapprochées du pôle, nécessitera l'usage de vêtements plus chauds, et la brebis prêtera aux émigrants sa longue toison jusqu'ici presque délaissée (la division des tribus, la Toison d'or).

7° Enfin, fatiguée de cette vie vagabonde et d'ailleurs devenue riche d'une grande quantité de graines alimentaires de toute espèce, recueillies chaque jour çà et là sur la route, et déjà expérimentées, une de ces tribus s'arrête et plante sa tente dans un lieu reconnu propre à la culture des céréales. Dès lors, l'humanité va changer de face et marcher à grands pas dans la voie de la civilisation, secondée par le développement forcé de l'industrie (le Cheval, le Bœuf, le Chariot, la Charrue, le Cocher, le Bouvier).

8° L'expérience fera d'abord connaître les époques de l'année les plus propices à la culture des terres et aux différentes semailles. On étudiera les pronostics des temps et les effets des astres et de la lune sur la végétation. Ces remarques, consignées dans le ciel étoilé, donnent lieu à l'invention réglementaire des constellations, vaste calendrier immuable et à la portée de tous. Le signe du Bélier ouvrira la marche des travaux champêtres; les douze constellations, correspondant chacune à un mois de l'année agricole, renfermeront dans leurs formes allégoriques les enseignements nécessaires à l'agriculture aujourd'hui incompris par l'homme des champs qui ne sait plus lire dans ce grand livre céleste (les 12 signes du zodiaque).

9° La récolte des céréales assurée, l'homme s'adonne à la propagation des arbres fruitiers dont il a conservé les semis ; il cherchera à améliorer les espèces par les greffes successives, et par le mélange du pollen des fleurs il doublera les dons de la nature. On distingua bientôt les baies fermentescibles et la fabrication du vin amène la culture de la vigne établie sur une large échelle (Andromède, Ganimède, Méduse).

10° Mais bientôt la convoitise et les haines jalouses engendrent le rapt, les discordes et les crimes. La loi apparaît alors armée de sa balance et de son glaive menaçant, prête à frapper le coupable (Persée, la tête tranchée de Méduse). Bientôt encore l'idée des conquêtes s'éveille dans le cerveau de quelques chefs avides (Orion,

Bellatrix); des bruits de guerre, jusqu'alors inconnus, se font entendre au loin; des hommes, armés pour l'attaque comme pour la défense, se ruent les uns contre les autres, et le chariot rustique *(amaxa)* est contraint de traîner des cadavres et des têtes scalpées (la chevelure de Bérénice). Le vieux laboureur, pleurant ses fils et ses champs désolés, s'enfuit en chassant devant lui ses bœufs couronnés de cyprès (le Bouvier, la Couronne boréale).

11° Après avoir reculé les bornes de ses états, le vainqueur veut jouir en paix du fruit de ses conquêtes; il va boire à la coupe de la volupté (la Coupe) et il voudra s'entourer de toute la pompe convenable à la majesté de son titre de triomphateur (le Corbeau, *korakos*, confondu avec le mot homophone *qoragos*, signifiant [pompe royale, grand appareil de fêtes).

12° Soucieux désormais de ramener la prospérité dans ses états, le guerrier dépose les armes. A moi les hommes de talent et de génie! sécrie cette voix puissante, et soudain surgissent ces mille merveilles de l'intelligence et de l'industrie humaine dont les branches multiples forment autant de têtes immortelles qui, semblables à celles de l'hydre, renaîtront sans cesse sous le tranchant brutal du triomphateur même. (L'hydre, *udros*, confondue avec l'homophone *idria*, science, habileté, industrie, et désignant les constellations de l'hémisphère austral : l'Atelier du Sculpteur, la Machine électrique, le Chevalet du Peintre, le Navire, le Haut-fourneau, le Burin, l'Horloge, la Boussole, le Compas, la Règle, l'Équerre, le Télescope, le Microscope, l'Autel et la Montagne de la Table).

—

Nous jugeons à propos de *suspendre* ici ces essais de traduction des légendes sacrées des peuples, les premiers décrits dans ce sens et divulgués depuis l'apparition des textes originaux. Nous avons commencé par copier les passages se rapportant aux sciences élémentaires jalonnées sur l'alphabet et redisant spécialement les connaissances actuelles répandues dans les masses : géométrie, trigonométrie, arithmétique, etc., trouvant leur emploi dans la construction des machines principales qui suivent. Ces descriptions sont accompagnées des théories musicales profanes et sacrées, bases des théogonies, des notions préliminaires astronomiques, et des règles grammaticales et de linguistique préparant la science difficile et encore inconnue des racines successives des mots des glossaires des peuples anciens et modernes. En suivant cette voie cachée sous le voile de l'allégorie, nous trouvons encore la clef des étymologies générales des noms propres des familles actuelles, de ceux des royaumes, villes, villages, fleuves, montagnes, etc., de l'Europe entière formulant, par la suite non interrompue des mots qui les composent, une légende sacrée, espèce d'arbre généalogique et de carte géographique d'une application perpétuelle et infaillible, etc.

Sans parler ici de la difficulté vaincue dans cette traduction *sans précédents*, on devra apprécier celle non moins grande de l'impression de ce livre faite, en grande partie, en dehors de la pratique de la typographie. Aussi nous donnons ici un témoignage de notre gratitude, non seulement à notre éditeur, mais encore à son ouvrier habile et intelligent, M. F.-G. NIERENDORF qui, tout en nous aidant de ses conseils, a mis à notre disposition sa singulière facilité dans l'art de graver des caractères jusqu'ici inconnus, mais indispensables à l'application du texte et de l'écriture universelle biblique.

FIN

TABLE DES MATIÈRES

FIN DE LA TABLE DES MATIÈRES

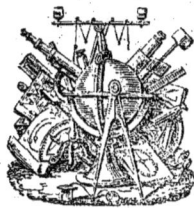

www.ingramcontent.com/pod-product-compliance
Lightning Source LLC
Chambersburg PA
CBHW070810270326
41927CB00010B/2374